REPENSAR MARX
E OS MARXISMOS

REPENSAR MARX
E OS MARXISMOS

GUIA PARA NOVAS LEITURAS

Marcello Musto

tradução
DIEGO SILVEIRA E OUTROS

© Boitempo, 2022
Título original: *Ripensare Marx e i marxismi. Studi e saggi*

Direção-geral	Ivana Jinkings
Edição	Pedro Davoglio
Coordenação de produção	Livia Campos
Assistência editorial	João Cândido Maia
Tradução	Diego Silveira Coelho Ferreira e outros
Revisão da tradução	Diego Silveira Coelho Ferreira
Preparação	Cristina Peres, Mariana Echalar e Sílvia Balderama Nara
Revisão	Daniel Rodrigues Aurélio
Capa	Daniel Justi
Diagramação	Antonio Kehl

Equipe de apoio Camila Nakazone, Elaine Ramos, Erica Imolene, Frank de Oliveira, Frederico Indiani, Higor Alves, Isabella Meucci, Ivam Oliveira, Kim Doria, Lígia Colares, Luciana Capelli, Marcos Duarte, Marina Valeriano, Marissol Robles, Maurício Barbosa, Raí Alves, Thais Rimkus, Tulio Canditotto, Uva Costriuba

CIP-BRASIL. CATALOGAÇÃO NA PUBLICAÇÃO
SINDICATO NACIONAL DOS EDITORES DE LIVROS, RJ

M982r

Musto, Marcello
Repensar Marx e os marxismos : guia para novas leituras / Marcello Musto ; tradução Diego Silveira. - 1. ed. - São Paulo : Boitempo, 2022.

Tradução de: Ripensare Marx e i marxismi. studi e saggi
ISBN 978-65-5717-192-9

1. Marx, Karl, 1818-1883. 2. Comunistas - Biografia. I. Silveira, Diego. II. Título.

22-80442
CDD: 920.93354
CDU: 929:330.85

Gabriela Faray Ferreira Lopes - Bibliotecária - CRB-7/6643

É vedada a reprodução de qualquer
parte deste livro sem a expressa autorização da editora.

1ª edição: novembro de 2022

BOITEMPO
Jinkings Editores Associados Ltda.
Rua Pereira Leite, 373
05442-000 São Paulo SP
Tel.: (11) 3875-7250 / 3875-7285
editor@boitempoeditorial.com.br
boitempoeditorial.com.br | blogdaboitempo.com.br
facebook.com/boitempo | twitter.com/editoraboitempo
youtube.com/tvboitempo | instagram.com/boitempo

A Lucia e Lucio
sempre ao meu lado

Sumário

Premissa 11

Advertência 13

Prefácio à edição brasileira 17

1. Infância, adolescência e estudos de formação 21
    1.1. O rabino ausente 21
    1.2. Na escola secundária em Trier 24
    1.3. O *studiosus juris* em Bonn 27
    1.4. Nos braços do inimigo 30
    1.5. Um jovem hegeliano em Berlim 35

2. Paris, 1844. O encontro com a economia política 41
    2.1. Paris, capital do século XIX 41
    2.2. O desembarque na economia política 43
    2.3. Manuscritos e cadernos de excertos: as cartas de 1844 47
    2.4. Crítica da filosofia e crítica da política 51
    2.5. Da filosofia à práxis revolucionária 53
    Apêndice 56

3. O mito do "jovem Marx" nas interpretações dos *Manuscritos econômico-filosóficos de 1844* 61
    3.1. As duas edições de 1932 61
    3.2. Traduções e publicações posteriores 66
    3.3. Um ou dois Marx? A disputa sobre a "continuidade"
        do pensamento de Marx 69
    3.4. O nascimento do mito do "jovem Marx" nas primeiras interpretações dos
        Manuscritos econômico-filosóficos de 1844 na Alemanha 71
    3.5. A moda do "jovem Marx" na França após a Segunda Guerra Mundial 75

3.6. Os *Manuscritos econômico-filosóficos de 1844* no "campo socialista" e
no marxismo anglo-saxão 86
3.7. Superioridade, ruptura, continuidade 93
Apêndice 97

4. Estudo de economia e jornalismo para o *New-York Tribune*
na década de 1850 101
4.1. Continuando o estudo de economia 101
4.2. 1848 e o início da revolução 104
4.3. Em Londres à espera da crise 106
4.4. As notas de pesquisa de 1850-1853 110
4.5. O julgamento dos comunistas e dificuldades pessoais 118
4.6. Os artigos sobre a crise no *New-York Tribune* 120
4.7. A crise financeira de 1857 e os *Grundrisse* 125
Apêndice 128

5. Método, concepção de história e produção capitalista
na "Introdução" de 1857 131
5.1. Por onde começar? 131
5.2. Notas críticas sobre a história e o indivíduo social 132
5.3. A produção como totalidade 143
5.4. Em busca do método 150
5.5. A relação desigual entre a produção material e a produção intelectual 161
5.6. Além da "Introdução" de 1857 164

6. Difusão e recepção dos *Grundrisse* no mundo. Uma contribuição
para a história do marxismo 167
6.1. 1858-1953: cem anos de solidão 167
6.2. Quinhentas mil cópias circulando no mundo 170
6.3. Leitores e intérpretes 173
Apêndice 176

7. A escrita de *O capital*. A crítica inacabada 179
7.1. Dos *Grundrisse* à análise crítica das *Teorias da mais-valia* 179
7.2. A escrita dos três volumes 193
7.3. A conclusão do Livro I 199
7.4. Em busca da versão definitiva 207

8. A concepção de alienação segundo Marx
e nos marxismos do século XX 213
8.1. As origens do conceito 213
8.2. A redescoberta da alienação 214
8.3. As concepções não marxistas 217
8.4. O debate sobre o conceito de alienação nos escritos de juventude de Marx 224
8.5. O fascínio irresistível da teoria da alienação 226

8.6. A teoria da alienação na sociologia estadunidense 229
8.7. O conceito de alienação em *O capital* e em seus manuscritos preparatórios.....233
8.8. Fetichismo da mercadoria e desalienação...238

9. Evitar o capitalismo? Os populistas e a primeira recepção de Marx na Rússia 243
   9.1. O que fazer com a comuna agrícola russa? 243
   9.2. A função histórica do capitalismo 250
   9.3. A alternativa possível 264
   9.4. Juízo sobre o movimento populista 276

10. A odisseia da publicação dos escritos de Marx e as novas descobertas da MEGA² 283
    10.1. A incompletude de Marx e a sistematização do marxismo............................283
    10.2. Adversidades da publicação das obras de Marx e Engels 290
    10.3. Revistas de estudos marxianos...294
    10.4. Aquisições filológicas recentes da MEGA²..296
    10.5. Um outro Marx?..314
    Apêndice 316

A cada mil socialistas, talvez apenas um tenha lido alguma obra econômica de Marx; a cada mil antimarxistas, nem sequer um leu Marx.

Boris Nikolaevski, Otto Maenchen-Helfen,
Karl Marx: Man and Fighter

Praticar a cirurgia dos cortes em Marx significa efetuar a ablação daquilo que em seu pensamento se opõe, paralelamente, a qualquer marxismo inquisitivo e a qualquer liberalismo conveniente.

Maximilien Rubel,
Marx, critique du marxisme

Premissa

Este livro inclui dez ensaios sobre Marx e os marxismos publicados entre 2005 e 2020. A realização desses textos foi guiada pela convicção adquirida durante o estudo dos materiais, recentemente publicados ou ainda inéditos, da *Marx-Engels-Gesamtausgabe* (MEGA²) – a nova edição histórico-crítica das obras de Marx e Engels –, de que a pesquisa sobre Marx ainda apresenta muitos caminhos inexplorados e que ele, ao contrário do que normalmente se afirma, não é de fato um autor sobre o qual já se tenha dito ou escrito tudo.

Os textos incluídos neste volume, inicialmente concebidos como capítulos de um livro futuro, respondem à dupla necessidade de aprofundar algumas etapas da biografia intelectual de Marx e evidenciar os limites interpretativos de alguns dos principais comentadores de sua obra e de supostos seguidores de seu pensamento. Conforme indicado no subtítulo, estas páginas também visam fornecer um guia para novas leituras sobre o pensamento de Marx e para as pesquisas que continuam a se desenvolver em torno de suas teorias.

No entanto, os resultados aqui apresentados ao leitor são parciais e incompletos. Parciais porque a obra de Marx é uma gigantesca cultura de teoria crítica, que transita entre inúmeras disciplinas do conhecimento humano, cuja síntese representa uma tarefa árdua para todo leitor rigoroso. Incompletos porque o exame das obras de Marx neste volume – bem como de seus diversos intérpretes – restringiu-se a um número limitado de textos. A necessidade de não exceder o número convencional de páginas de uma monografia tornou impossível enfrentar alguns capítulos fundamentais da biografia intelectual de Marx e, mesmo no que se refere às principais etapas de desenvolvimento de suas teorias, foi necessário privilegiar algumas obras e excluir outras (por exemplo, não foi possível analisar *A ideologia alemã*, *Manifesto Comunista*, *O 18 de Brumário de Luís Bonaparte* e *Crítica do programa de Gotha*).

Com a consciência desses limites, oferecemos ao leitor os resultados das pesquisas até aqui completas, que constituem um ponto de partida para futuros e ainda mais detalhados estudos.

Os interessados na atividade política desenvolvida por Marx no seio da Associação Internacional dos Trabalhadores – mais conhecida como Primeira Internacional – e na produção de seus últimos anos de existência estão convidados a consultar meus trabalhos anteriores, *O velho Marx: uma biografia de seus últimos anos (1881-1883)* (Boitempo, 2018) e *Trabalhadores, uni-vos! Antologia política da I Internacional* (Boitempo, 2014).

Marcello Musto
Toronto, 2022

Advertência

Concebido com base em *Ripensare Marx e i marxismi*, publicado pela editora Carocci em 2011, este livro teve sua estrutura e seu conteúdo alterados para atualizar alguns debates e redimensionar outros, tendo em vista o público brasileiro. O sentido geral da obra, porém, permanece: oferecer ao leitor um mapa das interpretações contemporâneas de Marx em linha com os mais recentes achados filológicos da *Marx-Engels-Gesamtausgabe* (MEGA²).

Dos dez textos aqui reunidos, quatro são inéditos em português, ao passo que outros seis já foram publicados, na sua totalidade ou em parte, em periódicos ou livros nacionais. Quando for este o caso, o veículo da publicação original vai indicado na primeira nota de rodapé do texto, marcada com asterisco. Os capítulos inéditos foram traduzidos por Diego Silveira Coelho Ferreira, responsável também pela revisão da tradução e pela padronização terminológica dos materiais restantes. A autoria das demais traduções e revisões vai igualmente indicada na primeira nota de cada texto.

As referências bibliográficas das citações dos escritos de Marx reportadas no livro remetem, na maior parte das vezes, aos volumes das *Marx Engels Opere* ou das *Marx and Engels Collected Works*, a depender de se o original usado foi preparado em italiano ou em inglês. As citações dos textos não incluídos nessas edições são das publicações avulsas mais conhecidas. As traduções foram comparadas com a versão original em alemão e, às vezes, modificadas pelo autor. No caso dos textos não traduzidos, foram indicadas as referências bibliográficas da MEGA² e, para aqueles ainda não publicados em seus volumes, das *Marx-Engels-Werke* (MEW). Por fim, para esta edição brasileira, procuramos indicar as traduções disponíveis em português em todos os casos em que foi possível consultá-las, sempre realizando o cotejo com o original em italiano e fazendo ajustes quando necessário. Nestes casos, a referência vai acompanhada da indicação "trad. modif.".

No que concerne à bibliografia secundária, os títulos dos livros e artigos não publicados em italiano, assim como as citações deles derivadas, foram traduzidos pelo autor, que também verteu títulos e citações do russo e do japonês. No caso da edição brasileira, quando não foi possível localizar uma edição em português dos textos, os trechos foram traduzidos diretamente da versão italiana.

Todos os nomes de revistas e jornais mencionados no livro vêm indicados na língua original e, na primeira ocorrência, seguidos da tradução entre colchetes.

Aproveitamos o ensejo para agradecer aos editores dos periódicos e livros que cederam textos, no todo ou em parte, para esta edição.

Na edição original desta obra, os títulos dos escritos não publicados durante a vida de Marx vinham indicados entre colchetes. Para evitar confundir o leitor com o uso já consagrado dos colchetes nos livros da Boitempo, que indicam acréscimos de trechos pela edição ou pelo autor, decidimos eliminá-los e indicar os títulos dessas obras em ordem alfabética aqui:

"Auf Karl den Großen" [Para Carlos Magno]
A ideologia alemã (com Engels)
Bastiat e Carey
Buch der Liebe [Livro do amor],
Bullion: Das vollendete Geldsystem [Ouro: o sistema monetário perfeito]
Cadernos de Bruxelas
Cadernos de Londres
Cadernos de Manchester
Cadernos de Paris
Citações: essência do dinheiro, essência do crédito, crises
Comentários sobre "Estatismo e anarquia", de Bakunin
Crítica da filosofia do direito de Hegel
Crítica do programa de Gotha
Diferença entre a filosofia da natureza de Demócrito e a de Epicuro
"Epigramme" [Epigramas]
Escorpião e Félix
"Glosas marginais ao *Tratado de economia política* de Adolph Wagner"
Grundrisse: esboços da crítica da economia política
Hefte zur epikureischen Philosophie [Cadernos sobre a filosofia epicurista]
"Introdução"
Kleanthes, oder vom Ausgangspunkt und notwendigen Fortgang der Philosophie
   [Cleantes, ou o ponto de partida e o progresso necessário da filosofia]

Krisenhefte [Cadernos da crise]
Manuscritos econômico-filosóficos
Manuskripte über die polnische Frage [Sobre a questão polonesa]
Notizbuch aus den Jahren 1844-1847 [Caderno dos anos 1844-1847]
O capital, Livro I, Capítulo VI inédito
Ökonomische Manuskripte 1863-67 [Manuscritos econômicos 1863-67]
Oulanem
"Rascunho de um artigo sobre o livro de Friedrich List: *Das Nationale System der Politischen Oekonomie*"
"Reflexões de um jovem perante a escolha de sua profissão"
Salário, preço e lucro
Teorias da mais-valia
"Teses sobre Feuerbach"
Urtext von Zur Kritik der Politischen Ökonomie [Texto original de Para a crítica da economia política]
Volksliedersammlung [Livro dos cantos]

Prefácio à edição brasileira

Por mais de uma década, inúmeros artigos em jornais e revistas de prestígio, com muitos leitores, descreveram Marx como um pensador com grande capacidade de previsão e cuja atualidade é constantemente confirmada. Vários autores progressistas reconheceram que suas ideias seguem sendo indispensáveis àqueles que julgam necessária a construção de uma alternativa ao capitalismo. Em todos os lugares, ressurgiram cursos universitários e conferências internacionais a ele dedicados. Seus textos, reimpressos ou publicados em novas edições, reapareceram nas prateleiras das livrarias, e as pesquisas sobre sua obra, abandonadas por longos vinte anos, foram consideravelmente retomadas. O "Marx *revival*" se intensificou após 2018, quando do bicentenário de seu nascimento.

Foi determinante para uma reinterpretação global da obra de Marx a publicação, reiniciada em 1998, da *Marx-Engels-Gesamtausgabe* (MEGA^2), a edição histórico-crítica das obras completas de Marx e Engels. De 1998 até hoje, foram publicados trinta novos volumes (entre 1975 e 1989, quarenta vieram à luz) – e mais volumes estão sendo trabalhados. Estes compreendem, entre outros trabalhos: 1) novas versões de algumas obras de Marx (entre elas, *A ideologia alemã*); 2) todos os manuscritos preparatórios de *O capital*; 3) a correspondência completa das cartas enviadas e recebidas por Marx e Engels; 4) cerca de duzentos cadernos de excertos. Estes últimos contêm os resumos dos livros lidos por Marx e as reflexões que eles suscitaram. O conjunto desse material constitui o canteiro de obras de sua teoria, mostra o itinerário completo seguido por ele durante o desenvolvimento de seu pensamento e revela as fontes nas quais se baseou na elaboração de seus conceitos.

Do estudo desses preciosíssimos documentos – muitos deles disponíveis apenas em alemão e, portanto, reservados a um círculo restrito de acadêmicos –, emerge um autor diferente daquele representado, durante muito tempo, por muitos de seus críticos ou pretensos seguidores. Com base nas novas aquisições textuais da MEGA², pode-se afirmar que, entre os clássicos do pensamento econômico e filosófico, Marx é aquele cujo perfil mais se modificou nos últimos anos. O novo cenário político que se seguiu à implosão da União Soviética também contribuiu para renovar a percepção acerca de Marx. O fim do marxismo-leninismo o libertou, de fato, das correntes de uma ideologia distante anos-luz de sua concepção de sociedade.

Ademais, publicações recentes contribuíram, por sua vez, para novas interpretações da obra de Marx. Elas serviram para mostrar um autor capaz de analisar as contradições da sociedade capitalista muito além do conflito entre capital e trabalho. Entre os interesses de Marx, um lugar nada secundário foi ocupado pelo estudo das sociedades não europeias e do papel destrutivo do colonialismo nas periferias do mundo. Da mesma forma, desmentindo todos os que assimilaram a concepção marxiana da sociedade comunista ao mero desenvolvimento das forças produtivas, pesquisas recentes demonstraram a relevância que ele atribuiu à questão ecológica. Por fim, textos posteriores evidenciaram que Marx se ocupou com profundidade de múltiplas temáticas frequentemente subestimadas, quando não ignoradas, por vários de seus estudiosos. Entre essas, a pesquisa sobre as formas de propriedade coletivas não controladas pelo Estado, a centralidade da liberdade individual na esfera econômica e política, o potencial emancipador da tecnologia e a crítica aos nacionalismos – todas elas questões fundamentais inclusive para os dias de hoje. Os progressos alcançados pelos estudos marxianos até o presente momento permitem prever, portanto, que a renovação da exegese da obra de Marx está destinada a continuar.

Por um longo período, muitos marxistas privilegiaram as obras de juventude de Marx (em primeiro lugar, os *Manuscritos econômico-filosóficos de 1844* e *A ideologia alemã*), enquanto o *Manifesto Comunista* continua sendo seu texto mais lido e citado. Todavia, nesses textos se encontram expostas muitas ideias que mais tarde seriam superadas por seus estudos sucessivos. De fato, é sobretudo em *O capital* e em seus inúmeros esboços preliminares, assim como nas pesquisas realizadas em seus últimos anos de vida, que se encontram as reflexões mais preciosas a respeito da crítica da sociedade burguesa e se apresentam as últimas conclusões atingidas por Marx. Se criticamente reexaminadas e reconsideradas à luz das mudanças ocorridas após a morte de Marx, essas reflexões podem se revelar muito úteis para repensar um modelo econômico e social alternativo ao capitalismo.

Além disso, a análise dos manuscritos referentes ao período da elaboração mais madura de Marx mostra que ele não só continuou até o fim suas pesquisas de economia política, como conseguiu inclusive ampliar o raio de seus interesses a novas disciplinas. Datam dessa fase os estudos para aprofundar seu conhecimento sobre as descobertas ocorridas no campo das ciências naturais, sobre a propriedade comunitária nas sociedades pré-capitalistas, sobre as transformações em curso na Rússia após a abolição da servidão da gleba, sobre o desenvolvimento do capitalismo nos Estados Unidos da América e sobre antropologia. Da mesma maneira, ele foi observador atento dos principais acontecimentos da política internacional de sua época e se posicionou enfaticamente em defesa da independência nacional da Polônia, da abolição da escravidão durante a Guerra de Secessão americana e da luta pela libertação da Irlanda. O seu intenso envolvimento com tais eventos e sua decidida oposição ao colonialismo europeu revelam, na verdade, um Marx completamente diferente da vulgata que o descreveu como um pensador eurocêntrico, economicista e interessado apenas na análise da esfera produtiva e no conflito de classe entre capital e trabalho.

A obra de Marx abrange as mais diversas disciplinas do conhecimento humano e sua síntese representa um objetivo de difícil alcance mesmo para os estudiosos mais rigorosos. Como se não bastasse, a obrigação de respeitar a dimensão convencional de uma monografia tornou impossível analisar todos os textos de Marx e, menos ainda, todas as principais interpretações a seu respeito. Portanto, para o texto que se apresenta ao leitor brasileiro – que é uma versão reduzida, mas atualizada, do livro italiano *Ripensare Marx e i marxismi: studi e saggi*[1] – foi frequentemente necessário resumir numa página aquilo que precisaria de muito mais espaço. Ciente desses limites, oferece-se ao leitor os resultados das pesquisas até aqui completadas. Como sugere o subtítulo do livro, elas podem representar "um guia para novas leituras" da obra de Marx e constituirão o ponto de partida para ulteriores e ainda mais detalhados estudos.

Em 1957, no livro *Karl Marx: saggio di biografia intellettuale*[2], Maximilien Rubel, um dos mais notáveis conhecedores de Marx do século XX, escreveu que uma biografia monumental do mouro ainda não havia sido escrita. Essa afirmação, sessenta anos depois, permanece válida. As publicações da MEGA² refutaram todos os que declararam Marx como um autor acerca do qual tudo já foi dito e escrito. Porém, seria errôneo considerar – como afirmam, com clamor exagerado, os estudiosos que invocam um "Marx desconhecido" a cada publicação de um escrito inédito – que os textos recentemente publicados ultrapassem tudo aquilo que já se conhece desse autor.

Ainda há muito a se aprender com Marx. Hoje é possível fazê-lo não só pelas afirmações contidas nos livros que publicou, mas também pelas questões e dúvidas presentes nos seus manuscritos inacabados.

---

[1] Marcello Musto, *Ripensare Marx e i marxismi: studi e saggi* (Roma, Carocci, 2011).
[2] Maximilien Rubel, *Karl Marx: Essai de Biographie Intellectuelle* (Paris, Klincksieck, 2016).

1
Infância, adolescência e estudos de formação

1.1. O rabino ausente

Karl Marx nasceu em 5 de maio de 1818 em Trier, a mais antiga cidade da Alemanha. De origem romana, fundada no ano 16 a.C. com o nome de Augusta Treverorum, Trier foi um dos mais importantes centros administrativos do governo do Império Romano do Ocidente. Sede da prefeitura pretoriana da Gália, quartel-general de um importante bastião do exército e residência de muitos imperadores, Trier já contava com 80 mil habitantes no ano 300 d.C. No período medieval, foi a capital da arquidiocese durante muitos anos e manteve, com o passar dos tempos, o esplendor de seu intenso passado religioso. Johann Wolfgang von Goethe, que a visitou em 1792, descreveu-a assim: "a cidade tem um caráter particular, [...] é repleta, aliás, desequilibrada, por igrejas, capelas, claustros, conventos, seminários, casas de cavaleiros e de monges; enquanto, ao seu redor, a cidade está circundada, ou melhor, sitiada, por abadias, mosteiros e casas de aluguel"[1]. Mesmo assim, a partir do século XVIII, Trier entrou em decadência e, na época do nascimento de Marx, seu número de habitantes havia se reduzido a 11.400 pessoas[2].

A posição de fronteira entre a Alemanha e a França que Trier ocupou entre os anos de 1795 e 1814 permitiu à sua população se beneficiar das reformas econômicas e políticas do Código Napoleônico e do clima cultural do Iluminismo. Após a Revolução Francesa, os camponeses foram libertados da servidão feudal, os intelectuais, da coerção da Igreja, e a burguesia começou a aprovar leis liberais favoráveis a seu desenvolvimento.

---

[1] Johann Wolfgang von Goethe, "Kampagne in Frankreich", em *Sämtliche Werke*, v. 28 (Stuttgart, Cotta, 1911), p. 129.
[2] Ver *Trierische Kronik* (Trier, 1818), p. 85.

Trier, no entanto, situada na parte meridional da Renânia – região muito diferente daquela setentrional, desenvolvida graças à presença de diversas indústrias metalúrgicas e têxteis –, continuou sendo uma localidade essencialmente agrícola, caracterizada pela pequena propriedade rural e quase sem resquício de proletariado[3]. Apesar disso, a propagação da miséria fez dela uma das primeiras cidades alemãs em que, introduzidas por Ludwig Gall, surgiram as teorias do socialismo utópico francês.

Marx descendia de uma antiga família judia, e analisar sua árvore genealógica é se perder numa longa lista de rabinos que nela se sucedem no decorrer dos séculos[4]. O tio paterno, Samuel, foi rabino em Trier até 1827. O avô de Marx, Levy Mordechai, que reduziu seu sobrenome de Mordechai para Marx, ocupou o mesmo cargo até sua morte e tinha muitos rabinos entre seus ancestrais. Também foram ilustres os rabinos presentes entre os antepassados da mulher de Levy, Eva Lwów, filha de Moses Lwów, outro rabino de Trier, tais como Josua Heschel Lwów, pai de Moses e figura de primeiríssimo plano da comunidade judaica de seu tempo, e Aron Lwów, avô de Moses, proveniente da cidade polonesa de Lwów, da qual deriva seu nome. Antes de emigrar da Polônia, essa família viveu em Hesse e, anteriormente, aproximadamente na metade do século XV, na Itália. Em função das perseguições contra os judeus, Abraham Ha-Levi Minz foi obrigado a deixar a Alemanha, emigrando para Pádua, cidade na qual foi rabino e onde o marido de sua filha, Mayer Katzenellenbogen, tornou-se reitor da universidade talmúdica[5].

Quanto à linhagem rabínica, a família materna de Marx não era menos importante que a paterna. Embora as informações sejam escassas, sabe-se que a mãe de Marx, Henriette, era filha de Isaac Pressburg, rabino em Nimegue, na Holanda. A antiga família de que ele descendia, composta por judeus húngaros forçados a se mudar para os Países Baixos após as perseguições aos judeus, recebeu o nome da cidade de origem: Pressburg[6]. Durante suas mudanças, os Pressburg residiram também na

---

[3] Informações detalhadas sobre a cidade de Trier durante esse período podem ser encontradas em Emil Zenz, *Geschichte der Stadt Trier im 19. Jahrhundert* (Trier, Spee, 1979). Para uma descrição da influência que a cidade teve sobre Marx, ver Heinz Monz, *Karl Marx: Grundlagen der Entwicklung zu Leben und Werk* (Trier, NCO, 1973).
[4] Ver David McLellan, *Marx prima del marxismo* (Turim, Einaudi, 1974), p. 32.
[5] Informações sobre a família Lwów podem ser encontradas em H. Horowitz, "Die Familie Lwów", *Monatsschrift für Geschichte und Wissenschaft des Judentums*, v. 5, 1928, p. 487-99; disponível on-line. Para informações mais detalhadas sobre a família Marx, ver Manfred Schöncke (org.), *Karl und Heinrich Marx und ihre Geschwister* (Bonn, Pahl-Rugenstean Nachfolger, 1993).
[6] A propósito, ver a carta de Eleanor Marx a Henri Polak, de 31 de outubro de 1893, publicada em Werner Blumenberg, "Ein unbekanntes Kapitel aus Marx' Leben: Briefe an die holländischen Verwandten", *International Review of Social History*, v. 1, n. 1, 1956, p. 56; disponível on-line.

Itália, onde viveu Jehuda ben Eliezer Ha-Levi Minz, professor da Universidade de Pavia, e certamente também nesta família, como escreveu Eleanor, a última filha de Marx, "os filhos homens foram rabinos por centenas de anos"[7].

Com essa descendência, e sendo o único filho homem sobrevivente, pode-se dizer que Marx poderia ter tido a mesma sorte e que ele foi o rabino ausente. Porém, outras circunstâncias determinaram um destino diferente para ele. Seu pai, Hirschel, fez parte da geração de jovens judeus que decidiu se emancipar dos estreitos limites do mundo judaico (também nessa época, fizeram a mesma escolha Heinrich Heine[8] e Eduard Gans), ocluso, devido à sua própria cultura apartada e à hostilidade dos cristãos, em comunidades isoladas do resto do mundo e das transformações que o atravessavam[9]. Afinal, naquela época, abandonar a fé judaica constituía para os judeus não somente uma imposição a que deviam se curvar para não perder o trabalho, mas também, como dizia Heine, o ingresso que deviam pagar, do ponto de vista intelectual, para entrar na civilização europeia[10].

Após uma juventude complicada, em função da difícil situação familiar, Hirschel Marx alcançou, ao se tornar conselheiro de justiça no Tribunal de Recursos de Trier, uma boa posição e ocupou um cargo relevante na cidade. Todavia, em 1815, depois da anexação da Renânia pela Prússia, os judeus foram banidos de todos os órgãos públicos. Assim, obrigado a escolher entre a perda da profissão e a renúncia à religião dos avós, ele se fez batizar e mudou seu nome para Heinrich. Embora Trier fosse de maioria católica, Heinrich decidiu entrar na pequena comunidade protestante, da qual faziam parte apenas trezentos membros e que se caracterizava por um maior liberalismo. Sua conversão foi seguida pela dos filhos – entre os quais, o pequeno Karl –, ocorrida em agosto de 1824, e de sua mulher, no ano seguinte[11]. Não obstante a mudança de religião e a atmosfera iluminista que sempre se respirou em casa, na família de Marx perduraram muitos comportamentos e hábitos judeus, cujas influências não podem ser ignoradas se quisermos compreender sua infância e adolescência.

Dos primeiros anos de vida de Marx, não se conhece mais do que poucos detalhes. É plausível pensar que eles transcorreram felizes no ambiente sereno e culto

---

[7] Essa afirmação de Eleanor Marx é citada em Wilhelm Liebknecht, *Karl Marx zum Gedächtnis* (Nuremberg, Wörlein & Comp, 1896), p. 92.
[8] No decorrer de sua vida, Marx conheceu e se tornou grande amigo de Heine. Ver Walter Victor, *Marx und Heine* (Berlim, Bruno Henschel, 1951).
[9] Ver Isaiah Berlin, *Karl Marx* (Florença, La Nuova Italia, 1994), p. 34.
[10] Ver Auguste Cornu, *Marx e Engels* (Milão, Feltrinelli, 1962), p. 71.
[11] A propósito, ver David McLellan, *Karl Marx* (Milão, Rizzoli, 1976), p. 14; e Auguste Cornu, *Marx e Engels*, cit., p. 67-75.

de uma família burguesa, que via nele um filho particularmente dotado, no qual depositavam grandes esperanças. Educado no seio da família até os doze anos, sua primeira orientação espiritual proveio do racionalismo do pai, que exerceu uma profunda influência em sua formação. Espírito muito culto, Heinrich Marx era seguidor das teorias do Iluminismo e conhecia muito bem Voltaire, Jean-Jacques Rousseau e Gotthold Ephraim Lessing[12]. Livre de preconceitos religiosos e defensor de tendências liberais na política, educou o filho com modernos princípios pedagógicos. Marx sempre manteve um profundo afeto pelo pai, do qual "nunca se cansava de falar e levava consigo um velho daguerreótipo com o seu retrato"[13].

Por sua vez, a mãe, Henriette Pressburg, nascida em Nimegue, na Holanda, e que passou a residir em Trier após o casamento, era uma mulher sem instrução e que nunca conseguiu dominar a língua alemã. Completamente dedicada ao lar e à família, apreensiva e de mentalidade estreita, não teve qualquer papel no desenvolvimento intelectual do filho e nunca compreendeu suas aspirações. As relações que mãe e filho tiveram durante toda a vida foram esporádicas, conflituosas e, de certo período em diante, quase exclusivamente relativas a conflitos sobre a herança familiar. Também foram muito ocasionais e frias as relações de Marx com as três irmãs, que não tiveram qualquer importância em sua existência. Terceiro de nove filhos, devido à morte por tuberculose de cinco irmãos, ele viveu desde pequeno com essas três irmãs. Os muito escassos testemunhos mostram-no como um "terrível tirano" que obrigava as irmãs a "galopar como se fossem seus cavalos descendo pelo monte Markus, em Trier" e a comer "as *focaccias* que ele amassava com as mãos sujas e com a massa ainda mais suja". Por outro lado, elas consentiam com seus pedidos porque eram recompensadas pelas "histórias maravilhosas"[14] que o irmão lhes contava.

1.2. Na escola secundária em Trier

De 1830 a 1832, Marx frequentou o liceu Friedrich-Wilhelm, em Trier. O instituto, fundado pelos jesuítas no século XVI e reorganizado didaticamente após a anexação da Renânia pela Prússia, gozava de ótimos professores e se caracterizava pelo ensino racionalista e liberal. Essa educação, aliada àquela semelhante recebida do pai, conferiu a primeira *forma mentis* de Marx.

---

[12] Ver Boris Nicolaevsky e Otto Maenchen-Helfen, *Karl Marx* (Turim, Einaudi, 1969), p. 21; e Auguste Cornu, *Marx e Engels*, cit., p. 69.
[13] Esse testemunho de Eleanor Marx é citado em Hans Magnus Enzensberger (org.), *Colloqui con Marx ed Engels* (Turim, Einaudi, 1977), p. 219.
[14] Ibidem, p. 3.

O clima que então reinava na Prússia, ao contrário, se caracterizava pela repressão das liberdades civis e pela censura. Tanto que, em 1832, foi realizada em Hambach uma concorrida manifestação a favor da liberdade de expressão, a qual foi seguida pela repressão, ordenada pelo governo da Prússia, para calar qualquer voz dissidente. Uma comissão especialmente constituída para a supressão dos grupos politicamente perigosos dirigiu sua atenção a Trier e, após uma inspeção na escola frequentada por Marx, alguns professores foram acusados de exercer má influência sobre os jovens alunos. O diretor Hugo Wyttenbach, um iluminista fervoroso, foi indiciado e passou a ser vigiado por um vice-diretor, Vitus Loers, professor reacionário a quem o jovem Marx nunca deixou de expressar sua aversão, recusando-se a lhe fazer a então costumeira visita de despedida no final do período escolar.

A comissão governamental mirou também a Sociedade Literária do Cassino, ponto de encontro dos cidadãos progressistas de Trier e coração da oposição liberal da cidade. Assim, em 1834, depois de um banquete organizado em homenagem aos deputados locais de tendência liberal da Dieta Renana, durante o qual Heinrich Marx fez um discurso a favor de um regime constitucional moderado, e também de uma reunião em que a *Marselhesa* foi cantada e a bandeira francesa foi agitada, o prédio foi colocado sob vigilância policial[15].

Esse período da vida de Marx transcorreu com esses acontecimentos como pano de fundo. Ele era um dos mais jovens alunos de sua classe e dos poucos estudantes que não professavam a religião católica. Esses dois fatores, provavelmente, não lhe permitiram construir grandes amizades com os companheiros de escola, que, no entanto, pelo que se depreende dos depoimentos recolhidos, o respeitavam "pela facilidade com que compunha versos satíricos contra seus inimigos"[16].

Seus estudos foram de bom nível, mas não particularmente brilhantes. Nos elogios de fim de ano dirigidos aos alunos mais notáveis, ele foi mencionado apenas em duas ocasiões: uma vez pelo conhecimento das línguas antigas e outra por suas redações em alemão. Mesmo a aprovação final, embora satisfatória, não se distinguiu pelos méritos particulares. Lendo o diploma do ensino secundário de Marx, nota-se que seus conhecimentos gramaticais do alemão e seu modo de escrever foram avaliados como "muito bons". O latim e o grego, ele traduzia e explicava com facilidade e prudência, escrevia com riqueza de pensamentos e profunda penetração argumentativa e, ademais, havia adquirido certa fluência ao falar. "Em geral muito bem versado" em história e geografia, em francês lia com alguma ajuda mesmo coisas mais difíceis, ao passo

---

[15] Ver Auguste Cornu, *Marx e Engels*, cit., p. 72-3.
[16] Essa lembrança de Eleanor Marx é citada em David Riazanov (org.), *Karl Marx als Denker* (Frankfurt am Main, Makol, 1971), p. 27.

que da matemática tinha "bom conhecimento", e com a física, uma familiaridade mediana. O estudante Marx tinha "muito claro e bem fundamentado" mesmo o conhecimento da doutrina religiosa, da moral cristã e, "em certa medida, da história da Igreja romana". A banca examinadora o aprovou, portanto, "com a esperança de que ele corresponda às boas perspectivas que suas aptidões justificam"[17].

Marx realizou as provas conclusivas na escola secundária em agosto de 1835 e suas redações de religião, latim e alemão constituem as primeiras fontes diretas de interpretação do início de sua formação intelectual[18]. A última dessas redações, *Reflexões de um jovem perante a escolha de sua profissão*, é particularmente interessante. Embora o texto fosse uma típica manifestação das concepções humanistas do Iluminismo alemão então predominante[19], ele chamou a atenção de diversos estudiosos porque demarca as reflexões de Marx sobre a responsabilidade de cada indivíduo no ato de assumir a difícil escolha da atividade profissional. Marx afirma que, ao tomar essa decisão, é preciso se guiar principalmente pelo bem da humanidade e que a história considerava verdadeiramente grandes os homens que agiam pelo bem de todos:

> quando escolhemos a profissão na qual melhor podemos trabalhar pela humanidade, então os fardos não podem mais nos castigar, pois eles são apenas um sacrifício pelo bem de todos. Assim, não desfrutamos de uma alegria pobre, limitada e egoísta, mas a nossa felicidade pertence a milhões, nossas realizações vivem em silêncio, mas para sempre operantes, e as nossas cinzas serão banhadas pelas lágrimas ardentes de homens nobres.[20]

A redação final de alemão também contém uma frase que suscitou debate entre os intérpretes de Marx: "nem sempre podemos abraçar a profissão pela qual nos sentimos atraídos; nossa posição dentro da sociedade está, em certa medida, já delineada antes mesmo que estejamos em condições de determiná-la"[21]. Alguns marxistas, que afirmam que o pensamento de Marx já está consolidado antes mesmo de seus longos e aprofundados estudos, passaram a considerar essa afirmação

---

[17] "Diploma di maturità per l'alunno del ginnasio di Treviri Karl Marx", em *Marx Engels Opere*, v. 1 (Roma, Editori Riuniti, 1980), p. 741.

[18] Sobre as redações de Marx durante seus estudos secundários, ver Carl Grünberg, "Marx als Abiturient", *Archiv für die Geschichte des Sozialismus und der Arbeiterbewegung*, v. 2, 1925, p. 424-33; Vários Autores, *Der unbekannte junge Marx* (Mainz, Institut für staatsbürgerliche Bildung in Rheinland-Pfalz, 1973), p. 9-146; e Marco Duichin, *Il primo Marx* (Roma, Cadmo, 1982), p. 45-67.

[19] Ver David McLellan, *Marx prima del marxismo*, cit., p. 42.

[20] Karl Marx, "Considerazioni di un giovane in occasione della scelta di una professione", em *Marx Engels Opere*, v. 1, cit., p. 7.

[21] Ibidem, p. 4.

o primeiro escrito em que se expõe a concepção materialista da história[22]. Mas, na verdade, o formando de apenas dezessete anos queria, simplesmente, dizer que a escolha da profissão a ser exercida estava sempre ligada às circunstâncias objetivas da existência de todo ser humano.

1.3. O *studiosus juris* em Bonn

Formado na escola secundária, o jovem de dezessete anos rendeu-se ao desejo do pai, que queria direcioná-lo à profissão de advogado. Embora não tivesse qualquer particular predileção por essa área, Marx inscreveu-se, em 1835, na faculdade de direito. Dessa forma, para continuar os estudos, em outubro de 1835, ele se mudou para Bonn, a sede universitária mais próxima de Trier e o principal centro intelectual da Renânia.

Com 40 mil habitantes, Bonn era ligeiramente maior que Trier, mas muito mais vibrante, e exerceu uma indubitável atração sobre Marx. Muitas atividades estavam concentradas em torno da universidade, que contava com mais de sessenta professores e cerca de setecentos estudantes. O corpo docente, que incluía o ilustre filósofo August W. Schlegel, determinava o clima cultural de toda a cidade e na época era dominado pelo Romantismo, inspirado na doutrina de Friedrich W. J. von Schelling. Por sua vez, os estudantes, que gozavam de ampla liberdade, constituíam a parte mais viva da sociedade e haviam promovido várias iniciativas políticas.

Pouco antes da chegada de Marx, no entanto, a situação era bem diferente. Em abril de 1833, um grupo de estudantes tentara dissolver a Dieta federal e promover um governo renano independente. A esse golpe, facilmente reprimido, seguiu-se uma temporada de perseguição às associações estudantis. Uma em particular, a Associação Liberal Estudantil, foi extinta e seus membros foram expulsos da universidade ou presos. Quando Marx chegou a Bonn, a repressão ainda estava em plena execução pela polícia e por uma rede de espionagem destinada a denunciar, prender ou afastar todos os suspeitos. O temor das sanções levou grande parte dos estudantes a ficar longe da atividade política e preferir a bebedeira nos bares, a esbórnia e os duelos. As únicas associações toleradas foram as corporações, formadas por filhos da nobre-

---

[22] Entre os mais notáveis autores que cometeram esse erro, encontra-se Franz Mehring, que afirmou: "na mente do menino, surge a primeira fagulha da ideia que, depois de homem feito, completará e desenvolverá em todos os seus aspectos e que, com o tempo, viria a ser mérito imortal de sua vida"; Franz Mehring, *Karl Marx* (São Paulo, Sundermann, 2013), p. 21; e Auguste Cornu, que, embora tivesse advertido o leitor para não "exagerar a importância dessa frase", escreveu: "nela, Marx sublinha pela primeira vez a função das relações sociais na determinação da vida dos homens"; Auguste Cornu, *Marx e Engels*, cit., p. 79.

za, e os círculos, nos quais os estudantes se juntavam com base em suas cidades de origem. Marx entrou na associação dos estudantes originários de Trier, que contava com cerca de trinta filiados, da qual se tornou membro assíduo e, rapidamente, um dos cinco presidentes[23].

Uma vez que as cartas que Marx escreveu de Bonn a seus pais se perderam, as correspondências dirigidas a ele por seu pai representam a única fonte direta de reconstrução biográfica desse período e constituem um instrumento fundamental para sua descrição. Ao *studiosus juris*[24] Karl, Heinrich Marx dirigiu nessa fase refletidas recomendações e grandes esperanças: "não tenho qualquer dúvida sobre a tua boa vontade e a tua diligência, nem mesmo sobre tua firme resolução em fazer algo grandioso".

Quando chegou a Bonn, Marx dedicou-se aos estudos com grande empenho e entusiasmo. Sua vontade de aprender era tal que, durante o primeiro semestre de inverno, se matriculou em nada menos que nove cursos. Todavia, após uma advertência do pai – "nove cursos é um pouco demais, e não gostaria que fizesse mais do que o corpo e o espírito podem suportar"[25] –, Marx se convenceu a reduzir o número a seis, deixando de lado aqueles relacionados à física e à química. Todas as aulas foram seguidas com assiduidade e atenção e, paralelamente às disciplinas diretamente concernentes a seu curso (enciclopédia da ciência jurídica; instituições; e história do direito romano), ele se matriculou nos cursos de mitologia greco-romana, história da arte moderna e questões sobre Homero, este último ministrado pelo próprio Schlegel. Tal escolha mostra a pluralidade de interesses do jovem acadêmico e revela sua grande paixão pela poesia. Foi nessa época, de fato, que Marx começou a escrever alguns poemas[26] e se tornou membro do Clube dos Poetas.

Como se deduz das missivas do pai, com o dinheiro que este lhe enviava, Marx rapidamente adquiriu muitos livros, sobretudo grandes obras de história[27]. Seus estudos foram muito intensos e, não obstante os conselhos paternos – "se dás ao teu espírito um alimento forte e saudável, não te esqueças de que, nesta mísera terra, o

---

[23] Sobre a estadia de Marx em Bonn, ver Auguste Cornu, *Marx e Engels*, cit., p. 82-7.
[24] Ver "Heinrich Marx a Karl Marx, 19 marzo 1836", em *Marx Engels Opere*, v. 1, cit., p. 750.
[25] Ver "Heinrich Marx a Karl Marx, 18-29 novembre 1835", idem, p. 743.
[26] Desde o período de seu ensino secundário, Marx compôs alguns breves poemas que foram transcritos numa bela cópia e conservados por sua irmã Sophie. Um deles "Auf Karl den Großen" [Para Carlos Magno], datado de 1833, mostra a influência que as ideias do diretor Hugo Wyttenbach tiveram à época sobre Marx e é o seu mais antigo escrito conservado. Ver Karl Marx, "Gedichte. Aus einem Notizbuch von Sophie Marx", MEGA², v. I/1 (Berlim, Dietz, 1975), p. 760-3.
[27] Ver "Heinrich Marx a Karl Marx, febbraio-primi di marzo del 1836", em *Marx Engels Opere*, v. 1, cit., p. 747.

corpo o acompanha e condiciona o bom funcionamento de toda a máquina. [...] Por isso, não estudes mais do que a tua saúde pode suportar"[28] –, Marx adoeceu em função do excesso de trabalho depois de apenas seis meses de sua chegada.

O pai o advertiu uma vez mais a respeito: "espero pelo menos que a triste experiência te tenha mostrado a necessidade de cuidar mais da saúde. [...] Nesse caso, até mesmo o estudo excessivo é uma loucura. [...] Não existe ser mais infeliz que o erudito doente"[29]. Dessa maneira, vencido pelas circunstâncias, limitou a quatro o número de cursos universitários durante o semestre de verão: história do direito alemão, direito internacional europeu, direito natural e elegias de Propércio, também este lecionado por Schlegel. Para esse menor comprometimento com o curso contribuíram, além do cansaço acumulado, os excessos típicos da vida estudantil, pelos quais foi conquistado nesse meio-tempo. Nesse período, Marx gastou muito dinheiro, contraiu dívidas, e o pai foi muitas vezes obrigado a lhe enviar mais divisas. Além disso, comprou uma arma e, descoberto pela polícia, foi submetido a uma investigação por porte ilegal de arma; foi punido com um dia de prisão por "ruídos noturnos e embriaguez"[30]; e, por fim, participou de um duelo com outro aluno, no qual foi ferido levemente na parte superior do olho esquerdo.

Portanto, de maneira geral, o ano passado em Bonn frustrou as expectativas do pai que, por essa razão, decidiu transferir o filho para a Universidade de Berlim. Antes de partir para a capital prussiana, Marx passou as férias de verão em Trier e, nesse período, secretamente ficou noivo daquela que se tornaria sua parceira de toda a vida, Jenny von Westphalen, uma moça muito cobiçada por sua beleza e posição social. Todavia, temendo que a família von Westphalen pudesse recusar a união, devido à distância social entre os dois – Marx era um reles burguês, de origem judaica, com dezoito anos recém-completados, ou seja, quatro anos mais jovem que sua amada, circunstância absolutamente insólita naquela época –, a notícia foi inicialmente omitida à família de Jenny von Westphalen.

Ela pertencia a um mundo completamente distinto do de Marx. Era filha do barão Ludwig von Westphalen, eminente funcionário do governo e típico representante da classe alemã mais culta e liberal. O barão era um homem fascinante e de mente aberta, que falava inglês perfeitamente, lia em latim, grego antigo, italiano, francês e espanhol, e que logo estabeleceu uma ótima relação com o jovem Marx, de quem apreciava a marcante vivacidade intelectual. Diferentemente do pai de Marx, suas preferências literárias não se dirigiam aos racionalistas e aos clássicos franceses, mas

---

[28] Ver "Heinrich Marx a Karl Marx, 18-29 novembre 1835", idem, p. 745.
[29] Ver "Heinrich Marx a Karl Marx, febbraio-primi di marzo del 1836", idem, p. 747 e 749.
[30] Ver o "Certificato di congedo dell'università di Bonn", idem, p. 755.

à escola romântica. Assim, "enquanto o pai lia para ele Voltaire e Racine, o barão declamava Homero e Shakespeare, que ficaram sendo para sempre seus autores preferidos"[31]. Ademais, von Westphalen era também muito atento à questão social e foi quem suscitou o interesse inicial de Marx por Saint-Simon[32]. Ele exerceu grande influência sobre Marx, dando-lhe estímulos que suas outras duas fontes educativas – o ambiente familiar e a escola – não lhe haviam dado, razão pela qual Marx sempre lhe dedicou um sentimento de gratidão e admiração, como demonstra a dedicatória de sua tese de doutorado, que dirigiu ao próprio von Westphalen, poucos anos depois.

1.4. Nos braços do inimigo

Com 320 mil habitantes em 1836, Berlim era, depois de Viena, o lugar mais populoso entre os territórios de língua alemã. A cidade reunia a burocracia prussiana, exprimia uma intensa vida intelectual e foi a primeira grande metrópole conhecida por Marx.

A Universidade Friedrich Wilhelms[33], fundada em 1810, contava então com 2.100 estudantes, concentrava muitos dos mais célebres professores da época – o próprio Georg W. F. Hegel fora professor ali entre 1818 e 1831, ano de sua morte – e representava o ambiente mais sério e propício para conduzir os estudos. Ludwig Feuerbach, que naquele período também fora estudante da mesma universidade, afirmou, a respeito de sua qualidade, que, "em relação a este templo do trabalho, as outras universidades parecem tabernas"[34].

Neste novo contexto e com as novas responsabilidades derivadas do noivado, Marx abandonou a falta de cuidados da segunda parte de seu período em Bonn e se dedicou, com paixão e diligência renovadas, aos estudos. Todavia, em comparação com o ano anterior, sua conduta em relação à universidade mudou. Ele se preocupou muito menos com aulas, haja vista que, durante os nove semestres em Berlim, matriculou-se apenas em treze cursos e ficou dois semestres sem frequentar nenhum. No semestre de inverno de 1836-37, Marx se restringiu aos cursos sobre as *Pandectas*[35], de direito criminal e de antropologia. Os dois primeiros, aos quais

---

[31] Eleanor Marx, "Erinnerungen von Eleanor Marx", *Die Neue Zeit*, vol. 1, n. 5, 1883, p. 441.
[32] Ver o testemunho de Maxim Kovalevsky, em Vários Autores, *Mohr und General. Erinnerungen an Marx und Engels* (Berlim, Dietz, 1965), p. 394. Ver também Auguste Cornu, *Marx e Engels*, cit., p. 82.
[33] Desde 1948, essa universidade se chama Universidade Humboldt.
[34] Ludwig Feuerbach, "Ludwig an den Vater, Berlin, den 6 july 1824", em Karl Grün (org.), *Ludwig Feuerbach, Sein Briefwechsel und Nachlaß* (Leipzig-Heidelberg, Winter, 1874), p. 183.
[35] As *Pandectas* formam a mais importante das quatro partes do *Corpus iuris civilis*, redigido, entre 528 e 534, por ordem do imperador Justiniano. Nelas foram recolhidos escritos e pensamentos

se dedicou com assiduidade e zelo, eram ministrados por dois dos maiores juristas da época: Friedrich Carl von Savigny e Eduard Gans. O primeiro, fundador e principal teórico da Escola Histórica do Direito, propunha uma exaltação do passado, tinha uma perspectiva romântica e defendia o conservadorismo político. O segundo, discípulo de Hegel e saint-simoniano, ao contrário, era um paladino da Berlim progressista, o mais avançado liberal no campo político, e contribuiu para o desenvolvimento dessas tendências em Marx e para seu interesse pelo hegelianismo.

A participação de Marx nas atividades da universidade nos dá uma ideia muito parcial de seu trabalho intelectual. Naqueles anos, limitou-se a frequentar os cursos obrigatórios para realizar as provas de direito eclesiástico, processo civil, processo civil prussiano, processo penal, direito civil prussiano, direito hereditário[36], além de outras quatro matérias: lógica, geografia, Isaías e Eurípedes. Mas, de fato, enclausurado na sala de estudos desde que chegou à cidade, ele iniciou, com prodigioso empenho, pesquisas independentes que lhe permitiram em pouco tempo se apropriar de muitos conhecimentos que, provavelmente, não teria conseguido assimilar se houvesse seguido apenas os cursos acadêmicos.

O processo de aprendizagem de Marx nesta fase pode ser reconstruído graças à carta escrita ao seu pai em novembro de 1837, a única que restou de todo o período universitário e que representa um precioso documento biográfico do primeiro ano transcorrido em Berlim. Inspirado pelo amor à namorada e preocupado com o caráter incerto dessa união ainda não oficial, ele se dedicou sobretudo à poesia. De outubro a dezembro de 1836, compôs três cadernos de poemas sucessivamente enviados à "minha cara, eternamente amada, Jenny v. Westphalen"[37]: o *Buch der Liebe* [Livro do amor], dividido em duas partes, e o *Volksliedersammlung* [Livro dos cantos]. Os versos, caracterizados pelo sujeito convencional do amor trágico e por uma forma lírica pesada e desastrada, não deixavam transparecer qualquer dote poético especial[38].

---

    dos mais notáveis juristas romanos, a fim de fornecer uma síntese de toda a jurisprudência imperial dos séculos anteriores.

[36] Ver Sepp Miller e Bruno Sawadzki, *Karl Marx in Berlin* (Berlim, Das Neue Berlin, 1956), p. 113; e Boris Nicolaevsky e Otto Maenchen-Helfen, *Karl Marx,* cit., p. 51-2.

[37] Karl Marx, "Buch der Liebe", MEGA², v. I/1, cit., p. 479.

[38] Ver Auguste Cornu, *Marx e Engels,* cit., p. 89-90, e Franz Mehring, "Einleitung", em Franz Mehring (org.), *Aus dem literarischen Nachlaß von Karl Marx, Friedrich Engels und Ferdinand Lassalle*, v. 1 (Stuttgart, Dietz, 1902), p. 25-6, em que é reportado o testemunho da segunda filha de Marx, Laura, sobre os poemas: "devo lhes dizer que meu pai tratava esses versos com muita irreverência; todas as vezes que meus pais falavam sobre o assunto, riam de peito aberto de todas aquelas loucuras da juventude". Ou seja, como observou Franz Mehring: "o dom do verso não estava entre os talentos colocados em seu berço pelas musas"; *Karl Marx,* cit., p. 27. O próprio Marx, na carta endereçada ao

Para Marx, no entanto, "a poesia podia e devia ser apenas um acompanhamento". Ele se sentia cada vez mais "levado a lutar com a filosofia" e tinha a tarefa de estudar direito. Assim, iniciou a leitura dos juristas alemães Johann Gottlieb Heineccius e Anton Friedrich Justus Thibaut, traduziu os primeiros livros das *Pandectas* e tentou, ao mesmo tempo, "realizar uma filosofia do direito que abraçasse todo o âmbito do próprio direito"[39]. Guiado pelo desejo de construir uma relação entre as questões abordadas, passou do estudo dos aspectos empíricos do direito à jurisprudência e desta à filosofia em geral[40]. Dessa forma, redigiu "um trabalho de quase trezentas páginas", que ficou incompleto e foi, posteriormente, perdido, que desenvolveu em duas partes: uma "metafísica do direito" e uma "filosofia do direito". Embora não tenha concluído o manuscrito, sua redação o levou a se apaixonar "pela matéria e ter dela uma visão abrangente". Ele percebeu "o equívoco do todo, que no esquema fundamental se aproxima do kantiano" e se convenceu "de que sem filosofia não se poderia resolver nada". Sendo assim, escreveu "um novo sistema metafísico de base", em cuja conclusão, entretanto, teve de "reconhecer o absurdo dele e de todos os trabalhos [...] anteriores".

Aos poucos, a filosofia foi se impondo cada vez mais sobre os estudos de direito e a perspectiva de uma carreira acadêmica em vez da jurídica desejada pelo pai prevaleceu. Além disso, ao lado da filosofia, Marx expandiu seus interesses em muitas outras direções. Ele adquiriu "o hábito de fazer resumos de todos os livros que lia e de vez em quando lançar suas reflexões"[41] sobre alguns deles. Esse hábito de fazer resumos, com uma grafia diminuta e quase ilegível, foi conservado por toda sua vida. Marx estreou seus manuscritos com resenhas de *Laocoonte*, de Gotthold Ephraim Lessing, de *Erwin*, de Karl Wilhelm Ferdinand Solger, de *Geschichte der Kunst des Alterthums* [História da arte da Antiguidade], de Johann Joachim Winckelmann, e de *Geschichte des teutschen Volkes* [História do povo alemão], de Heinrich Luden[42].

---

pai em novembro de 1837 – portanto, apenas um ano depois de escrever seus poemas –, avaliou-os com muita severidade: "ataques ao presente, sentimento expresso de modo prolixo e sem forma, uma absoluta falta de naturalidade, construções totalmente quiméricas, o mais completo contraste entre aquilo que é e aquilo que deve ser, reflexões retóricas em vez de ideias poéticas, mas talvez um certo calor de sentimentos e uma aspiração ao impulso poético caracterizam todos os poemas dos três primeiros arquivos que Jenny recebeu de mim"; Karl Marx, "Lettera al padre a Treviri", *Marx Engels Opere*, v. 1, cit., p. 9. Marx também enviou seus poemas ao *Deutscher Musenalmanach* [Almanaque alemão das Musas], mas a revista não os julgou publicáveis.

[39] Ibidem, p. 9-10.
[40] Ver Istávn Meszáros, "Marx 'filosófico'", em Eric. J. Hobsbawm (org.), *História do marxismo*, v. 1 (trad. Carlos Nelson Coutinho e Nemésio Salles, Rio de Janeiro, Paz & Terra, 1979), p. 158-9.
[41] Karl Marx, "Lettera al padre a Treviri", cit., p. 10 e 13.
[42] Infelizmente, esses excertos foram perdidos.

Nesse mesmo período, ele também traduziu dois clássicos latinos: *Germânia*, de Tácito, e *Tristia*, de Ovídio; começou a estudar a gramática inglesa e italiana; leu os *Grundsätze des gemeinen deutschen und preußischen peinlichen Rechts* [Princípios fundamentais de direito penal e observações sobre as leis prussianas], de Ernst Ferdinand Klein e, concisamente, todas as principais novidades literárias.

A despeito das contínuas advertências do pai, que insistentemente lhe implorou para não exagerar nos estudos e para "poupar a tua saúde enquanto enriquece o espírito"[43], Marx trabalhou duro. Voltou a compor poesias e escreveu outro caderno de poemas, que dedicou ao pai por ocasião de seus sessenta anos. Nesse caderno, ao lado de vários outros poemas, estão incluídos o primeiro ato de *Oulanem*, um drama fantástico em versos, e alguns capítulos do romance humorístico *Escorpião e Félix*, uma tentativa malsucedida de zombar da Berlim filisteia. Mas são interessantes alguns dos *Epigramme* [Epigramas] contidos no mesmo caderno, que documentam sua abordagem crítica de então em relação a Hegel. Por fim, entre os principais interesses de Marx nesse período estão também o teatro e as questões literárias, haja vista que, desde 1837, embora tivesse apenas dezenove anos, planejava fundar uma revista de crítica literária[44].

Foi assim que, depois de uma intensa fase de estudos dedicada ao direito, à filosofia, à arte, à literatura, às línguas e à poesia, e em função do envolvimento emotivo que acompanhou suas pesquisas[45], ele adoeceu. Por recomendação de um médico, que o aconselhou a repousar no campo[46], deixou Berlim e foi para Stralow[47], um vilarejo de pescadores nos arredores da capital prussiana, a mais ou menos uma hora da universidade.

Essa estadia, em vez de representar um período de pausa, constituiu uma importante etapa da evolução intelectual de Marx: "uma cortina caiu, meu santuário foi

---

[43] Ver "Heinrich Marx a Karl Marx, 9 novembre 1836", em *Marx Engels Opere*, v. 1, cit., p. 75, que continuava: "se Deus quiser, tu tens ainda muito tempo por viver, pelo teu bem, pelo bem de tua família e, se meus pressentimentos não me enganam, pelo bem da humanidade".

[44] Os vestígios desse projeto se encontram numa carta de seu pai; ver "Heinrich Marx a Karl Marx, 16 settembre 1837", idem, p. 777.

[45] Ver Karl Marx, "Lettera al padre a Treviri", cit., p. 9: "vejo a vida em geral como expressão de uma atividade intelectual que se desenvolve em todas as direções, na ciência, na arte e nas relações privadas".

[46] Ver ibidem, p. 14: "durante o primeiro semestre, devido às múltiplas tarefas, tive que ficar acordado muitas noites, suportar muitas lutas, muitas tensões internas e externas, sem, no entanto, obter no final grande enriquecimento; além disso, negligenciei a natureza, a arte, o mundo, e distanciei os amigos: essas parecem ser as reflexões feitas por meu corpo; um médico me aconselhou a ir para o campo".

[47] Hoje, esse vilarejo corresponde ao distrito de Stralau, em Berlim.

quebrado e novos deuses tiveram que ser instalados". De fato, após um profundo conflito interior, ele se libertou definitivamente do romantismo e se afastou do idealismo kantiano e fichtiano, que haviam sido para ele "modelo e alimento" para "procurar a ideia na própria realidade". Até ali, Marx havia lido apenas "fragmentos da filosofia de Hegel, cuja grotesca melodia rochosa não lhe agradara". Em Stralow, contudo, leu "Hegel do princípio ao fim e a maior parte de seus discípulos", mas sua conversão ao hegelianismo não foi imediata. Para determinar melhor a concepção que adquiria naquele momento, ele compôs um diálogo de "24 folhas"[48] com o título *Kleanthes, oder vom Ausgangspunkt und notwendigen Fortgang der Philosophie* [Cleantes, ou o ponto de partida e o progresso necessário da filosofia], também este desaparecido, no qual tentou unir "a arte e a ciência". Sua redação, fruto de estudos de história, ciências da natureza e textos de Schelling, custou a Marx uma "fadiga infinita". Além disso, o resultado do trabalho o desanimou porque "esta minha criatura favorita, alimentada ao luar, me carrega como uma sereia enganosa nos braços do inimigo", ou seja, o leva à adesão à filosofia de Hegel.

Tomado pela raiva em função da conclusão de suas reflexões, Marx ficou, "por alguns dias, totalmente incapaz de pensar"[49]. Abandonou temporariamente a filosofia, a fim de imergir novamente nos estudos do direito, dedicando-se a *Das Recht des Besitzes* [O direito de posse], de Friedrich Carl von Savigny, *Lehrbuch des gemeinen in Deutschland geltenden Peinlichen Rechts* [Manual de direito penal alemão], de Anselm Ritter von Feuerbach, *Grundsätze der Kriminalrechtswissenschaft* [Princípios fundamentais da ciência do direito penal], de Karl von Grolman, *De verborum significatione tituli Pandectarum* [Significado das palavras no título das Pandectas], de Andreas G. Cramer, *Lehrbuch des gemeinen Civilrechtes* [Manual de direito civil geral], de Johann Nepomuk von Wenning-Ingenheim, *Doctrina Pandectarum* [Ciência das Pandectas], de Christian Friedrich Mühlenbruch, *Concordia discordantium canonum* [Concordância das discordâncias dos cânones], de Graciano, e *Corpus iuris canonici* [Instituições de direito canônico], de Giovan Paolo Lancellotti. Ademais, leu o livro *De dignitate et augmentis scientiarum* [Dignidade e progresso das ciências], de Francis Bacon, o volume *Allgemeine Betrachtungen Über Die Triebe Der Thiere* [Sobre os instintos artísticos dos animais], de Hermann Samuel Reimarus, e traduziu parcialmente a *Retórica*, de Aristóteles[50].

---

[48] Por "folha" (*Druckbogen*), Marx entendia dezesseis páginas. Trata-se, portanto, de um texto corpulento de mais de trezentas páginas manuscritas.
[49] Karl Marx, "Lettera al padre a Treviri", cit., p. 14-5.
[50] Ver ibidem, p. 15.

Ao fim desse período, por causa dos "inúteis, falidos trabalhos intelectuais" e pelo "ódio ardente de ter que tomar como referência uma concepção de que não gosto" – a hegeliana –, Marx teve um colapso nervoso e, quando se restabeleceu, "queimou todas as poesias e os esboços de contos"[51] até então compostos. Sua pesquisa ainda tinha um longo caminho a percorrer.

1.5. Um jovem hegeliano em Berlim

A partir de 1837, apresentado por Adolf Rutenberg, seu amigo mais íntimo na época, Marx passou a frequentar o Clube dos Doutores, círculo de escritores, professores e estudantes da esquerda hegeliana de Berlim, que surgiu nesse mesmo ano e ao qual pertenciam, entre outros, Bruno Bauer, Karl Friedrich Köppen, Heinrich Bernhard Oppenheim e Ludwig Buhl[52]. Foi justamente graças a eles que Marx se "associou, cada vez mais firmemente, à atual filosofia do mundo, da qual imaginava ter escapado": o hegelianismo. Também nessa fase, ele continuou estudando e escrevendo intensamente e, em novembro, afirmou ao pai que "não poderia ter paz enquanto não alcançasse a modernidade e o ponto de vista da concepção científica atual, por meio de algumas obras ruins como *Den Besuch* [A visita]"[53].

O pai, no entanto, reagiu às escolhas do filho com severidade, expressando sua grande preocupação pelo método de trabalho adotado e sua discordância com as áreas de interesse que se tornaram prevalentes para ele:

> Ai de mim! A desordem, um sombrio vagar por todos os campos do saber, um sombrio remoer pela sombria lâmpada a óleo [...]. E é aqui, nesta forja de erudição insensata e sem sentido, que devem amadurecer os frutos que confortam a ti e a teus entes queridos? É aqui que deve ser guardada a colheita que pode ser usada para cumprir teus deveres sagrados? [... Isso] indica apenas como tu desperdiças teus talentos e cuida de tuas noites para dar à luz monstros; que tu segues os passos dos novos genes malignos que mudam suas palavras até que os próprios não as entendam mais.[54]

Pouco tempo depois dessa advertência, Heinrich Marx adoeceu e, em maio de 1838, morreu de tuberculose. Com sua partida, os vínculos que ligavam Marx à sua família se afrouxaram e, livre do confronto crítico do pai, que com o tempo

---

[51] Idem.
[52] Ver Sepp Miller e Bruno Sawadzki, *Karl Marx in Berlin,* cit., p. 68-75.
[53] Karl Marx, "Lettera al padre a Treviri", cit., p. 16.
[54] "Heinrich Marx a Karl Marx, 9 dicembre 1837", em *Marx Engels Opere,* v. 1, cit., p. 788-9. Ver também Ernst Bloch, *Karl Marx* (Bolonha, il Mulino, 1972), p. 34.

provavelmente levaria a um conflito entre os dois[55], ele pôde seguir seu caminho com mais desenvoltura[56].

Nesta fase, o Clube dos Doutores se tornou o centro da formação de Marx e serviu como estímulo e impulso para toda sua atividade. Após a cisão entre a esquerda e a direita hegeliana, ocorrida justamente naqueles anos, reuniram-se no círculo de Berlim algumas das mentes mais progressistas da Prússia daquele tempo, as mesmas que, na luta entre conservadorismo e liberalismo, aderiram à causa deste último. Embora na época de suas primeiras visitas à sede do Clube dos Doutores Marx tivesse apenas vinte anos, graças à sua brilhante personalidade não apenas foi tratado de igual para igual por todos os seus membros, em média dez anos mais velhos que ele, mas também conseguiu exercer sobre eles uma grande influência intelectual e frequentemente orientar suas discussões[57].

Desde o início de 1839, Marx se aproximou cada vez mais de Bruno Bauer, que o estimulava insistentemente a se formar rápido na universidade. Para tanto, ele se dedicou a um estudo aprofundado da filosofia de Epicuro e, até o princípio de 1840, redigiu sete cadernos preparatórios[58], que levariam a uma dissertação sobre filosofia grega, mais tarde intitulada *Diferença entre a filosofia da natureza de Demócrito e a de Epicuro*. Esse foi o único escrito estritamente filosófico de toda sua vida[59]. A tese, provavelmente parte de um projeto mais geral sobre filosofia antiga, foi redigida entre a segunda metade de 1840 e março de 1841, e consistia num prefácio, duas seções

---

[55] Ver Auguste Cornu, *Marx e Engels*, cit., p. 126.

[56] Com a morte de Heinrich Marx, interrompeu-se também aquela preciosa troca de correspondências pela qual é possível ter notícias sobre a vida de Marx durante seu período universitário. Segundo a última filha de Marx, Eleanor, essas cartas "mostram o jovem Marx amadurecendo, no adolescente, o futuro adulto. Já se vê sua excepcional capacidade de trabalho e a paixão pelo trabalho que marcou toda sua vida. Para ele, nenhuma tarefa era muito cansativa e nunca os seus escritos trouxeram marcas de desleixo ou negligência. [...] Ver com clareza em si mesmo era seu objetivo e aqui também o observamos criticando a si próprio e sua obra com extrema severidade. [...] E o veremos, tal como mais tarde, enquanto um leitor que não se limita a uma só disciplina, mas que lê, abraça e devora tudo: ciência jurídica, história, poesia, arte. Não há nada que não leve água ao seu moinho; e tudo o que ele fez, fez dedicando-se por completo"; Eleanor Marx, "Marx' Briefe an seinen Vater", *Die Neue Zeit*, v. 16, n. 1, 1898, p. 4-12.

[57] Ver Auguste Cornu, *Marx e Engels*, cit., p. 151.

[58] Muito provavelmente, esses sete cadernos são apenas uma parte de um trabalho preparatório mais amplo para sua tese doutoral. Ver Maximilien Rubel, "Philosophie Épicurienne. Notice", em Karl Marx, *Œuvres III. Philosophie* (org. Maximilien Rubel, Paris, Gallimard, 1982), p. 786. Os chamados *Hefte zur epikureischen Philosophie* [Cadernos sobre a filosofia epicurista] foram publicados em tradução italiana em *Marx Engels Opere*, v. 1, cit., p. 423-567.

[59] Ver Maximilien Rubel, "Différence de la philosophie naturelle chez Démocrite et chez Épicure, avec un appendice. Notice", em Karl Marx, *Œuvres III*, cit., p. 6.

de cinco capítulos cada uma – o quarto e o quinto capítulos da primeira parte, no entanto, foram perdidos – e um apêndice dedicado à crítica de Plutarco a Epicuro, também esse perdido, exceto algumas anotações[60].

A grande quantidade de tempo empregada por Marx para completar seu trabalho se deveu à extrema meticulosidade com que normalmente procedia nos estudos e à rigorosa autocrítica à qual submetia cada uma de suas reflexões[61]. O desejo de participar da luta política em que estava empenhada a esquerda hegeliana era muito forte nele, mas a consciência de que era mais útil empregar o próprio tempo em pesquisas, para ampliar o próprio conhecimento e melhor determinar sua concepção de mundo, era ainda maior. Além de Epicuro, ele empreendeu o estudo de muitos outros autores. Durante a primeira metade de 1840, começou a ler e resumir *Da alma*, de Aristóteles, e planejou escrever uma crítica de *Logische Untersuchungen* [Investigações lógicas], de Friedrich Adolf Trendelenburg. Ademais, almejava escrever um livro contra o teólogo Georg Hermes e um panfleto polêmico contra *Die Idee der Gottheit* [A ideia da divindade], de Karl P. Fischer[62]. Marx não concluiu nenhum desses projetos.

Entre janeiro e abril de 1841, isto é, durante e após a redação da última parte de sua tese, como prova de seu desejo de empregar suas energias num estudo rigoroso em vez de na redação de artigos extemporâneos[63], Marx compilou, com a ajuda de um copista calígrafo, seis cadernos de excertos, em que reuniu citações da correspondência e de várias obras de Gottfried Leibniz, do *Tratado da natureza humana*, de David Hume, do *Tratado teológico-político*, de Baruch de Espinosa, e da *Geschichte der Kant'schen Philosophie* [História da filosofia kantiana], de Karl Rosenkranz[64]. Esses excertos se referiam a filósofos modernos e, portanto, foram estudos independentes em relação ao trabalho preparatório para a tese. Eles tinham como objetivo ampliar seus conhecimentos, na esperança de obter uma vaga como professor de filosofia na universidade[65].

---

[60] A propósito, ver Mario Cingoli, *Il primo Marx (1835-1841)* (Milão, Unicopli, 2001); e Roberto Finelli, *Un parricidio mancato. Hegel e il giovane Marx* (Turim, Bollati Boringhieri, 2004), p. 40-74.
[61] Ver Auguste Cornu, *Marx e Engels*, cit., p. 225.
[62] Ver idem, p. 194-7.
[63] Ver Mario Rossi, *Da Hegel a Marx. III. La scuola hegeliana. Il giovane Marx* (Milão, Feltrinelli, 1977), p. 164.
[64] Esses excertos, junto àqueles de *Da alma*, de Aristóteles, encontram-se em MEGA², v. IV/1 (Berlim, Dietz, 1976), p. 153-288. Os resumos feitos do texto de Espinosa foram publicados em tradução italiana em Karl Marx, *Quaderno Spinoza (1841)* (org. Bruno Bongiovanni, Turim, Bollati Boringhieri, 1987).
[65] Ver Bruno Bongiovanni, "Introduzione", em Karl Marx, *Quaderno Spinoza (1841)*, cit., p. 36-8.

Entretanto, em abril de 1841, quando Marx foi nomeado doutor em filosofia, depois de ter apresentado sua tese na Universidade de Jena[66] (mais liberal que a de Berlim), o novo contexto político o impediu de seguir a carreira acadêmica. Após a ascensão ao trono de Frederico Guilherme IV, desenvolveu-se uma forte reação romântico-cristã em toda a Prússia e a filosofia hegeliana, que gozara até então do apoio do Estado, foi banida da academia.

Marx, nesse meio-tempo, já havia deixado de lado suas ambições literárias, não obstante tivesse conseguido publicar, no início de 1841, dois poemas na revista *Athenäum* [Ateneu], a prestigiada publicação fundadora do romantismo alemão[67]. Assim, partiu para Bonn, ao encontro do amigo Bruno Bauer, com quem projetara dar vida a uma revista, que deveria ter se chamado *Archiv des Atheismus* [Arquivo do ateísmo], por meio da qual ofereceria ao leitor um ponto de vista crítico, sobretudo acerca da questão religiosa. Durante esse período, Marx escreveu um novo conjunto de excertos, em particular do texto *Du culte des dieux fétiches* [Do culto dos deuses fetiches], de Charles de Brosses, da *Allgemeine und kritische Geschichte der Religionen* [História geral crítica das religiões], de Christoph Meiners, e do livro *De la religion* [Da religião], de Benjamin Constant[68], mas o projeto de dar vida a uma nova revista fracassou e ele, distanciando-se de Bauer por desavenças políticas[69], abandonou esse tipo de estudos.

Depois de empreender, durante os anos de universidade, intensas pesquisas jurídicas, históricas, literárias e filosóficas – após ter abandonado o percurso delineado pelo pai para se tornar advogado –, e impossibilitado, depois de obter o título doutoral, de empreender a carreira acadêmica, Marx decidiu se dedicar ao jornalismo. Em maio de 1842, escreveu seu primeiro artigo para o diário *Rheinische Zeitung* [Gazeta Renana], de Colônia, e, de outubro do mesmo ano a março de 1843, tornou-se o jovialíssimo redator-chefe desse jornal.

A necessidade de lidar com a economia política, disciplina que naquela época apenas florescia na Prússia, e a opção por se envolver na política de modo mais direto, logo prevaleceriam em Marx. Para o amadurecimento dessas decisões, foram cruciais

---

[66] Ver "Karl Marx a Carl Friedrich Bachmann, 6 aprile 1841", e "Karl Marx a Oskar Ludwig Bernhard Wolff, 7 aprile 1841", em *Marx Engels Opere*, v. 1, cit., p. 397-8.
[67] Os poemas impressos se intitulavam "Amor noturno" e "O tocador", idem, p. 597-8 e 678-9, e vieram a público em 23 de janeiro de 1841, no quarto número desse periódico alemão.
[68] Os excertos de Bonn se encontram em MEGA², v. IV/1, cit., p. 289-381.
[69] Sobre a relação entre Marx e Bauer, ver Zvi Rosen, *Bruno Bauer and Karl Marx* (Haia, Martinus Nijhoff, 1977) – sobre o conflito entre os dois em particular, p. 223-40; e, sobretudo, o livro de David Leopold, *The Young Karl Marx* (Cambridge, Cambridge University Press, 2007).

seu encontro com Friedrich Engels, que já havia completado estudos de economia política na Inglaterra, a influência de alguns escritos de Moses Hess[70] e, sobretudo, a estadia de um ano em Paris, lugar de constante agitação social.

Assim, em pouco mais de cinco anos, o estudante oriundo de uma família judia da província alemã se tornaria um jovem revolucionário em contato com os grupos mais radicais da capital francesa. Sua trajetória foi rápida e de longo alcance, mas ainda mais significativa seria aquela que Marx percorreria no futuro próximo.

---

[70] Ver Zvi Rosen, *Moses Hess und Karl Marx* (Hamburgo, Christians, 1983).

2
Paris, 1844
O encontro com a economia política

2.1. Paris, capital do século XIX

Paris é uma "monstruosa maravilha, espantosa reunião de movimentos, de máquinas e de ideias, a cidade dos cem mil romances, a cabeça do mundo"[1]. Assim descreveu Honoré de Balzac, em um de seus contos, o efeito que a capital francesa produzia naqueles que a conheciam a fundo.

Nos anos anteriores à Revolução de 1848, a cidade foi habitada por artesãos e operários. Colônia de exilados, revolucionários, escritores e artistas de outros países, o fermento social que permeava Paris alcançou uma intensidade encontrada em poucos outros períodos históricos[2]. Mulheres e homens dos mais variados dons intelectuais publicaram livros, revistas e jornais; escreveram poesias; tomaram a palavra nas assembleias; dedicaram-se a longas discussões nos cafés, nas ruas, nas festas públicas. Viviam no mesmo lugar exercendo influência mútua entre si[3].

Mikhail Bakunin havia decidido ir para o outro lado do Reno a fim de se encontrar "imediatamente em meio àqueles novos elementos, que na Alemanha ainda nem sequer nasceram. [O primeiro desses elementos] a difusão do pensamento político em todas as camadas da sociedade"[4]. Lorenz von Stein argumentou que "no seio mesmo do povo começara uma vida própria que criava novas associações, pensava

---

[1] Honoré de Balzac, *La commedia umana* (org. Mariolina Bongiovanni Bertini, Milão, Mondadori, 1994), p. 1.189. [ed. bras.: *A comédia humana*, v. 8, trad. Ernesto Pelanda, Gomes da Silveira e Vidal de Oliveira, 3. ed., São Paulo, Globo, 2013]

[2] Ver "Rapporto informativo della polizia tedesca da Magonza", em Hans Magnus Enzensberger (org.), *Colloqui con Marx ed Engels* (Turim, Einaudi, 1977), p. 30.

[3] Ver Isaiah Berlin, *Karl Marx* (Florença, La Nuova Italia, 1994), p. 90.

[4] Mikhail Bakunin, "Un carteggio del 1843", em Gian Mario Bravo (org.), *Annali franco-tedeschi* (Milão, Edizioni del Gallo, 1965), p. 72.

novas revoluções"[5]. Arnold Ruge afirmou: "em Paris, viveremos nossas vitórias e nossas derrotas"[6]. Em suma, Paris era o lugar em que se devia estar naquele preciso momento histórico.

Ademais, Balzac asseverou que "as ruas de Paris têm qualidades humanas, e suas fisionomias nos sugerem certas ideias contra as quais nos vemos indefesos"[7]. Muitas dessas ideias também atingiram Marx, que, aos 25 anos, desembarcou em Paris em outubro de 1843. Essas ideias marcaram profundamente sua evolução intelectual que, justamente no decorrer de sua estada parisiense, alcançou um decisivo amadurecimento[8].

A abertura teórica com que ali chegou[9] – logo após a experiência jornalística na *Rheinische Zeitung* [Gazeta Renana][10] e o abandono do horizonte conceitual do Estado racional hegeliano e do radicalismo democrático do qual havia se aproximado – foi abalada pela visão concreta do proletariado. A incerteza gerada pela atmosfera problemática da época, que observava a rápida consolidação de uma nova realidade econômico-social, dissolveu-se logo no contato, tanto no plano teórico quanto no da experiência vivida, com a classe trabalhadora parisiense e suas condições de trabalho e de vida.

A descoberta do proletariado e, por meio dele, da revolução; a adesão, embora ainda de forma hesitante e um tanto utópica, ao comunismo; a crítica à filosofia especulativa de Hegel e à esquerda hegeliana; o primeiro esboço da concepção materialista da história e o pontapé inicial da crítica da economia política são o conjunto de temas fundamentais que Marx amadureceu durante esse período. As linhas subsequentes, omitindo deliberadamente a interpretação crítica dos *Manuscritos*

---

[5] Lorenz von Stein, *Der Socialismus und Communismus des heutigen Frankreichs. Ein Beitrag zur Zeitgeschichte* (Leipzig, Otto Wigand, 1848), p. 509.
[6] Arnold Ruge, *Zwei Jahre in Paris. Etudien und erinnerungen* (Leipzig, Zentralantiquariat der DDR, 1975), p. 59.
[7] Honoré de Balzac, *La commedia umana*, cit., p. 1.187.
[8] Para uma biografia intelectual da estadia em Paris, ver, entre diversos outros estudos disponíveis, Auguste Cornu, *Karl Marx et Friedrich Engels*, v. 3: *Marx à Paris* (Paris, PUF, 1962); Jacques Grandjonc, *Studien zu Marx erstem Paris-Aufenthalt und zur Entstehung der "Deutschen Ideologie"* (Trier, Schriften aus dem Karl-Marx-Haus, 1990), p. 163-212; e Jean-Louis Lacascade, *Les métamorphoses du jeune Marx* (Paris, PUF, 2002), p. 129-62.
[9] "Cada um deverá admitir a si mesmo que não apenas se manifestou uma anarquia generalizada entre os reformadores, mas que ele próprio não tem uma visão exata daquilo que se deve fazer"; Karl Marx, "Lettere dai 'Deutsch-Französische Jahrbücher'", em *Marx Engels Opere*, v. 3 (Roma, Editori Riuniti, 1976), p. 154.
[10] O diário *Rheinische Zeitung* foi impresso em Colônia de 1º de janeiro de 1842 a 31 de março de 1843. Marx escreveu seu primeiro artigo no jornal em 5 de maio de 1842 e, de 15 de outubro de 1842 a 17 de março de 1843, foi seu redator-chefe.

econômico-filosóficos de 1844, redigidos justamente durante sua estada em Paris, privilegiam o mérito das questões filológicas a eles relacionadas.

2.2. O desembarque na economia política

A economia política não foi a primeira paixão intelectual de Marx. O encontro com essa matéria, que na época de sua juventude apenas florescia na Alemanha, ocorreu, de fato, somente após o contato com várias outras disciplinas. Durante sua colaboração com a *Rheinische Zeitung*, Marx começou a se ocupar de pequenas questões de economia, embora apenas de um ponto de vista jurídico e político[11]. A censura, no entanto, atingiu o jornal e, por isso, Marx decidiu interromper essa experiência para "deixar a cena pública e me recolher a meu gabinete de estudos"[12]. Dessa forma, dedicou-se aos estudos sobre o Estado e as relações jurídicas, nas quais Hegel era uma autoridade, e, num manuscrito de 1843, publicado postumamente com o título *Crítica à filosofia do direito de Hegel*, após ter amadurecido a convicção de que a sociedade civil é a base real do Estado político, desenvolveu suas considerações iniciais sobre a relevância do fator econômico no conjunto das relações sociais[13]. Todavia, foi somente em Paris que, impulsionado pela convicção de que o direito e a política são incapazes de solucionar os problemas sociais, e impactado decisivamente pelas considerações contidas no "Esboço para uma crítica da economia política", um dos dois artigos de Friedrich Engels publicados no primeiro e único volume dos *Deutsch-Französische Jahrbücher* [Anais Franco-Alemães][14], deu início a um "meticuloso estudo crítico da economia política"[15]. A partir daquele momento,

---

[11] Ver Karl Marx, "Le discussioni alla sesta dieta renana. Terzo articolo: Dibattiti sulla legge contro i furti di legna e Giustificazione di †, corrispondente dalla Mosella", em *Marx Engels Opere*, v. 1 (Roma, Editori Riuniti, 1980), p. 222-64 e 344-75.

[12] Idem, *Contribuição à crítica da economia política* (trad. Florestan Fernandes, 2. ed., São Paulo, Expressão Popular, 2008), p. 46.

[13] "Estado político não pode ser sem a base natural da família e a base artificial da sociedade civil; elas são, para ele, *conditio sine qua non*"; Karl Marx, *Crítica da filosofia do direito de Hegel* (trad. Rubens Enderle e Leonardo de Deus, São Paulo, Boitempo, 2013), p. 36; "Família e sociedade civil são os pressupostos do Estado; elas são os elementos propriamente ativos; mas, na especulação, isso se inverte" (idem). Bem aqui, portanto, reside o erro de Hegel, que quer que "o Estado político não seja determinado pela sociedade civil, mas que, ao contrário, ele a determine" (ibidem, p. 113). Sobre esse assunto, ver Walter Tuchscheerer, *Prima del "Capitale"* (Florença, La Nuova Italia, 1980), p. 49.

[14] O número, na realidade duplo, organizado por Arnold Ruge e Karl Marx, foi publicado no fim de fevereiro de 1844.

[15] Karl Marx, *Manuscritos econômico-filosóficos* (trad. Jesus Ranieri, São Paulo, Boitempo, 2004), p. 20, trad. modif.

suas análises, até então de caráter predominantemente filosófico, político e histórico, dirigiram-se a essa nova disciplina, que se tornou o eixo de suas pesquisas e preocupações científicas, delimitando um novo horizonte que não foi mais abandonado[16].

Sob a influência de "Über das Geldwesen" [A essência do dinheiro], de Moses Hess, e da transposição, por ele operada, do conceito de alienação do plano especulativo para o plano econômico-social[17], o primeiro estágio dessas análises se concentrou na crítica da mediação econômica do dinheiro, obstáculo para a realização da essência do homem. Na polêmica com Bruno Bauer, resumida em *Sobre a questão judaica*, Marx considerou a emancipação do judaísmo um problema social que representava o pressuposto filosófico e histórico-social de toda a civilização capitalista. O judeu era a metáfora e a antecipação histórica das relações que o capitalismo produzia e sua figura mundana era considerada sinônimo do capitalista *tout court*[18].

Logo depois, Marx inaugurou o novo campo de estudos com uma grande quantidade de leituras e notas críticas que alternava nos manuscritos e cadernos de excertos e anotações que compilava a partir dos textos que lia. O fio condutor de seu trabalho foi a necessidade de desvelar e contrapor aquela que ele julgava ser uma das maiores mistificações da economia política: a tese segundo a qual suas categorias são válidas em qualquer tempo e lugar. Marx foi profundamente atingido pela falta de sentido histórico dos economistas que, na realidade, tentavam assim dissimular e justificar as desumanas condições econômicas da época em nome de seu caráter natural. No comentário a um texto de Jean-Baptiste Say, ele observou que "a propriedade privada é um fato cuja constituição não pertence à economia política, mas constitui seu fundamento. [...] Toda a economia política se baseia, portanto, sobre um fato desprovido de necessidade"[19]. Observações análogas foram desenvolvidas nos *Manuscritos econômico-filosóficos de 1844*, nos quais Marx sublinhou que "a economia política parte do fato da propriedade privada, mas não a explica", "pressupõe em forma de fato, de acontecimento, aquilo que deve deduzir"[20].

---

[16] Ver Maximilien Rubel, "Introduction", em Karl Marx, *Œuvres II. Économie* (Paris, Gallimard, 1968), p. 54-5.

[17] Moses Hess, "L'essenza del denaro", em *Filosofia e socialismo. Scritti 1841-1845* (org. Giovambattista Vaccaro, Lecce, Milella, 1988), p. 203-27. Esse artigo, num primeiro momento dirigido aos *Deutsch-französische Jahrbücher*, foi em seguida publicado nos *Rheinische Jahrbücher zur gesellschaftlichen Reform* [Anais renanos sobre a reforma social]".

[18] Ver Walter Tuchscheerer, *Prima del "Capitale"*, cit., p. 56. A propósito, ver também Bruno Bongiovanni, *L'universale pregiudizio* (Milão, La Salamandra, 1981).

[19] Karl Marx, "Exzerpte aus Jean Baptiste Say: Traité d'économie politique", MEGA², v. IV/2 (Berlim, Dietz, 1981), p. 316.

[20] Idem, *Manuscritos econômico-filosóficos*, cit., p. 80, trad. modif.

Isto é, a economia política considerava o regime da propriedade privada, o modo de produção a ele conectado e as categorias econômicas a ele correspondentes como imutáveis e duráveis por toda a eternidade. O homem membro da sociedade burguesa seria o homem natural. Em resumo, "quando se fala em propriedade privada, acredita-se estar se tratando de uma coisa fora do homem"[21], comentou Marx, para quem a rejeição a essa ontologia da troca não poderia ser mais clara.

Ao contrário, apoiado em diversos e aprofundados estudos históricos que lhe forneceram uma primeira chave de leitura para compreender a evolução temporal das estruturas sociais e incorporar o que acreditava ser uma das melhores intuições de Pierre-Joseph Proudhon, a saber, a crítica da propriedade privada[22], Marx apreendeu o decisivo conhecimento da provisoriedade histórica. Os economistas burgueses haviam apresentado as leis do modo de produção capitalista como leis eternas da sociedade humana. Marx, ao contrário, colocando a natureza específica das relações de seu tempo como objeto exclusivo e distinto de investigação, "a realidade dilacerada da indústria"[23], destacou sua transitoriedade, o caráter de uma etapa historicamente produzida, e empreendeu a investigação das contradições que o capitalismo produzia e que o poderiam ter levado à sua superação.

Essa diferente forma de compreender as relações sociais determinaria importantes repercussões, das quais a mais significativa foi, sem dúvida, aquela relativa ao conceito de trabalho alienado. Ao contrário dos economistas, bem como do próprio Hegel, que concebiam o trabalho alienado como uma condição natural e imutável da sociedade, Marx iniciou o percurso que o levaria a rejeitar a dimensão antropológica da alienação em favor de uma concepção com base histórico-social, que reconduzia o fenômeno a determinada estrutura das relações produtivas e sociais: a alienação humana nas condições do trabalho industrial.

As notas que acompanharam os excertos de James Mill evidenciaram "como a economia política estabelece a forma alienada das relações sociais (*die entfremdete Form des geselligen Verkehrs*) como a forma essencial e original correspondente ao destino humano"[24]. Longe de ser uma condição constante da objetivação, da produção do operário, o trabalho alienado era, para Marx, ao contrário, a expressão da sociabilidade

---

[21] Ibidem, p. 89.
[22] Ver Pierre Joseph-Proudhon, *O que é a propriedade?* (trad. Gilson Cesar Cardoso de Souza, São Paulo, Martins Fontes, 1988). Mais tarde, Marx (juntamente com Engels) examinou criticamente o texto de Proudhon no livro *A sagrada família: A crítica da Crítica crítica contra Bruno Bauer e consortes* (trad. Marcelo Backes, São Paulo, Boitempo, 2003), p. 34-67.
[23] Karl Marx, *Manuscritos econômico-filosóficos*, cit., p. 100-1, trad. modif.
[24] Idem, "Exzerpte aus James Mill: Élémens d'économie politique", MEGA², v. IV/2, cit., p. 453.

do trabalho nos limites da ordem atual, da divisão do trabalho, que considera o homem como "um torno [...] e o transforma num aborto espiritual e físico"[25].

Na atividade laboral, afirma-se a peculiaridade do indivíduo, a implementação de uma necessidade própria; no entanto, "essa realização do trabalho surge na fase da economia privada como uma anulação do trabalhador" (*Entwirklichung des Arbeiters*)"[26]. O trabalho pode ser afirmação humana, livre ação criadora,

> mas, nas condições da propriedade privada, minha individualidade é alienada a ponto de essa atividade se tornar para mim odiosa, é para mim um tormento e apenas a aparência de uma atividade e, portanto, é também apenas uma atividade extorquida e a mim imposta somente por uma acidental necessidade exterior.[27]

Marx chegou a essas conclusões recolhendo as teorias válidas da ciência econômica, criticando seus elementos constitutivos e revertendo seus resultados. Isso aconteceu por meio de um árduo trabalho. O Marx de Paris era um leitor faminto[28], que dedicou dia e noite às leituras. Um Marx cheio de entusiasmo e projetos, que traçava planos de trabalho tão vastos que nunca os finalizava, que estudava cada documento relativo às questões examinadas, para depois ser absorvido pelo rapidíssimo avançar de seu conhecimento e por mudanças de interesse que o levavam, pontualmente, em direção a novos horizontes, ulteriores resoluções e ainda outras investigações. Para comprovar esse fato, há os testemunhos daqueles que estiveram em contato com Marx nesse período. Ruge, por exemplo, escreveu em maio de 1844:

> [Marx] lê muito, trabalha com uma intensidade incomum [...] mas nunca leva nada a cabo, deixa tudo pela metade, para toda vez mergulhar, do início, num infindável mar de livros, [... trabalha] até quase passar mal, sem dormir por três ou quatro noites consecutivas.[29]

A situação não havia mudado em agosto:

> se Marx não se matar sozinho com a imprudência, o orgulho e o trabalho desesperado, e se a extravagância comunista não apagar nele toda a sensibilidade pela simplicidade e a nobreza da forma, de suas intermináveis leituras e mesmo de sua dialética sem consciência algo há de se esperar [...] Ele sempre quer escrever alguma coisa sobre aquilo que acabou

---

[25] Ibidem, p. 456.
[26] Idem, *Manuscritos econômico-filosóficos*, cit., p. 80, trad. modif.
[27] Idem, "Exzerpte aus James Mill", cit., p. 466.
[28] Ver Maximilien Rubel, "Elogio del giovane Marx", *Vis-à-vis*, n. 3, 1995, p. 27-35.
[29] "Arnold Ruge a Ludwig Feuerbach, 15 maggio 1844", em Hans Magnus Enzensberger (org.), *Colloqui con Marx ed Engels*, cit., p. 22.

de ler, mas logo recomeça a ler e a fazer anotações. Mesmo assim, penso que, mais cedo ou mais tarde, ele será capaz de finalizar uma obra muito longa e profunda, na qual vai despejar todo o material que empilhou a granel.[30]

Absorto por interesses tão amplos, em Paris, Marx planejou o esboço de uma crítica da filosofia do direito de Hegel, conduziu estudos sobre a Revolução Francesa, a fim de escrever uma história da Convenção, e projetou uma crítica das doutrinas socialistas e comunistas existentes. Depois, lançou-se num estudo frenético da economia política, que interrompeu de repente, tomado pela necessidade de limpar de uma vez por todas o terreno alemão da crítica transcendente de Bauer e seus seguidores, para escrever sua primeira obra: *A sagrada família: ou A crítica da Crítica crítica contra Bruno Bauer e consortes*. E, mesmo assim, o jovem mais fecundo do movimento da esquerda hegeliana era o que menos havia publicado. Marx era extremamente meticuloso: "ele se recusava a escrever uma frase se não pudesse comprová-la de dez formas diferentes"[31]. A convicção da insuficiência de informações e da imaturidade de suas avaliações impediu-o de publicar grande parte das obras a que se dedicou, que por essa razão permaneceram incompletas e fragmentárias[32]. Seus apontamentos, contudo, são preciosos: evidenciam a amplitude de suas análises, contêm algumas de suas reflexões e, em alguns casos, devem ser avaliados como parte integrante de sua obra. Isso também vale para o período em Paris, durante o qual manuscritos e notas de leitura testemunham o estreito vínculo entre textos e apontamentos[33].

2.3. Manuscritos e cadernos de excertos: as cartas de 1844

Não obstante o caráter incompleto e a forma fragmentada que os caracteriza, os *Manuscritos econômico-filosóficos de 1844* quase sempre foram lidos dedicando-se

---

[30] "Arnold Ruge a Max Duncker, 29 agosto 1844", ibidem, p. 28.
[31] Ver o testemunho de Paul Lafargue que relata as histórias de Engels sobre o outono de 1844: "Engels e Marx tinham o hábito de trabalhar juntos. Engels, que também era extremamente meticuloso, perdeu a paciência mais de uma vez diante do escrúpulo de Marx, que se recusava a escrever uma frase se não pudesse comprová-la de dez formas diferentes"; Paul Lafargue, "Paul Lafargue (III) [1904] autunno 1844", em Hans Magnus Enzensberger (org.), *Colloqui con Marx ed Engels*, cit., p. 29.
[32] Ver Heinriche Bürgers, "Heinrich Bürgers (II) [1876] febbraio-marzo 1845", em Hans Magnus Enzensberger (org.), *Colloqui con Marx ed Engels*, cit., p. 41: "nesse período, a severa autocrítica a que estava habituado o impediu de realizar uma obra maior".
[33] Sobre essa complicada relação, ver David Riazanov, "Einleitung", MEGA, v. I/1-2 (Berlim, Marx-Engels Verlag, 1929), p. 19, que foi o primeiro a apontar a grande dificuldade de definição de uma fronteira precisa entre, por um lado, os simples cadernos de excertos, e, por outro, aqueles que devem ser considerados os verdadeiros trabalhos preparatórios.

pouca atenção aos problemas filológicos que apresentavam[34]. Eles foram publicados integralmente apenas em 1932 e, além disso, em duas edições diferentes: a compilada pelos estudiosos sociais-democratas Landshut e Mayer, intitulada *Der historische Materialismus* [O materialismo histórico], e o terceiro volume da *Marx-Engels-Gesamtausgabe*. As duas publicações se diferenciaram pelo título, pelo conteúdo e pela ordem das partes, mas ambas fizeram crer que os *Manuscritos econômico-filosóficos de 1844* fossem uma obra que Marx quase conseguiu completar.

A despeito da forma problemática dos originais, a confusão seguida por diversas versões impressas e, sobretudo, a consciência da ausência de grande parte do segundo dos quatro manuscritos – o mais importante e, infelizmente, desaparecido –, ninguém, entre intérpretes e organizadores de novas edições, dedicou-se a uma nova análise dos originais, a qual, para um texto que tanto pesava no debate entre as diferentes interpretações de Marx, era absolutamente necessária.

Escritos entre maio e agosto, os *Manuscritos econômico-filosóficos de 1844* não podem ser considerados uma obra, um texto coerente desenvolvido de forma sistemática e previamente organizada. As muitas leituras que tentaram lhe atribuir um caráter de orientação definitiva – tanto as que revelavam nos *Manuscritos* a orientação marxiana completa, quanto as que indicavam neles uma concepção oposta à da maturidade científica[35] – foram refutadas pelo exame filológico. Desiguais e muito distantes de apresentar uma estreita conexão entre as partes, elas são, na verdade, evidente expressão de uma concepção teórica em fase de desenvolvimento. O modo de assimilar e utilizar as leituras de que essa concepção se nutria emerge a partir da análise dos nove cadernos parisienses, com mais de duzentas páginas de excertos e comentários[36].

Nesses cadernos de excertos estão contidos os vestígios do encontro de Marx com a economia política e do processo de formação de suas primeiras elaborações críticas. Da comparação entre essas elaborações e os escritos do período, publicados ou não, fica clara toda a importância daquelas leituras no desenvolvimento de suas

---

[34] Ver Jürgen Rojahn, "Il caso dei cosidetti 'manoscritti economico-filosofici dell'anno 1844'", *Passato e Presente*, n. 3, 1983, p. 42. Entre os primeiros, no mundo anglo-saxão, a considerar os problemas textuais do escrito parisiense está Margaret Fay, "The Influence of Adam Smith on Marx's Theory of Alienation", *Science & Society*, v. 47, n. 2, 1983, p. 129-51.

[35] A primeira tese é defendida por Siegfried Landshut e Jacob Peter Mayer, "Einleitung", em Karl Marx, *Der historische Materialismus* (orgs. Siegfried Landshut e Jacob Peter Mayer, Leipzig, Kröner, 1932), p. 13 e 5. A segunda, por Louis Althusser, *Por Marx* (trad. Maria Leonor Loureiro, Campinas, Unicamp, 2015), p. 23 e seg.

[36] Eles estão em MEGA², v. IV/2, cit., p. 279-579, e v. IV/3 (Berlim, Akademie, 1998), p. 31-110.

ideias[37]. Restringindo o elenco de leituras somente aos principais autores de economia política, Marx redigiu excertos de textos de Jean-Baptiste Say, Adam Smith, David Ricardo, James Mill, John Ramsay McCulloch, Guillaume Prévost, Antoine-Louis-Claude Destutt de Tracy, Antoine-Eugène Buret, Pierre de Boisguillebert, John Law e James Maitland Lauderdale[38]. Além disso, nos *Manuscritos econômico-filosóficos de 1844*, nos artigos e nas correspondências da época, aparecem referências a Proudhon, Wilhelm Schulz, Constantin Pecqueur, Charles Loudon, Simonde de Sismondi, Charles Ganilh, Michel Chevalier, Thomas Robert Malthus, Édouard de Pompery e Jeremy Bentham.

Marx redigiu os primeiros excertos do *Tratado de economia política*, de Say[39], do qual transcreveu partes inteiras, enquanto se apropriava de conhecimentos básicos de economia. A única anotação crítica é posterior e se concentra no lado direito da folha, destinado, segundo seu hábito, a essa função. Os resumos de *A riqueza das nações*, de Smith[40], cronologicamente posteriores, também seguiram a mesma finalidade de adquirir noções básicas de economia – embora sejam os mais extensos, quase não apresentam comentários. Entretanto, o pensamento de Marx fica claro pela própria montagem dos resumos e, como muitas vezes acontece em outras de suas notas, por sua maneira de contrapor teses divergentes de diferentes economistas. Por outro lado, nos excertos dos *Princípios de economia política e tributação*, de David Ricardo[41], aparecem as suas primeiras observações. Elas se concentram nos conceitos de valor e preço, então concebidos por Marx como idênticos. A igualdade entre valor e preço das mercadorias se origina da concepção inicial de Marx que só considerava o valor de troca produzido na concorrência, relegando o preço natural ao reino da abstração. Com o avançar dos estudos, as notas críticas deixaram de ser esporádicas, passaram a estabelecer intervalos entre os resumos das obras e foram aumentando, à medida que seu conhecimento crescia, de autor em autor. Frases isoladas, depois considerações mais elaboradas, até que, ao se concentrar, a partir dos *Elements of Political Economy* [Elementos de economia política], de James Mill, na crítica da intermediação do dinheiro como domínio completo da alienação

---

[37] "Seus manuscritos de 1844 nasceram literalmente dos excertos daquele período"; Jürgen Rojahn, "The Emergence of a Theory: The Importance of Marx's Notebooks Exemplified by Those from 1844", *Rethinking Marxism*, v. 14, n. 4, 2002, p. 33.
[38] Nesse período, os economistas ingleses foram lidos por Marx ainda em traduções francesas.
[39] Ver Karl Marx, "Exzerpte aus Jean Baptiste Say", cit., p. 301-27.
[40] Ver idem, "Exzerpte aus Adam Smith: Recherches sur la nature et les causes de la richesse des nations", MEGA², v. IV/2, cit., p. 332-86.
[41] Ver idem, "Exzerpte aus David Ricardo: Des principes de l'économie politique et de l'impôt", ibidem, p. 392-427.

sobre o homem, a relação se inverteu e não foram mais os seus textos críticos que estabeleceram intervalos entre os excertos, mas exatamente o contrário[42].

Por último, para evidenciar uma vez mais a importância dos excertos, é útil pontuar que eles também foram utilizados depois de sua redação. Parte deles foi publicada, em 1844, no *Vorwärts!* [Avante!], publicação bissemanal dos emigrantes alemães em Paris, para contribuir com a formação intelectual dos leitores[43]. Mais ainda, por serem tão abrangentes, foram utilizados por Marx – que tinha o hábito de reler seus apontamentos de tempos em tempos – durante a escrita dos *Grundrisse*, dos manuscritos de 1861-63, mais conhecidos como *Teorias do mais-valor*, e também do primeiro livro de *O capital*[44].

Para concluir, Marx desenvolveu seus pensamentos tanto nos *Manuscritos econômico-filosóficos de 1844* quanto nos cadernos de excertos de suas leituras. Os manuscritos estão cheios de citações – o primeiro é quase uma compilação destas – e os cadernos de resumos, embora prevalentemente centrados nos textos que lia, são acompanhados por seus comentários. O conteúdo de ambos, assim como a modalidade de escrita – caracterizada pela divisão das folhas em colunas –, a numeração das páginas e o momento de sua redação confirmam que os *Manuscritos econômico-filosóficos de 1844* não são uma obra de pleno direito, mas uma parte de sua produção crítica que, nesse período, é composta de excertos dos textos que estudava, de reflexões críticas em relação a eles e de elaborações que, de imediato ou de forma mais fundamentada, colocava no papel[45]. Separar esses manuscritos do restante, colocá-los fora de seu contexto, pode facilmente induzir a erros interpretativos[46].

O conjunto dessas notas e a reconstrução histórica de seu amadurecimento mostram o percurso e a complexidade de seu pensamento crítico durante esse período extremamente intenso de trabalho[47].

---

[42] Idem, "Exzerpte aus James Mill", cit., p. 428-70. Ver Jürgen Rojahn, "Il caso dei cosiddetti 'manoscritti economico-filosofici dell'anno 1844'", cit., p. 71.

[43] Ver Jacques Grandjonc, *Marx et les communistes allemands à Paris 1844* (Paris, Maspero, 1974), p. 61-2, e a carta de Marx a Heinrich Börnstein, escrita nos últimos dias de novembro de 1844, em *Marx Engels Opere*, v. 38 (Roma, Editori Riuniti, 1972), p. 431.

[44] Ver Friedrich Engels, "Prefácio da quarta edição alemã", em Karl Marx, *O capital: crítica da economia política*, Livro I: *O processo de produção do capital* (trad. Rubens Enderle, São Paulo, Boitempo, 2013), p. 105-6.

[45] É particularmente importante a reconstrução da ordem cronológica de sua redação. A propósito, ver a tabela no "Apêndice" deste capítulo.

[46] Ver Jürgen Rojahn, "Il caso dei cosiddetti 'manoscritti economico-filosofici dell'anno 1844'", cit., p. 79.

[47] Ver idem, "The Emergence of a Theory", cit., p. 45.

2.4. Crítica da filosofia e crítica da política

O contexto histórico em que progrediram as ideias de Marx e a influência que exerceu sobre ele, no plano teórico e prático, merece uma rápida reflexão. Ele se caracterizava por uma profunda transformação econômico-social e, em primeiro lugar, pelo aumento do proletariado em toda Europa. Com a descoberta deste último, Marx pôde decompor, em termos de classe, a noção hegeliana de sociedade civil. Ademais, Marx percebeu que o proletariado era uma classe nova, diferente dos pobres, pois a própria miséria derivava das condições de trabalho. Tratava-se da demonstração das principais contradições da sociedade burguesa: "o trabalhador se torna tanto mais pobre quanto mais riqueza produz, quanto mais a sua produção aumenta em poder e extensão"[48].

A revolta dos tecelões da Silésia, ocorrida em junho, deu a Marx outra oportunidade para desenvolver seu pensamento. Nas "Glosas críticas marginais ao artigo 'O rei da Prússia e a reforma social: de um prussiano'", publicadas no *Vorwärts!*, através da crítica a um artigo de Ruge, no qual atribuía àquela luta falta de espírito político, Marx se distanciou da concepção hegeliana que identificava no Estado o único representante do interesse geral e relegava cada movimento da sociedade civil ao âmbito da parcialidade e da esfera privada[49]. Para Marx, ao contrário, "uma revolução social se encontra na totalidade"[50] e, no impulso desse acontecimento de considerável e explícito caráter revolucionário, ele destacou o erro de quem procurava o fundamento dos problemas sociais "não na essência do Estado, mas numa determinada forma de Estado"[51].

De modo geral, a reforma da sociedade, objetivo de grande parte das doutrinas socialistas da época, a igualdade salarial e uma nova organização do trabalho no plano do regime capitalista eram por ele reputadas como propostas de quem ainda era prisioneiro dos pressupostos que combatia e, sobretudo, de quem não compreendia a verdadeira relação entre propriedade privada e trabalho alienado. Na verdade, "se a propriedade privada aparece como fundamento, como razão do trabalho alienado (*entäusserten Arbeit*), ela é antes uma consequência do mesmo, ela é de fato a consequência", "a propriedade privada é, portanto, o produto, o resultado, a consequência

---

[48] Karl Marx, *Manuscritos econômico-filosóficos*, cit., p. 80.
[49] Ver Michael Löwy, *A teoria da revolução no jovem Marx* (trad. Anderson Gonçalves, São Paulo, Boitempo, 2012), p. 131.
[50] Karl Marx, "Glosse critiche in margine all'articolo 'Il re di Prussia e la riforma sociale. Di un prussiano'", em *Marx Engels Opere*, v. 3, cit., p. 223. [ed. bras.: *Glosas críticas marginais ao artigo "O rei da Prússia e a reforma social": de um prussiano*, trad. Ivo Tonet, São Paulo, Expressão Popular, 2012]
[51] Ibidem, p. 215.

necessária do trabalho alienado (*entäusserten Arbeit*)"[52]. A essas teorias socialistas, Marx opôs um desenho de transformação radical do sistema econômico, pelo qual era "o capital que deve ser suprimido 'enquanto tal'"[53].

A elaboração de sua concepção o empurrou a uma contínua comparação entre as ideias que o cercavam e os diversos resultados que surgiram com o prosseguimento dos estudos. Foi o rápido caminho de seu amadurecimento que lhe impôs essa situação. A mesma sorte coube à esquerda hegeliana. Os juízos contra seus representantes foram muito severos, já que também representavam uma forma de autocrítica do próprio passado[54]. O *Allgemeine Literatur-Zeitung* [Jornal de literatura geral], publicação mensal dirigida por Bruno Bauer, afirmava peremptoriamente em suas páginas: "o crítico que se abstém de assumir o lado das dores ou das alegrias da sociedade [...] senta-se majestosamente na solidão"[55]. Para Marx, no entanto,

> a crítica não é uma paixão da cabeça, [...] um bisturi anatômico, mas uma arma. Seu objeto é seu inimigo, que ela quer não refutar, mas destruir. [...] Ela não se apresenta mais como fim em si, mas apenas como meio.[56]

Contra o solipsismo da "crítica crítica"[57], que partia da convicção abstrata segundo a qual reconhecer um estranhamento significava já tê-lo superado, Marx se convenceu de que "o poder material tem de ser derrubado pelo poder material"[58] e que o ser social só pode ser mudado pela práxis humana. Descobrir a condição alienada do homem, tomar consciência dessa condição, tinha que significar, ao mesmo tempo, agir pela sua efetiva supressão. Entre a filosofia enclausurada no isolamento especulativo, que produzia apenas batalhas conceituais estéreis, e a sua crítica, um "combate corpo a corpo"[59], não poderia haver distância maior. Era o que separava a busca pela liberdade da autoconsciência da busca pela liberdade do trabalho.

---

[52] Idem, *Manuscritos econômico-filosóficos*, cit., p. 87, trad. modif.
[53] Ibidem, p. 103.
[54] Ver Helmut Fleischer, *Marxismo e storia* (Bolonha, il Mulino, 1970), p. 19; e Mario Rossi, *Da Hegel a Marx*, v. 3: *La scuola hegeliana. Il giovane Marx* (Milão, Feltrinelli, 1974), p. 148-9 e 599. Para uma antologia que inclua todos os melhores textos dos expoentes da esquerda hegeliana, ver Heinz Pepperle e Ingrid Pepperle (orgs.), *Die Hegelsche Linke* (Leipzig, Reclam, 1985).
[55] Bruno Bauer (org.), *Allgemeine Literatur-Zeitung*, n. 6, Charlottenburg, Verlag von Egbert Bauer, 1844, p. 32. O trecho citado foi retirado de um editorial sem título.
[56] Karl Marx, "Crítica da filosofia do direito de Hegel – Introdução", em *Crítica da filosofia do direito de Hegel*, cit., p. 153.
[57] Esse epíteto foi utilizado por Marx em *A sagrada família* para indicar Bruno Bauer e zombar dele e dos outros jovens hegelianos que colaboravam com o *Allgemeine Literatur-Zeitung*.
[58] Karl Marx, "Crítica da filosofia do direito de Hegel – Introdução", cit., p. 157.
[59] Ibidem, p. 154.

2.5. Da filosofia à práxis revolucionária

O pensamento de Marx realizou, durante esse ano, uma evolução decisiva. Ele já tinha claro que a transformação do mundo era uma questão de práxis "que a filosofia não pôde resolver, precisamente porque a tomou apenas como tarefa teórica"[60]. Despediu-se, assim, de modo definitivo da filosofia que não havia alcançado essa consciência e que não havia realizado sua necessária mudança para a filosofia da práxis. Sua análise, doravante, não partia mais da categoria de trabalho alienado, mas da realidade da miséria operária. Suas conclusões não foram especulativas, mas direcionadas à ação revolucionária[61].

A própria concepção política de Marx mudou profundamente. Sem adotar nenhuma das estreitas doutrinas socialistas e comunistas existentes – na realidade, distanciando-se delas –, ele amadureceu a plena consciência de que quem tecia a rede de ligações da sociedade eram as relações econômicas e que "religião, família, Estado, direito, moral, ciência, arte etc., são apenas formas particulares da produção e caem sob a sua lei geral"[62]. O Estado perdeu, assim, a posição prioritária que detinha na filosofia política hegeliana e, absorto na sociedade, foi concebido como esfera determinada e não determinante das relações entre os homens. Segundo Marx, "somente a superstição política ainda pode ser capaz de imaginar que nos dias de hoje a vida burguesa deve ser mantida em coesão pelo Estado, quando na realidade o que ocorre é o contrário, ou seja, é o Estado quem se acha mantido em coesão pela vida burguesa"[63].

Sua base conceitual também mudou muito no que diz respeito ao sujeito revolucionário. Da inicial referência à "humanidade que sofre"[64], Marx chegou à identificação do proletariado, considerado, a princípio, uma noção abstrata baseada em antíteses dialéticas, "elemento passivo"[65] da teoria, para depois se tornar, com base numa primeira análise econômico-social, o elemento ativo de sua própria libertação, a única classe dotada de potencial revolucionário na ordem social capitalista.

Por fim, no lugar da crítica um tanto vaga à mediação política do Estado e econômica do dinheiro, obstáculos à realização do conceito de essência genérica do homem de matriz feuerbachiana, assumiu a crítica de uma relação histórica que

---

[60] Idem, *Manuscritos econômico-filosóficos*, cit., p. 111.
[61] Ver Ernest Mandel, *A formação do pensamento econômico de Karl Marx: de 1843 até a redação de* O capital (trad. Carlos Henrique Escobar, Rio de Janeiro, Zahar, 1968), p. 161-2.
[62] Karl Marx, *Manuscritos econômico-filosóficos*, cit., p. 106.
[63] Friedrich Engels e Karl Marx, *A sagrada família*, cit., p. 139.
[64] Karl Marx, "Lettere dai 'Deutsch-Französische Jahrbücher'", cit., p. 153.
[65] Idem, "Crítica da filosofia do direito de Hegel – Introdução", cit., p. 158.

passou a delinear na produção material a base de toda análise e transformação do presente: "a escravidão humana (*menschliche Knechtschaft*) inteira está envolvida na relação do trabalhador com a produção, e todas as relações de servidão são apenas modificações e consequências dessa relação"[66]. Assim, Marx não mais apresentava uma demanda genérica de emancipação, mas exigia a transformação radical do processo real de produção.

Enquanto chegava a essas conclusões, Marx planejou ainda outros trabalhos: prosseguiu com os estudos e os excertos de economia política, esboçou uma crítica a Stirner, deu início ao texto *A história da formação do Estado moderno ou a Revolução Francesa*[67], rascunhou notas sobre Hegel[68] e programou escrever uma crítica do economista alemão List, o que realizou um pouco mais tarde[69].

O intenso trabalho conduzido por Marx durante esse período é comprovado também pelos testemunhos de todos que conviveram com ele naqueles anos. Referindo-se à atividade por ele desenvolvida no fim de 1844, o jornalista radical Heinrich Bürgers argumentou que "Marx havia desde então iniciado uma pesquisa aprofundada no campo da economia política e estava avaliando o projeto de escrever uma obra crítica capaz de formar uma nova constituição da ciência econômica"[70]. O próprio Engels, que conheceu Marx no verão de 1844 e teve com ele uma amizade e uma parceria teórica e política destinada a durar o resto de suas vidas[71], na esperança de que uma convulsão social estivesse próxima de acontecer, insistiu com Marx, desde a primeira carta de sua correspondência, que durou quarenta anos, para que desse rapidamente à luz sua obra: "faça agora, para que o material que você coletou seja lançado em breve no mundo inteiro. O tempo urge"[72]. Todavia, a consciência da insuficiência de seus conhecimentos impediu Marx de completar e publicar seus manuscritos. Além disso, no outono de 1844, ele se dedicou, juntamente com

---

[66] Idem, *Manuscritos econômico-filosóficos*, cit., p. 89.
[67] Idem, "[Plano de trabalho sobre o Estado]", em *A ideologia alemã* (trad. Rubens Enderle, Nélio Schneider, Luciano Cavini Martorano, São Paulo, Boitempo, 2007) p. 543.
[68] Idem, "Costruzione hegeliana della fenomenologia", em *Marx Engels Opere*, v. 4, cit., p. 657.
[69] Idem, "A proposito del libro di Friedrich List 'Das nationale System der politischen Ökonomie'", ibidem, p. 584-614.
[70] Heinrich Bürgers, "Heinrich Bürgers (II) autunno 1844-inverno 1845 [1876]", em Hans Magnus Enzensberger (org.), *Colloqui con Marx ed Engels*, cit., p. 41.
[71] Sobre o perfil teórico e político de Engels, ver Helmut Hirsch, *Engels* (Hamburgo, Rowohlt, 1968); Gustav Mayer, *Friedrich Engels: uma biografia* (trad. Pedro Davoglio, São Paulo, Boitempo, 2020); e Terrell Carver, *Engels* (Oxford, Oxford University Press, 2003).
[72] "Friedrich Engels a Karl Marx, inizio ottobre 1844", em *Marx Engels Opere*, v. 38 (Roma, Editori Riuniti, 1972) p. 7-8.

Engels[73], à redação de *A sagrada família*, um escrito polêmico, publicado em 1845, contra Bauer e outros expoentes da esquerda hegeliana, movimento do qual Marx se distanciou já em 1842, afirmando que seus membros se dedicavam exclusivamente a estéreis batalhas conceituais, encerrados no isolamento especulativo[74].

No início de 1845, concluído esse trabalho, Engels se dirigiu novamente ao amigo, convidando-o a terminar o escrito em preparação:

> trate de levar a cabo o seu livro de economia política; mesmo que você esteja insatisfeito com muitas coisas, não importa, as almas estão maduras, e temos que golpear o ferro enquanto está quente. [...] Agora não há tempo a perder. Portanto, certifique-se de concluí-lo antes de abril; faça como eu, estabeleça um prazo no qual você esteja efetivamente determinado a concluí-lo e pense em publicá-lo o quanto antes.[75]

Mas pouco serviram esses apelos. O conhecimento ainda precário da economia política levou Marx a continuar seus estudos, em vez de tentar completar seus rascunhos. Em todo caso, amparado na convicção de que, em pouco tempo, poderia dar à luz seu texto, em 1º de fevereiro de 1845, depois de ter sido intimado a deixar a França por causa de sua colaboração na publicação operária de língua alemã *Vorwärts!*, ele assinou um contrato com a editora Karl Wilhelm Leske, de Darmstadt, para a publicação de uma obra em dois volumes intitulada *Kritik der Politik und der politischen Ökonomie* [Crítica da política e da economia política][76].

No entanto, se excluirmos a *Miséria da filosofia*, a polêmica contra Proudhon surgida em 1847, foi necessário esperar quinze anos para que ele decidisse publicar um texto de economia política (*Contribuição à crítica da economia política* foi publicado em 1859). Os *Manuscritos econômico-filosóficos de 1844* e os cadernos de excertos e anotações constituíram o início do estudo crítico dessa nova disciplina. Esses escritos estão repletos de elementos teóricos derivados de predecessores e contemporâneos. Nem os rascunhos, nem as obras do período parisiense podem ser classificados numa categoria específica. Não há escritos puramente filosóficos, nem essencialmente econômicos, nem apenas políticos. Marx conseguiu unir as experiências das proletárias e dos proletários de Paris com os estudos sobre a Revolução Francesa, a leitura de Smith com as intuições de Proudhon, a revolta dos tecelões da Silésia com a crítica à concepção hegeliana do Estado, as análises da miséria de

---

[73] De fato, Engels contribuiu com o escrito apenas numa dezena de páginas.
[74] Ver Aldo Zanardo, "Introduzione", em Karl Marx, *La sacra famiglia* (Roma, Editori Riuniti, 1967), p. 30.
[75] "Friedrich Engels a Karl Marx, 20 gennaio 1845", em *Marx Engels Opere,* v. 38, cit., p. 17.
[76] O contrato foi publicado em ibidem, p. 666, nota 319.

Buret com as primeiras teorias comunistas. As observações que ele desenvolveu não foram, portanto, o resultado de um raio repentino, mas o primeiro resultado de um intenso estudo.

A hagiografia marxista-leninista, dominante no passado, que apresentava o pensamento de Marx com um imediatismo inimaginável e predeterminava um resultado final de modo instrumental, desestruturou o percurso cognitivo desse pensamento, tornando mais pobre a reflexão a seu respeito. Em vez disso, é preciso reconstruir a gênese, as dívidas intelectuais e as conquistas teóricas dos trabalhos de Marx, destacando a complexidade e a riqueza de uma obra que ainda hoje dialoga com todo o pensamento crítico de nosso tempo.

Apêndice

Tabela cronológica dos cadernos de excertos e dos manuscritos de Paris

A cronologia a seguir compreende todos os cadernos de estudo redigidos por Marx durante sua estada em Paris, de outubro de 1843 a janeiro de 1845[77]. Uma vez que a data de escrita dos cadernos é amiúde incerta, em muitos casos foi necessário indicar o período temporal em que se presume que tenham sido elaborados. A ordem cronológica foi disposta com base no termo inicial do período relatado. Ademais, Marx não redigiu os cadernos um atrás do outro, pois às vezes foram preenchidos alternando sua escrita (ver, por exemplo, B 19 e B 24). Por essa razão, preferiu-se ordenar o material de acordo com as diferentes partes dos cadernos. Os cadernos que contêm os chamados *Manuscritos econômico-filosóficos de 1844* (A 7, A 8 e A 9) indicam diretamente Marx como autor e incluem entre colchetes os títulos dos parágrafos que não foram escolhidos por ele, mas atribuídos aos editores do texto. Por fim, quando os autores mencionados na quarta coluna (*Características*) não têm especificados os títulos de suas obras citadas por Marx, tais títulos sempre corresponderão àqueles já listados na segunda coluna (*Conteúdo*). Com exceção de MH, conservado no Rossiiskii gosudarstvennyi arkhiv sotsial'nopoliticheskoi istorii [Arquivo do Estado Russo de História Política e Social], de Moscou, todos os cadernos desse período estão mantidos no Internationaal Instituut voor Sociale Geschiedenis [Instituto Internacional de História Social], de Amsterdã, sob as siglas indicadas na coluna *Nachlaß* [Espólio] da tabela.

---

[77] Decidiu-se excluir da tabela o *Notizbuch aus den Jahren 1844-1847* [Caderno dos anos 1844-1847], publicado em MEGA², v. IV/3, cit., p. 5-30, que, com exceção das muito relevantes "Teses sobre Feuerbach", não contém excertos, apenas notas bibliográficas.

Data da redação	Conteúdo	Nachlaß [Espólio]	Características
Final de 1843-início de 1844	René Levasseur, *Mémoires* [Memórias]	MH	Os excertos estão contidos em páginas divididas em duas colunas
Final de 1843-início de 1844	Jean-Baptiste Say, *Tratado de economia política*	B 19	O caderno, de formato grande, contém páginas com excertos divididos em duas colunas: na da esquerda, o *Tratado* de Say, na da direita (redigida após a escrita de B 24), Fryderyk Skarbek e o *Cours Complet d'Économie Politique Pratique* [Curso completo de economia política prática] de Say
Final de 1843-início de 1844	C. W. C. Schüz, *Grundsätze der National--Ökonomie* [Princípios de economia política]	B 24	Caderno de formato grande, com páginas divididas em duas colunas
Final de 1843-início de 1844	Friedrich List, *Das nationale System der politischen Ökonomie* [O sistema nacional de economia política]	B 24	
Final de 1843-início de 1844	Heinrich Friedrich Osiander, *Enttäuschung des Publikums über die Interessen des Handels, der Industrie und der Landwirtschaft* [Decepção pública acerca do interesse do comércio, da indústria e da agricultura]	B 24	
Final de 1843-início de 1844	Heinrich Friedrich Osiander, *Über den Handelsverkehr der Völker* [Sobre o comércio internacional]	B 24	
Primavera de 1844	Fryderyk Skarbek, *Theorie des richesses sociales* [Teoria da riqueza social]	B 19	

Data da redação	Conteúdo	Nachlaß [Espólio]	Características
Primavera de 1844	Jean-Baptiste Say, *Cours Complet d'Économie Politique Pratique* [Curso completo de economia política prática]	B 19	
Maio-junho de 1844	Adam Smith, *A riqueza das nações*	B 20	Caderno de formato pequeno, com paginação normal
Final de maio-junho de 1844	Karl Marx, *Salário*; *Lucro do capital*; *Renda fundiária*; *Trabalho alienado*	A 7	Caderno de formato grande, com páginas divididas em três e duas colunas. O texto contém citações de Say, Smith, de *Die Bewegung der Production* [O movimento da produção], de Wilhelm Schulz, de *Théorie nouvelle d'économie sociale et politique* [Nova teoria da economia social e política], de Constantin Pecqueur, de *Solution du problème de la population et de la substance* [Solução do problema populacional e da substância], de Charles Loudon, e de Antoine-Eugène Buret
Junho-julho de 1844	John Ramsay MacCulloch, *Discours sur l'origine, les progrès, les objets particuliers, et l'importance de l'économie politique* [Discurso sobre a origem, o progresso, as questões particulares e a importância da economia política]	B 21	Caderno de formato pequeno, com páginas divididas em duas colunas – exceto a p. 11, que contém um projeto do artigo de Engels
Junho-julho de 1844	Guillaume Prévost, *Réflexions du traducteur sur le système de Ricardo* [Reflexões sobre o sistema de Ricardo redigidas por seu tradutor]	B 21	
Junho-julho de 1844	Friedrich Engels, "Esboço para uma crítica da economia política"	B 21	

Data da redação	Conteúdo	Nachlaß [Espólio]	Características
Junho-julho de 1844	Antoine-Louis-Claude Destutt de Tracy, *Éléments d'Idéologie* [Elementos de ideología]	B 21	
Últimos dias de julho de 1844	Karl Marx, *Das Verhältnis des Privateigentums* [A relação da propriedade privada]	A 8	Texto escrito em folhas grandes, divididas em duas colunas
Julho-agosto de 1844	Georg Wilhelm Friedrich Hegel, *Fenomenologia do espírito*	A 9 (Hegel)	Folha posteriormente costurada dentro de A 9
Agosto de 1844	Karl Marx, [Propriedade privada e trabalho]; [Propriedade privada e comunismo]; [Crítica da dialética e da filosofia hegelianas em geral]; [Propriedade privada e necessidades]; [Prefácio]; [O dinheiro]	A 9	Caderno de formato grande. O texto contém citações de *Das entdeckte Christentum* [O cristianismo descoberto], de Bruno Bauer, de Adam Smith, Antoine-Louis-Claude Destutt de Tracy, Fryderyk Skarbek, James Mill, do *Fausto*, de Goethe, do *Timão de Atenas*, de Shakespeare, bem como de vários artigos de Bauer publicados na *Allgemeine Literatur-Zeitung*. Ademais, há outras referências indiretas a Engels, Say, Ricardo, Quesnay, Proudhon, Cabet, Villegardelle, Owen, Hess, Lauderdale, Malthus, Chevalier, Strauss, Feuerbach, Hegel e Weitling
Setembro de 1844	David Ricardo, *Princípios de economia política e tributação*	B 23	Caderno de formato grande, com páginas divididas em duas e, raramente, três colunas. As duas primeiras páginas, com excertos de Xenofonte, não estão divididas em colunas
Setembro de 1844	James Mill, *Éléments d'économie politique* [Elementos de economia política]	B 23	

Data da redação	Conteúdo	Nachlaß [Espólio]	Características
Verão de 1844-janeiro de 1845	Antoine-Eugène Buret, *De la misère des classes laborieuses en Angleterre et en France* [A miséria das classes trabalhadoras na Inglaterra e na França]	B 25	Caderno de formato pequeno, com paginação normal
Meados de setembro de 1844-janeiro de 1845	Pierre de Boisguillebert, *Le détail de la France* [O comércio da França]	B 26	Caderno de formato grande, com excertos de Boisguillebert. Paginação normal, exceto algumas poucas páginas divididas em duas colunas
Meados de setembro de 1844-janeiro de 1845	Pierre de Boisguillebert, *Dissertation sur la nature des richesses, de l'argent et des tributs* [Discurso sobre a natureza da riqueza, do dinheiro e da tributação]	B 26	
Meados de setembro de 1844-janeiro de 1845	Pierre de Boisguillebert, *Traité de la nature, culture, commerce et intérêt des grains* [Tratado sobre a natureza, a cultura, o comércio e os juros dos grãos]	B 26	
Meados de setembro de 1844-janeiro de 1845	John Law, *Considération sur le numéraire et le commerce* [Considerações sobre o dinheiro e o comércio]	B 26	
Meados de setembro de 1844-janeiro de 1845	James Maitland Lauderdale, *Recherches sur la nature et l'origine de la richesse publique* [Investigação sobre a natureza e a origem da riqueza pública]	B 22	Caderno de formato grande, com páginas divididas em duas colunas

3
O MITO DO "JOVEM MARX" NAS INTERPRETAÇÕES DOS *MANUSCRITOS ECONÔMICO-FILOSÓFICOS DE 1844**

3.1. As duas edições de 1932

Os *Manuscritos econômico-filosóficos de 1844* constituem um dos escritos de Karl Marx mais célebres e difundidos em todo o mundo. Todavia, esse texto, que tanto incidiu no debate da interpretação complexa da concepção de seu autor, permaneceu desconhecido por muito tempo. Na verdade, de sua redação até o momento em que foi publicado passou-se quase um século.

No entanto, sua publicação, feita em 1932, não pôs fim a uma série de vicissitudes. Com ela, iniciou-se a longa discórdia relacionada ao caráter do texto, considerado, por alguns, imaturo no que diz respeito à crítica da economia política que Marx posteriormente desenvolveu, e, por outros, a base filosófica do pensamento de Marx, que permeia toda sua obra, base essa que foi se enfraquecendo durante o longo período de elaboração de *O capital*. Assim, o campo de investigação, destinado a estabelecer a relação entre as teorias de "juventude" dos *Manuscritos econômico-filosóficos de 1844* e as da "maturidade" contidas em *O capital*, girou em torno das seguintes questões: os escritos do "jovem Marx" poderiam ser considerados parte integrante do "marxismo"? Teria o seu autor mantido, na inspiração e criação de toda a sua obra, uma organicidade unitária? Ou dois Marx diferentes deveriam ser reconhecidos nela?

Esse conflito interpretativo teve repercussão política. Os estudiosos soviéticos de Marx e grande parte dos intérpretes que tinham forte vínculo com os partidos comunistas ligados ao chamado "bloco socialista" ou que faziam parte dele interpretaram

---

* Este texto foi publicado pela primeira vez em português em *Caderno CRH*, Salvador, v. 32, n. 86, maio/ago. 2019, p. 399-418. A tradução foi feita por Margareth Nunes e a revisão técnica por David Maciel. Diego Silveira Coelho Ferreira revisou a tradução para esta edição. (N. E.)

de modo redutor os *Manuscritos econômico-filosóficos de 1844*. Por outro lado, os representantes do chamado "marxismo crítico" encontraram, exatamente nesse texto, as fontes textuais e as mais eficazes argumentações (em particular, o conceito de alienação) para romper o monopólio que a União Soviética tinha adquirido, até então, sobre a obra de Marx. As leituras instrumentais que um e outro grupo fizeram dos *Manuscritos econômico-filosóficos de 1844* constituem um claro exemplo de como a obra de Marx tem sido constantemente objeto de conflitos teórico-políticos e manobrada em razão desses interesses, frequentemente com interpretações distorcidas.

A primeira publicação parcial dos *Manuscritos econômico-filosóficos de 1844* se deu em russo, pelas mãos de David Riazanov. Em 1927, no terceiro volume do *Archiv K. Marksa i F. Engel'sa* [Arquivo K. Marx e F. Engels], o renomado estudioso de Marx, diretor do Instituto Marx-Engels de Moscou na época, publicou grande parte daquele que mais tarde seria denominado o "terceiro" manuscrito[1], intitulado "Trabalhos preparatórios para 'A sagrada família'"[2]. O texto foi precedido de uma introdução do próprio Riazanov, que destacou a importância do período em que foram escritos esses manuscritos, caracterizado por um rapidíssimo progresso teórico de seu autor. Segundo o estudioso russo, o valor das notas publicadas era excepcional, pois, longe de representarem mera curiosidade bibliográfica, elas constituíam uma etapa importante da trajetória de Marx e permitiam entender melhor seu desenvolvimento intelectual[3]. Essa hipótese interpretativa, no entanto, se mostrou errada. As notas de Marx e o conteúdo das páginas dos *Manuscritos econômico-filosóficos de 1844* mostram que, na verdade, eles não foram um estudo preparatório para *A sagrada família*, mas um trabalho anterior e diferente, dedicado à análise crítica da economia política.

Em 1929, *La Revue Marxiste* [A revista marxista] publicou a tradução francesa desse texto, que apareceu em dois números diferentes e com títulos distintos. No primeiro número, de fevereiro, saiu uma parte intitulada *Notas sobre o comunismo e a propriedade privada*, e no quinto número, em junho, a parte seguinte, com o

---

[1] O que foi transmitido dos *Manuscritos econômico-filosóficos de 1844* consiste em três manuscritos (o primeiro de 27 páginas, o segundo, de 4 e o terceiro, de 41), aos quais deve-se acrescentar 16 páginas contendo um prospecto do último capítulo da *Fenomenologia do espírito*, de Georg W. F. Hegel, inserido por Marx no interior do terceiro manuscrito.

[2] Karl Marx, "Podgotovitel'nye raboty dlja 'Svjatogo Semejstva'", em David Riazanov (org.), *Archiv K. Marksa i F. Engel'sa*, v. 3, 1927, p. 247-86.

[3] Ver David Riazanov, "Ot reinskoj Gazety do Svjatogo Semejstva (Vstupitel'naja stat'ja)", ibidem, p. 103-42. Sobre isso, ver Albert Mesnil, "Note sur le communisme et la proprieté privée", *La Revue Marxiste*, v. 1, fev. 1929, p. 6-7.

título *Notas sobre as necessidades, a produção e a divisão do trabalho*[4]. Os textos foram apresentados como fragmentos da obra de Marx do ano de 1844 e divididos em vários subtítulos, que os separavam em partes para simplificar a leitura do conjunto.

Ainda em 1929, na *K. Marx-F. Engels Soĉinenija* [Obras completas] (1928-1947), primeira edição soviética das obras de Marx e Engels, foi feita uma segunda edição do texto em russo. O manuscrito foi inserido no terceiro tomo, da mesma forma fragmentária e com o mesmo título incorreto de 1927[5]. Além disso, em 1931, a revista *Unter dem Banner des Marxismus* [Sob as bandeiras do marxismo] publicou a primeira versão em língua alemã do fragmento "[Crítica da dialética e da filosofia hegelianas em geral]"[6].

A primeira edição completa em língua alemã foi lançada em 1932. Na verdade, no mesmo ano, publicaram-se duas versões, e isso ajudou a alimentar a confusão em relação ao texto. Os estudiosos sociais-democratas Siegfried Landshut e J. P. Mayer publicaram uma coletânea, em dois volumes, das obras juvenis de Marx, *Der historische Materialismus. Die Frühschriften* [O materialismo histórico. Os escritos de juventude][7], na qual também foram inseridos os *Manuscritos econômico-filosóficos de 1844*. Tal publicação tinha sido antecipada no ano anterior por um artigo do próprio Mayer, que anunciava a edição de um importantíssimo "texto de Marx até hoje desconhecido"[8]. Nessa coletânea, no entanto, os *Manuscritos econômico-filosóficos de 1844* foram publicados apenas parcialmente e com diversas e graves imprecisões. O "primeiro" manuscrito não estava presente; o "segundo" e o "terceiro" foram publicados em total desordem; e foi ainda inserido um suposto "quarto" manuscrito, que era, de fato, somente o compêndio do capítulo final da *Fenomenologia do espírito* de Hegel, sem qualquer comentário de Marx. Além do mais, a ordem das várias partes foi alterada (os manuscritos foram publicados na sequência III, II, IV), tornando sua compreensão ainda mais difícil.

---

[4] Karl Marx, "Notes sur le communisme et la propriété privée", *La Revue Marxiste*, v. 1, fev. 1929, p. 6-28; Idem, "Notes sur les besoins, la production et la division du travail", *La Revue Marxiste*, v. 5, jun. 1929, p. 513-38.

[5] Idem, "Podgotovitel'nye raboty dlja 'Svjatogo Semejstva'", em David Riazanov (org.), *K. Marx-F. Engels Soĉinenija*, v. 3 (Moscou-Leningrado, 1929), p. 613-70.

[6] Idem, "Kritik der Hegelschen Dialektik und der Philosophie überhaupt", *Unter dem Banner des Marxismus*, v. 5, n. 3, 1931, p. 256-75.

[7] Idem, "Nationalökonomie und Philosophie. Über den Zusammenhang der Nationalökonomie mit Staat, Recht, Moral, und bürgerlichem Leben (1844)", em *Der historische Materialismus. Die Frühschriften* (orgs. Siegfried Landshut e Jacob Peter Mayer, Leipzig, Kröner, 1932), p. 283-375.

[8] Jacob Peter Mayer, "Über eine unveröffentlichte Schrift von Karl Marx", *Rote Revue*, v. 5, 1930-31, p. 154-7.

Foram igualmente graves os erros cometidos na interpretação do original e, particularmente equivocado, o título escolhido. O título *Economia política e filosofia. Sobre o vínculo da economia política com o Estado, o direito, a moral e a vida civil (1844)* contradizia totalmente o que afirmara Marx no rascunho do *Prefácio* incluído no texto: "será encontrado o fundamento, no presente escrito, da conexão entre a economia política e o Estado, o direito, a moral, a vida civil etc., na medida em que a economia política mesma, *ex professo*, trata destes objetos"[9]. Um último e importante detalhe: o texto foi acompanhado por pouquíssimas indicações filológicas, contidas no prefácio dos organizadores, que apontavam o provável período em que foram redigidos os manuscritos – entre fevereiro e agosto de 1844.

Inicialmente, o texto deveria ter sido publicado em uma única edição, com o título *Sobre o vínculo da economia política com o Estado, o direito, a moral e a vida burguesa com uma disputa com a dialética hegeliana e a filosofia em geral*, sob os cuidados de Mayer e de Friedrich Salomon, sendo o primeiro responsável pela parte interpretativa e o segundo, pela parte editorial. No entanto, após a segunda revisão dos originais, o texto foi inserido na coletânea já citada, organizada pelo próprio Mayer e por Landshut[10]. Não obstante os graves erros editoriais e interpretativos até agora expostos, essa versão foi bastante divulgada na Alemanha e foi a base da tradução francesa feita em 1937 por Jules Molitor.

A segunda versão dos *Manuscritos econômico-filosóficos de 1844,* publicada em 1932, apareceu no terceiro volume da primeira seção da edição das obras completas de Marx e Engels, a *Marx-Engels-Gesamtausgabe* (MEGA), organizada pelo Instituto Marx-Engels de Moscou. Essa foi a primeira edição integral e científica desse texto, ao qual foi dado o título que se tornou célebre posteriormente: *Manuscritos econômico-filosóficos de 1844*[11]. Pela primeira vez, os manuscritos foram publicados na disposição exata e os originais foram interpretados de modo acurado, o que não foi feito na edição alemã. Uma introdução, embora muito circunscrita, reconstruiu a gênese do texto e cada manuscrito foi precedido por uma breve descrição filológica. Mais precisamente, apareceu no volume o subtítulo *Para a crítica da economia política. Com um capítulo definitivo sobre a filosofia hegeliana* e os três manuscritos foram assim subintitulados: manuscrito I: "Salário", "Ganho

---

[9] Karl Marx, *Manuscritos econômico-filosóficos* (trad. Jesus Ranieri, São Paulo, Boitempo, 2004), p. 19.
[10] Ver Siegfried Landshut e Jacob Peter Mayer, "Vorwort der Herausgeber", em Karl Marx, *Der historische Materialismus*, cit., p. 6-7.
[11] Karl Marx, "Ökonomisch-philosophische Manuskripte aus dem Jahre 1844", MEGA, v. I/3 (Berlim, Marx-Engels-Verlag, 1932), p. 29-172.

do capital", "Renda da terra", "Trabalho estranhado"; manuscrito II: "[A relação da propriedade privada]"; manuscrito III: "[Propriedade privada e trabalho]", "[Propriedade privada e comunismo]", "[Necessidade, produção e divisão do trabalho]", "[Dinheiro]", "[Crítica da dialética e da filosofia hegelianas em geral]". O "quarto manuscrito", como era chamado, continha os excertos de Hegel e foi publicado em um apêndice com o título "Excertos de Marx do último capítulo da *Fenomenologia do espírito* de Hegel".

Todavia, até mesmo os editores da MEGA, ao terem de dar nome a esses manuscritos – colocando o prefácio no início do texto (na verdade, esse prefácio se encontrava no terceiro manuscrito) – e reorganizar seu conjunto, acabaram por dar a entender que Marx, desde o princípio, tinha a ideia de escrever uma crítica da economia política e que os manuscritos seriam uma obra originariamente dividida em capítulos[12].

Particularmente significativa, nessa edição, foi a publicação dos cadernos de notas de Marx, já de seu período em Paris. Esses cadernos foram publicados na segunda parte do volume apresentado como *Dos cadernos de excertos. Paris, início de 1844 - início de 1845* e incluíram os resumos, até então inéditos, das obras de Friedrich Engels, Jean-Baptiste Say, Frédéric Skarbek, Adam Smith, David Ricardo, James Mill, John R. MacCulloch, Antoine-L.-C. Destutt de Tracy e Pierre de Boisguillebert. Essa edição apresentou ainda a descrição dos nove cadernos e um índice alfabético de todas as obras compiladas[13]. Os intérpretes de Marx assumiram, no entanto, a inexata tese dos editores soviéticos, segundo a qual ele tinha redigido esses textos somente após ter lido e compilado as obras de economia política[14]. Na realidade, o processo de redação se desenvolveu de modo alternado entre grupos de manuscritos e excertos[15]. Aliás, esses últimos intercalaram toda a produção parisiense, dos ensaios escritos para os *Deutsch-französische Jahrbücher* [Anais franco-alemães] até *A sagrada família*.

---

[12] Ver Jürgen Rojahn, "Il caso dei cosiddetti 'manoscritti economico-filosofici dell'anno 1844'", *Passato e Presente*, v. 2, n. 3, 1983, p. 43; e Jürgen Rojahn, "The Emergence of a Theory: The Importance of Marx's Notebooks Exemplified by Those from 1844", *Rethinking Marxism*, v. 14, n. 4, 2002, p. 33.

[13] Ver MEGA, v. I/3, cit., p. 411-6.

[14] Ver David McLellan, *Marx prima del marxismo* (Turim, Einaudi, 1974), p. 189, ou Jacques Rancière, "O conceito de crítica e a crítica da economia política dos 'Manuscritos de 1844' a 'O capital'", em Louis Althusser, Jacques Rancière, e Pierre Macherey, *Ler O capital*, v. 1, (trad. Nathanael C. Caixeiro, Rio de Janeiro, Zahar, 1979), p. 88.

[15] Ver Nikolai Lapin, *Der junge Marx* (Berlim, Dietz, 1974), p. 303-5.

3.2. Traduções e publicações posteriores

Graças à sua superioridade filológica, a versão da MEGA se destacou, e quase todas as traduções que apareceram depois se basearam nela: a tradução japonesa, de 1946; as italianas, de 1949, sob a organização de Norberto Bobbio, e de 1950, organizada por Galvano Della Volpe; as primeiras traduções em inglês e mandarim, datadas de 1956; e a tradução francesa de 1962, publicada anos após a versão filologicamente pouco confiável de 1937, citada anteriormente.

A superior qualidade da edição MEGA foi reconhecida também pelo estudioso e teólogo evangélico Erich Thier, na introdução à reedição alemã organizada por ele em 1950[16]. Todavia, sua nova edição dos *Manuscritos econômico-filosóficos de 1844* acabou sendo um híbrido das duas primeiras edições, na qual algumas partes da versão MEGA se alternavam com outras provenientes daquela organizada por Landshut e Mayer, levando, assim, à produção de mal-entendidos ainda maiores. O texto publicado, de fato, foi o da MEGA, mas, tal como já haviam feito anteriormente os dois estudiosos sociais-democratas, Thier decidiu não inserir o "primeiro" manuscrito. Da edição da MEGA foram retomadas muitas notas explicativas referentes ao texto, mas Thier conservou também as imprecisões de Landshut e Mayer, como, por exemplo, a convicção de que o "Prefácio" estaria colocado no "primeiro" e não no "terceiro" manuscrito. No que se refere ao título, por fim, também foi mantida a escolha equivocada dos estudiosos alemães. Deve-se ressaltar que tais erros foram repetidos bastante tempo depois, nas publicações feitas duas décadas após a edição da MEGA.

Em 1953, dessa vez sob a responsabilidade somente de Landshut, foi publicada novamente a versão de 1932, com o novo título de *Manuscritos econômico-filosóficos de 1844*[17]. Os erros de 1932 foram repetidos, e as únicas alterações se referem à substituição de algumas interpretações do original, que estavam erradas, com base na edição da MEGA. Dois anos depois, na coletânea *Kleine ökonomische Schriften* [Breves escritos econômicos][18], os *Manuscritos econômico-filosóficos de 1844* foram apresentados sem o "capítulo" final sobre a "Crítica da dialética e da filosofia hegelianas em geral". Todavia, o texto incluiu algumas correções em relação à versão da MEGA de 1932.

---

[16] Karl Marx, *Nationalökonomie und Philosophie* (org. Erich Thier, Colônia-Berlim, Kiepenheuer, 1950).

[17] Idem, *Die Frühschriften* (org. Siegfried Landshut, Stuttgart, Kröner, 1953). Essa edição contou com nada menos que sete reimpressões. À última delas, de 2003, acrescentou-se um pequeno aparato histórico-filológico: Oliver Heins e Richard Sperl, "Editorische und überlieferungsgeschichtliche Anmerkungen" (p. 631-52).

[18] Karl Marx e Friedrich Engels, *Kleine ökonomische Schriften* (Berlim, Dietz, 1955), p. 42-166.

Paralelamente aos limites dessas novas edições alemãs – que representaram um retrocesso em relação àquela da MEGA –, deve-se ressaltar a grande "perseguição" sofrida pelos *Manuscritos econômico-filosóficos de 1844* na União Soviética e, mais amplamente, no Leste da Europa. Em 1954, o Instituto para o Marxismo-Leninismo de Moscou – nova denominação do Instituto Marx-Engels –, diante da preparação da nova edição russa das *K.Marx-F.Engels Soĉinenija*, decidiu não incluir em seus volumes os manuscritos incompletos dos "fundadores do socialismo científico", ou seja, muitos daqueles importantíssimos trabalhos graças aos quais teria sido possível uma interpretação mais correta da gênese do pensamento de Marx. A escolha editorial implementada resultou, afinal, um tanto contraditória. Dentre os textos excluídos – muito mais por censura do que por rigor editorial – na segunda *Soĉinenija* estavam não somente os *Manuscritos econômico-filosóficos de 1844*, mas também os *Esboços da crítica da economia política*, mais conhecidos como *Grundrisse*. O caráter de censura dessa edição se nota, por exemplo, pelo fato de que nela foi dado espaço para outros manuscritos de Marx, entre eles os trabalhos de juventude *Crítica da filosofia do direito de Hegel*, inserido no primeiro volume, e *A ideologia alemã*, que ocupou todo o terceiro volume.

Os *Manuscritos econômico-filosóficos de 1844* apareceram em 1956[19] como publicação separada, intitulada *Excertos das obras de juventude*[20], com uma impressão de somente 60 mil exemplares (uma tiragem nada excepcional se comparada com a de outras edições dos textos de Marx daquela época), em 1956[21]. Para que os *Manuscritos econômico-filosóficos de 1844* fossem inseridos na "segunda" *Soĉinenija*, foi preciso aguardar quase vinte anos, ou seja, a publicação do volume anexo 42, em 1974[22]. A preparação dessa edição exigiu um novo processo de verificação das fotocópias dos originais (que eram mantidos no Internationaal Instituut voor Social Geschiedenis [Instituto Internacional de História Social], de Amsterdã, onde estão guardados dois terços do legado literário de Marx e Engels[23]). Tal escolha se revelou fundamental, pois permitiu realizar um grande número de correções não secundárias da versão da MEGA de 1932. Por exemplo, a frase contida na última linha do "segundo" manuscrito, anteriormente traduzida como "*Kollision wechselseitiger Gegensätze*",

---

[19] Idem, *Iz rannikh proïzvedennij*, (Moscou, Marx-Engels-Verlag, 1956), p. 519-642.

[20] A propósito, ver o ensaio de Vladimir Brouchlinski, "Note sur l'histoire de la rédaction et de la publication des 'Manuscrits économico-philosophiques' de Karl Marx", em Vários Autores, *Sur le jeune Marx*, número especial da revista *Recherches Internationales à la Lumière du Marxisme*, v. 5-6, n. 19, 1960, p. 78.

[21] Karl Marx e Friedrich Engels, *Iz rannikh proïzvedennij* (Moscou, Marx-Engels-Verlag, 1956), p. 519-642.

[22] *K. Marx, F. Engels Soĉinenija*, v. 42 (Moscou, Politizdat, 1974), p. 41-174.

[23] Ver Maria Hunink, *Le carte della rivoluzione* (Milão, Pantarei, 1998).

foi corretamente traduzida como "*feindlicher wechselseitiger Gegensatz*". Em muitas partes, foi modificada a palavra "*Genuß*", no lugar da "*Geist*"[24]. Procedeu-se, por fim, à correção dos erros cometidos por Marx. Serve de exemplo a citação de Smith, "*von den drei primitiven Klassen*", corretamente usada nos cadernos de excertos, mas errada nos *Manuscritos econômico-filosóficos de 1844*, onde aparecia como "*von den drei produktiven Klassen*"[25]. Além do mais, todas as citações feitas por Marx, muito longas, especialmente no "primeiro" manuscrito, foram publicadas com uma fonte menor, para facilitar a identificação da paternidade das várias partes e para que não fossem atribuídas a ele frases que, na verdade, eram citações de outros autores[26].

Assim como a edição soviética, a coletânea dos escritos de Marx e Engels publicada na República Democrática Alemã, a *Marx-Engels-Werke* (MEW), lançada em 39 volumes entre 1956 e 1968, também excluiu os *Manuscritos econômico--filosóficos de 1844* da lista de volumes numerados. Na verdade, eles não foram inseridos no volume 2, publicado em 1962, onde deveriam ter sido colocados por razões cronológicas, tendo sido publicados somente em 1968 como volume anexo (*Ergänzungsband*)[27]. Tal volume, depois de ter aparecido nesse formato até 1981, em quatro edições sucessivas, foi publicado em 1985, com o título *Schriften und Briefe November 1837-August 1844* [Textos e cartas, novembro de 1837-agosto de 1844], como o tomo 40 da MEW. A edição publicada foi a versão da MEGA de 1932, com o acréscimo das correções feitas às traduções dos originais e do aparato crítico da edição *Kleine ökonomische Schriften*, de 1955.

Após a MEGA de 1932, a primeira edição das obras de Marx publicada no "campo socialista" a inserir os *Manuscritos econômico-filosóficos de 1844* em seus volumes numerados foi a *Marx-Engels-Gesamtausgabe* (MEGA²). Suas publicações tiveram

---

[24] Na edição italiana de Bobbio, ao contrário, conserva-se a primeira transcrição errada, traduzida como "colisão de oposições recíprocas", ver Karl Marx, *Manoscritti economico-filosofici del 1844* (Turim, Einaudi, 2004), p. 97. O mesmo ocorre na edição das *Opere* organizada por Della Volpe, na qual a expressão é traduzida como "colisão de recíprocas oposições", ver Karl Marx, "Manoscritti economico-filosofici del 1844", em *Marx Engels Opere*, v. 3, cit., p. 316. A tradução correta é: "adversários de recíproca oposição". A correção de *Genuß* (prazer) no lugar de *Geist* (espírito), por sua vez, é realizada por Bobbio, que inclui também as correções de *selten* (raramente) em vez de *selber* (mesmo) e *Prinzip* (princípio) em vez de *Progress* (progresso). A propósito, ver a nota à sua tradução da p. 18. Na sua versão, incluída posteriormente nas *Opere*, Della Volpe optou por uma tradução distinta de *Genuß*, lida em italiano como "fruizione" [em português, "fruição"].

[25] Ver MEGA, v. I/3, cit., p. 472 (linha 2) e p. 68 (linha 19). Tradução: "das três classes elementares" e "das três classes produtivas".

[26] Ver Vladimir Brouchlinski, *Note sur l'histoire*, cit., p. 79.

[27] Karl Marx, "Ökonomisch-philosophische Manuskripte aus dem Jahre 1844", em *Marx-Engels--Werke. Ergänzungsband. Erster Teil* (Berlim, Dietz, 1968), p. 465-588.

início em 1975, e os manuscritos parisienses foram impressos no volume I/2, em 1982, exatamente cinquenta anos após a primeira publicação. Nesse volume, os manuscritos de Paris apareceram numa edição histórico-crítica e foram publicados em duas versões[28]: uma primeira (*Erste Wiedergabe*) reproduziu a organização dos papéis originais de Marx e propôs, então, uma divisão em colunas de partes do texto do "primeiro" manuscrito; uma segunda (*Zweite Wiedergabe*), no entanto, utilizou a divisão em capítulos e a paginação adotada por todas as edições anteriores. Foram acrescentadas outras melhorias à tradução dos originais, dessa vez com particular atenção ao "Prefácio"[29]. Confirmando as dificuldades de se realizar uma classificação entre os vários manuscritos marxianos (mas também como demonstração de alguns limites da edição MEGA²), o prospecto do capítulo final da *Fenomenologia do espírito* de Hegel foi inserido tanto nesse volume como no IV/2, que continha os cadernos de excertos do período[30]. Em 1981, de fato, a MEGA² tinha publicado os cadernos com os excertos parisienses, e aqueles das obras de Carl W. C. Schüz, Friedrich List, Heinrich F. Osiander, Guillaume Prévost, Xenofonte e Eugène Buret, que não tinham sido publicados na primeira MEGA, foram editados pela primeira vez. A publicação dos *Cadernos de Paris* foi completada, por fim, com o volume IV/3 de 1998, que incluiu os compêndios marxianos referentes a Jean Law, a um manual de história romana de autoria incerta e a James Lauderdale. Com a MEGA², os *Manuscritos econômico-filosóficos de 1844* foram finalmente publicados na íntegra.

3.3. Um ou dois Marx? A disputa sobre a "continuidade" do pensamento de Marx

As duas edições de 1932 e as diferentes interpretações que as acompanharam deram início a uma multiplicidade de controvérsias, de caráter hermenêutico e, naturalmente, também político, a respeito do texto marxiano, que foi colocado entre dois lados opostos. Por um lado, como se viu, houve a interpretação que entende esse texto como a expressão de uma fase juvenil, ainda negativamente condicionada por noções e termos filosóficos. Por outro, ao contrário, houve aquela que entrevê, exatamente na elaboração filosófica do primeiro Marx, a essência de toda a sua teoria crítica e a expressão mais elevada de seu humanismo. Com o passar do tempo, os

---

[28] Ver MEGA², v. I/2 (Berlim, Dietz, 1982), p. 187-322 e 323-438.
[29] Segundo os editores da nota introdutória do v. I/2, tais melhorias consistiam em "correções essenciais em relação às edições publicadas até agora" (p. 35). Para todos os detalhes acerca das novas interpretações, ver a lista de variantes do "Vorwort" [Prefácio] incluída no volume (p. 842-52).
[30] Ver ibidem, p. 439-44, e MEGA², v. IV/2 (Berlim, Dietz, 1981), p. 493-500.

subsequentes defensores das duas teses colocaram no centro do debate a questão da "continuidade": havia dois Marx diferentes entre si – um jovem e um maduro –, ou um único Marx que, não obstante o passar dos anos, tinha substancialmente conservado suas convicções?

A oposição entre essas duas correntes foi se radicalizando cada vez mais. Em torno da primeira se juntou a ortodoxia marxista-leninista e alguns outros, na Europa Ocidental, que compartilhavam os mesmos princípios teóricos e políticos. Os defensores dessa posição minimizaram ou rejeitaram totalmente a importância dos escritos de juventude, considerados superficiais se comparados às obras posteriores, e se tornaram defensores de uma concepção do pensamento de Marx decididamente anti-humanista[31]. Em torno da segunda corrente, apresentou-se uma gama mais variada e heterogênea de autores, cujo denominador comum era a rejeição ao dogmatismo do "comunismo oficial" e o desejo de romper a suposta relação direta que os expoentes desse último estabeleciam entre o pensamento de Marx e a realidade política da União Soviética.

As afirmações de dois protagonistas do debate marxista daquele período evidenciam, mais do que qualquer outro comentário, a importância da questão. Segundo Louis Althusser,

> o debate das obras de juventude de Marx é primeiramente um debate *político*. Será preciso repetir que essas obras [...] foram exumadas por social-democratas e exploradas por eles contra as posições teóricas do marxismo-leninismo? [...] Eis, portanto, o *lugar* do debate: o Jovem Marx. *O que está em jogo* no debate: o marxismo. Os *termos do debate*: se o Jovem Marx é já Marx e todo o Marx.[32]

Iring Fetscher, por sua vez, afirmou que

> nos escritos de juventude de Marx, a libertação do homem de toda forma de exploração, domínio e alienação tem uma importância tão central que, na época do domínio de

---

[31] Ver David McLellan, *Marx* (Bolonha, il Mulino, 1998), p. 84.
[32] Louis Althusser, *Por Marx* (Campinas, Unicamp, 2015), p. 40. Alguns anos mais tarde, ao defender a importância do conceito de "ruptura epistemológica" por ele utilizado, Althusser quis enfatizar como a discussão sobre o "jovem Marx" era "em última análise [...] um confronto político. [...] Não é um debate de filólogos! A manutenção ou o desaparecimento dessas *palavras*, sua defesa ou seu aniquilamento, representam verdadeiras lutas, cujo caráter ideológico e político está manifesto. Não é exagero afirmar que o que está hoje em questão por trás da querela dessas palavras é o *leninismo* puro e simples. Não somente o reconhecimento da existência e do papel da teoria e da ciência marxista, mas as formas concretas da fusão do movimento operário e da teoria marxista, e a concepção do materialismo e da dialética"; Louis Althusser, "Elementos de autocrítica", em *Posições I* (Rio de Janeiro, Graal, 1978), p. 87-8, trad. modif.

Stálin, um leitor soviético teria tomado estes argumentos exatamente como uma crítica à sua situação. Por essa razão, os escritos de juventude de Marx nunca foram publicados em russo em edições baratas e de grande tiragem. Eles eram considerados trabalhos relativamente pouco significativos daquele jovem hegeliano que ainda não chegara ao marxismo, que seria, então, Marx.[33]

Nessa contenda, ambas as partes distorceram o texto de Marx. Os ortodoxos negaram o valor dos *Manuscritos econômico-filosóficos de 1844*, indispensáveis, no entanto, para melhor compreender a evolução e as diferentes etapas do pensamento marxiano, chegando a censurá-los e a excluí-los das edições dos textos de Marx e Engels. Já as inúmeras leituras do chamado "marxismo ocidental", ao contrário, conferiram – de maneira evidentemente forçada – a esse primeiríssimo esboço incompleto de Marx, um valor superior ao da obra que fora publicada após vinte anos de estudos e pesquisas: *O capital*.

Não é possível aqui dar um relato completo da vasta literatura crítica sobre os *Manuscritos econômico-filosóficos de 1844*. Portanto, será levada adiante uma análise centrada apenas nos principais livros, a fim de mostrar os grandes limites interpretativos que caracterizam o debate sobre esse texto de Marx e, em geral, sobre toda sua obra.

3.4. O nascimento do mito do "jovem Marx" nas primeiras interpretações dos *Manuscritos econômico-filosóficos de 1844* na Alemanha

Logo após a publicação das duas versões de 1932, inúmeros estudiosos se debruçaram sobre os *Manuscritos econômico-filosóficos de 1844*, que se tornou um dos principais objetos da disputa entre "marxismo soviético" e "marxismo ocidental". As introduções que acompanharam a publicação do escrito tornaram clara a sólida diferença de perspectiva entre as duas posições. Victor Adoratski – diretor da MEGA que substituiu Riazanov em 1931, após os expurgos de Stálin que também atingiram o Instituto Marx-Engels, o qual, nesse meio-tempo, tinha se tornado o Instituto Marx-Engels-Lênin – apresentou os *Manuscritos econômico-filosóficos de 1844* como um texto concernente aos temas da "análise do dinheiro, do salário, dos ganhos do capital e da renda fundiária", no qual Marx elaborou uma "representação e caracterização geral do capitalismo"[34] (termo por ele ainda não utilizado), que reapareceria depois na *Miséria da filosofia* e no *Manifesto Comunista*. Por sua vez, Landshut e

---

[33] Iring Fetscher, *Marx e il marxismo: Dalla filosofia del proletariato alla "Weltanschauung" proletaria* (Florença, Sansoni, 1969), p. 312.
[34] Victor Adoratski, "Einleitung", MEGA, v. I/3, cit., p. 13.

Mayer[35] escreveram que a obra, "na essência, antecipa[va] já *O capital*"[36], pois, depois dela, na elaboração de Marx "não apareceu nenhuma ideia fundamentalmente nova"[37]. Apoiados nessa convicção, os responsáveis pela edição alemã consideraram os *Manuscritos econômico-filosóficos de 1844* "a obra mais importante de Marx. Eles constituem o ponto crucial do desenvolvimento de seu pensamento, nos quais os princípios da análise econômica derivam diretamente da ideia de 'verdadeira realidade do homem'"[38]. Além disso, segundos os dois autores alemães, esse texto era assaz importante porque revelara a terminologia filosófica de Marx e permitira também conectar as teorias econômicas desenvolvidas em *O capital* aos conceitos desenvolvidos durante o período de juventude. Esses autores chegaram a afirmar que o objetivo de Marx não era "a 'socialização dos meios de produção', a superação da 'exploração' pela 'expropriação dos expropriadores', mas a 'realização do homem' (*Verwirklichung des Menschen*), [...] sem a qual todo o resto não faz sentido"[39]. Não obstante seu caráter forçado, baseado na convicção de que o esboço parisiense de 1844 constituía nada mais nada menos que o "ponto crucial do desenvolvimento do [...] pensamento"[40] marxiano, essa interpretação obteve grande sucesso e pode ser atribuído exatamente a esse ensaio o nascimento do mito do "jovem Marx".

Os dois primeiros autores a se debruçarem sobre os *Manuscritos econômico--filosóficos de 1844* e a intervirem no debate sobre a relevância dos inéditos escritos de juventude de Marx foram Henri de Man e Herbert Marcuse, e ambos chegaram a conclusões análogas àquelas de Landshut e Mayer. No artigo "Der neu entdeckte Marx" [A descoberta do novo Marx], de Man apontou o valor de

> uma obra de Marx até hoje desconhecida e da maior relevância para uma melhor avaliação do processo de desenvolvimento e do significado da doutrina marxiana. [...] De fato, essa obra revela[va] com mais clareza do que qualquer outra obra de Marx as razões ético-humanistas que informaram a orientação socialista e os juízos de valor expressos na atividade científica de toda sua vida.[41]

---

[35] De fato, a introdução assinada pelos dois organizadores foi escrita apenas por Landshut, que a publicou no mesmo ano também como capítulo à parte. Ver Siegfried Landshut, *Karl Marx* (Lübeck, Charles Coleman, 1932).

[36] Siegfried Landshut e Jacob Peter Mayer, *Vorwort der Herausgeber*, cit., p. 6.

[37] Siegfried Landshut, *Karl Marx*, cit., p. 6. Para uma crítica dessa posição, ver Angelo Bolaffi, "Prefazione", em György Lukács, *Il giovane Marx* (Roma, Editori Riuniti, 1978), p. 12-3.

[38] Siegfried Landshut e Jacob Peter Mayer, *Vorwort der Herausgeber*, cit., p. 13.

[39] Ibidem, p. XXXVIII.

[40] Ibidem, p. XIII.

[41] Henri de Man, "Der neu entdeckte Marx", *Der Kampf*, v. 25, n. 5-6, 1932, p. 224.

Segundo o autor belga, a questão decisiva que os intérpretes de Marx deveriam responder era "se essa fase humanista deveria ser considerada uma posição posteriormente superada ou, ao contrário, parte integrante e duradoura da doutrina de Marx"[42]. Ele expressou sua opinião com firmeza e afirmou que o escrito de Paris continha já todos os conceitos sobre os quais Marx construiria sucessivamente sua obra: "nos *Manuscritos* e, mais amplamente, nas obras escritas entre 1843 e 1846, Marx formulou posições que permaneceram na base de todos os seus trabalhos subsequentes". Partindo dessa avaliação, de Man declarou não apenas que "o Marx de 1844 pertenc[ia] ao marxismo tanto quanto o Marx de 1867 ou [...] o Engels de 1890"[43], mas afirmou que em Marx estavam presentes dois marxismos – o humanista da juventude e o da maturidade – e que o primeiro era superior ao segundo, esse último atingido pelo "declínio das energias criativas"[44].

Marcuse também sustenta a tese de que os *Manuscritos econômico-filosóficos de 1844* evidenciavam os fundamentos filosóficos da crítica da economia política e, no ensaio "Novas fontes para a fundamentação do materialismo histórico", publicado na revista *Die Gesellschaft* [A sociedade], afirmou que "a publicação dos *Manuscritos econômico-filosóficos* de Marx de 1844 [estava] destinada a se tornar um acontecimento decisivo na história da pesquisa marxista", pois ela "desloca[va] para um novo terreno a discussão sobre o sentido original do materialismo histórico"[45]. Para Marcuse, após o surgimento dessa publicação inédita, era possível afirmar que "a economia e a política [tinham se] tornado o fundamento econômico-político da teoria da revolução com base numa bem determinada interpretação filosófica da essência humana e de sua realização histórica". Portanto, a partir do momento em que os *Manuscritos econômico--filosóficos de 1844* haviam demonstrado o quão errado era afirmar que Marx havia tido "simplesmente um momento de passagem da fundamentação filosófica para a econômica, de modo que na forma sucessiva (a econômica) a filosofia está superada, ou melhor, 'liquidada' de uma vez por todas" – ou seja, diferentemente do enunciado por vários expoentes da Segunda Internacional e do comunismo soviético –, não era mais possível considerar o marxismo uma doutrina essencialmente econômica.

---

[42] Idem.
[43] Ibidem, p. 276.
[44] Ibidem, p. 277.
[45] Ver Herbert Marcuse, *Marxismo e rivoluzione. Studi 1929-1932* (Turim, Einaudi, 1975), p. 63. Entre as inúmeras afirmações desse tipo, ver também a seguinte: "nos *Manuscritos econômico-filosóficos* fica claro (ainda mais do que antes) o significado original das categorias fundamentais, podendo ser necessário rever a interpretação contemporânea da elaboração da crítica à luz de suas origens"; ibidem, p. 63-4.

A descoberta da importância do "jovem Marx" decorreu, cada vez mais, dos estudos de sua relação com Hegel, e tal circunstância foi favorecida pela publicação, ocorrida um pouco antes da dos *Manuscritos econômico-filosóficos de 1844*, dos manuscritos de Jena de Hegel[46]. György Lukács foi um dos maiores autores marxistas a relacionar os estudos de juventude dos dois autores – os filosóficos de Marx e os econômicos de Hegel – e a estabelecer, em seu livro de 1938, *O jovem Hegel e os problemas da sociedade capitalista*, as afinidades que havia encontrado entre ambos. A seu juízo, as referências de Marx a Hegel presentes nos *Manuscritos econômico-filosóficos de 1844* iam muito além das passagens em que Hegel era citado textualmente. Na opinião de Lukács, diversas análises econômicas tinham sido motivadas pela crítica da concepção filosófica hegeliana:

> Nesses manuscritos de Marx, a vinculação de economia e política é [...] uma profunda necessidade metodológica, o pressuposto para uma superação real da dialética idealista de Hegel. Por essa razão, seria superficial e rasteiro acreditar que a discussão de Marx com Hegel só começaria na última parte do manuscrito, a que contém a crítica de *Fenomenologia*. As partes precedentes, de cunho puramente econômico, nas quais Hegel nem é mencionado expressamente, contêm a fundamentação mais importante dessa discussão e crítica: a aclaração econômica do fato real da alienação.[47]

Nas aulas sobre a *Fenomenologia do espírito*, ministradas na École Pratique des Hautes Études de Paris entre 1933 a 1939 e, depois, reunidas e publicadas por Raymond Queneau no livro *Introdução à leitura de Hegel*[48], Alexandre Kojève – outro autor que exerceu grande influência no debate sobre a relação entre Hegel e Marx – aprofundou essa relação, embora, neste caso, foi a obra de Hegel a ser relida à luz da interpretação marxiana. No mesmo período, o vínculo entre Hegel e Marx foi desenvolvido, por fim, também por Karl Löwith no célebre e muito difundido

---

[46] Ver Georg W. F. Hegel, *Jenenser Logik, Metaphysik und Naturphilosophie* (org. Georg Lasson, Leipzig, Felix Meiner, 1923); e idem, *Jenenser Realphilosophie* (org. Johannes Hoffmeister, Leipzig, Felix Meiner, 1931).

[47] György Lukács, *O jovem Hegel: e os problemas da sociedade capitalista* (trad. Nélio Schneider, São Paulo, Boitempo, 2018), p. 702, trad. modif. Para compreender a revolução determinada pelos *Manuscritos econômico-filosóficos de 1844*, há também o testemunho biográfico de Lukács em entrevista concedida à *New Left Review*: "lendo esses manuscritos, mudei completamente minha relação com o marxismo e transformei minha perspectiva filosófica"; idem, "Lukács on His Life and Work", *New Left Review*, v. 68, jul.-ago. 1971, p. 57. Ver também idem, *Para uma ontologia do ser social* (trad. Nélio Schneider, São Paulo, Boitempo, 2018), 2 v.

[48] Ver Alexandre Kojève, *Introdução à leitura de Hegel* (trad. Estela Abreu, Rio de Janeiro, Contraponto, 2002).

texto *De Hegel a Nietzsche*[49], sem dúvida um dos principais estudos da época sobre a filosofia hegeliana e pós-hegeliana.

Com o fim da Segunda Guerra Mundial, a Alemanha retomou o debate sobre Marx e, no início dos anos 1950, na República Federal da Alemanha, foram publicados textos como *Die Anthropologie des jungen Marx nach den Pariser ökonomisch--philosophischen Manuskripten* [A antropologia do jovem Marx nos "Manuscritos econômico-filosóficos de Paris"][50], de Erich Thier, *Der entfremdete Mensch* [O homem alienado][51], de Heinrich Popitz, e *Der technische Eros* [O Eros da técnica][52], de Jacob Hommes. Esses livros divulgaram, com diferentes tonalidades, a opinião de que os *Manuscritos econômico-filosóficos de 1844* eram o texto fundamental de toda a obra marxiana. Em pouco tempo, tal leitura conquistou inúmeros autores em diversos países e disciplinas, e a interpretação dos textos do "jovem Marx" se tornou tarefa central, acerca da qual todo estudioso sério de Marx não poderia deixar de opinar.

3.5. A moda do "jovem Marx" na França após a Segunda Guerra Mundial

Após o fim da Segunda Guerra Mundial, cujo final foi marcado por um sentimento de profunda inquietação gerado pela barbárie produzida pelo nazifascismo, a temática relativa à condição e ao destino do indivíduo na sociedade contemporânea ganhou grande destaque[53]. Nesse contexto, floresceu em toda a Europa um grande interesse filosófico por Marx, especialmente na França, sem dúvida o país onde esses estudos mais proliferaram[54]. Como afirmou Henri Lefebvre, o estudo dos textos de juventude de Marx foi, na França, "o evento filosófico decisivo [...] daquele período"[55]. Tratou-se de um processo variado, que se estendeu até os anos 1960, no qual muitos

---

[49] Ver Karl Löwith, *De Hegel a Nietzsche: a ruptura revolucionária no pensamento do século XIX* (trad. Flamarion Caldeira Ramos e Luiz Fernando Barrére Martin, São Paulo, Unesp, 2013).

[50] Esse ensaio foi publicado como uma consistente introdução (*Einleitung*) a Karl Marx, *Nationalökonomie und Philosophie*, cit., p. 3-127, e posteriormente como um volume separado: Erich Thier, *Das Menschenbild des jungen Marx* (Göttingen, Vandenhoeck & Ruprecht, 1957).

[51] Heinrich Popitz, *Der entfremdete Mensch. Zeitkritik und Geschichtsphilosophie des jungen Marx* (Basileia, Verlag für Recht und Gesellschaft, 1953).

[52] Jacob Hommes, *L'eros della tecnica* (Roma, Abete, 1970).

[53] Ver Adam Schaff, *Il marxismo e la persona umana* (Milão, Feltrinelli, 1965), p. 13.

[54] Ver Ornella Pompeo Faracovi, *Il marxismo francese contemporaneo fra dialettica e struttura (1945--1968)* (Milão, Feltrinelli, 1972), particularmente as páginas 12-8, nas quais se lembra que "a cultura filosófica francesa do pós-guerra se interessou durante muito tempo por Marx, de modo quase exclusivo por seus textos de juventude" (ibidem, p. 9).

[55] Henri Lefebvre, "Le marxisme et la pensée française", *Les Temps Modernes*, v. 137-138, 1957, p. 114.

autores, diferentes entre si pela cultura filosófica e pelas tendências políticas, tentaram encontrar uma síntese filosófica entre marxismo, hegelianismo, existencialismo e cristianismo. O debate produziu muita literatura ruim e distorcida, baseada mais nas convicções pessoais dos autores do que no texto marxiano.

Em *Sens et non-sens* [Sentido e não sentido], de 1948, Maurice Merleau-Ponty declarou sua convicção de que o pensamento do jovem Marx era existencialista[56]. Após estudar os *Manuscritos econômico-filosóficos de 1844* e sob a influência exercida pela leitura de Kojève, ele se convenceu de que o marxismo autêntico era um humanismo radical, totalmente distinto do economicismo dogmático soviético, cujos fundamentos podiam ser reconstruídos e repensados com base nos primeiros escritos de Marx, aqueles do início da década de 1840. Vários filósofos existencialistas levaram a cabo uma leitura muito semelhante à de Merleau-Ponty e, assim, se limitaram a ler a parte menor, e nunca concluída, da produção intelectual de Marx, frequentemente excluindo quase totalmente o estudo de *O capital*[57].

Os textos utilizados por alguns intérpretes para criar a errônea imagem de um "Marx filósofo" serviram a outros para criar o ainda mais tosco traje de um "Marx teólogo". Nas obras dos autores jesuítas Pierre Bigo e Jean-Yves Calvez, o pensamento de Marx toma a forma de uma ética muito semelhante à mensagem de justiça social do catolicismo mais democrático e progressista. Algumas afirmações de seus livros estarrecem pela superficialidade e confusão. Em *Marxisme et humanisme* [Marxismo e humanismo][58], Bigo afirmou: "Marx não é um economista, não deu qualquer contribuição à economia política [...]. Quando por acaso é indiretamente induzido a considerações sobre esses temas, é estranhamente vago e se contradiz"[59]. Já Calvez escreveu em *La Pensée de Karl Marx* [O pensamento de Karl Marx][60], publicado em 1956, que embora Marx "não tenha publicado a obra hoje conhecida como *Manuscritos econômico-filosóficos de 1844*, [...] aquilo que já sabemos nos permite afirmar que [nela] Marx já havia adquirido os princípios fundamentais que desen-

---

[56] Ver Maurice Merleau-Ponty, *Senso e non-senso* (Milão, il Saggiatore, 1962), sobretudo o capítulo "Marxismo e filosofia". A propósito, ver também Lars Roar Langset, "Young Marx and Alienation in Western Debate", *Inquiry*, v. 6, n. 1, 1963, p. 11.

[57] Raymond Aron zombou dessa posição afirmando que os existencialistas "encontraram nas especulações do jovem Marx o segredo de um marxismo 'insuperável', que Marx acreditava ter 'ultrapassado' desde os seus trinta anos de idade"; Raymond Aron, *Marxismi immaginari: Da una sacra famiglia all'altra* (Milão, Franco Angeli, 1972), p. 115.

[58] Pierre Bigo, *Marxismo e umanesimo* (Milão, Bompiani, 1963).

[59] Ibidem, p. 248.

[60] Jean-Yves Calvez, *Il pensiero di Karl Marx* (Turim, Borla, 1966).

volverá nas obras posteriores"[61]. Nesse contexto, Roger Garaudy também defendeu a tese da importância decisiva das influências humanistas contidas nos primeiros escritos de Marx e se expressou a favor de um diálogo entre marxismo e outras culturas, em particular a cristã[62].

Raymond Aron desenvolveu uma crítica contundente a essas posições e, no livro *Marxismes imaginaires* [Marxismos imaginários], publicado em 1969, zombou daqueles "padres jesuítas" e de alguns "paramarxistas parisienses" que, concomitantemente ao sucesso da filosofia fenomenológico-existencial, "interpretaram as obras de maturidade [de Marx] à luz [...] [da] utopia filosófica" dos primeiros escritos inacabados ou, chegando ao ridículo, "subordina[ram] *O capital* aos escritos de juventude, sobretudo aos *Manuscritos econômico-filosóficos de 1844*, dos quais a obscuridade, incompletude e, em diversas partes, as contradições, fascinaram o leitor, informado por Kojève e pelo Padre Fessard"[63]. O que, a seu juízo, os autores não haviam compreendido era que "se Marx não tivesse tido a ambição e a esperança de fundar com rigor científico o advento do comunismo, não teria tido necessidade de trabalhar por trinta anos sobre *O capital* (sem conseguir concluí-lo). Algumas semanas e algumas páginas teriam bastado"[64].

No que diz respeito aos pensadores existencialistas e cristãos, a posição assumida por Pierre Naville foi completamente distinta. Segundo ele, Marx mudou muito suas ideias ao longo de sua elaboração, passando "da filosofia à ciência"[65]. Na obra *De l'aliénation à la jouissance* [Da alienação ao prazer], publicada em 1954, Naville expressou sua discordância tanto com aqueles que omitiam as "origens hegelianas do pensamento de Marx" quanto com aqueles que não conseguiam compreender o quanto ele "devia ter se distanciado de Hegel para chegar à análise de *O capital*"[66]; no "Prefácio" de 1967, redigido por ocasião de sua reimpressão, reiterou que Marx

---

[61] Ibidem, p. 25.
[62] Ver Roger Garaudy, *Do anátema ao diálogo* (São Paulo, Paz & Terra, 1966). Sobre temas concernentes, ver Stefan Vagovic, *Marxismo a una dimensione* (Roma, Città nuova, 1972).
[63] Raymond Aron, *Marxismi immaginari*, cit., p. 128. O texto de Aron está repleto de referências polêmicas, por meio das quais ele zombou tanto dos paradoxos de alguns estudiosos franceses de Marx ("nossos filósofos parisienses preferem esboços a obras, eles adoram cópias ruins, desde que sejam obscuras", p. 178) quanto do sucesso que eles conseguiram obter ("Júpiter, dizem, enlouqueceu aqueles que ele queria perder. Em Paris, Marx, o benevolente Júpiter, promete sucesso elegante àqueles que ele engana", p. 234). Sobre o papel de Gaston Fessard no debate francês da época, ver seu *Le dialogue catholique-communiste est-il possible?* (Paris, Grasset, 1937).
[64] Raymond Aron, *Marxismi immaginari*, cit., p. 151.
[65] Pierre Naville, *Dall'alienazione al godimento: Genesi della sociologia del lavoro in Marx ed Engels* (Milão, Jaca Book, 1978), p. 23.
[66] Ibidem, p. 22.

"soube abandonar algumas noções, tão sedutoras e fascinantes, como a de alienação. [...] Esse termo [...] Marx relegou ao museu filosófico para substituí-lo por uma análise muito mais rigorosa das relações de expropriação e exploração"[67].

Era também essa a leitura de Auguste Cornu, que, em 1934, com a publicação de sua tese de graduação *Karl Marx – L'homme et l'œuvre. De l'hégélianisme au matérialisme historique* [Karl Marx – O homem e a obra. Do hegelianismo ao materialismo histórico][68], primeiro embrião de sua futura obra em quatro tomos intitulada *Marx et Engels* [Marx e Engels][69], colocou os *Manuscritos econômico-filosóficos de 1844* no trilho da interpretação soviética inaugurada por Adoratski[70]. Mais tarde, Cornu, no terceiro volume de sua obra *Marx à Paris* [Marx em Paris], considerada a biografia intelectual mais completa já escrita sobre essa fase da vida de Marx, evitou a comparação com outros escritos posteriores e se limitou a uma avaliação mais contida do texto de 1844[71].

Em 1955, Jean Hyppolite, em seus *Études sur Marx et sur Hegel* [Ensaios sobre Marx e Hegel], um dos principais livros escritos naquele contexto, insistiu muito no vínculo entre os trabalhos de juventude de Marx e *O capital*, sublinhando que o elo entre eles era, exatamente, Hegel. Ele colocou em evidência a "necessidade, para a compreensão de *O capital*, de fazer referência às obras filosóficas anteriores, além dos estudos econômicos de Marx", pois "a obra de Marx pressupõe um substrato filosófico do qual nem sempre é fácil reconstruir os diferentes elementos". Para Hyppolite, não se podia ignorar a "profunda influência de Hegel [... e] não se pod[ia] entender a obra essencial de Marx, ignorando as principais obras de Hegel, que contribuíram para a formação e o desenvolvimento do seu pensamento, como a *Fenomenologia do Espírito*, a *Lógica*, a *Filosofia do direito*"[72].

A tese da continuidade teórica entre os *Manuscritos econômico-filosóficos de 1844* e as obras posteriores foi compartilhada por Maximilien Rubel, que, no volume de 1957, *Karl Marx: Essai de Biographie Intellectuelle* [Karl Marx: ensaio de biografia

---

[67] Ibidem, p. 12-3.
[68] Auguste Cornu, *Karl Marx – L'homme et l'œuvre. De l'hégélianisme au matérialisme historique* (Paris, Felix Alcan, 1934).
[69] Idem, *Marx e Engels* (Milão, Feltrinelli, 1962). Os volumes 3, *Karl Marx et Friedrich Engels. Marx à Paris*, e 4, *La formation du matérialisme historique (1845-1846)*, foram publicados em Paris pela PUF, em 1962 e em 1970.
[70] A essa interpretação remeteu também Émile Bottigelli na introdução à nova tradução dos *Manuscritos econômico-filosóficos de 1844* publicada no início dos anos 1960. Ver Émile Bottigelli, "Présentation", em Karl Marx, *Manuscrits de 1844* (Paris, Éditions sociales, 1962), em particular p. 66-9.
[71] Auguste Cornu, *Karl Marx et Friedrich Engels. Marx à Paris*, cit., em particular p. 172-7.
[72] Jean Hyppolite, *Saggi su Marx e Hegel* (Milão, Bompiani, 1963), p. 153 e 155.

intelectual], referindo-se à categoria de trabalho alienado, elaborada nos *Manuscritos econômico-filosóficos de 1844*, defende que ela era "a chave de toda obra posterior do economista e do sociólogo [Marx]" e que nela "a tese central de *O capital* [fora] [...] antecipada"[73]. Rubel, um dos principais marxólogos do século XX, também se disse convencido de que "a identidade fundamental dos pontos de vista de Marx nessa primeira crítica da propriedade privada e em sua posterior análise da economia política [era] evidente"[74]. Kostas Axelos foi além, afirmando, na obra *Marx: Penseur de la technique* [Marx pensador da técnica], que "o manuscrito de 1844 é e continua a ser o texto mais denso de pensamento, dentre todas as obras marxianas e marxistas"[75].

Henri Lefebvre foi um dos poucos a assumir uma postura mais equilibrada em relação aos *Manuscritos econômico-filosóficos de 1844* e a saber analisar seu conteúdo também à luz de sua incompletude. Em *Critique de la vie quotidienne* [Crítica da vida cotidiana], de 1958, Lefebvre afirmou que

> nas primeiras obras de Marx, e mais precisamente nos *Manuscritos econômico-filosóficos de 1844*, o pensamento marxista ainda não está totalmente elaborado. No entanto, está em germe, a caminho, em devir. [...] Em nossa opinião, o materialismo histórico e dialético se formou. Não aparece, portanto, abruptamente, em uma descontinuidade absoluta, após uma ruptura, no instante x, na obra de Marx (e na história da humanidade). Assim sendo, surgem dois falsos problemas. E, dessa maneira, o marxismo se apresenta como um sistema, como um dogma. [...] Uma novidade radical deve nascer, crescer, tomar forma, justamente porque é uma nova realidade. [...] A tese que data o marxismo ou tenta datá-lo corre o risco de secá-lo, de interpretá-lo unilateralmente. O erro, a falsa opção a se evitar, é superestimar ou subestimar os primeiros trabalhos de Marx. Eles já contêm o marxismo, mas de forma virtual, e não todo o marxismo.[76]

A coletânea de ensaios publicada por Louis Althusser em 1965, com o título *Por Marx*, certamente representou o principal texto na defesa da tese sobre a "descontinuidade absoluta" e a existência de uma "ruptura"[77] na obra de Marx. Althusser sustentou que, em *A ideologia alemã* e em "Teses sobre Feuerbach", estava claramente

---

[73] Maximilien Rubel, *Karl Marx: Saggio di biografia intellettuale. Prolegomeni per una sociologia etica* (Milão, Colibrì, 2001), p. 130.

[74] Ibidem, p. 116. O autor expressou uma posição semelhante em *Marx critico del marxismo* (Bolonha, Cappelli, 1981): "o primeiro livro de Marx, *A sagrada família*, já se anuncia como o segredo do último, *O capital*"; ibidem, p. 34.

[75] Kostas Axelos, *Marx pensatore della tecnica* (Milão, Sugar, 1963), p. 56-7.

[76] Henri Lefebvre, *Critica della vita quotidiana* (Bari, Dedalo, 1977), p. 92-3.

[77] Ibidem, p. 92.

presente uma "ruptura epistemológica"[78] (*coupure épistémologique*) "que constitui a crítica da sua antiga consciência filosófica"[79]. Com base nessa suposta ruptura, ele subdivide o pensamento de Marx "em dois grandes períodos essenciais: o período ainda 'ideológico', anterior ao corte de 1845, e o período 'científico', posterior ao corte de 1845"[80]. Também nesse caso, um dos principais pontos de divergência foi a relação entre Marx e Hegel. Para Althusser, na verdade, Hegel tinha inspirado Marx num único texto – os *Manuscritos econômico-filosóficos de 1844* – e, portanto, ainda em seu período "ideológico-filosófico":

> o Jovem Marx nunca foi hegeliano, e sim inicialmente kantiano-fichtiano, em seguida feuerbachiano. A tese, frequentemente discutida, do hegelianismo do Jovem Marx, em geral, é portanto um mito. Em contrapartida, na véspera da ruptura com a sua "consciência filosófica de outrora", tudo acontece como se Marx tivesse produzido, recorrendo a Hegel pela única vez na sua juventude, uma prodigiosa "ab-reação" teórica indispensável à liquidação de sua consciência "delirante".[81]

Desse modo, para Althusser, paradoxalmente os *Manuscritos econômico-filosóficos de 1844* são o texto "mais afastado, teoricamente falando, do dia que ia nascer"[82]:

> o Marx *mais afastado de Marx* é esse, o Marx mais próximo, o Marx da véspera, o Marx do limiar, como se antes da ruptura, e para consumá-la, ele precisasse ter dado à filosofia toda a oportunidade, a última, esse poder absoluto sobre seu contrário, e esse triunfo teórico sem igual: ou seja, *sua derrota*.[83]

A singular conclusão de Althusser foi a de que "não se pode absolutamente dizer que 'a juventude de Marx pertence ao marxismo'"[84]. A escola althusseriana fez dessa

---

[78] Louis Althusser, *Por Marx*, cit., p. 11. No texto *Elementos de autocrítica*, cit., Althusser recordou como reelaborou a noção de "ruptura (*rupture*) epistemológica" cunhada por Gaston Bachelard, de tal maneira que ela pudesse mostrar "seu aspecto mais marcante". Portanto, é daí que deriva a criação do conceito de "corte (*coupure*) epistemológico". Sobre o conceito de "ruptura epistemológica", ver também Étienne Balibar, *Per Althusser* (Roma, Manifestolibri, 1991), em particular o último capítulo, "Il concetto di 'rottura epistemologica' da Gaston Bachelard a Louis Althusser", p. 65-97.
[79] Louis Althusser, *Por Marx*, cit., p. 23.
[80] Ibidem, p. 24. Mais exatamente, Althusser classificou o pensamento de Marx em quatro fases: a das obras de juventude (1840-44); a das obras de ruptura (1845); a das obras de amadurecimento (1845-57); e a das obras de maturidade (1857-83). Ver ibidem, p. 25.
[81] Ibidem, p. 25-6.
[82] Ibidem, p. 26.
[83] Ibidem, p. 131.
[84] Ibidem, p. 63. É muito eficaz a crítica de Rubel ao marxismo de Althusser. Numa breve nota da introdução a uma de seus volumes sobre Marx, os quais ele publicou pela prestigiosa série Pléiade,

convicção um dos pontos cardeais de sua interpretação de Marx, representado, por muitos de seus pensadores, como dois diferentes autores: aquele anterior a 1845, ainda ligado à antropologia filosófica de Feuerbach, e aquele posterior a *A ideologia alemã*, científico e fundador de uma nova teoria da história. O ensaio "O conceito de crítica e a crítica da economia política dos 'Manuscritos de 1844' a '*O capital*'", publicado por Jacques Rancière em 1965 na coletânea *Ler "O capital"*, foi uma das primeiras e mais significativas contribuições nesse sentido. Nele, no que diz respeito à dificuldade de interpretação da obra de Marx, o discípulo de Althusser afirmou que um dos principais obstáculos para sua compreensão era determinado pelo fato de que Marx não havia "efetuado uma crítica do seu vocabulário". Para Rancière, "se, na prática teórica de Marx, podemos determinar a ruptura que Marx tão-só afirmou [...] o próprio Marx jamais verdadeiramente apreendeu e conceitualizou essa diferença"[85]. Às vezes, portanto, como nos casos dos conceitos de alienação e fetichismo, são as "mesmas palavras que servem para exprimir os conceitos antropológicos [...] e os conceitos de *O Capital* [... e], como Marx não responde a essa exigência de rigor, a primeira figura corre sempre o risco de insinuar-se onde não é mais o seu lugar"[86].

Althusser sempre esteve convencido da existência de "dois Marx". No artigo "Resposta a John Lewis", publicado em 1972 na revista inglesa *Marxism Today* [Marxismo hoje], uma réplica ao texto "The Althusser Case" [O caso Althusser][87], do filósofo inglês John Lewis, ele retoma em modo de autocrítica algumas afirmações contidas em *Por Marx*:

> em meus primeiros ensaios, na verdade, efetivamente dei a entender que, após a "ruptura epistemológica" de 1845 (isto é, depois da descoberta pela qual Marx funda a ciência da história), algumas categorias filosóficas como a de alienação e a de negação da negação desaparecem. John Lewis responde que isso não é verdade. E ele está certo. Esses conceitos são encontrados (direta ou indiretamente) em *A ideologia alemã*, nos *Grundrisse*

Rubel declarou ironicamente que, se por marxismo deveríamos entender o pensamento de Althusser, com sua declaração ele havia expressado apenas uma "meia-verdade [...] [já que] uma boa leitura das obras da maturidade leva a toda a verdade, ou seja: Marx nunca, em nenhum momento de sua carreira, pertenceu ao marxismo"; Maximilien Rubel, "Introduction", em Karl Marx, *Œuvres II. Économie* (Paris, Gallimard, 1968), p. LXIII.

[85] Jacques Rancière, "O conceito de crítica e a crítica da economia política dos 'Manuscritos de 1844' a 'O capital'", Louis Althusser, Jacques Rancière e Pierre Macherey, *Ler O capital*, v. 1 (trad. Nathanael C. Caixeiro, Rio de Janeiro, Zahar, 1979), p. 161.

[86] Ibidem, p. 160.

[87] Ver John Lewis, "The Althusser Case", *Marxism Today*, v. 16, 1972, p. 23-7.

(dois textos não publicados por Marx) e também, embora mais raramente (alienação) e muito mais raramente (a negação da negação: uma vez explicitamente) em *O capital*.[88]

Todavia, não obstante admita esses erros de avaliação, ele reitera a ideia de que a elaboração teórica de Marx está cindida por um divisor de águas:

> se considerarmos o conjunto da obra de Marx, não há dúvidas de que exista uma "ruptura" ou um "corte" a partir de 1845. O próprio Marx diz isso. [...] Toda a obra de Marx o demonstra. [...] A "ruptura epistemológica" é um ponto de não-retorno. [...] É verdade que ele utiliza o termo alienação muitas vezes. Mas tudo isso desaparece por completo nos últimos textos de Marx e Lenin: por completo. Poderíamos agora nos limitar a dizer: o que importa é a tendência. Tendencialmente, o trabalho científico de Marx se livra das categorias filosóficas em questão. [...] Mas isso não basta. E eis minha autocrítica. [...] identifiquei a "ruptura epistemológica" (= científica) e a revolução filosófica de Marx. Mais precisamente, pensei a revolução filosófica de Marx como idêntica à "ruptura epistemológica". [...] É um erro. [...] Depois, comecei a retificar as coisas. [...] 1. É impossível reduzir a filosofia à ciência, a revolução filosófica de Marx à "ruptura epistemológica". 2. A revolução filosófica de Marx requereu necessariamente a "ruptura epistemológica" como uma de suas condições de possibilidade".[89]

Ao rever suas teses, Althusser acrescentou que, após 1845, houve uma espécie de

> sobrevivência intermitente de categorias como a de alienação [...]. Pois além de seu desaparecimento tendencial na obra de Marx considerada em seu conjunto, é preciso também dar-se conta de um fenômeno estranho: seu desaparecimento em certas obras e seu reaparecimento ulterior. Por exemplo [...] nos *Grundrisse*, esboços de notas de Marx dos anos 1857-58 (não publicados por Marx), trata-se frequentemente da alienação.[90]

Segundo Althusser, Marx foi induzido a reutilizar essa categoria apenas porque "tinha 'por acaso' relido a *Grande lógica* de Hegel em 1858 e ficara fascinado"[91]. Explicação pouco convincente, pois, provavelmente, nesse mesmo manuscrito ele

---

[88] Louis Althusser, "Resposta a John Lewis", em *Posições I* (Rio de Janeiro, Graal, 1978), p. 40, trad. modif.

[89] Ibidem, p. 41-4. Vão além as suas declarações contidas no artigo "Elementos de autocrítica", cit., que originalmente deveria aparecer em "Resposta a John Lewis", mas que foi impresso dois anos depois. De fato, Althusser declarou-se culpado de "desvio teoricista", pois, na tentativa de mostrar a "novidade revolucionária" do marxismo, "em vez de dar a esse fato histórico toda a sua dimensão social, política, ideológica e teórica", reduziu-o inteiramente "à medida de um fato teórico limitado: a 'ruptura' epistemológica observada nas obras de Marx a partir de 1845"; ibidem, p. 80, trad. modif.

[90] Idem, "Resposta a John Lewis", cit., p. 45.

[91] Idem.

também recorreu ao conceito de alienação nas partes escritas antes da releitura da *Lógica* de Hegel[92]. Seja como for, a alienação desenvolvida por Marx é algo muito diferente daquela de Hegel[93]. Tida por Althusser como a "categoria filosófica" de que, "tendencialmente, o trabalho científico de Marx se livra", a categoria de alienação constituiu, no entanto, para Marx, já nos *Manuscritos econômico-filosóficos de 1844* e, mais ainda, nos *Grundrisse*, em *O capital* e em seus manuscritos preparatórios, um importante conceito teórico para descrever criticamente as características do trabalho e das relações sociais numa determinada realidade econômico-produtiva – a capitalista[94].

Além disso, ao contrário do que Althusser afirma, Marx nunca escreveu ou insinuou a presença de qualquer "corte" em seu trabalho. Muito menos é concebível estabelecer uma espécie de continuidade teórica e política entre o pensamento de Marx e o de Lenin, como o filósofo francês estipula, e dar como prova da suposta "ruptura epistemológica" de Marx o fracasso em lidar com a questão da alienação por parte de Lenin.

Finalmente, as objeções mais consistentes à interpretação althusseriana surgem da análise filológica do texto de Marx. De fato, se é verdade que os *Grundrisse* são um caderno de "notas [...] dos anos 1857-58 (não publicadas por Marx)"[95], é preciso lembrar também que *A ideologia alemã* foi um manuscrito igualmente incompleto e que, de fato, o chamado "capítulo 1" sobre Feuerbach, no qual Althusser baseou

---

[92] Marx recebeu o livro de Hegel no fim de outubro de 1857, como se pode ver em "Ferdinand Freiligrath an Karl Marx, 22. Oktober 1857", MEGA², v. III/8 (Berlim, Dietz, 1990), p. 497, e começou a relê-lo durante a escrita dos *Grundrisse*, iniciada em meados de outubro. A primeira referência ao tema da alienação nas páginas dos *Grundrisse* aparece na p. 15 do caderno 1, redigido entre meados de outubro e meados de novembro; ver MEGA², v. II/1.1, p. 32. De qualquer forma, na carta de 14 de janeiro de 1858, dirigida a Engels, Marx se referia à importância do livro de Hegel para sua obra apenas no que dizia respeito ao método: "quanto ao método de trabalho, foi-me muito útil o fato de por puro acaso [...] eu rever a *Lógica* de Hegel"; em *Marx Engels Opere*, vol. 60 (Roma, Editori Riuniti, 1973), p. 273.

[93] Ibidem, p. 70.

[94] Ver Herbet Marcuse, *Razão e revolução*: *Hegel e o advento da teoria social* (trad. Marília Barroso, 2. ed., Rio de Janeiro, Paz & Terra, 1978), para quem "todos os conceitos filosóficos da teoria marxiana são categorias econômicas e sociais [...]. Mesmo os primeiros trabalhos de Marx não são filosóficos. Eles expressam a negação da filosofia, embora ainda o façam em linguagem filosófica" (ibidem, p. 239).

[95] Louis Althusser, "Resposta a John Lewis", cit., p. 45. Na realidade, os *Grundrisse* são compostos por oito cadernos, grande parte deles ignorados por Althusser. Ver Lucien Sève, *Penser avec Marx aujourd'hui* (Paris, La Dispute, 2004), p. 29, em que se demonstra que "com exceção de alguns textos, como a 'Introdução' [...], Althusser nunca leu os *Grundrisse*, no sentido pleno da palavra ler".

muitos argumentos da teoria da "ruptura epistemológica", adquiriu essa forma graças ao trabalho dos editores da MEGA, que o publicaram, em 1932, com a aparência de um texto quase concluído[96]. O cerne da questão não é negar as enormes mudanças ocorridas no pensamento de Marx (o mesmo discurso é feito por muitos outros autores) no curso de seu amadurecimento e após seu desembarque na economia política, mas, sim, o de ter teorizado a existência de um corte rígido pelo qual os *Manuscritos econômico-filosóficos de 1844* e os outros escritos anteriores *A ideologia alemã* foram considerados estranhos ao marxismo e não parte integrante de seu desenvolvimento.

Althusser não mudou de posição nem mesmo no último dos escritos que dedicou a este tema: *Elementos de autocrítica*. Se ele, de fato, lembrou com razão que nos manuscritos de *A ideologia alemã* surgiram "conceitos teóricos de base que procuraríamos em vão nos textos anteriores de Marx" (entre estes ele lembrou a tríade "modo de produção, relações de produção, forças produtivas"[97]), ele também cometeu o erro de excluir o conceito de "trabalho alienado" desse processo de desenvolvimento, dando-lhe o rótulo de uma noção puramente filosófica. Para Althusser, o Marx dos *Manuscritos econômico-filosóficos de 1844* "não toca [...] os conceitos" de economia política "e, se os critica, é 'filosoficamente', de fora". O Marx de *A ideologia alemã*, por outro lado, é considerado o fundador de "um acontecimento sem precedente, e que será sem retorno [...] a abertura do Continente-História"[98], como se esse evento tivesse acontecido no desenrolar de algumas poucas semanas e pudesse ter sido concebido como algo tão rígido[99].

---

[96] Ver Marcello Musto, "Vicissitudini e nuovi studi de 'L'ideologia tedesca'", *Crítica marxista*, n. 6, 2004, p. 45-9; e Terrell Carver, "'The German Ideology' Never Took Place", *History of Political Thought*, v. 31, n. 1, 2010, p. 107-27. Essa percepção equivocada também comprometeu a compreensão das ideias de Marx sobre a sociedade pós-capitalista, ver Marcello Musto, "Communism", em Marcello Musto (org.), *The Marx Revival: Key Concepts and New Critical Interpretations* (Cambridge, Cambridge University Press, 2020), p. 24-50.

[97] Louis Althusser, "Elementos de autocrítica", cit., p. 82.

[98] Ibidem, p. 82-3.

[99] Quando não estava totalmente empenhado em defender sua tese da "ruptura epistemológica", como no caso da controvérsia com Lewis, e, portanto, um pouco mais distante de seus esquemas preestabelecidos, Althusser foi capaz de fazer interessantes considerações sobre os *Manuscritos econômico-filosóficos de 1844*. No ensaio, escrito em 1970, "Sobre a evolução do jovem Marx", em *Posições I*, cit., por exemplo, ele tentou resumir o "drama teórico" vivenciado por Marx durante a redação do livro de 1844 descrevendo a "contradição insustentável entre a posição política e a posição filosófica [...]. Politicamente, Marx escreve os *Manuscritos* como comunista [...]. Teoricamente, ele os escreveu baseado em posições filosóficas pequeno-burguesas [...]. Os *Manuscritos* são o protocolo emocionante porém implacável de uma crise insustentável: aquela que confronta com

Ernest Mandel criticou essa interpretação. Em seu texto de 1967, *A formação do pensamento econômico de Karl Marx*, disse que a razão do erro de Althusser se originava de seu esforço "em vão, em apresentar os *Manuscritos de 1844* como a obra de uma ideologia acabada, 'formando um todo'"[100]. Segundo ele, Althusser

> tem razão em se opor a todo método analítico-teleológico, que concebe a obra de um autor jovem exclusivamente sob o ângulo de saber até que ponto ele se aproximou do "fim" (que constitui a obra da maturidade)[101]. Mas ele errou em opor um método que corta, arbitrariamente, em fatias ideológicas coerentes fases sucessivas de evolução de um mesmo autor, sob o pretexto de considerar "cada ideologia como um todo".[102]

À pergunta sobre se, nos *Manuscritos econômico-filosóficos de 1844*, Marx já havia "rejeitado todas as escórias filosóficas de um pensamento doravante vigorosamente socioeconômico", ele responde negativamente. Segundo Mandel, de fato, os *Manuscritos econômico-filosóficos de 1844* testemunhavam plenamente, na contraditória coexistência de preexistências do passado e intuições do futuro, a fase de passagem de Marx:

> Trata-se, precisamente, de uma transição, do jovem Marx, da Filosofia hegeliana e feuerbachiana para a elaboração do materialismo histórico. Nessa transição, elementos do passado combinam-se, necessariamente, com elementos do futuro. Marx aí combina, à sua maneira, isto é, modificando-os profundamente, a dialética de Hegel, o materialismo de Feuerbach e as determinações sociais da Economia Política. Essa combinação não é coerente. Não cria um novo "sistema", uma nova "ideologia". Oferece fragmentos esparsos que encerram numerosas contradições.[103]

Considerado por vários filósofos existencialistas um texto muito estimulante; exibido como a bandeira do humanismo por autores jesuítas; desprezado como mera relíquia filosófica da elaboração de juventude; por alguns acusado, inclusive, de dúbio pertencimento ao "marxismo"; ou aclamado como o texto principal em que estava contida a concepção filosófica que também foi a base dos trabalhos econômicos posteriores: na França, os *Manuscritos econômico-filosóficos de 1844* atraíram

---

um objeto encerrado em seus limites ideológicos, posições políticas e posições teóricas de classe incompatíveis entre si" (ibidem, p. 126).

[100] Ernest Mandel, *A formação do pensamento econômico de Karl Marx: de 1843 até a redação de O capital* (trad. Carlos Henrique de Escobar, Rio de Janeiro, Zahar, 1968), p. 162.
[101] Mandel se refere à crítica à "pseudoteoria da história da filosofia no 'futuro do pretérito'", ver Louis Althusser, *Por Marx*, cit., p. 41.
[102] Ernest Mandel, *A formação do pensamento econômico de Karl Marx*, cit., p. 162.
[103] Idem.

enorme atenção, não apenas no campo marxista, e foram um dos livros de filosofia mais vendidos por mais de duas décadas. No período posterior à Segunda Guerra Mundial, o debate teórico francês foi marcado pela discussão sobre sua interpretação e, com sua difusão, Marx assumiu uma nova fisionomia. Certamente ele adquiriu um contorno mais vago e tons moralizantes, mas também foi percebido como um autor mais atento ao desconforto do indivíduo isolado gerado pelo contexto social, e tudo isso lhe permitiu falar para um público mais amplo.

3.6. Os *Manuscritos econômico-filosóficos de 1844* no "campo socialista" e no marxismo anglo-saxão

Os marxistas mais credenciados da União Soviética, dos países do Leste Europeu e dos partidos comunistas mais ortodoxos ignoraram os *Manuscritos econômico-filosóficos de 1844* por muitos anos ou deram-lhe uma interpretação restrita e pouco profunda. A ideologia stalinista, que fez do stakhanovismo uma de suas bandeiras, reservava uma profunda hostilidade ao conceito de alienação, sem dúvida a principal novidade teórica contida nos *Manuscritos econômico-filosóficos de 1844*. Consequentemente, os primeiros escritos de Marx, e as categorias neles contidas, que conquistaram, desde a década de 1930, um lugar de destaque no "marxismo ocidental", começaram a se difundir no campo soviético com grande atraso.

O livro de Georg Mende, *Karl Marx' Entwicklung von revolutionären Demokraten zum Kommunisten* [O desenvolvimento de Karl Marx. De democrata revolucionário a comunista], foi um exemplo claro dessa atitude. O autor da República Democrática Alemã não fez referência aos *Manuscritos econômico-filosóficos de 1844* nem na primeira edição do livro, publicado em 1954, nem na reimpressão do ano seguinte, e os tachou de "trabalhos preparatórios [...] a uma grande obra"[104]. Em 1960, quando já não se podia ignorar esses manuscritos, Mende decidiu revisar algumas partes do texto por ocasião da terceira edição de seu livro.

A mesma postura de desvalorização e de aversão mostraram todos aqueles que, nas décadas de 1940 e 1950, se dedicaram a comentar esse texto. A situação, no entanto, mudou lentamente a partir do final da década de 1950. A partir desse momento, mesmo nos "países socialistas", começou o estudo dos *Manuscritos econômico-filosóficos de 1844* e relatos do texto marxiano também apareceram em obras de bom nível, como, por exemplo, a de 1958 de D. I. Rosenberg, *Die Entwicklung der ökonomischen*

---

[104] Georg Mende, *Karl Marx' Entwicklung von revolutionären Demokraten zum Kommunisten* (Berlim, Dietz, 1960), p. 132.

Lehre von Marx und Engels in den vierziger Jahren des 19 [O desenvolvimento da doutrina econômica de Marx e Engels na década de 1840][105].

Em 1961 foi publicado um número especial da revista francesa *Recherches Internationales à la Lumière du Marxisme* [Pesquisa internacional à luz do marxismo], intitulado *Sur le jeune Marx* [Sobre o jovem Marx][106]. Ele representou a primeira publicação, traduzida para um idioma europeu, contendo vários ensaios sobre os *Manuscritos econômico-filosóficos de 1844* escritos por estudiosos soviéticos. Além dos artigos dos autores russos O. Bakouradze, Nikolai Lapin, Vladimir Brouchlinski, Leonide Pajitnov e A. Ouibo, a publicação também contou com textos do acadêmico polonês Adam Schaff, dos alemães Wolfgang Jahn e Joachim Höeppner, bem como do secretário do Partido Comunista italiano, Palmiro Togliatti[107]. Embora caracterizadas pela abordagem ideológica da época, essas contribuições constituíram a primeira tentativa do lado comunista de lidar com os problemas relativos ao "jovem Marx" e

---

[105] D. I. Rosenberg, *Die Entwicklung der ökonomischen Lehre von Marx und Engels in den vierziger Jahren des 19. Jahrhunderts* (Berlim, Dietz, 1958).

[106] Vários Autores, *Sur le jeune Marx*, cit. Outra publicação interessante sobre o assunto foi o número especial, em inglês, publicado pela Academia de Ciências da União Soviética, Vários Autores, "Philosophy, Science and Man: The Soviet Delegation Reports for the XIII World Congress of Philosophy", *Studies in Soviet Thought*, v. 4, 1964; de particular interesse é o ensaio de T. I. Oiserman, "Man and His Alienation", p. 43-7. Sobre questões semelhantes, ver "La società sovietica e il problema dell'alienazione. Una polemica fra E. M. Sitnikov e Iring Fetscher", em Iring Fetscher, *Marx e il Marxismo*, cit., p. 310-48. Por fim, sobre o "jovem Marx" e sobre a formação de seu pensamento, com contribuições em várias línguas e de estudiosos de vários países, inclusive do Leste Europeu, os volumes dos "Annali dell'Istituto Giangiacomo Feltrinelli" de 1963 e 1964-65, que estão entre as publicações mais interessantes sobre o assunto; ver Vários Autores, *Marx ed Engels. La formazione del loro pensiero. L'ambiente intellettuale e politico. Tendenze e figure della sinistra hegeliana e del socialismo tedesco alla vigilia della rivoluzione*, 1963; e Vários Autores, *Il giovane Marx e il nostro tempo*, 1964-65.

[107] O ensaio "Per una giusta comprensione del pensiero di Antonio Labriola", publicado pela primeira vez em 1954 na revista de teoria do Partido Comunista Italiano *Rinascita*, defendeu uma afirmação que permite intuir como a tese da importância notável dos *Manuscritos econômico-filosóficos de 1844* tinha conquistado também marxistas ligados à União Soviética, como Togliatti. Em sua opinião, de fato, no texto parisiense de Marx "abriu-se o caminho da crítica da totalidade da sociedade burguesa, que será efetuada nos anos e nas obras seguintes e culminará em *O Capital*, mas acerca da qual se pode dizer que já está completa [...]. A despeito da forma, que não é simples, percebe-se que todo o marxismo já está contido ali"; Vários Autores, *Sur le jeune Marx*, cit., p. 48-9. Avaliação distinta foi expressa por Galvano Della Volpe. No livro *Rousseau e Marx* (Roma, Editori Riuniti, 1956), Della Volpe afirma que o principal escrito de juventude de Marx foi a *Crítica da filosofia do direito de Hegel*, e não os *Manuscritos econômico-filosóficos de 1844*. Segundo ele, o primeiro texto continha "as premissas gerais de um novo método filosófico", ao passo que o segundo é definido como uma espécie de "zibaldone" econômico-filosófico (ibidem, p. 150).

de disputar com os "marxistas ocidentais" o monopólio interpretativo dos manuscritos de 1844. Alguns ensaios também ofereceram interessantes oportunidades de reflexão sobre uma possível leitura não sistemática do texto marxiano. No artigo "Les Manuscrits économico-philosophiques de 1844" [Os manuscritos econômico-filosóficos de 1844], por exemplo, Pajitnov afirmou que, no escrito de 1844,

> as ideias fundamentais de Marx ainda estão em construção e, juntamente com as formulações notáveis em que germina a nova concepção do mundo, também há muitas vezes pensamentos ainda não maduros, que trazem o sinal da influência das fontes teóricas que serviram de material para a reflexão de Marx, e das quais partiu para a elaboração de sua doutrina.[108]

No entanto, a abordagem teórica fundamental sustentada pela maioria dos autores incluídos na coleção foi um tanto problemática. Ao contrário das interpretações em voga na França da época, que tentavam repensar os conceitos de *O capital* por meio das categorias dos primeiros trabalhos, os estudiosos soviéticos cometeram o erro inverso: investigaram os primeiros escritos a partir dos desenvolvimentos posteriores da teoria de Marx. Como escreveu Althusser na resenha desse volume, também intitulada "Sobre o jovem Marx", que mais tarde se tornou um dos capítulos de *Por Marx*, eles leem "os textos de juventude mediante o conteúdo dos textos da maturidade"[109]. Essa espécie de antecipação do pensamento de Marx os impediu de compreender plenamente o significado da elaboração daquele período:

> Sabemos certamente que o Jovem Marx se tornará Marx, mas não queremos viver mais depressa do que ele, não queremos viver em seu lugar, romper por ele ou descobrir por ele. Não o aguardaremos de antemão no final da corrida, para o cobrir como a um corredor com o roupão do repouso, porque enfim acabou, e ele chegou.[110]

É de natureza totalmente distinta o trabalho de Walter Tuchscheerer. O volume *Bevor "Das Kapital" entstand* [Antes de "O capital"], publicado em 1968 após a morte de seu autor, constituiu, de fato, o melhor entre os estudos realizados nos países orientais sobre o pensamento econômico do jovem Marx e teve o mérito de examinar criticamente, pela primeira vez, ao lado dos *Manuscritos econômico-filosóficos de 1844*, também o conteúdo dos cadernos de excertos parisienses[111].

---

[108] Leonide Pajitnov, "Les Manuscrits économico-philosophiques de 1844", em Vários Autores, *Sur le jeune Marx*, cit., p. 98.
[109] Louis Althusser, *Por Marx*, cit., p. 44.
[110] Ibidem, p. 54.
[111] Walter Tuchscheerer, *Prima del "Capitale": La formazione del pensiero economico di Marx (1843/1858)* (Florença, La Nuova Italia, 1980).

Se os *Manuscritos econômico-filosóficos de 1844* conseguiram penetrar nos cânones do *Diamat* (*Dialekticeskij materializm*, materialismo dialético) muito lentamente, e somente depois de terem enfrentado muitas resistências ideológicas e políticas, sua recepção no mundo anglo-saxão começou com igual atraso. De fato, a primeira tradução dos *Manuscritos econômico-filosóficos de 1844* a despertar moderado interesse foi impressa apenas em 1961, nos Estados Unidos da América. O clima cultural e político da época, ainda marcado pelas perseguições do macarthismo, influenciou, provavelmente, na escolha da editora, que decidiu imprimir o volume indicando o nome de Erich Fromm como autor e colocando o texto de Marx somente após sua introdução[112]. Nele, Fromm apresentou os *Manuscritos econômico-filosóficos de 1844* como "a principal obra filosófica de Karl Marx"[113] e afirmou: "conceito de alienação foi e continuou sendo o ponto focal do pensamento do jovem Marx que escreveu os *Manuscritos Econômicos e Filosóficos*, e do 'velho' Marx que escreveu *O Capital*"[114]. Em pouco tempo, inúmeros estudos foram publicados nos Estados Unidos, nos quais a mesma tese foi defendida e na qual a investigação da dívida intelectual de Marx para com Hegel recuperou importância primordial[115]. Não faltaram opiniões conflitantes que, às vezes também para contrariar o valor excessivo conferido ao esboço de 1844, exageravam em sua oposição. Assim, Daniel Bell argumentou que a insistente aproximação de Marx a Hegel nada mais era do que a "criação de um novo falso mito", pois, "tendo encontrado a resposta para os mistérios de Hegel com a economia política, Marx esqueceu tudo sobre a filosofia"[116].

Um dos principais textos que surgiram nesse contexto foi *Karl Marx: filosofia e mito*, publicado em 1961 por Robert Tucker. Segundo o autor, uma correta

---

[112] Erich Fromm, *Conceito marxista do homem* (trad. Octavio Alves Velho, Rio de Janeiro, Zahar, 1970).

[113] Ibidem, p. 7.

[114] Ibidem, p. 56. Nesse texto, que almejava sintetizar a totalidade do pensamento de Marx e não apenas seu pensamento de juventude, impressiona quão limitadas foram as referências a *O capital* (apenas seis), em comparação ao uso desmesurado dos *Manuscritos econômico-filosóficos de 1844* (citados nada menos que 35 vezes). De fato, durante esse período, não foram poucos os autores que, almejando sintetizar todo o pensamento de Marx, raramente citaram *O capital*. Para compreender quão difundida era essa prática, ver também a afirmação errônea de um rigoroso estudioso, István Mészáros: "na discussão da teoria da alienação de Marx, os *Manuscritos econômico-filosóficos* devem ocupar o centro da análise"; István Mészáros, *A teoria da alienação em Marx* (trad. Nélio Schneider, São Paulo, Boitempo, 2016), p. 26.

[115] O precursor dessa tendência foi Sidney Hook, com seu trabalho de 1933, *Towards an Understanding of Karl Marx* (Londres, Gollanz, 1933).

[116] Daniel Bell, "La 'riscoperta' dell'alienazione", em Alberto Izzo (org.), *Alienazione e sociologia* (Milão, Franco Angeli, 1973), p. 89 e 97.

interpretação de Marx deveria se basear na tese da "continuidade de [seu] pensamento, desde seus primeiros escritos até *O capital*, e [naquela tese] da centralidade do tema da alienação"[117]. Com efeito, certo da "unidade essencial do marxismo, dos manuscritos de 1844 a *O capital*"[118], Tucker chegou a afirmar que a "filosofia da alienação apresentada em seus primeiros escritos foi a contribuição final de Marx a esse tema", argumentando, ainda, que "o desenvolvimento do [...] pensamento [de Marx] estava delineado nos manuscritos de 1844. *O capital* foi a realização de todo o seu pensamento desde o início"[119].

Nas décadas de 1960 e 1970, a maioria dos intérpretes anglo-saxões de Marx defendeu essa tese. Embora não houvesse relação entre as primeiras notas redigidas em Paris por um jovem estudioso de apenas 26 anos e a *magnum opus* publicada um quarto de século depois, David McLellan, no livro *Marx before marxismo* [Marx antes do marxismo], de 1970, declarou que "no verão de 1844, Marx começou a trabalhar numa crítica da economia política; na realidade foi a primeira de uma série de hipóteses de trabalho que antecederam a elaboração de *O capital*"[120]. Em coerência com essa abordagem, o autor inglês acreditava que "os escritos de juventude já continham todos os temas subsequentes do pensamento marxiano e os mostrou no momento de sua formulação"[121].

O livro de Bertell Ollman, *Alienation* [Alienação], impresso no ano seguinte e destinado a se tornar um dos textos mais lidos e influentes entre os então escritos sobre o debate em torno do "jovem Marx", também continha uma posição favorável aos *Manuscritos econômico-filosóficos de 1844*. Ollman decidiu não "enfatizar as alterações no pensamento de Marx" porque estava convencido da "unidade essencial do marxismo a partir de 1844"[122] e que, "mesmo na versão publicada de *O capital*, há muito mais das ideias e dos conceitos de juventude do que geralmente se reconhece"[123].

---

[117] Robert C. Tucker, *Philosophy & Myth in Karl Marx* (New Brunswick-Londres, Transaction, 2001), p. 7. [ed. bras. *Karl Marx: filosofia e mito*, trad. Affonso Blancheyre, Rio de Janeiro, Zahar, 1963.]
[118] Ibidem, p. 169.
[119] Ibidem, p. 238. Uma tese semelhante foi expressa, três anos antes, por Raya Dunayevskaya, que no livro *Marxism and Freedom: From 1776 until Today* (Londres, Pluto, 1975), p. 64, escreveu: "aquilo que Marx expressou nos escritos de juventude é a essência do marxismo que se conservaria e se desenvolveria nos 39 anos seguintes de sua vida. O marxismo se tornou mais rico, naturalmente [...] [mas] nada de seu primeiro humanismo foi atirado ao mar quando, em outro período, ele lhe deu o nome de comunismo".
[120] David McLellan, *Marx prima del marxismo*, cit., p. 188.
[121] Ibidem, p. 256.
[122] Bertell Ollman, *Alienation: Marx's Conception of Man in Capitalist Society* (Cambridge/Nova York, Cambridge University Press, 1971), p. XIV.
[123] Ibidem, p. XV.

Essa tese, com exceção dos expoentes da escola althusseriana, tornou-se hegemônica em quase todas as partes. Na República Federal da Alemanha, o estudioso alemão Iring Fetscher publicou, em 1967, o volume *Karl Marx und der Marxismus* [Karl Marx e o marxismo], que tinha como um de seus objetivos justamente demonstrar como

> as categorias críticas que Marx tinha elaborado nos seus *Manuscritos econômico-filosóficos de 1844* e nos cadernos de excertos constituem a base da teoria da economia política em *O capital* e não foram de modo algum renegadas pelo Marx "adulto". Com isso deveria estar provado que as obras de juventude não apenas permitem entender quais foram as motivações que levaram Marx a escrever a crítica da economia política (*O capital*), mas que a crítica da economia política contém, implicitamente, e, em parte, explicitamente, a crítica à alienação e à reificação, que constituem o tema central das obras de juventude.[124]

No ano seguinte, o estudioso israelense Shlomo Avineri publicou *The Social and Political Thought of Karl Marx* [O pensamento político e social de Marx], em que se opunha "à atitude totalmente inaceitável daqueles que, segundo as suas preferências particulares, excluem o 'jovem' Marx ou o Marx 'maduro' de suas reflexões, como se fosse completamente irrelevante"[125].

Em 1970, István Mészáros, aluno de György Lukács que deixou a Hungria e mudou-se para a Inglaterra para lecionar, também se posicionou a favor da tese da coerência unitária presente no pensamento de Marx. Mészáros teve o mérito de esclarecer que "rejeitar a dicotomia 'jovem Marx *versus* Marx maduro' não significa negar o desenvolvimento intelectual de Marx. O que se recusa é a ideia dramatizada de uma reversão radical de sua posição em consequência dos *Manuscritos de 1844*"[126]. No entanto, Mészáros caiu num duplo erro. Em primeiro lugar, o de considerar os *Manuscritos econômico-filosóficos de 1844* um "sistema coerente de ideias", como "o primeiro sistema abrangente de Marx"[127]. O caráter fragmentado do esboço parisiense não foi suficiente para que ele compreendesse a natureza preliminar e em grande parte incompleta do texto de Marx; em vez disso, pareceu-lhe a característica de "uma das obras mais complexas e difíceis da literatura filosófica"[128]. Essa incapacidade de compreender a incompletude do texto o levou a acreditar que, "conforme Marx avança em sua investigação crítica nos *Manuscritos de Paris*, a profundidade de

---

[124] Iring Fetscher, *Marx e il marxismo*, cit., p. 30.
[125] Shlomo Avineri, *Il pensiero politico e sociale di Marx* (Bolonha, il Mulino, 1997), p. 13.
[126] István Mészáros, *A teoria da alienação em Marx*, cit., p. 216.
[127] Ibidem, p. 22.
[128] Ibidem, p. 17.

sua compreensão e a coerência sem paralelo de suas ideias tornam-se cada vez mais evidentes"[129]. Além disso, Mészáros ficou tão cativado pelos *Manuscritos econômico-filosóficos de 1844* que afirmou que eles "anteciparam de maneira adequada o Marx tardio"[130] e que o "conceito de 'superação' (*Aufhebung*) da autoalienação do trabalho provê a ligação essencial com a totalidade da obra de Marx, incluindo as últimas obras do assim chamado 'Marx maduro'"[131]. Para Mészáros,

> com a elaboração desses conceitos [dos *Manuscritos econômico-filosóficos de 1844*] [...], o sistema de Marx *in statu nascendi* está virtualmente concluído. Suas ideias radicais concernentes ao mundo da alienação e às condições para superá-lo estão agora sintetizadas de modo coerente dentro dos contornos gerais de uma visão abrangente monumental. [...] todas as concretizações e modificações subsequentes da concepção de Marx – incluindo algumas das principais descobertas do Marx mais maduro – são realizadas sobre a base conceitual das grandes conquistas filosóficas evidenciadas de maneira clara nos *Manuscritos econômico-filosóficos*.[132]

A incorrer no mesmo erro temos Adam Schaff, um dos marxistas mais influentes entre aqueles do "campo socialista" a olhar, com grande interesse e sem preconceitos, para os primeiros escritos de Marx. Em seu livro de 1977, *Entfremdung als soziales Phänomen* [A alienação como fenômeno social], ele se opôs, e com razão, às "várias tentativas de construir uma teoria dos 'dois Marx'"[133], mas, embora enfatizando que somente com os *Grundrisse* Marx conseguiu entender a "diferença entre objetivação e alienação [...] em seu condicionamento histórico", levou ilusoriamente adiante a tese de que "mesmo indícios da concepção de fetichismo da mercadoria [...] já se encontram nos *Manuscritos*"[134].

A difusão dos *Grundrisse*, iniciada em 1953 na Alemanha[135] e, a partir do final da década de 1960, na Europa e nos Estados Unidos, desviou a atenção dos comentadores do texto marxiano e dos militantes políticos dos trabalhos de juventude para esse "novo" inédito. Nas décadas de 1980 e 1990, em que a pesquisa sobre Marx

---

[129] Ibidem, p. 23.
[130] Ibidem, p. 25.
[131] Idem, trad. modif.
[132] Ibidem, p. 89, trad. modif.
[133] Adam Schaff, *L'alienazione come fenomeno sociale* (Roma, Editori Riuniti, 1979), p. 99.
[134] Ibidem, p. 102.
[135] A primeira edição, publicada no período 1939-41, permaneceu praticamente desconhecida: ver Ernst Theodor Mohl, "Germany, Austria and Switzerland", e Lyudmila L. Vasina, "Russia and the Soviet Union", em Marcello Musto (org.), *Karl Marx's "Grundrisse": Foundations of the Critique of Political Economy 150 Years Later* (Londres/Nova York, Routledge, 2008), p. 189-212.

experimentou uma forte retração, surgiram, porém, alguns estudos sobre a relação Hegel-Marx que deram importância à compreensão dos manuscritos parisienses[136]. Por fim, mais recentemente e como evidência do persistente encanto das páginas escritas em 1844 que, ainda hoje, são brilhantes do ponto de vista teórico e convincentes do ponto de vista interpretativo, novos estudos se voltaram à análise dos *Manuscritos econômico-filosóficos de 1844*[137].

3.7. Superioridade, ruptura, continuidade

Os intérpretes dos *Manuscritos econômico-filosóficos de 1844*, apesar de suas diferentes filiações políticas e disciplinares, podem ser divididos em três grupos. No primeiro, estão todos aqueles que contrapuseram o manuscrito parisiense com *O capital* e que teorizaram a preeminência teórica do primeiro sobre o segundo; no segundo grupo, incluem-se os autores que atribuíram pouca importância aos *Manuscritos econômico--filosóficos de 1844*; enquanto o terceiro grupo pode ser associado aos estudiosos que defenderam a tese da continuidade teórica entre os *Manuscritos econômico-filosóficos de 1844* e *O capital*[138].

Aqueles que partiram do pressuposto da cisão entre o "jovem" Marx e o Marx "maduro", assumindo a tese da maior riqueza teórica do primeiro sobre o segundo, apresentaram os *Manuscritos econômico-filosóficos de 1844* como o mais valioso texto de Marx e criaram uma oposição forçada entre esse escrito e as obras posteriores. À margem da pesquisa interpretativa foi colocado, em particular, *O capital*, livro indubitavelmente mais exigente do que as vinte páginas dedicadas ao trabalho alienado nos *Manuscritos econômico-filosóficos de 1844*, páginas sobre as quais quase todos puderam exercer algumas elucubrações filosóficas, mas que, nem por isso, foram suficientemente estudadas por muitos dos autores que aderiram a esta tese. Os fundadores dessa linha interpretativa foram Landshut e Mayer, seguidos pouco

---

[136] Entre os livros desse período dignos de nota estão os de Solange Mercier-Josa, *Pour lire Hegel et Marx* (Paris, Éditions sociales, 1980) e *Retour sur le jeune Marx. Deux études sur le rapport de Marx à Hegel* (Paris, Klincksieck, 1986); o de Christopher J. Arthur, *Dialectics of Labour: Marx and His Relation to Hegel* (Oxford, Basil Blackwell, 1986); e o de Nasir Khan, *Development of the Concept and Theory of Alienation in Marx's Writings; March 1843 to August 1844* (Oslo, Solum, 1995).

[137] Ver Takahisa Oishi, *The Unknown Marx* (Londres, Pluto, 2001) e Jean-Louis Lacascade, *Les métamorphoses du jeune Marx* (Paris, PUF, 2002).

[138] Outras resenhas das interpretações dos *Manuscritos econômico-filosóficos de 1844* podem ser vistas em Aldo Zanardo, *Filosofia e socialismo* (Roma, Editori Riuniti, 1974), no capítulo "Il giovane Marx e il marxismo contemporaneo", p. 421-551; em Ernest Mandel, *A formação do pensamento econômico de Karl Marx*, cit., p. 158-87; e em Jürgen Rojahn, "Il caso dei cosiddetti 'manoscritti economico-filosofici dell'anno 1844'", *Passato e Presente*, v. 3, 1983, p. 39-46.

depois por de Man. Ao apresentarem o pensamento de Marx como uma doutrina ético-humanista, esses autores tinham como objetivo político contrapor a rígida ortodoxia do marxismo soviético dos anos 1930, contra o qual tentaram disputar a hegemonia sobre o movimento operário. Essa ofensiva teórica teve efeitos de natureza completamente diferente e resultou no crescimento do domínio potencial do marxismo[139]. Embora divulgado por meio de formulações vagas e genéricas, a partir desse momento, o marxismo deixou de ser considerado mera teoria econômica e exerceu maior atração sobre uma multidão de intelectuais e jovens.

Essa hipótese interpretativa firmou-se imediatamente após a publicação dos *Manuscritos econômico-filosóficos de 1844* em 1932 e continuou a fazer adeptos até o final da década de 1950, também graças ao efeito disruptivo gerado por um texto inédito tão diferente dos cânones do marxismo dominante. Essa hipótese foi essencialmente apoiada por uma minoria heterogênea de marxistas heterodoxos, pensadores cristãos progressistas e filósofos existencialistas[140], que interpretaram os escritos econômicos de Marx como um retrocesso em relação às primeiras teorias, fundadas, em sua opinião, na centralidade da pessoa humana. Após a Segunda Guerra Mundial, Thier, Popitz e Hommes, na Alemanha, escreveram sobre a maior importância do texto de 1844 sobre os demais e, embora não se expressassem com clareza acerca da suposta superioridade dos *Manuscritos econômico-filosóficos de 1844* em relação às obras posteriores, Merleau-Ponty, Bigo, Calvez e Axelos, na França, e Fromm, nos Estados Unidos, também fizeram desse texto o centro de gravidade de sua concepção do marxismo. Aron, que em seu livro de 1968 se opôs firmemente àqueles que defendiam essa tese, fotografou perfeitamente seu paradoxo mais marcante: "há vinte anos, os *Manuscritos econômico-filosóficos de 1844* representavam, segundo a ortodoxia do Quartier Latin, a última palavra da filosofia marxista, embora, de acordo com os textos, Marx tenha ridicularizado a linguagem e os métodos de análise que ele adotou em seus primeiros trabalhos"[141].

Uma interpretação completamente diferente dos *Manuscritos econômico-filosóficos de 1844* uniu aqueles que viram esse texto como uma etapa transitória, desprovida de qualquer significado especial, na elaboração do pensamento de Marx. Desde o prefácio da edição da MEGA de 1932, escrita por Adoratski, esta foi a leitura mais popular na União Soviética e seus países satélites. De fato, a ausência de referência à "ditadura do

---

[139] Ver Adam Schaff, *Il marxismo e la persona umana*, cit., p. 11.
[140] Ver Robert Tucker, *Philosophy & Myth*, cit., p. 168.
[141] Raymond Aron, *Marxismi immaginari*, cit., p. 234. Em particular, Aron zombou dos filósofos existencialistas que "encontraram nas especulações do jovem Marx o segredo de um marxismo 'insuperável', que Marx acreditava ter 'superado' desde seu trigésimo ano de vida" (ibidem, p. 115).

proletariado" e a presença, em vez disso, de temas como a alienação do homem e a exploração do trabalho, iluminou algumas das contradições mais marcantes dos países do "socialismo real", tornando os dirigentes do partido refratários aos *Manuscritos econômico-filosóficos de 1844*, que, não por acaso, foram excluídos das edições das obras de Marx e Engels em vários Estados do "bloco socialista"[142]. Além disso, muitos dos autores que defendiam essa abordagem acreditavam que as etapas da evolução da concepção de Marx eram aquelas indicadas por Vladimir Lênin e depois canonizadas pela doutrina marxista-leninista, crença que, além de ser, sob muitos aspectos, teórica e politicamente questionável, não permitiu que fossem levadas em consideração as importantes obras inéditas que surgiram oito anos após a morte do líder bolchevique.

Com a ampliação da influência da escola althusseriana, na década de 1960 essa leitura também se tornou popular na Europa Ocidental. Difundiu-se, sobretudo, na França, e seus fundamentos, geralmente atribuídos apenas a Althusser, mas na realidade já lançados por Naville, foram construídos sobre a crença de que o marxismo era uma ciência e que as primeiras obras de Marx, ainda imbuídas da linguagem e da estrutura filosófica da esquerda hegeliana, tinham sido estágios preparatórios (para Althusser, os *Manuscritos econômico-filosóficos de 1844* representavam na realidade o Marx mais distante do marxismo) que antecederam o nascimento de uma "nova ciência" contida em *O capital*[143].

As tentativas filologicamente infundadas de separar e contrapor o Marx dos primeiros escritos daquele da crítica da economia política – realizadas tanto por marxistas dissidentes ou "revisionistas" para privilegiar o primeiro Marx quanto por marxistas ligados ao comunismo ortodoxo que se posicionaram a favor do "Marx maduro" da crítica da economia política – concorreram, de maneira especular, para a criação de um dos principais equívocos da história do marxismo: o mito do "jovem Marx"[144].

---

[142] Ao lado dos casos, já mencionados, da União Soviética e da República Democrática Alemã, ver Stanislav Hubik, "Czechoslovakia", em Marcello Musto (org.), *Karl Marx's "Grundrisse"*, cit., que lembra que, em língua tcheca, foram impressos 50 mil exemplares de *O capital*, entre 15 mil e 20 mil exemplares das obras completas de Marx e Engels e apenas 4 mil exemplares dos *Manuscritos econômico-filosóficos de 1844* (ibidem, p. 241). Nesse panorama, as exceções ficaram por conta da Hungria e da Iugoslávia, onde o marxismo oficial, menos dogmático que o de outros países do Leste Europeu, tornou menos complicado introduzir as ideias críticas contidas nos *Manuscritos econômico-filosóficos de 1844* e nos *Grundrisse*. Ver, por exemplo, Giovanni Ruggeri (org.), *La rivolta di "Praxis"* (Milão, Longanesi, 1969).

[143] Ver Henri Lefebvre, *Marx* (Roma, Tindalo, 1970), p. 34 e 36.

[144] Dessa contraposição nasceram também os conflitos teóricos sobre quais seriam os vocábulos e os conceitos fundamentais do pensamento marxiano, por exemplo, materialismo histórico *versus* humanismo, ou exploração *versus* alienação. Ver Raymond Aron, *Marxismi immaginari*, cit., p. 129.

Finalmente, um último grupo de intérpretes dos *Manuscritos econômico-filosóficos de 1844* inclui aqueles que consideraram as diferentes obras de Marx ligadas por uma continuidade substancial. Ao combinar autores de diferentes matrizes políticas e teóricas, de Marcuse a Lukács em alemão, passando por Hyppolite e Rubel na França, esta tese se tornou hegemônica no mundo anglo-saxão, onde Tucker, McLellan e Ollman se referiram a ela, e depois se impôs, desde o final dos anos 1960, um pouco por todo o mundo, como demonstram os trabalhos de Fetscher, Avineri, Mészáros e Schaff. A ideia de um *continuum* essencial da concepção de Marx e a recusa em conceber um certo ponto de ruptura teórica em sua obra, após o qual o que havia antes seria rejeitado e completamente posto de lado, originaram o desenvolvimento de algumas das melhores interpretações dos *Manuscritos econômico-filosóficos de 1844*, como aquelas de Lefebvre e Mandel, não dogmáticas e capazes de avaliar o texto parisiense também à luz de suas contradições e de sua incompletude. No entanto, mesmo nessa corrente de pensamento não faltaram erros interpretativos, em particular a subestimação, em alguns autores, do enorme progresso realizado por Marx, especialmente na economia política, durante os anos 1850 e 1860. Consequentemente, generalizou-se a prática de reconstruir o pensamento de Marx por meio da montagem de citações, sem prestar atenção aos diferentes períodos em que os textos foram elaborados. Muitas vezes surgia um Marx literalmente construído sobre as passagens que melhor respondiam às intenções de seus intérpretes, os quais, unicamente preocupados com o contexto que os havia inspirado, passavam dos *Manuscritos econômico-filosóficos de 1844* para *O capital*, ou, muitas vezes, até deste aos primeiros textos, como se a obra de Marx fosse um único escrito, indistinto e atemporal[145].

Sublinhar a indubitável importância dos *Manuscritos econômico-filosóficos de 1844* para melhor compreender a elaboração do pensamento de Marx não pode levar a ignorar os enormes limites desse esboço inicial, no qual ele apenas começava a assimilar os conceitos básicos de economia política e em que sua concepção do comunismo nada mais era do que uma confusa síntese dos estudos filosóficos realizados até então. Embora extremamente fascinantes, particularmente pela maneira como

---

[145] A propósito, ver as afirmações críticas de Adam Schaff, *Il marxismo e la persona umana*, cit., que lembra como "não podem ser indiscriminadamente comparadas citações de Marx que remetem aos anos 1840 e citações dos anos 1870 como se tivessem os mesmos direitos de cidadania e o mesmo peso específico para se conhecer o marxismo" (ibidem, p. 36), e as de Raymond Aron, *Marxismi immaginari*, cit., que escreveu: "no pós-guerra, durante o período existencialista, os padres jesuítas Fessard, Bigo e Calvez, e os existencialistas, trataram o pensamento marxista como um todo atemporal, usando textos, uns de 1845, outros de 1867, como se esse pensamento não tivesse evoluído, como se a anotação de 1844, que o autor nem sequer completou e muito menos publicou, contivesse o melhor do marxismo" (ibidem, p. 204).

Marx combinou as concepções filosóficas de Hegel e Feuerbach com a crítica do pensamento econômico clássico e com a denúncia da alienação dos trabalhadores, os *Manuscritos econômico-filosóficos de 1844* constituem apenas uma abordagem muito precoce de sua concepção, como é evidente pela imprecisão e ecletismo de suas páginas. Elas são uma pista importante para a origem da trajetória de Marx, mas uma enorme distância as separa dos temas e da elaboração não apenas da edição final de *O capital*, de 1867, mas também de seus manuscritos preparatórios, elaborados a partir do final da década de 1850.

Ao contrário das interpretações que propuseram a existência e a especificidade de um Marx "jovem", e daquelas que quiseram forçosamente ver uma ruptura teórica em sua obra, as leituras mais incisivas dos *Manuscritos econômico-filosóficos de 1844* foram as que tiveram a capacidade de considerar esse texto como uma interessante, mas inicial, parcela de seu caminho crítico. Se Marx não tivesse continuado suas pesquisas e se sua concepção tivesse permanecido presa aos conceitos dos manuscritos parisienses, ele provavelmente teria sido relegado, ao lado de Bauer e Feuerbach, aos parágrafos dedicados à esquerda hegeliana dos livros didáticos de história da filosofia[146]. Décadas de militância política, estudos ininterruptos e reelaborações críticas contínuas de centenas de volumes de economia política, história e inúmeras outras disciplinas, fizeram do jovem estudioso de 1844 uma das mentes mais brilhantes da história da humanidade e também tornaram as primeiras etapas de seu progresso teórico, entre as quais se destacam os *Manuscritos econômico-filosóficos de 1844*, tão importantes para estimular gerações inteiras de leitores e estudiosos.

Apêndice
Principais edições dos *Manuscritos econômico-filosóficos de 1844*, de 1927 a 1998[147]

1927. Em "Arkhiv Marksa i Engel'sa", 3. Tradução de uma parte do "terceiro" manuscrito, intitulado *Trabalhos preparatórios para "A sagrada família"*.
1929. Em "La Revue Marxiste", com os títulos *Notes sur le communisme et la propriété privée* e *Notes sur les besoins, la production et la division du travail*. Tradução do russo organizada por Albert Mesnil, n. 1.
1929. Em *K. Marx-F. Engels Sočinenija*, v. 3. Mesma versão do n. 1.

---

[146] Ver Adam Schaff, *Il marxismo e la persona umana*, cit., p. 36.
[147] Esta nota bibliográfica foi elaborada levando em consideração a lista de edições dos *Manuscritos econômico-filosóficos de 1844* impressas até 1982, publicada em Andréas Bert (org.), *Karl Marx/Friedrich Engels. Das elende der klassischen deutschen Philosophie. Bibliographie* (Trier, Schriften aus dem Karl-Marx-Haus, 1983), p. 64-72.

1931. Em "Unter dem Banner des Marxismus", 5. Primeira publicação em língua alemã do fragmento "[Crítica da dialetica e da filosofia hegelianas em geral]".

1932. Em *Karl Marx. Der historische Materialismus. Die Frühschriften*, coletânea organizada por Siegfried Landshut e Jacob Peter Mayer. A publicação saiu com o título *Nationalökonomie und Philosophie*.

1932. Em MEGA, v. III, organização de Victor Adoratski, com o título *Ökonomisch-philosophische Manuskripte aus dem Jahre 1844*. Essa edição incluiu também a publicação do caderno de excertos de Levasseur, Engels, Say, Skarbek, Smith, Ricardo, Mill, MacCulloch, de Tracy, de Boisguillebert.

1932. Primeira tradução parcial japonesa. Essa versão compreende o fragmento "[Crítica da dialética e da filosofia hegelianas em geral]", do "terceiro" manuscrito, e o intitulado [*Salário*], excerto retirado do "primeiro" manuscrito.

1937. Em *Œuvres philosophiques*, v. 6, com o título *Manuscrits économico-philosophiques de 1844*. A tradução, organizada por Jules Molitor, foi feita a partir da edição de Landshut e Mayer (n. 5).

1946. Primeira tradução japonesa, organizada por Togo Kusaka.

1947. Em "La Revue Socialiste". Tradução de Maximilien Rubel de dois fragmentos do "primeiro" manuscrito, então inéditos em francês.

1947. Em *Three Essays by Karl Marx. Selected from the Economic Philosophical Manuscripts*, tradução de Ria Stone. Primeira tradução parcial em inglês da edição da MEGA.

1949. *Manoscritti economico-filosofici del 1844*. Tradução de Norberto Bobbio da versão da MEGA.

1950. *Manoscritti economico-filosofici del 1844*. Segunda tradução italiana, organizada por Galvano Della Volpe.

1953. Nova edição, com mudanças do texto de 1932 de *Nationalökonomie und Philosophie*, organizada por Landshut e Mayer (n. 5).

1953. *Ökonomisch-philosophische Manuskripte aus dem Jahre 1844*. Nova edição da editora Dietz, com algumas importantes correções de parte do "terceiro" manuscrito, traduzido incorretamente na versão da MEGA.

1955. Em *Kleine ökonomische Schriften*. Edição com as correções das principais inconsistências presentes na versão da MEGA.

1956. Primeira edição chinesa.

1956. *Iz rannikh proizvedennij*. Tradução russa baseada na versão da MEGA.

1956. *Economic and Philosophical Manuscripts of 1844*. Tradução inglesa de Martin Milligan, realizada com base na versão russa n. 18.

1960. Tradução espanhola da versão inglesa n. 19.
1962. *Manuscripts de 1844*. Tradução de Émile Bottigelli da versão da MEGA e das correções presentes nas edições n. 15 e 16.
1962. Em *Marx-Studienausgabe*, v. 1. Tradução organizada por Hans-Joachim Lieber e Peter Furth.
1966. Em *Texte zu Methode und Praxis*. Tradução organizada por Günther Hillmann. Edição muito semelhante à de n. 22.
1968. *Ökonomisch-philosophische Manuskripte*, organizada por Joachim Höppner. Edição dos três manuscritos paginados da mesma forma que foram deixados por Marx e com o acréscimo de comentários relativos ao texto de James Mill.
1968. Em *Marx-Engels-Werke*. Edição baseada na versão da MEGA e nas revisões acrescidas à edição n. 16.
1968. Em *Œuvres II. Économie*. Tradução organizada por Maximilien Rubel. Essa versão, que aparece com o título *Ébauche d'une critique de l'économie politique*, foi realizada pela MEGA e inclui também as *Notes de lecture*, ou os comentários de Marx acerca das leituras em seu período em Paris.
1974. Publicação do texto na segunda *K. Marx-F. Engels Sočinenija*, v. 42.
1975. Publicação do texto na *Marx-Engels Collected Works*, v. 3.
1976. Publicação da versão de Della Volpe (n. 13) – e dos comentários sobre James Mill – em *Marx Engels Opere*, v. 3.
1981. Em MEGA², v. IV/2: publicação dos excertos, na época ainda inéditos, de Xenofonte, Prévost, Schüz, List, Osiander e Buret.
1982. *Ökonomisch-philosophische Manuskripte*, em MEGA², v. I/2. A edição incluiu duas versões do texto: a que reproduz a ordem exata dos originais e aquela com a repaginação geralmente adotada pelas edições posteriores.
1990. *La scoperta dell'economia politica*. Tradução italiana parcial dos comentários de Marx presentes nos cadernos de excertos de Paris.
1998. MEGA², v. IV/3: publicação dos excertos, na época ainda inéditos, de Law e Lauderdale.

4
Estudo de economia e jornalismo para o *New-York Tribune* na década de 1850*

4.1. Continuando o estudo de economia

Em fevereiro de 1845, Marx se mudou para Bruxelas, onde conseguiu permissão para fixar residência, desde que "não publicasse nada sobre a situação política atual"[1]. Ele permaneceu ali até março de 1848 com sua esposa Jenny von Westphalen e sua primeira filha, Jenny, nascida em Paris em 1844. Durante esses três anos, especialmente em 1845, Marx progrediu de modo frutífero em seus estudos de economia política. Em março de 1845, começou a trabalhar em uma crítica – que ele nunca chegou a completar – do livro do economista alemão Friedrich List sobre "o sistema nacional de economia política"[2]. Além disso, entre fevereiro e julho, completou seis cadernos com anotações, os chamados *Cadernos de Bruxelas*, que enfocam principalmente os conceitos básicos de economia política, com ênfase especial nos *Études sur l'économie politique* [Estudos de economia política], de Simonde de Sismondi, no *Cours d'économie politique* [Curso de economia política], de Henri Storch, e no *Cours d'économie politique*, de Pellegrino Rossi. Ao mesmo tempo, Marx se aprofundou em questões associadas à maquinaria e à indústria de larga escala, copiando uma série de páginas da *The Economy of Machinery and Manufactures* [Economia das máquinas e manufaturas], de Charles Babbage[3]. Com Engels, ele também planejou a organização da tradução alemã de uma "biblioteca dos melhores escritores

---

* Uma versão um pouco mais longa deste texto foi publicada pela primeira vez em português em *Crítica Marxista*, n. 33, 2011, p. 31-65. A tradução foi feita por Marcos Soares. (N. E.)
[1] Idem, "Marx's Undertaking not to Publish Anything in Belgium on Current Politics", cit., p. 677.
[2] Karl Marx, "Draft of an Article on Friedrich List's Book *Das Nationale System der Politischen Oekonomie*", em Karl Marx e Friedrich Engels, *Collected Works*, v. 4 (Londres, Lawrence & Wishart, 1975), p. 265-93.
[3] Todas essas passagens podem ser encontradas em MEGA², v. IV/3, cit.

socialistas estrangeiros"[4]. Porém, devido à escassez de tempo e à impossibilidade de assegurar fundos com algum editor, os dois tiveram que abandonar o projeto e se concentrar em seu próprio trabalho.

Marx passou os meses de julho e agosto em Manchester examinado a vasta literatura em inglês sobre economia, uma tarefa essencial para o livro que tinha em mente. Compilou nove cadernos de excertos, os *Cadernos de Manchester*, nos quais novamente as principais referências eram de manuais de economia política e livros sobre a história da economia, tais como *Lectures on the Elements of Political Economy* [Palestras sobre os elementos da economia política], de Thomas Cooper, a *History of Prices, and of the State of the Circulation* [História dos preços e do estado de circulação], de Thomas Tooke, *Literature of Political Economy* [Literatura de economia política], de John Ramsay McCulloch, e *Essays on Some Unsettled Questions of Political Economy* [Ensaios sobre algumas questões abertas de economia política], de John Stuart Mill[5]. Marx também se interessou enormemente por questões sociais e juntou passagens de alguns dos principais volumes de literatura socialista em inglês, em especial do *Labour's Wrongs and Labour's Remedy* [Erros e remédios trabalhistas], de John Francis Bray e dos *Essays on the Formation of Human Character* [Ensaios sobre a formação do caráter humano] e *Book of the New Moral World* [Livro do novo mundo moral], de Robert Owen[6]. Argumentos semelhantes foram apresentados no primeiro trabalho de Friedrich Engels, *A situação da classe trabalhadora na Inglaterra*, na verdade publicado em junho de 1845.

Na capital belga, além dos estudos sobre economia, Marx trabalhou em outro projeto que considerou necessário diante das circunstâncias políticas. Em novembro de 1845, ele teve a ideia de escrever, com Engels, Joseph Weydemeyer e Moses Hess, uma "crítica da mais recente filosofia alemã em seus representantes Feuerbach, Bruno Bauer e Stirner, e do socialismo alemão em seus diferentes profetas"[7]. O texto final, publicado postumamente com o título de *A ideologia alemã*, tinha um objetivo duplo: combater as mais recentes formas do neo-hegelianismo na Alemanha (*O único e sua propriedade*, de Max Stirner, havia sido publicado em outubro de 1844) para, em

---

[4] Ver "Plan of the 'Library of the Best Foreign Socialist Writers'", em Karl Marx e Friedrich Engels, *Collected Works*, v. 4, cit., p. 667.
[5] Essas passagens estão em MEGA², v. IV/4 (Berlim, Dietz, 1988), e também incluem os primeiros *Cadernos de Manchester*. Foi nesse período que Marx começou a ler diretamente em inglês.
[6] Essas passagens, que fazem parte dos *Cadernos de Manchester*, v. VI-IX, foram publicadas recentemente em MEGA², v. IV/5 (Berlim, De Gruyter, 2015).
[7] Karl Marx e Friedrich Engels, *A ideologia alemã* (trad. Rubens Enderle, Nélio Schneider e Luciano Cavini Martorano, São Paulo, Boitempo, 2007).

seguida, como Marx escreveu para o editor Leske, "preparar o público para a perspectiva adotada em minha Economia (*Oekonomie*), que se opõe, diametralmente, à academia alemã passada e presente"[8]. Esse texto, no qual ele trabalhou até junho de 1846, jamais foi completado, mas ajudou na elaboração mais clara, embora ainda não definitiva, daquilo que Engels definiria para o público quarenta anos mais tarde como a "concepção materialista da história"[9].

Para rastrear o progresso da "Economia" em 1846, é novamente necessário analisar as cartas de Marx a Leske. Em agosto, ele informou o editor de que "o manuscrito do primeiro volume" já estava praticamente pronto "há muito tempo", mas que ele não "queria publicá-lo sem uma nova revisão, tanto na questão do conteúdo quanto do estilo". Ele continua: "É claro que um escritor que trabalha sem parar não pode, no final de seis meses, publicar *palavra por palavra* aquilo que escreveu seis meses antes". Entretanto, ele procuraria concluir o livro no futuro próximo: "A versão revisada do primeiro volume estará pronta para publicação no fim de novembro. O segundo volume, de natureza mais histórica, virá logo depois"[10]. Mas esses relatos não correspondiam ao estado real de seu trabalho, já que nenhum de seus manuscritos poderia ser descrito como "praticamente pronto", na medida em que o editor ainda não havia recebido sequer o primeiro no início de 1847, decidindo, assim, anular o contrato.

Esses atrasos constantes não podem ser atribuídos a qualquer tipo de descuido da parte de Marx. Ele nunca abandonou a atividade política nesses anos e na primavera de 1846 promoveu o trabalho do Comitê de Correspondência Comunista, cuja missão era organizar uma aliança entre as várias ligas de trabalhadores na Europa. Entretanto, o trabalho teórico sempre foi sua prioridade, como testemunham as pessoas que o visitavam regularmente nesse período. O poeta alemão Georg Weerth, por exemplo, escreveu em novembro de 1846:

> Num certo sentido, Marx é considerado a cabeça do partido comunista. Porém, muitos comunistas e socialistas autodidatas ficariam espantados se soubessem o quanto esse homem é capaz de fazer. Marx trabalha dia e noite para esclarecer as mentes dos traba-

---

[8] Karl Marx, "Ökonomisch-philosophische Manuskripte", cit. [ed. bras.: *Manuscritos econômico-filosóficos*, cit.] e MEGA², v. III/2 (Berlim, Dietz, 1979).

[9] Ver Friedrich Engels, "Preface to the Pamphlet *Ludwig Feuerbach and the End of Classical German Philosophy*", em Karl Marx e Friedrich Engels, *Collected Works*, v. 26 (Londres, Lawrence & Wishart, 1990), p. 519. Na verdade, Engels já havia usado essa expressão em 1859, em sua resenha do livro de Marx *Contribuição à crítica da economia política*, mas o artigo não teve repercussão e o termo começou a circular apenas após a publicação de *Ludwig Feuerbach e o fim da filosofia clássica alemã*.

[10] "Marx to Carl Wilhelm Julius Leske, 1º August 1846", em Karl Marx e Friedrich Engels, *Collected Works*, v. 32, cit., p. 51.

lhadores da América, da França, da Alemanha etc. a respeito do sistema peculiar que os obscurece. [...] Ele trabalha como um louco em sua história da economia política. Há muitos anos esse homem não dorme mais do que quatro horas por noite.[11]

Suas notas de trabalho e seus escritos publicados fornecem provas adicionais de sua diligência. Entre o outono de 1846 e setembro de 1847, ele completou três grandes cadernos de excertos, em geral relacionados à história da economia, retirados da *Geschichtliche Darstellung des Handels, der Gewerbe und des Ackerbaus der bedeutendsten handeltreibenden Staaten unsrer Zeit* [Apresentação histórica do comércio, artesanato e agricultura nos estados comerciais mais importantes do nosso tempo], de Gustav von Gülich, um dos principais economistas alemães da época[12]. Em dezembro de 1864, depois de ter lido o *Sistema das contradições econômicas ou filosofia da miséria*, de Pierre-Joseph Proudhon (que ele achou "muito fraco"[13]), Marx decidiu escrever uma crítica. Ele fez isso diretamente em francês, para que seu oponente, que não lia em alemão, fosse capaz de entendê-lo. O texto foi completado em abril de 1847 e publicado em julho com o título de *Miséria da filosofia: resposta à* Filosofia da miséria *do sr. Proudhon*. Tratava-se do primeiro escrito publicado por Marx sobre economia política que expunha suas ideias sobre a teoria do valor, a abordagem metodológica apropriada para uma compreensão da realidade social e o caráter historicamente transitório dos modos de produção.

O adiamento do livro planejado – uma crítica da economia política – não se devia, portanto, à falta de aplicação de Marx, mas à dificuldade da tarefa. A questão a ser examinada criticamente era tão vasta que seriam necessários muitos anos mais para discuti-la com sua característica seriedade e consciência crítica. No fim da década de 1840, embora ele não estivesse totalmente consciente disso, Marx estava apenas no início de seus esforços.

4.2. 1848 e o início da revolução

Enquanto os conflitos sociais se intensificavam na segunda metade de 1847, as atividades políticas exigiam mais tempo de Marx. Em junho, a Liga dos Comunistas, uma associação de trabalhadores e artesãos alemães com filiais internacionais, foi fundada em Londres; em agosto, Marx e Engels estabeleceram uma Associação de

---

[11] "Georg Weerth an Wilhelm Weerth, 18 November 1846", em Hans Magnus Enzensberger (org.), *Gespräche mit Marx und Engels*, cit., p. 68-9.
[12] Essas passagens constituem o volume IV/6 da MEGA² (Berlim, Dietz, 1983).
[13] "Marx to Pavel Vasilyevich Annenkov, 28 December 1846", em Karl Marx e Friedrich Engels, *Collected Works*, v. 38, cit., p. 95.

Trabalhadores Alemães em Bruxelas; e, em novembro, Marx se tornou vice-presidente da Associação Democrática de Bruxelas, que se dividia entre uma ala revolucionária e uma parte democrática mais moderada. No fim do ano de 1847, a Liga dos Comunistas deu a Marx e a Engels a tarefa de escrever um programa político; pouco tempo depois, em fevereiro de 1848, esse texto foi publicado com o título de *Manifesto Comunista*. Suas palavras iniciais, "Um espectro ronda a Europa – o espectro do comunismo", estavam destinadas a se tornar famosas em todo o mundo. Uma de suas teses principais teria o mesmo destino: "A história de todas as sociedades até hoje existentes é a história das lutas de classes"[14].

A publicação do *Manifesto* não poderia ter sido mais apropriada. Logo em seguida, um movimento revolucionário de abrangência e intensidade sem precedentes lançou a ordem política e social do continente europeu numa crise. Os governos estabelecidos tomaram todas as contramedidas possíveis para pôr fim às insurreições e, em março de 1848, Marx foi expulso da Bélgica para a França, onde uma república acabara de ser proclamada. Naturalmente, ele deixou de lado seus estudos de economia política e intensificou suas atividades jornalísticas em prol da revolução, ajudando a pensar num rumo político desejável. Em abril, se mudou para a região da Renânia – a mais desenvolvida economicamente e mais liberal politicamente na Alemanha – e em junho começou a editar a *Neue Rheinische Zeitung – Organ der Demokratie* [Nova Gazeta Renana: Órgão da Democracia], que havia sido fundada em Colônia nesse meio tempo. Embora seus artigos fossem, em sua maioria, crônicas dos eventos políticos, em abril de 1849 ele publicou uma série de editoriais sobre a crítica da economia política, pois acreditava que havia chegado a hora em que "era preciso lidar mais diretamente com as próprias relações sobre as quais a existência da burguesia e sua ordem, assim como a escravidão dos trabalhadores, se fundam"[15]. Cinco artigos baseados em palestras que ele havia proferido em dezembro de 1847 para a Associação de Trabalhadores Alemães, em Bruxelas, apareceram com o título *Trabalho assalariado e capital*, texto no qual Marx apresentava ao público, de modo mais extenso do que no passado e na linguagem mais compreensível possível para os trabalhadores, sua concepção dos modos pelos quais o trabalho assalariado era explorado pelo capital.

Entretanto, o movimento revolucionário que surgiu em toda a Europa em 1848 foi derrotado num curto espaço de tempo. Entre as razões para a vitória do lado autoritário e conservador estavam: a recuperação da economia; a debilidade da classe

---

[14] Idem, *Manifesto Comunista* (trad. Álvaro Pina e Ivana Jinkings, São Paulo, Boitempo, 2010), p. 39-40.

[15] Karl Marx, "Wage Labour and Capital", em Karl Marx e Friedrich Engels, *Collected Works*, v. 9 (Londres, Lawrence & Wishart, 1977), p. 198.

trabalhadora, que em alguns países mal podia contar com uma estrutura organizacional; a retirada do apoio às reformas pelas classes médias, que se aproximaram da aristocracia para impedir o movimento em direção a um radicalismo excessivo. Tudo isso permitiu que as forças políticas reacionárias retomassem um controle firme das rédeas do governo.

Após um período de intensa atividade política, em maio de 1848 Marx recebeu uma ordem de expulsão da Prússia e voltou à França. Mas, quando a revolução foi derrotada em Paris, as autoridades ordenaram que ele se mudasse para Morbihan, então uma região isolada e infestada de malária da Bretanha. Diante de um "atentado velado contra minha vida", ele decidiu abandonar a França e ir para Londres, onde acreditava existirem "condições positivas para começar um jornal em alemão"[16]. Ele permaneceria na Inglaterra como exilado pelo resto da vida, mas a reação europeia não poderia tê-lo isolado num lugar melhor para que escrevesse sua crítica da economia política. Na época, Londres era o mais importante centro econômico e financeiro do mundo, o "demiurgo do cosmos burguês"[17], e, portanto, o local mais favorável do qual observar os mais recentes desenvolvimentos econômicos e retomar seus estudos da sociedade capitalista.

4.3. Em Londres à espera da crise

Marx chegou à Inglaterra no verão de 1849, aos 31 anos. Sua vida na capital inglesa estava longe de ser tranquila. Sua família – que contava com seis pessoas após o nascimento de Laura, em 1845, de Edgar, em 1847 e de Guido, logo após sua chegada, em 1849 – teve que morar por um longo período em condições precárias no Soho, um dos bairros mais pobres de Londres à época. Além dos problemas familiares, Marx estava envolvido num comitê de ajuda aos exilados alemães, que ele financiava com o apoio da Liga dos Comunistas e cuja missão era dar assistência a diversos refugiados políticos em Londres.

A despeito das condições adversas, Marx conseguiu atingir seu objetivo de iniciar uma nova publicação. Em março de 1850 ele começou a editar a *Neue Rheinische Zeitung – Politisch-ökonomische Revue*, uma publicação mensal que ele esperava ser o veículo de uma "investigação abrangente e científica das condições econômicas que formam a base da totalidade do movimento político". Ele acreditava que "um

---

[16] "Marx to Engels, 23 August 1849", em Karl Marx e Friedrich Engels, *Collected Works*, v. 38, cit., p. 213.
[17] Idem, "Announcement of the *Neue Rheinische Zeitung: Politisch-okonomiche Revue*", em Karl Marx e Friedrich Engels, *Collected Works*, v. 10 (Londres, Lawrence & Wishart, 1978), p. 134.

tempo de aparente calma como o presente deve ser utilizado precisamente para o propósito de elucidar o período revolucionário pelo qual acabamos de passar, a natureza das partes em conflito e as condições sociais que determinam a existência e a luta entre essas partes"[18].

Marx estava convencido, erroneamente, de que a situação seria um interlúdio breve entre a revolução concluída recentemente e uma outra que se preparava mais adiante. Em dezembro de 1849, escreveu ao amigo Weydemeyer: "Estou seguro de que quando três, talvez dois números mensais [da *Neue Rheinische Zeitung*] tiverem aparecido, uma conflagração mundial intervirá e a oportunidade de acabar temporariamente com a economia política terá se dissipado". Uma "poderosa crise industrial, agrícola e comercial" era claramente iminente[19]. E ele contava com o surgimento de um novo movimento revolucionário, embora apenas após o início da crise, pois a prosperidade industrial e comercial enfraquecia a resolução das massas proletárias. Mais tarde, em *As lutas de classe na França*, que apareceu na forma de uma série de artigos na *Neue Rheinische Zeitung*, ele afirmou que "uma verdadeira revolução [...] só se torna possível onde [...] as forças produtivas modernas e as formas de produção burguesas entram em contradição [...]. Uma nova revolução só será possível na esteira de uma nova crise"[20]. Marx não mudou de opinião mesmo quando a prosperidade econômica começou a se espalhar e, no primeiro número da *Neue Rheinische Zeitung* (janeiro-fevereiro), escreveu que a reviravolta não tardaria, pois os mercados das Índias Ocidentais estavam "já praticamente saturados" e que os da América do Norte e do Sul, assim como o da Austrália, em breve seguiriam o mesmo caminho. Logo:

> [...] com as primeiras notícias sobre esses excedentes, as áreas de produção e especulação entrarão em "pânico" simultaneamente – talvez já no final da primavera, no máximo em julho ou agosto. Essa crise, entretanto, que deve coincidir com grandes conflitos no continente, terá resultados bem diferentes daqueles das crises anteriores. Enquanto todas as crises até agora têm sinalizado um novo avanço, uma nova vitória da burguesia industrial sobre a propriedade rural e a burguesia financeira, esta crise marcará o início da moderna revolução inglesa.[21]

---

[18] Ibidem, p. 5.
[19] "Marx to Joseph Weydemeyer, 19 December 1849", em Karl Marx e Friedrich Engels, *Collected Works*, v. 38, cit., p. 220.
[20] Karl Marx, *As lutas de classes na França: de 1848 a 1850* (trad. Nélio Schneider, São Paulo, Boitempo, 2012), p. 147-8.
[21] Idem, "Review: January-February 1850", em Karl Marx e Friedrich Engels, *Collected Works*, v. 10, cit., p. 254-5.

Também no número seguinte, de março-abril de 1850, Marx argumentou que a conjuntura econômica positiva não representava mais do que uma melhora temporária, pois a superprodução e os excessos da especulação no setor das estradas de ferro estavam produzindo uma crise cujos efeitos seriam:

> [...] mais significativos do que de qualquer crise até agora. Ela coincide com a crise da agricultura [...]. Essa crise dupla na Inglaterra está sendo apressada e expandida, tornando-se mais inflamável, pelas convulsões que simultaneamente ameaçam o continente; e as revoluções continentais assumirão um caráter socialista incomparavelmente mais claro com os efeitos da crise inglesa no mercado mundial.[22]

O cenário desenhado por Marx, que levava em consideração tanto os mercados europeus quanto os norte-americanos, era bastante otimista do ponto de vista da causa do movimento dos trabalhadores. Em sua opinião, "após a entrada da América na recessão causada pela superprodução, podemos esperar que a crise se desenvolva bem mais rapidamente no mês seguinte do que até o momento". Sua conclusão, portanto, era otimista: "A coincidência da crise do comércio e da revolução [...] torna-se cada vez mais certa. *Que les destins s'accomplissent!*"[23].

Durante o verão, Marx aprofundou a análise econômica iniciada antes de 1848, no número de maio-outubro de 1850 da revista – o último antes que a falta de fundos e a polícia prussiana forçassem seu fechamento. Ele chegou à importante conclusão de que "a crise comercial contribuiu infinitamente mais para as revoluções de 1848 do que a revolução para a crise comercial"[24]. A partir desse ponto, a crise econômica adquiriu uma importância fundamental em seu pensamento, não apenas economicamente, mas também sociológica e politicamente. Além disso, ao analisar os processos de especulação e superprodução galopantes, ele se aventurou a prever que "se o novo ciclo de desenvolvimento industrial que começou em 1848 seguir o mesmo curso daquele de 1843-1847, a crise acontecerá em 1852". A crise futura, ele enfatizava, também atingiria o campo e "pela primeira vez a crise industrial e comercial coincidirá com a crise da agricultura"[25].

As previsões de Marx realizadas nesse período de mais de um ano se provaram equivocadas. Porém, mesmo nos momentos em que ele estava mais firmemente

---

[22] Idem, "Review: March-April 1850", em Karl Marx e Friedrich Engels, *Collected Works*, v 10, cit., p. 340.
[23] Ibidem, p. 341.
[24] Idem, "Review: May-October 1850", em Karl Marx e Friedrich Engels, *Collected Works*, v. 10, cit., p. 497.
[25] Ibidem, p. 503.

convencido de que uma nova onda revolucionária era iminente, suas ideias eram bem diferentes das de outros líderes políticos europeus exilados em Londres. Embora Marx estivesse errado a respeito do desenvolvimento da situação econômica, ele considerava indispensável o estudo do atual estado das relações econômicas e políticas para os objetivos da atividade política. De outro lado, a maior parte dos líderes democráticos e comunistas da época, que ele caracterizou como "alquimistas da revolução", pensavam que o único pré-requisito para uma revolução vitoriosa era a "preparação adequada de sua conspiração"[26].

Um exemplo disso era o manifesto "Às Nações", publicado pelo Comitê Central da Democracia Europeia, que Giuseppe Mazzini, Alexandre Ledru-Rollin e Arnold Ruge haviam fundado em Londres, em 1850. De acordo com Marx, esse grupo dava a crer que "a revolução fracassou devido à ambição e inveja dos líderes individuais e às visões mutuamente hostis dos diversos educadores populares". Ele também ficou "estupefato" com o modo como esses líderes concebiam a "organização social": "uma multidão se formando nas ruas, um tumulto, um aperto de mãos e tudo acaba. Em sua visão, a revolução consiste meramente na derrubada do governo existente: assim que esse objetivo for atingido, "*a* vitória" terá sido conquistada"[27].

Ao contrário daqueles que esperavam que outra revolução surgisse do nada, Marx estava convencido, no outono de 1850, de que ela não aconteceria sem uma nova crise mundial. A partir desse ponto, ele se distanciou das falsas esperanças de uma revolução iminente[28] e viveu em "completo isolamento"[29]. Como escreveu Wilhelm Pieper, um dos membros da Liga dos Comunistas, em janeiro de 1851: "Marx leva uma vida bastante retirada e seus únicos amigos são John Stuart Mill e Loyd. Sempre que se faz uma visita, ele recebe o visitante com categorias econômicas no lugar de cumprimentos"[30].

Nos anos seguintes, Marx, de fato, viu poucos amigos em Londres e manteve contato próximo apenas com Engels, que nesse ínterim tinha se estabelecido em

---

[26] Ibidem, p. 318.
[27] Ibidem, p. 529-30.
[28] "A democracia vulgar esperava que uma nova irrupção ocorresse de um dia para outro; nós declaramos, já no outono de 1850, que pelo menos a primeira etapa do período revolucionário estaria concluída e nada se poderia esperar até que eclodisse uma nova crise econômica mundial. Por essa razão, fomos inclusive proscritos como traidores da revolução pelas mesmas pessoas que mais tarde, sem exceção, firmaram a paz com Bismarck"; Friedrich Engels, "Prefácio [ao As lutas de classes na França de 1848 a 1850, de Karl Marx (1895)]", em Karl Marx, *As lutas de classes na França*, cit., p. 13-4.
[29] "Marx to Engels, 11 February 1851", em Karl Marx e Friedrich Engels, *Collected Works*, v. 38, cit., p. 286.
[30] "Marx to Engels [notas de Wilhelm Pieper], 27 January 1851", ibidem, p. 269-70.

Manchester. Em fevereiro de 1851, Marx escreveu a Engels: "Fico enormemente satisfeito com o isolamento público e autêntico no qual nós dois, você e eu, nos encontramos. Está inteiramente de acordo com nossas atitudes e princípios"[31]. Engels, de sua parte, respondeu: "É essa a posição que podemos e devemos adotar na próxima ocasião: 'a crítica feroz de todos'". O principal era "encontrar algum modo de publicar nossas coisas, seja numa revista na qual possamos fazer um ataque frontal e consolidar nossa posição em relação às outras pessoas, ou em livros". Em resumo, ele concluiu com certo otimismo, "o que pode todo o blá-blá-blá de toda a turba de exilados contra você, quando você pode responder com sua economia política?"[32]. O desafio, portanto, tornou-se a previsão do início da crise. Para Marx, que agora tinha um motivo político adicional, havia chegado a hora de se voltar novamente ao estudo da economia política.

4.4. As notas de pesquisa de 1850-1853

Durante os três anos em que Marx interrompeu seus estudos de economia política, houve uma sucessão de eventos econômicos – desde a crise de 1847 até a descoberta de ouro na Califórnia e na Austrália – cuja importância o levou a retomar a pesquisa, ao mesmo tempo em que revisava suas anotações antigas para tentar dar a elas uma forma acabada[33]. Suas leituras adicionais foram resumidas em 26 cadernos de excertos, dos quais 24 (também contendo textos de outras disciplinas) ele compilou entre setembro de 1850 e agosto de 1853, numerando-os entre os chamados *Cadernos de Londres*. Esse material de estudo é extremamente interessante, e documenta um período de desenvolvimento significativo na crítica de Marx, quando ele não apenas resumiu o conhecimento que havia adquirido, mas, ao estudar dezenas de novos livros em profundidade, especialmente em inglês, na biblioteca do Museu Britânico, adquiriu outras ideias importantes para o trabalho que ele pensava em escrever[34].

Os *Cadernos de Londres* podem ser divididos em três grupos. Nos primeiros sete cadernos (I-VII), escritos entre setembro de 1850 e março de 1851, alguns dos diversos trabalhos que Marx leu e anotou foram: *A History of Prices* [História dos preços], de Thomas Tooke; *A View of the Money System of England* [Uma visão do sistema monetário da Inglaterra], de James Taylor; *Histoire de la Monnaie* [História

---

[31] "Engels to Marx, 11 February 1851", ibidem., p. 286.
[32] "Engels to Marx, 13 February 1851", ibidem., p. 290-1.
[33] Walter Tuchscheerer, *Bevor "Das Kapital" entstand* (Berlim, Akademie, 1973), p. 318.
[34] Para uma avaliação da importância dos *Cadernos de Londres*, ver Wolfgang Jahn e Dietrich Noske, "Fragen der Entwicklung der Forschungsmethode von Karl Marx in den Londoner Exzerptheft en von 1850-1853", *Arbeitsblätter zur Marx-Engels-Forschung*, n. 7 (especial), 1979.

do dinheiro], de Germain Garnier; os *Sämtliche Schriften über Banken und Münzwesen* [Obras completas sobre bancos e moedas], de Johann Georg Büsch; *An Enquiry into the Nature and Effects of the Paper Credit of Great Britain* [Uma investigação sobre a natureza e os efeitos dos papéis de crédito da Grã-Bretanha], de Henry Thornton; e *A riqueza das nações*, de Adam Smith[35]. Marx se concentrou especialmente na história e nas teorias das crises econômicas, prestando bastante atenção à forma do dinheiro e ao crédito em sua tentativa de entender suas origens. Ao contrário de outros socialistas da época, como Proudhon – que estavam convencidos de que as crises econômicas poderiam ser evitadas por uma reforma do sistema monetário e de crédito –, Marx chegou à conclusão de que, como o sistema de crédito constituía uma das condições básicas, as crises poderiam, no máximo, ser agravadas ou mitigadas pelo uso correto ou incorreto da circulação monetária. As verdadeiras causas da crise deveriam, na verdade, ser procuradas nas contradições da produção[36].

Ao fim do primeiro grupo de excertos, Marx resumiu seu próprio conhecimento em dois cadernos que ele não numerou como parte da série principal e que foram intitulados *Bullion: Das vollendete Geldsystem* [Ouro: o sistema monetário perfeito][37]. Nesse manuscrito, que ele escreveu na primavera de 1851, Marx copiou dos principais trabalhos de economia política – às vezes incluindo seus próprios comentários – aquilo que ele considerava as passagens mais importantes sobre a teoria do dinheiro. Dividido em 91 partes, uma para cada livro analisado, *Bullion* não era apenas uma coleção de citações, mas pode ser pensado como a primeira formulação autônoma de Marx sobre a teoria do dinheiro e da circulação[38] a ser utilizada na escrita do livro que ele vinha planejando havia muitos anos.

Nesse mesmo período, embora tivesse que enfrentar problemas pessoais terríveis – especialmente a morte de seu filho Guido, em 1850 – e suas condições econômicas fossem precárias – a ponto de se ver forçado a delegar os cuidados de sua filha Franziska, nascida em março de 1851, a estranhos –, Marx não apenas conseguiu

---

[35] Com exceção do material de Adam Smith, que está no v. IV/8 da MEGA² (Berlim, Dietz, 1986), todas as anotações em questão podem ser encontradas em MEGA², v. IV/7 (Berlim, Dietz, 1983). *A riqueza das nações* de Smith (Caderno VII) e *Princípios de economia política e tributação*, de Ricardo (Cadernos IV, VII e VIII), que Marx havia lido em francês durante sua estada em Paris, em 1844, desta vez foram estudados no original em inglês.
[36] Ver "Marx an Engels, 3 Februar 1851", MEGA², v. III/4 (Berlim, Dietz, 1984), p. 27.
[37] Karl Marx, "Bullion: Das vollendete Geldsystem", MEGA², v. IV/8, cit., p. 3-85. O segundo dentre esses cadernos não numerados também contém outros excertos, notadamente passagens de *On the Regulation of Currencies* [Sobre a regulação das moedas], de John Fullarton.
[38] Outra exposição breve das teorias de Marx sobre o dinheiro, o crédito e as crises está no Caderno VII, na fragmentária "Reflection", MEGA, v. IV/8, cit., p. 227-34.

dar continuidade a seu próprio trabalho, mas estava esperançoso de que ele seria concluído em breve. Em 2 de abril de 1851, escreveu a Engels:

> Estou tão adiantado que creio que terei terminado toda essa tralha econômica em cinco semanas. *Et cela fait* terei terminado a "Economia" em casa e poderei aplicar-me a outra área do conhecimento no Museu [Britânico]. *Ça commence à m'ennuyer. Au fond*, essa ciência não fez progresso desde A. Smith e D. Ricardo, a despeito do quanto tenha sido feito em pesquisas individuais, muitas vezes de grande discernimento. [...] Em breve, terei prontos dois volumes de 60 páginas.[39]

Engels recebeu a notícia com grande alegria: "Fico feliz que você tenha finalmente terminado com a economia política. A coisa já está se alongando e, enquanto tiver na sua frente um livro cuja leitura você considere importante, você não vai começar a escrever"[40]. Mas a carta de Marx refletia mais seu otimismo sobre o fim do trabalho do que o estado real das coisas. À parte todos os cadernos de excertos, e com a exceção de *Bullion*, este último longe de ser um texto pronto para impressão, Marx ainda não tinha produzido um único manuscrito. Sem dúvida, ele havia conduzido sua pesquisa com grande intensidade, mas ainda não dominava totalmente os materiais econômicos e, a despeito de sua determinação e convicção de que obteria sucesso, seus escrúpulos o impediam de avançar além de seus excertos e comentários críticos para finalmente escrever seu livro. Além disso, não havia um editor nos bastidores insistindo para que ele fosse mais conciso em seus estudos. A "Economia" estava longe de estar pronta "em breve".

Assim, Marx se voltou mais uma vez para o estudo dos clássicos da economia política e, entre abril e novembro de 1851, escreveu o que pode ser visto como o segundo grupo (VIII-XVI) dos *Cadernos de Londres*. O Caderno VIII é quase todo dedicado a excertos de *An Inquiry into the Principles of Political Economy* [Uma investigação sobre os princípios da economia política], de James Steuart, que ele havia começado a estudar em 1847, e de *Princípios da economia política e tributação*, de Ricardo. Os excertos de Ricardo, na verdade, compilados enquanto ele escrevia *Bullion*, constituem a parte mais importante dos *Cadernos de Londres*, devido aos inúmeros comentários e reflexões pessoais que os acompanham[41]. Até o fim da década

---

[39] "Marx to Engels, 2 April 1851", em Karl Marx e Friedrich Engels, *Collected Works*, v. 38, cit., p. 325, trad. modif.
[40] "Engels to Marx, 3 April 1851", ibidem, p. 330.
[41] Ver MEGA², v. IV/8, cit., p. 326-31, 350-72, 381-95, 402-4, 409-26. Prova da importância dessas páginas é o fato de que essas citações, junto com outras do mesmo autor nos Cadernos IV e VII, foram publicadas em 1941, no segundo volume da primeira edição dos *Grundrisse*.

de 1840, Marx tinha essencialmente aceito as teorias de Ricardo, ao passo que, a partir de agora, pelo estudo novo e mais aprofundado da renda da terra e do valor, vai além de Ricardo em certos aspectos[42]. Desse modo, Marx revisou algumas de suas visões anteriores sobre questões fundamentais e, assim, expandiu o raio de seu conhecimento para examinar ainda outros autores. Os Cadernos IX e X, de maio-julho de 1851, se concentram em economistas que lidaram com as contradições da teoria de Ricardo e que, em certos aspectos, tinham aperfeiçoado suas concepções. Um grande número de excertos são provenientes de *A History of the Past and Present State of the Labouring Population* [História do passado e do presente da população trabalhadora], de John Debell Tuckett; *Popular Political Economy* [Economia política popular], de Thomas Hodgskin; *On Political Economy* [Sobre economia política], de Thomas Chalmers; *An Essay on the Distribution of Wealth* [Ensaio sobre a distribuição da riqueza], de Richard Jones; e *Principles of Political Economy* [Princípios da economia política], de Henry Charles Carey[43].

A despeito do escopo mais amplo da pesquisa e da acumulação de questões teóricas a serem resolvidas, Marx permanecia otimista em relação à conclusão do projeto. No fim de junho de 1851 ele escreveu ao fiel Weydemeyer:

> Geralmente estou no Museu Britânico das 9 da manhã às 7 da noite. O material no qual estou trabalhando é tão terrivelmente complexo que, não importa quanto eu me dedique, só poderei concluí-lo dentro de 6 ou 8 semanas. Além disso, há interrupções constantes de natureza prática, inevitáveis nas circunstâncias miseráveis nas quais estamos vegetando aqui. Mas, mesmo assim, a coisa está chegando rapidamente à sua conclusão.[44]

Evidentemente, Marx pensou que seria capaz de escrever seu livro em dois meses, utilizando a vasta quantidade de excertos e notas críticas que já havia compilado. Entretanto, mais uma vez não conseguiu chegar à tão desejada conclusão, tampouco conseguiu começar o manuscrito final que seria enviado aos editores. Dessa vez, a

---

[42] Nessa fase crucial de novas descobertas teóricas, a relação de Marx com Engels foi de grande importância: por exemplo, algumas de suas cartas a ele resumem sua visão crítica da teoria de Ricardo sobre a renda da terra ("Marx to Engels, 7 January 1851", em Karl Marx e Friedrich Engels, *Collected Works*, v. 38, cit., p. 258-263 e MEGA², v. III/4, Berlim, Dietz, 1984, p. 6-10), e a circulação monetária ("Marx to Engels, 3 February 1851", em Karl Marx e Friedrich Engels, *Collected Works*, v. 38, cit., p. 273-8 e MEGA², v. III/4, cit., p. 24-30).

[43] Nesse mesmo período, Marx voltou sua atenção para a indústria e a maquinaria. Ver Hans-Peter Müller, *Karl Marx über Maschinerie, Kapital und industrielle Revolution* (Westdeutscher, Opladen, 1992).

[44] "Marx to Joseph Weydemeyer, 27 June 1851", em Karl Marx e Friedrich Engels, *Collected Works*, v. 38, cit., p. 377.

razão principal para o atraso foram suas dificuldades econômicas. Na falta de uma fonte de renda estável e desgastado por sua condição física, ele escreveu a Engels no final de julho de 1851:

> É impossível seguir vivendo assim... Eu deveria ter terminado meu trabalho na biblioteca há muito tempo. Mas tem havido muitas interrupções e distúrbios e em casa tudo está num estado de guerra. Por diversas noites estou num estado lamentável e me enfureço até as lágrimas. É claro que não consigo fazer muita coisa.[45]

Para melhorar sua situação financeira, Marx decidiu retomar a atividade jornalística e começou a procurar um jornal. Em agosto de 1851, ele se tornou correspondente do *New-York Tribune*, diário de maior circulação nos Estados Unidos, escrevendo centenas de páginas durante um período intenso que se estendeu até fevereiro de 1862[46]. Ele escreveu sobre os principais eventos políticos e diplomáticos da época, além de uma questão econômica e financeira após a outra, de modo a se tornar em poucos anos um jornalista respeitado.

Entretanto, o estudo crítico da economia política prosseguiu por todo o verão de 1851. Em agosto, Marx leu o *Idée générale de la Révolution au XIXe siècle* [Visão geral da revolução do século XIX], de Proudhon, e planejou escrever uma crítica a ele junto com Engels (projeto que mais tarde deixou de lado)[47]. Além disso, ele continuou a compilar excertos de suas leituras: o Caderno XI é sobre textos que lidam com a condição da classe trabalhadora e os Cadernos XII e XIII cobrem suas pesquisas sobre química agrária. Tendo compreendido a importância dessa disciplina para o estudo da renda da terra, Marx fez inúmeras anotações de *Die organische*

---

[45] "Marx to Engels, 31 July 1851", ibidem, p. 398.
[46] Na época, o *New-York Tribune* era publicado em três versões diferentes (o *New-York Daily Tribune*, o *New-York Semi-Weekly Tribune* e o *New-York Weekly Tribune*). Cada uma delas publicou diversos artigos de Marx. Para ser mais preciso, o *New-York Daily Tribune* publicou 487 artigos, com mais da metade deles reaparecendo no *New-York Semi-Weekly Tribune* e mais de um quarto no *New-York Weekly Tribune* (a esses artigos devem ser adicionados alguns outros que ele enviou ao jornal, mas que foram recusados pelo editor, Charles Dana). Dos artigos publicados no *New-York Daily Tribune*, mais de duzentos são editoriais sem assinatura. Deve-se adicionar ainda que, para dar a Marx mais tempo para seus estudos de economia política, aproximadamente metade desses artigos foram na verdade escritos por Engels. O envio de artigos ao *New-York Tribune* sempre foi motivo de grande interesse, como se pode ver, por exemplo, em uma afirmação do editorial do número de 7, de abril de 1853: "O sr. Marx tem diversas opiniões firmes, [...] mas quem não ler suas cartas deixará de ter acesso a uma das fontes de informação mais instrutivas sobre as grandes questões da política europeia atual"; citado em "Karl Marx an Engels, 26 April 1853", MEGA², v. IV/7, cit., p. 315.
[47] Ver Karl Marx e Friedrich Engels, "Pauperism and Free Trade – The Approaching Commercial Crisis", em *Collected Works*, v. 11 (Londres, Lawrence & Wishart, 1979), p. 545-70.

Chemie in ihrer Anwendung auf Agricultur und Physiologie [A química orgânica em sua aplicação à agricultura e à fisiologia], de Justus Liebig, e do *Elements of Agricultural Chemistry and Geology* [Elementos de química e geologia agrícola], de James F. W. Johnston. No Caderno XIV, voltou-se mais uma vez para o debate sobre a teoria da população de Thomas Robert Malthus, especialmente nos *The Principles of Population* [Princípios da população], escrito por seu oponente Archibald Alison. Pesquisou os modos pré-capitalistas de produção, como demonstraram as passagens de *Économie politique des Romains* [Economia política dos romanos], de Adolphe Dureau de la Malle, e de *History of the Conquest of Mexico* [História da conquista do México] e *History of the Conquest of Peru* [História da conquista do Peru], de William H. Prescott. Marx também estudou o colonialismo, particularmente pelas *Lectures on Colonization and Colonies* [Conferências sobre colonização e colônias], de Herman Merivale[48]. Finalmente, entre setembro e novembro de 1851, ele estendeu seu campo de pesquisa à tecnologia, dando espaço considerável, no Caderno XV, à história da tecnologia de Johann H. M. Poppe e, no Caderno XVI, a diversas questões de economia política[49]. Como uma carta a Engels de meados de outubro de 1851 mostra, Marx estava, então, "inteiramente envolvido no trabalho sobre a Economia", "pesquisando sobretudo a tecnologia, sua história e a agronomia", para que pudesse "formar algum tipo de opinião sobre o assunto"[50].

No final de 1851, a editora Löwenthal de Frankfurt demonstrou interesse pelo projeto de Marx. Da correspondência com Engels e Lassalle[51], pode-se inferir que Marx trabalhava, então, em um projeto com três volumes: o primeiro introduziria sua própria concepção, enquanto o segundo traria uma crítica de outros socialismos e o terceiro uma história da economia política. Entretanto, inicialmente o editor estava interessado apenas no terceiro volume, com a opção de publicar os outros se o projeto se mostrasse bem-sucedido. Engels procurou convencer Marx a aceitar a mudança de planos e assinar um contrato: era necessário "avançar enquanto a

---

[48] Idem, MEGA², v. IV/9 (Berlim, Akademie, 1991).
[49] Uma primeira edição do Caderno XV, disponível em MEGA², v. IV/5, cit., apareceu na coleção de Hans-Peter Müller (org.), *Karl Marx, Die technologisch-historischen Exzerpte* (Frankfurt am Main, Ullstein, 1982). Ver o estudo de Wendy Wendling, *Karl Marx on Technology and Alienation* (Nova York, Palgrave, 2009).
[50] "Marx to Engels, 13 October 1851", em Karl Marx e Friedrich Engels, *Collected Works*, v. 38, cit., p. 476.
[51] Ver especialmente carta de "Ferdinand Lassalle an Karl Marx, 12 Mai 1851", MEGA², v. III/4 (Berlim, Dietz, 1984), p. 377-8; "Karl Marx an Friedrich Engels, 24 November 1851", MEGA², v. III/4, cit., p. 247-8; "Friedrich Engels an Karl Marx, 27 November 1851", MEGA², v. III/4, cit., p. 249-51.

situação é propícia" e era "absolutamente essencial quebrar o encanto criado por sua longa ausência do mercado editorial alemão e, mais tarde, negociar com os editores"[52]. O interesse do editor, no entanto, não se confirmou, e o projeto redundou em nada. Após dois meses, Marx se voltou novamente ao fiel Weydemeyer nos Estados Unidos para perguntar-lhe se não seria possível "encontrar aí um editor para [sua] Economia"[53].

Apesar desses obstáculos à publicação, Marx não perdeu o otimismo no que se referia à iminência de uma crise econômica. No fim de 1851, ele escreveu ao famoso poeta Ferdinand Freiligrath, um velho amigo: "A crise, contida por todos os tipos de fatores [...], deve explodir no máximo no próximo outono. E, *après les derniers événements je suis plus convaincu que jamais, qu'il n'y aura pas de révolution sérieuse sans crise commerciale* [E, depois dos últimos acontecimentos, estou mais convencido do que nunca de que não haverá revolução séria sem crise comercial]"[54].

Enquanto isso, Marx deu prosseguimento ao seu trabalho. Entre dezembro de 1851 e março de 1852, ele escreveu *O 18 de brumário de Luís Bonaparte*, mas, devido à censura de seus escritos na Prússia, teve que publicar seu texto em Nova York, no periódico de pequena circulação de Weydemeyer, *Die Revolution*. A esse respeito, ele disse a um amigo, Gustav Zerffi, no fim de 1852: "Nenhum editor ousa publicar qualquer coisa que eu tenha escrito"[55]. Entre maio e junho de 1852, ele escreveu com Engels o polêmico *Die großen Männer des Exils* [Os grandes homens do exílio], uma galeria de caricaturas de figuras importantes da emigração política alemã em Londres (Johann Gottfried Kinkel, Ruge, Karl Heinzen e Gustav von Struve). Entretanto, a busca por um editor foi inútil: o manuscrito foi dado ao húngaro János Bangya, para que ele o levasse à Alemanha, mas ele era na verdade um agente da polícia que entregou o manuscrito às autoridades. O texto, portanto, não foi publicado durante a vida de seus dois autores.

Entre abril de 1852 e agosto de 1853, Marx recomeçou a compilação de excertos e escreveu o terceiro e último grupo (XVII-XXIV) dos *Cadernos de Londres*. Essas partes lidam principalmente com os vários estágios do desenvolvimento da sociedade humana, com grande parte da pesquisa se concentrando nas controvérsias históricas sobre a Idade Média e sobre a história da literatura, da cultura e dos costumes.

---

[52] "Engels to Marx, 27 November 1851", em Karl Marx e Friedrich Engels, *Collected Works*, v. 38, cit., p. 494, trad. modif.
[53] "Marx to Joseph Weydemeyer, 30 January 1852", em Karl Marx e Friedrich Engels, *Collected Works*, v. 39 (Londres, Lawrence & Wishart, 1983), p. 26.
[54] "Karl Marx an Ferdinand Freiligrath, 27 Dezember 1851", MEGA², v. III/4, cit., p. 279.
[55] "Karl Marx an Gustav Zerffi, 28 Dezember 1852", MEGA², v. IV/7, cit., p. 270.

Ele tinha interesse particular pela Índia, país sobre o qual estava escrevendo para o *New-York Tribune*.

Como demonstra esse amplo campo de interesses, Marx não estava exatamente "descansando". Os obstáculos aos seus projetos novamente tinham a ver com a pobreza contra a qual ele lutou todos esses anos. Apesar do apoio constante de Engels – que a partir de 1851 começou a enviar-lhe 5 libras esterlinas por mês – e o dinheiro do *New-York Tribune*, que pagava duas libras esterlinas por artigo, Marx vivia em condições verdadeiramente desesperadoras. Ele não apenas teve que enfrentar a morte da filha Franziska, em abril de 1852, mas também um cotidiano que estava se tornando uma longa batalha. Em setembro de 1852, ele escreveu a Engels:

> Nos últimos 8-10 dias tenho alimentado minha família apenas com pão e batatas, mas não tenho certeza se conseguirei ao menos isso hoje [...]. A melhor coisa que poderia acontecer seria que a dona do apartamento nos despejasse. Assim, eu poderia pelo menos economizar a quantia de £22 [...]. Ainda por cima, as dívidas continuam se acumulando: devemos ao padeiro, ao leiteiro, ao homem do chá, ao quitandeiro, ao açougueiro. Como poderei sair desse inferno? Por fim [...] [mas isso foi] essencial para que permaneçamos vivos, consegui, nos últimos 8-10 dias pegar emprestado alguns trocados de conhecidos alemães.[56]

Tudo isso teve um efeito devastador sobre o trabalho e o tempo de Marx: "Às vezes passo um dia todo para conseguir uns centavos. Garanto que, quando vejo o sofrimento de minha esposa e a impossibilidade de fazer algo a respeito, tenho vontade de mandar tudo ao inferno"[57]. Muitas vezes, a situação se tornava insuportável, como quando ele escreveu a Engels, em outubro de 1852: "Ontem penhorei um casaco dos meus dias em Liverpool para comprar papel para escrever"[58].

Porém, as turbulências do mercado financeiro continuavam a manter o moral de Marx alto, e ele escreveu sobre elas aos seus amigos mais próximos. Com grande autoironia, ele declarou a Lassalle, em fevereiro de 1852: "A crise financeira finalmente atingiu um nível comparável apenas à crise comercial que se faz sentir agora em Nova York e em Londres. Mas, ao contrário dos senhores do comércio, não posso nem mesmo declarar falência"[59]. Em abril, ele disse a Weydemeyer que, devido a circunstâncias extraordinárias, como a descoberta de novos depósitos de ouro na Califórnia e na Austrália e a penetração comercial dos ingleses na Índia, "pode bem

---

[56] "Karl Marx an Friedrich Engels, 8 September 1852", ibidem, p. 181-2.
[57] "Karl Marx an Friedrich Engels, 25 Oktober 1852", ibidem, p. 216.
[58] "Karl Marx an Friedrich Engels, 27 Oktober 1852", ibidem, p. 221.
[59] "Karl Marx an Ferdinand Lassalle, 23 Februar 1852", ibidem, p. 46.

ser que a crise seja postergada até 1853. Mas sua erupção será surpreendente. E até lá não se pode considerar as chances de uma convulsão revolucionária"[60]. Em agosto, imediatamente após os colapsos especulativos nos Estados Unidos, ele escreveu triunfantemente a Engels: "Não estamos nos aproximando da crise? A revolução pode vir antes do que esperávamos"[61].

Marx não expressou suas opiniões apenas em correspondências, mas escreveu sobre o assunto no *New-York Tribune*. Num artigo de novembro de 1852, sobre "Pauperism and free trade" [Pauperismo e o livre-comércio], ele previu: "A crise [...] terá um caráter ainda mais perigoso do que em 1847, quando era de natureza muito mais comercial e monetária do que industrial, pois quanto maior o mais-valor que o próprio capital concentra na produção industrial, [...] maior, mais duradoura, mais direta será a crise que desabará sobre as massas trabalhadoras"[62]. Em resumo, poderia ser necessário esperar mais um pouco, mas ele estava convencido – mais devido à impaciência para ver uma nova série de levantes sociais do que pela análise rigorosa dos eventos econômicos – de que mais cedo ou mais tarde a hora da revolução chegaria.

4.5. O julgamento dos comunistas e dificuldades pessoais

Em outubro de 1852, o governo prussiano iniciou o julgamento de membros da Liga dos Comunistas que haviam sido presos no ano anterior. A acusação era a de que eles haviam participado de uma organização internacional de conspiradores liderados por Marx contra a monarquia prussiana. Entre outubro e dezembro, para demonstrar que as acusações eram infundadas, Marx começou a "trabalhar para o partido contra as maquinações do governo"[63] e redigiu *Enthüllungen über den Kommunisten-Prozeß zu Köln* [Revelações sobre o julgamento comunista em Colônia]. Publicado anonimamente na Suíça, em janeiro de 1853, esse trabalho curto não obteve o efeito desejado, pois grande parte dos exemplares foi confiscada pela polícia prussiana e o texto circulou apenas nos Estados Unidos e entre um número reduzido de leitores. Ele foi publicado pela primeira vez em uma série no *Neu-England-Zeitung*, em Boston, e em seguida como livro independente. Marx ficou compreensivelmente desencorajado por mais esse fracasso após tantos outros: "É o suficiente para que se pare de escrever totalmente. Esse trabalho constante *pour le roi de Prusse* [pelo rei da Prússia]!"[64].

---

[60] "Karl Marx an Joseph Weydemeyer, 30 April 1852", ibidem, p. 96.
[61] "Karl Marx an Friedrich Engels, 19 August 1852", ibidem, p. 163.
[62] Idem, "Pauperism and Free Trade", cit., p. 361.
[63] "Karl Marx an Adolf Cluss, 7 Dezember 1852", MEGA², v. IV/7, cit., p. 259.
[64] "Karl Marx an Friedrich Engels, 10 März 1853", ibidem, p. 288.

Ao contrário do que afirmavam as maquinações orquestradas pelos ministros do governo prussiano, Marx estava muito isolado politicamente nesse período. A dissolução da Liga dos Comunistas – que aconteceu efetivamente em 1851 e se tornou oficial no fim de 1852 – reduziu enormemente o número de seus contatos políticos. Aquilo que diversas forças policiais e oponentes políticos definiam como o "grupo de Marx"[65] contava com poucos membros realmente engajados. Na Inglaterra, além de Engels, os únicos homens que poderiam ser considerados "marxianos"[66] eram Pieper, Wilhelm Wolff, Wilhelm Liebknecht, Peter Imandt, Ferdinand Wolff e Ernst Dronke. Em outros países, onde a maioria dos exilados políticos havia buscado refúgio, Marx tinha relações próximas apenas com Weydemeyer e Cluss nos Estados Unidos, Richard Reinhardt em Paris e Lassalle na Prússia. Marx sabia muito bem que, embora esses contatos criassem uma rede que resistia em tempos difíceis, eles não eram numerosos o suficiente para "constituir um grupo"[67].

Além disso, mesmo esse círculo restrito tinha dificuldades em entender algumas das posições políticas e teóricas de Marx, causando muitas vezes mais problemas que benefícios. Em tais ocasiões, ele só podia desabafar com Engels: "De todas as experiências desagradáveis nesses anos, as maiores têm consistentemente sido aquelas propiciadas pelo meu suposto grupo de amigos [...]. Proponho declarar publicamente na próxima oportunidade que não tenho absolutamente nada a ver com nenhum grupo"[68]. Ao contrário de outros líderes da emigração política, Marx sempre havia se recusado a se juntar aos comitês internacionais existentes, que passavam o tempo fantasiando sobre a revolução iminente. O único membro de outras organizações com quem ele mantinha contato era Ernest Charles Jones, o principal representante da ala esquerda do movimento cartista.

O recrutamento de novos partidários ativos e especialmente o envolvimento de trabalhadores com suas ideias era, portanto, uma questão importante e complicada. O trabalho de Marx tinha que atingir esse objetivo: o recrutamento era uma necessidade tanto teórica quanto política. Em março de 1853, Engels escreveu a Marx:

> Você deve acabar sua "Economia"; mais tarde, quando tivermos um jornal, poderemos publicá-la em números semanais e aquilo que o *populus* não pode entender, os *discipuli*

---

[65] Essa expressão foi utilizada pela primeira vez em 1846, para se referir às diferenças entre Marx e o comunista alemão Wilhelm Weitling. Ela foi mais tarde usada também nos procedimentos do julgamento em Colônia. Ver Maximilien Rubel, *Critique du Marxisme*, cit., p. 26, n. 2.

[66] Esse termo apareceu pela primeira vez em 1854; ver Georges Haupt, "From Marx to Marxism", em *Aspects of International Socialism 1871-1914* (Cambridge, Cambridge University Press, 1986), p. 2.

[67] "Karl Marx an Friedrich Engels, 10 März 1853", MEGA², v. IV/7, cit., p. 290.

[68] "Karl Marx an Friedrich Engels, 8 Oktober 1853", ibidem, p. 386.

explicariam *tant bien que mal, mais cependant non sans effet* [de um jeito ou de outro, mas não sem resultado]. Isso criaria uma base para debate para as nossas associações que, espero, até lá estarão restauradas.[69]

Marx havia escrito anteriormente a Engels que esperava passar alguns dias com ele "em abril" para "conversar em paz sobre as circunstâncias presentes, que em [sua] opinião deveriam, em breve, causar um terremoto"[70]. Mas Marx não conseguiu se concentrar no trabalho devido à pobreza que o atormentava. Em 1853, o Soho foi o epicentro de outra epidemia de cólera, e as circunstâncias em que se encontrava a família de Marx se tornaram ainda piores. Em agosto, ele escreveu a Engels que "inúmeros credores" haviam "cercado a casa" e que "três quartos do [seu] tempo eram gastos na busca de centavos"[71]. Para sobreviver, o último recurso dele e de sua esposa Jenny era penhorar as poucas roupas e objetos de valor que ainda havia numa casa onde faltavam "os recursos até para garantir as coisas mais necessárias"[72]. O dinheiro dos artigos de jornal se tornou cada vez mais indispensável, embora a escrita deles consumisse tempo precioso. No fim do ano, Marx reclamou ao amigo Cluss:

> Tinha a esperança de que [...] poderia de alguma forma me isolar por alguns meses para trabalhar na minha "Economia". Parece que não conseguirei. A trabalheira perpétua do jornal é cansativa, leva tempo, me desconcentra e, no final, não paga muito. Por mais independente que pense ser, sempre me vejo atado ao jornal e aos leitores, especialmente quando, como no meu caso, ganha-se em dinheiro vivo. O trabalho puramente intelectual é totalmente diferente.[73]

Quando Marx não tinha escolha e era forçado a se voltar para as necessidades da vida, seu pensamento estava, mesmo assim, firmemente ancorado na "Economia".

4.6. Os artigos sobre a crise no *New-York Tribune*

Nesse período, a crise econômica foi um tema constante nos artigos de Marx para o *New-York Tribune*. Em "Revolution in China and In Europe" [Revolução na China e na Europa], de junho de 1853, em que ele relacionou a revolução antifeudal chinesa que começou em 1851 com a situação econômica geral, Marx novamente expressou sua convicção de que em breve chegaria "um momento em que a extensão

---

[69] "Friedrich Engels an Karl Marx, 11 März 1853", MEGA², v. IV/7, cit., p. 293.
[70] "Karl Marx an Friedrich Engels, 10 März 1853", ibidem, p. 289.
[71] "Karl Marx an Friedrich Engels, 18 August 1853", ibidem, p. 356.
[72] "Karl Marx an Friedrich Engels, 8 Juli 1853", ibidem, p. 352.
[73] "Karl Marx an Adolf Cluss, 15 September 1853", ibidem, p. 367.

dos mercados não será capaz de atender à extensão das manufaturas britânicas, e essa desproporção deverá causar uma nova crise com a mesma certeza como causou no passado"[74]. Em sua opinião, na sequência da revolução, uma contração imprevista do grande mercado chinês "acenderá o pavio da mina superlotada do sistema industrial moderno e causará a explosão da crise geral que há muito tempo se prepara e que, espalhando-se, será seguida de perto por revoluções políticas no continente"[75]. É claro que Marx não via o processo revolucionário de modo determinista, mas estava seguro de que a crise era um pré-requisito indispensável para sua eclosão:

> Desde o início do século XVIII, não houve uma revolução séria na Europa que não tenha sido precedida de uma crise comercial e financeira. Isso se aplica tanto à revolução de 1789 quanto à de 1848. [...] Há pouca chance de que guerras ou revoluções surpreendam a Europa, a não ser em consequência de uma crise comercial e industrial geral, cujo sinal foi dado, como é comum, pela Inglaterra, a representante da indústria europeia no mercado mundial.[76]

O argumento foi enfatizado no fim de setembro de 1853, no artigo "Political Movements - Scarcity of Bread in Europe" [Movimentos políticos: a escassez de pão na Europa]:

> [...] nem os discursos dos demagogos nem as bobagens dos diplomatas levarão a situação a uma crise, mas [...] há desastres econômicos e convulsões sociais iminentes que anunciam com certeza uma revolução europeia. Desde 1849, a prosperidade comercial e industrial prepara o esteio no qual a contrarrevolução dormiu em segurança.[77]

Traços do otimismo com o qual Marx aguardava os eventos podem ser encontrados em sua correspondência com Engels. Numa carta, também de setembro de 1853, ele escreveu: "*Les choses marchent merveilleusement* [As coisas marcham maravilhosamente]. O caos dominará a França quando a bolha financeira estourar"[78]. Entretanto, a crise não veio e ele concentrou suas energias em outra atividade jornalística para não perder sua única fonte de renda.

Entre outubro e dezembro de 1853, Marx escreveu uma série de artigos intitulados "Lord Palmerston", nos quais criticava a política exterior de Henry John

---

[74] Karl Marx, "Revolution in China and Europe", em Karl Marx e Friedrich Engels, *Collected Works*, v. 12 (Londres, Lawrence & Wishart, 1979), p. 95-6.
[75] Ibidem, p. 98.
[76] Ibidem, p. 99.
[77] Idem, "Political Movements: Scarcity of Bread in Europe", em Karl Marx e Friedrich Engels, *Collected Works*, v. 12, cit., p. 308.
[78] "Karl Marx an Engels, 28 September 1853", MEGA², v. IV/7, cit., p. 372.

Temple, terceiro visconde Palmerston, que havia muito tempo era o secretário de Assuntos Exteriores e que seria primeiro-ministro da Grã-Bretanha. Eles foram publicados tanto no *New-York Tribune* quanto em *The People's Paper*, editado pelos cartistas ingleses. Entre agosto e novembro de 1854, após o levante civil e militar na Espanha, em junho, ele escreveu outra série, sobre a revolução na Espanha, na qual resumia e analisava os principais acontecimentos da década anterior no país. Ele levou essas tarefas muito a sério, como se pode conferir nos nove grossos cadernos de excertos que compilou entre setembro de 1853 e janeiro de 1855. Os quatro primeiros, que se concentravam na história da diplomacia, forneceram a base para "Lord Palmerston", enquanto os outros cinco, sobre a história política, social e cultural espanhola, incluíam a pesquisa para a série sobre a Espanha[79].

Finalmente, em algum momento entre o fim de 1854 e o início de 1855, Marx retomou seus estudos de economia política. Porém, após a interrupção de três anos, decidiu reler seus antigos manuscritos antes de prosseguir. Em meados de 1855, ele escreveu a Engels:

> Nos últimos 4-5 dias não pude escrever [...] devido a uma inflamação severa nos olhos. [...] Meu problema nos olhos foi causado pela leitura de meus próprios cadernos sobre economia, não tanto para elaborar a coisa, mas para pelo menos dominar o material e deixá-lo pronto para prosseguir.[80]

Essa revisão deu origem a mais vinte páginas de novos excertos, que Marx intitulou de *Citações: essência do dinheiro, essência do crédito, crises*; há também novas citações de excertos que ele havia feito nos últimos anos. Retomando livros de autores como Tooke, John Stuart Mill e Steuart, assim como a artigos do *The Economist*, ele continuou a resumir as teorias dos principais economistas políticos sobre o dinheiro, o crédito e as crises que havia começado a estudar em 1850[81].

Ao mesmo tempo, Marx produziu mais artigos sobre a recessão para o *New-York Tribune*. Em janeiro de 1855, em "The Commercial Crisis in Britain" [A crise comercial na Grã-Bretanha], ele escreveu com satisfação: "A crise comercial inglesa, cujos sintomas premonitórios foram anunciados há muito tempo em nossas colunas, é agora um fato alardeado pelas mais altas autoridades no assunto"[82]. Dois meses mais tarde, em "The Crisis in England" [A crise na Inglaterra]:

---

[79] Esses cadernos foram publicados em MEGA², v. IV/12 (Berlim, Akademie, 2007).
[80] "Karl Marx an Friedrich Engels, 13 Februar 1855", MEGA², v. IV/7, cit., p. 522.
[81] Fred Schrader, *Restauration und Revolution* (Hildesheim, Gerstenberg, 1980), p. 99.
[82] Karl Marx e Friedrich Engels, "The Commercial Crisis in Britain", em *Collected Works*, v. 13 (Londres, Lawrence & Wishart, 1980), p. 585.

Em apenas alguns meses, a crise atingirá um ponto que a Inglaterra desconhece desde 1846, talvez desde 1842, quando seus efeitos forem sentidos entre a classe trabalhadora. Então o movimento político que estava adormecido há seis anos recomeçará. [...] Aí então as duas facções opostas deste país se enfrentarão cara a cara – a classe média e as classes trabalhadoras, a burguesia e o proletariado.[83]

Porém, justamente no momento em que Marx parecia pronto para reiniciar seu trabalho na "Economia", dificuldades pessoais mais uma vez causaram uma mudança de planos. Em abril de 1855, ele foi afetado profundamente pela morte de Edgar, seu filho de oito anos. Confidenciou a Engels:

Já tive muita má sorte na vida, mas só agora sei o que é a infelicidade real [...]. Entre os tormentos terríveis que tive que suportar, a lembrança de sua amizade tem me ajudado, assim como a esperança de que ainda haja algo sensato que possamos fazer no mundo.[84]

A saúde e a situação econômica de Marx permaneceram desastrosas por todo o ano de 1855, e sua família aumentou com o nascimento de Eleanor, em janeiro. Ele frequentemente reclamava a Engels sobre problemas nos olhos, nos dentes e uma tosse terrível, além do fato de que "a decadência física também afeta [o seu] cérebro"[85]. Uma outra complicação foi causada por um processo que Freund, o médico da família, moveu contra Marx por falta de pagamento. Para escapar disso tudo, Marx teve que passar algum tempo, entre meados de setembro e início de dezembro, vivendo com Engels em Manchester e permanecendo escondido em casa por algumas semanas após seu retorno. A solução foi encontrada devido a um "acontecimento feliz": uma herança de 100 libras após a morte de um tio de noventa anos de Jenny[86].

Assim, Marx só conseguiu retomar seu trabalho sobre economia política em junho de 1856, escrevendo alguns artigos para o *People's Paper* sobre o Crédit Mobilier, o principal banco comercial da França, que ele considerava "um dos fenômenos econômicos mais peculiares de nosso tempo"[87]. Depois da situação familiar ter melhorado um pouco no outono de 1856, o que lhes permitiu deixar seu alojamento no Soho para um apartamento melhor no norte de Londres, Marx escreveu novamente sobre a crise para o *New-York Tribune*. Ele argumentava, em "The Monetary

---

[83] Karl Marx, "The Crisis in England", MEGA², v. I/14, cit., p. 168.
[84] "Karl Marx an Friedrich Engels, 12 April 1855", MEGA², v. IV/7, cit., p. 533.
[85] "Karl Marx an Friedrich Engels, 3 März 1855", ibidem, p. 525.
[86] "Karl Marx an Friedrich Engels, 8 März 1855", ibidem, p. 526.
[87] Karl Marx, "The French Crédit Mobilier", em Karl Marx e Friedrich Engels, *Collected Works*, v. 15 (Londres, Lawrence & Wishart, 1986), p. 10.

Crisis in Europe" [A crise monetária na Europa], publicado em 3 de outubro de 1856, que "um movimento nos mercados de dinheiro europeu análogo ao pânico de 1847" estava a caminho[88]. Em "The European Crisis" [A crise europeia], que foi publicado em novembro, quando todos os colunistas estavam confiantemente assegurando que o pior já havia passado, ele insistia:

> As indicações trazidas da Europa [...] certamente parecem adiar para um dia futuro o colapso final da especulação e do mercado de ações, que homens de ambos os lados do oceano instintivamente preveem, como se esperassem com pavor uma catástrofe inevitável. Entretanto, esse adiamento só garante o colapso; de fato, a natureza crônica da crise financeira atual apenas assegura um desfecho mais violento e destrutivo. Quanto mais a crise durar, pior será seu epílogo.[89]

Os acontecimentos também deram a Marx a oportunidade de atacar seus oponentes políticos. Em "The Monetary Crisis in Europe", ele escreveu:

> Se colocarmos lado a lado os efeitos desse curto pânico monetário e o efeito das proclamações de Mazzini e de outros, toda a história, desde 1849, dos enganos dos revolucionários oficiais perde imediatamente seu mistério. Eles desconhecem completamente a vida econômica dos povos, não sabem nada sobre as condições reais do movimento histórico e, quando a nova revolução começar, eles terão tanto direito quanto Pilatos de lavar suas mãos e protestar que são inocentes do derramamento de sangue.[90]

Entretanto, na primeira metade de 1857, uma calma absoluta prevaleceu nos mercados internacionais. Até março, Marx trabalhou nas "Revelations of the Diplomatic History of the 18th Century" [Revelações da história diplomática do século XVIII], um conjunto de artigos publicados em *The Free Press*, um jornal dirigido por David Urquhart, conservador que se opunha a Palmerston. Esses textos deveriam ter sido apenas a primeira parte de um trabalho sobre a história da diplomacia, que Marx havia planejado no início de 1856, durante a Guerra da Crimeia, mas que nunca chegaria a completar. Também nesse caso ele fez um estudo profundo dos materiais: entre janeiro de 1856 e março de 1857, compilou sete cadernos de anotações sobre a política internacional do século XVIII. Tais cadernos ainda não foram publicados.

Finalmente, em julho, Marx escreveu algumas notas críticas curtas, mas interessantes sobre *Harmonies Économiques* [Harmonias econômicas], de Frédéric Bastiat, e *Principles of Political Economy* [Princípios de economia política], de Carey, que

---

[88] Idem, "The Monetary Crisis in Europe", ibidem, p. 113.
[89] Idem, "The European Crisis", ibidem, p. 136.
[90] Idem, "The Monetary Crisis in Europe", ibidem, p. 115.

ele havia estudado e anotado em 1851. Nessas notas, postumamente publicadas com o título de *Bastiat e Carey*, ele apontava a ingenuidade dos dois economistas (o primeiro um defensor do livre-comércio, o segundo do protecionismo), que, em seus escritos, haviam se esforçado para demonstrar "a harmonia das relações de produção"[91] e, portanto, da sociedade burguesa como um todo.

4.7. A crise financeira de 1857 e os *Grundrisse*

Desta vez, ao contrário das crises anteriores, a tempestade econômica não começou na Europa, mas nos Estados Unidos. Nos primeiros meses de 1857, os bancos de Nova York elevaram o volume de empréstimos, apesar da queda nos depósitos. O aumento da atividade especulativa resultante piorou as condições econômicas gerais e, depois que a filial de Nova York do Ohio Life Insurance and Trust Company se declarou insolvente, o pânico que se seguiu levou a inúmeras falências. A perda de confiança no sistema bancário produziu uma contração de crédito, uma redução dos depósitos e a suspensão das ordens de pagamento.

Pressentindo a natureza extraordinária dos acontecimentos, Marx imediatamente retomou seu trabalho. Em 23 de agosto de 1857 – exatamente um dia antes do colapso do Ohio Life que semeou pânico na opinião pública –, ele começou a escrever a introdução a sua "Economia". O início explosivo da crise lhe deu um motivo adicional que havia estado ausente nos anos anteriores. Após a derrota de 1848, Marx enfrentou toda uma década de retrocessos políticos e grande isolamento pessoal. Porém, com a eclosão da crise, ele vislumbrou a possibilidade de participar de uma nova rodada de revoltas sociais e achou que sua tarefa mais urgente era a análise dos fenômenos econômicos que seriam importantes para o início da revolução. Isso significava escrever e publicar o quanto antes o trabalho que ele havia planejado por tantos anos.

De Nova York a crise se espalhou rapidamente para o resto dos Estados Unidos e, após algumas semanas, para todos os centros do mercado mundial na Europa, na América do Sul e no Oriente, tornando-se a primeira crise financeira internacional da história. Notícias desses desenvolvimentos causaram grande euforia em Marx, servindo de combustível para uma grande explosão de produção intelectual. O período entre o verão de 1857 e a primavera de 1858 foi um dos mais prolíficos de sua vida: ele escreveu mais em apenas alguns meses do que nos anos anteriores. Em

---

[91] Idem, "Ökonomische Manuskripte 1857/58", MEGA², v. II/1.1 (Berlim, Dietz, 1975), p. 886. Como os excertos de Ricardo, Bastiat e Carey, esse trecho foi incluído no segundo volume da primeira edição dos *Grundrisse*.

dezembro de 1857, Marx escreveu a Engels: "Estou trabalhando como um louco todas as noites nos meus estudos econômicos para ter pelo menos um esquema geral [*Grundrisse*], claro, antes do dilúvio". Ele também aproveitou a oportunidade para relembrar que suas previsões de que uma crise era inevitável não haviam sido infundadas, pois "o *Economist* de sábado diz que nos últimos meses de 1853, em todo o ano de 1854, no outono de 1855 e nas mudanças abruptas de 1856, a Europa nunca esteve a mais do que um passo da crise iminente"[92].

O trabalho de Marx se tornou mais notável e abrangente. Entre agosto de 1857 e maio de 1858, ele completou oito cadernos conhecidos como os *Grundrisse*[93]; ao mesmo tempo, como correspondente do *New-York Tribune*, ele escreveu dezenas de artigos sobre, entre outras coisas, o desenvolvimento da crise na Europa. Devido à necessidade de melhorar suas condições econômicas, também concordou em escrever uma série de verbetes para a *New American Encyclopaedia* [Nova Enciclopédia Americana]. Por fim, entre outubro de 1857 e fevereiro de 1858, ele compilou três cadernos de excertos intitulados *Krisenhefte* [Cadernos da crise][94]. Ao contrário dos excertos que fizera anteriormente, nesse caso não se tratava de uma compilação de passagens dos trabalhos de outros economistas, mas de uma grande quantidade de trechos, tomados de diversos jornais diários, sobre os principais desenvolvimentos da crise, tendências da bolsa de valores, flutuações do mercado e falências importantes na Europa, nos Estados Unidos e em outras partes do mundo. Uma carta a Engels em dezembro indica a intensidade de sua atividade:

> Estou trabalhando enormemente, em geral até as 4 da manhã. Estou envolvido numa tarefa dupla: 1. elaboração dos princípios de economia política (para o benefício do público é absolutamente essencial ir *au fond* do problema e para o meu próprio, individualmente, é preciso que eu me livre desse pesadelo); 2. a atual crise. Além dos artigos

---

[92] "Marx to Engels, 8 December 1857", em Karl Marx e Friedrich Engels, *Collected Works*, v. 40 (Londres, Lawrence & Wishart, 1983), p. 217.

[93] Com exceção dos Cadernos M e VII, que estão no Instituto Internacional de História Social de Amsterdã, todos os cadernos estão no Arquivo do Estado Russo de História Sociopolítica, em Moscou. Com relação às datas, deve-se enfatizar que o primeiro rascunho do Caderno I, que contém a análise crítica de Marx de *De la réforme des banques* [Reforma bancária], de Alfred Darimon, foi escrito nos meses de janeiro e fevereiro de 1857, não (como os editores dos *Grundrisse* pensavam) em outubro. Ver Inna Ossobowa, "Über einige Probleme der ökonomischen Srudien von Marx im Jahre 1857 vom Standpunkt des Historikers", em *Beiträge zur Marx-Engels-Forschung*, n. 29, 1990, p. 147-61.

[94] Ver MEGA², v. IV/14 (Berlim, De Gruyter, 2017). Para a análise desses materiais ver Michael Krätke, "Marx's 'books of crisis' of 1857-8", em *Karl Marx's* Grundrisse: *Foundations of the Critique of Political Economy 150 Years Later* (Londres/Nova York, Routledge, 2008), p. 167-75.

para o [*New-York*] *Tribune*, tenho feito notas sobre a crise, que, entretanto, me tomam tempo considerável. Penso que lá pela primavera deveríamos escrever um panfleto juntos sobre o caso como um lembrete para o público alemão de que ainda estamos aqui como sempre e sempre os mesmos.[95]

No que se refere aos *Grundrisse*, na última semana de agosto Marx fez um plano para o Caderno M, que deveria servir como a introdução para o trabalho; em seguida, em meados de outubro, ele deu continuidade aos outros sete cadernos (I-VII). No primeiro e em parte do segundo, ele escreveu o chamado "Capítulo do dinheiro", que lida com o dinheiro e o valor, enquanto nos outros escreveu o chamado "Capítulo do capital". Aí ele aloca centenas de páginas sobre o processo de produção e circulação de capital e introduz alguns dos temas mais importantes de todo o manuscrito, tais como o conceito de mais-valor e as formações econômicas que precederam o modo de produção capitalista. Entretanto, esse esforço imenso não permitiu que Marx completasse o trabalho. No final de fevereiro de 1858, ele escreveu a Lassalle:

> Na verdade, tenho trabalhado nos estágios finais há alguns meses. Mas a coisa toda prossegue muito vagarosamente, pois, assim que se pensa que alguns assuntos, que foram estudados durante anos, já foram tratados, eles começam a revelar novos aspectos que exigem tratamento mais detalhado [...]. O trabalho a que tenho me dedicado ultimamente é uma "crítica das categorias econômicas", ou, se preferir, uma análise crítica do sistema da economia burguesa. Ainda não tenho ideia de quantas páginas esse assunto vai tomar [...]. Agora que estou finalmente pronto para começar o trabalho, após quinze anos de estudos, tenho um sentimento desconfortável de que, no fim das contas, movimentos turbulentos do lado de fora irão provavelmente intervir.[96]

Na realidade, porém, não houve sinal do tão aguardado movimento revolucionário que supostamente irromperia com a crise. Dessa vez, outra razão que impediu que Marx completasse o manuscrito foi sua consciência de que ele ainda estava longe de dominar criticamente todo o material. Os *Grundrisse*, portanto, permaneceram um rascunho. Após ter trabalhado cuidadosamente, entre agosto e outubro de 1858, na introdução do "Capítulo do dinheiro" no manuscrito do segundo e início do

---

[95] "Marx to Engels, 18 December 1857", em Karl Marx e Friedrich Engels, *Collected Works*, v. 40, cit., p. 224. Alguns dias mais tarde, Marx comunicou seus planos a Lassalle: "A atual crise comercial me impeliu a trabalhar seriamente no plano geral da minha economia política, assim como também na preparação de algo sobre a atual crise"; "Marx to Ferdinand Lassalle, 21 December 1857", ibidem, p. 226.

[96] "Karl Marx an Ferdinand Lassalle, 22 Februar 1858", MEGA², v. IV/6 (Berlim, Dietz, 1983), p. 270-1.

terceiro capítulo de *Urtext von Zur Kritik der Politischen Ökonomie*, ele publicou, em 1859, um livro curto que não obteve ressonância pública: *Contribuição à crítica da economia política*. Oito anos de estudos intensos e enorme esforço intelectual se passariam antes da publicação do primeiro volume de *O capital*.

Apêndice

Tabela cronológica dos cadernos de excertos, manuscritos, artigos e livros sobre economia política no período de 1843-58

Ano	Título	Descrição
1843-45	*Cadernos de Paris*	9 cadernos de excertos que formam os primeiros estudos que Marx fez da economia política.
1844	*Manuscritos econômico-filosóficos*	Manuscrito incompleto composto em paralelo com os *Cadernos de Paris*.
1845	Rascunho de um artigo sobre o livro de Friedrich List: *Das Nationale System der Politischen Oekonomie*	Manuscrito incompleto de um artigo contra o economista alemão List.
1845	*Cadernos de Bruxelas*	6 cadernos de excertos sobre conceitos básicos de economia política.
1845	*Cadernos de Manchester*	9 cadernos de excertos sobre problemas econômicos, história econômica e literatura socialista britânica.
1846-47	Excertos do *Historical Account of Commerce* de von Gülich	3 cadernos de excertos sobre história econômica.
1847	*A miséria da filosofia*	Texto polêmico contra o *Sistema das contradições econômicas* de Proudhon.
1849	*Trabalho assalariado e capital*	5 artigos publicados na *Neue Rheinische Zeitung – Organ der Demokratie*
1850	Artigos para a *Neue Rheinische Zeitung – Politisch-ökonomische Revue*	Artigos sobre a situação econômica.
1850-53	*Cadernos de Londres*	24 cadernos de excertos enfocando, principalmente, a economia política (em particular: história e teoria das crises, dinheiro, alguns clássicos da economia política, condição da classe trabalhadora e tecnologia).
1851	*Bullion: Das vollendete Geldsystem* [Ouro: o sistema monetário perfeito]	2 cadernos de excertos compilados durante a escrita dos *Cadernos de Londres*, incluindo citações das teorias mais importantes sobre dinheiro e circulação.

Ano	Título	Descrição
1851-62	Artigos para o *New-York Tribune*	Aproximadamente 70 artigos sobre economia política, dos 487 publicados nesse jornal.
1855	*Citações: essência do dinheiro, essência do crédito, crises*	1 caderno de excertos resumindo as teorias dos principais economistas sobre dinheiro, crédito e crises.
1857	"Introdução"	Manuscrito contendo as mais detalhadas considerações de Marx sobre método.
1857-58	*Krisenhefte* [Cadernos da crise]	3 cadernos com relatórios sobre a crise financeira de 1857.
1857-58	*Grundrisse*	Manuscrito preparatório para *Contribuição à crítica da economia política* (1859).

5
Método, concepção de história e produção capitalista na "Introdução" de 1857*

5.1. Por onde começar?

Em 1857, Marx estava convencido de que a crise financeira que se desenvolvia em nível internacional havia criado as condições para um novo período revolucionário em toda a Europa. Ele esperava por esse momento desde os levantes populares de 1848 e, agora que parecia haver finalmente chegado, Marx não queria que os acontecimentos o apanhassem desprevenido. Por isso, decidiu retomar os estudos de economia e dar-lhes uma forma acabada.

Por onde começar? Como empreender o projeto, tão árduo e ambicioso, já tantas vezes iniciado e interrompido, da crítica à economia política? Essa foi a primeira pergunta que Marx fez a si mesmo quando retomou o trabalho. Duas circunstâncias foram cruciais para a formulação da resposta. A primeira foi que ele considerava que a ciência econômica, apesar da validade de algumas teorias, ainda não dispunha de um procedimento cognitivo capaz de captar e explicar corretamente a realidade[1]. A segunda foi que ele sentiu a necessidade de fundamentar os argumentos e a ordem da exposição antes de iniciar a redação. Essas considerações o levaram a aprofundar-se em problemas de método e a formular os princípios norteadores de sua pesquisa. O resultado foi um dos manuscritos mais debatidos de toda a sua obra: a chamada "Introdução" de 1857.

---

* Uma versão parcial deste texto foi publicada pela primeira vez em português em *Margem Esquerda*, n. 18 (2012), p. 49-69. A tradução foi feita por Bernardo Pericás Neto e a revisão da tradução por Mario Duayer. A tradução dos novos trechos e a revisão da tradução foram feitas por Diego Silveira Coelho Ferreira para esta edição. (N. E.)

[1] Em carta a Ferdinand Lassalle de 12 de novembro de 1858, Marx afirmou: "a economia enquanto ciência, no sentido alemão, ainda está por ser feita"; *Marx Engels Opere*, v. 40 (Roma, Editori Riuniti, 1973), p. 595.

A intenção de Marx certamente não era escrever um sofisticado tratado metodológico. Ao contrário, ele queria deixar claro para si mesmo, antes mesmo dos leitores, que orientação deveria seguir no acidentado caminho crítico que tinha pela frente. Esse esclarecimento também era necessário para revisar a enorme massa de estudos econômicos que ele havia acumulado desde meados da década de 1840. Assim, além das observações sobre o emprego e a articulação das categorias teóricas, essas páginas contêm um número de formulações essenciais para seu pensamento que ele julgou indispensável resumir de novo – especialmente aquelas relativas à sua concepção da história –, bem como uma lista muito pouco sistemática de questões para as quais as soluções permaneciam problemáticas.

Essa mistura de demandas e resoluções, a brevidade com que foram elaboradas (menos de uma semana) e, acima de tudo, o caráter provisório dessas notas tornaram essas páginas extremamente complexas e controvertidas. Não obstante, como contém a enunciação mais extensa e detalhada de Marx sobre questões epistemológicas, a "Introdução" é um elemento importante para a compreensão de seu pensamento[2] e uma chave obrigatória para a interpretação dos *Grundrisse* em sua totalidade.

5.2. Notas críticas sobre a história e o indivíduo social

Fiel ao seu estilo habitual, Marx alterna na "Introdução" a exposição de suas próprias ideias com a crítica de seus opositores teóricos. O texto é dividido em quatro seções: 1) A produção em geral; 2) A relação geral entre produção, distribuição, troca e consumo; 3) O método da economia política; 4) Produção. Meios de produção e relações de produção. Relações de produção e relações de intercâmbio etc.[3]

O início do primeiro parágrafo é uma declaração de intenções, que imediatamente delimita o campo de estudo e assinala seu critério histórico: "O objeto nesse caso é, primeiramente, a *produção material*. Indivíduos produzindo em sociedade – por isso, o ponto de partida é, naturalmente, a produção dos indivíduos socialmente determinada"[4]. O alvo polêmico de Marx eram as "robinsonadas do século XVIII"[5],

---

[2] A volumosa literatura crítica a esse respeito deixa clara a importância da "Introdução". Desde que foi publicada pela primeira vez, em 1903, todas as principais interpretações críticas, biografias intelectuais e introduções ao pensamento de Marx remetem a esse texto e inúmeros artigos e comentários foram dedicados a ele.

[3] Karl Marx, *Grundrisse: manuscritos econômicos de 1857-1858: esboços da crítica da economia política* (trad. Mario Duayer e Nélio Schneider, São Paulo/Rio de Janeiro, Boitempo/UFRJ, 2011), p. 39-64.

[4] Ibidem, p. 39.

[5] Idem.

o mito de Robinson Crusoé[6] como paradigma do *homo oeconomicus*, ou a projeção dos fenômenos típicos da era burguesa sobre todas as outras sociedades existentes, inclusive as primitivas. Essas representações retratavam o caráter social da produção como uma constante de todo e qualquer processo de trabalho, não enquanto uma particularidade das relações capitalistas. Da mesma forma, a sociedade civil (*bürgerlichen Gesellschaft*), cujo surgimento criou as condições para que "o indivíduo apareça desprendido dos laços naturais etc. que, em épocas históricas anteriores, o faziam um acessório de um conglomerado humano"[7], parecia ter sempre existido, e não, como de fato aconteceu, ter se desenvolvido ao longo do século XVIII.

Na realidade, antes dessa época, o indivíduo isolado, característico da época capitalista, simplesmente não existia. Conforme afirmou Marx noutra passagem dos *Grundrisse*: ele "aparece originalmente como um *ser genérico* [*Gattungswesen*], *ser tribal, animal gregário*"[8]. Essa dimensão coletiva é a condição para a apropriação da terra, "o grande laboratório, o arsenal, que fornece tanto o meio de trabalho quanto o material de trabalho, bem como a sede, a *base* da comunidade [*Basis des Gemeinwesens*]"[9]. Na presença dessas relações primitivas, a atividade dos seres humanos está diretamente vinculada à terra; existe uma "unidade natural do trabalho com seus pressupostos objetivos"[10] e o indivíduo vive em simbiose com seus semelhantes[11]. Mesmo em todas as formas econômicas sucessivas, cuja finalidade é a criação de valor de uso e não ainda de troca, e cujo ordenamento se baseia na agricultura[12], a relação do ser humano "com as condições objetivas do trabalho é mediada por sua existência como membro da comunidade"[13]. O indivíduo isolado é, definitivamente, apenas um elo da corrente. A esse respeito, Marx escreve na "Introdução": "Quanto mais fundo voltamos na história, mais o indivíduo, e por isso também o indivíduo que produz, aparece como dependente [*unselbstständig*], como membro de um todo maior: de início, e de maneira totalmente natural, na família e na família ampliada em tribo [*Stamm*]; mais tarde, nas diversas formas de comunidade resultantes do conflito e da fusão das tribos"[14].

---

[6] Ver Ian Watt, "Robinson Crusoe as a Myth", *Essays in Criticism*, v. 1, n. 2, 1951, p. 112.
[7] Karl Marx, *Grundrisse*, cit., p. 39.
[8] Ibidem, p. 407.
[9] Ibidem, p. 389.
[10] Ibidem, p. 388.
[11] Idem.
[12] Marx tratou de modo aprofundado desses temas na seção dos *Grundrisse* dedicada às "Formas que precederam a produção capitalista".
[13] Karl Marx, *Grundrisse*, cit., p. 398.
[14] Ibidem, p. 40. Essa concepção aristotélica – a família que antecede o nascimento da aldeia – também foi sustentada por Marx no Livro I de *O capital*. Mais tarde, porém, ele mudou de ideia.

Considerações semelhantes foram feitas no primeiro livro de *O capital*. De fato, no que diz respeito à "sombria Idade Média europeia", Marx argumenta que, em vez "do homem independente, aqui só encontramos homens dependentes – servos e senhores feudais, vassalos e suseranos, leigos e clérigos. A dependência pessoal caracteriza tanto as relações sociais da produção material quanto as esferas da vida erguidas sobre elas"[15]. Mesmo quando examina a gênese da troca de produtos, Marx recorda que esta teve início pelo contato entre diferentes famílias, tribos ou comunidades, "pois, nos primórdios da civilização, são famílias, tribos etc. que se defrontam de forma autônoma, e não pessoas privadas"[16]. Em última análise, ainda que o horizonte fosse o vínculo selvagem de consanguinidade ou o vínculo medieval entre senhor e servo, dentro de "relações de produção [...] estreitas"[17] (*bornierter Produktionsverhältnisse*), os indivíduos viviam numa condição de correlação recíproca[18].

Conforme observado por Engels numa nota adicionada à terceira edição alemã de 1883, "estudos posteriores muito completos sobre as condições primitivas do homem levaram o autor [Marx] ao resultado de que, originalmente, não foi a família que evoluiu para a tribo, mas o contrário: a tribo foi a forma original de associação espontânea entre os homens, baseada na consanguinidade, de modo que só mais tarde se desenvolveram as numerosas e diferentes formas de família a partir da incipiente dissolução dos laços tribais"; Karl Marx, *Il capitale: Critica dell'economia politica, Libro primo* (Roma, Editori Riuniti, 1989), p. 394-5. Engels estava se referindo às pesquisas de história antiga realizadas por Marx durante os últimos anos de sua vida. Entre os principais textos que Marx leu ou resumiu em seus cadernos de excertos, estavam *Researches into the Early History of Mankind and the Development of Civilization* [Pesquisas sobre a história primitiva da humanidade e o desenvolvimento da civilização], de Edward Burnett Tylor; *A sociedade antiga*, de Lewis Henry Morgan; *Aryan Village in India and Ceylon* [A aldeia ariana na Índia e no Ceilão], de John Budd Phear; *Lectures on the Early History of Institutions* [Palestras sobre a história primitiva das instituições], de Henry Summer Maine; e *The Origin of Civilisation and the Primitive Condition of Man* [Origens da civilização e a condição primitiva do homem], de John Lubbock. As notas de Morgan e Maine foram recentemente publicadas em italiano em Karl Marx, *Quaderni antropologici* (Milão, Unicopli, 2009). Sobre esse período da vida de Marx, ver o recente livro de Kevin B. Anderson, *Marx nas margens: nacionalismo, etnias e sociedades não ocidentais* (trad. Allan M. Hillani e Pedro Davoglio, São Paulo, Boitempo, 2019).

[15] Karl Marx, *O capital: crítica da economia política*, Livro I: *O processo de produção do capital* (trad. Rubens Enderle, São Paulo, Boitempo, 2013), p. 152.
[16] Ibidem, p. 425-6. Dez anos antes, na "Introdução", Marx já havia escrito que "é absolutamente falso pôr a troca no interior da comunidade como o elemento constitutivo original. Ao contrário, no início a troca surge muito mais na relação das diferentes comunidades entre si do que na relação entre os membros de uma única e mesma comunidade"; idem, *Grundrisse*, cit., p. 56.
[17] Idem, *Grundrisse*, cit., p. 110.
[18] Essa dependência mútua não deve ser confundida com a que se estabelece entre os indivíduos no modo de produção capitalista. A primeira é produto da natureza, a segunda, da história. No capitalismo, a independência individual é integrada por uma dependência social que se expressa

Os economistas clássicos, ao contrário, haviam invertido essa realidade, sobre a base do que Marx considerava uma fantasia de inspiração jusnaturalista. Adam Smith, em especial, havia descrito uma condição primitiva na qual não apenas o indivíduo isolado já existia, mas também era capaz de produzir fora da sociedade. Segundo Smith, nas tribos de caçadores e pastores havia uma divisão do trabalho capaz de realizar a especialização dos ofícios. A maior destreza de uma pessoa, comparada à de outras, na construção de arcos e flechas ou cabanas, fazia dela uma espécie de armeiro ou carpinteiro. A certeza de poder trocar a parte do produto do próprio trabalho que não havia sido consumida pelo excedente da produção alheia "estimulava" cada um "a dedicar-se inteiramente a uma ocupação"[19]. Igualmente anacrônico era David Ricardo. Para ele, a relação entre caçadores e pescadores dos estágios primitivos da sociedade era uma troca entre detentores de mercadorias que se baseava no tempo de trabalho nelas objetivado[20].

Dessa forma, Adam Smith e David Ricardo descreveram o produto mais altamente desenvolvido da sociedade em que viviam – o indivíduo burguês isolado – como uma manifestação espontânea da natureza. O que surgia das páginas de seus escritos era um indivíduo mitológico, atemporal, "posto pela natureza"[21], cujas relações sociais eram sempre as mesmas e cujo comportamento econômico tinha um caráter antropológico. Aliás, segundo Marx, os intérpretes de cada período histórico caíram regularmente na ilusão de que as características mais singulares de sua época estiveram presentes desde tempos imemoriais[22].

---

na divisão do trabalho; ver Karl Marx, *Scritti inediti di economia politica* (Roma, Editori Riuniti, 1963), p. 78. Nessa fase da produção, de fato, o caráter social da atividade se apresenta não como simples relação recíproca entre indivíduos, "mas como sua subordinação a relações que existem independentemente deles e que nascem do entrechoque de indivíduos indiferentes entre si. A troca universal de atividades e produtos, que deveio condição vital para todo indivíduo singular, sua conexão recíproca, aparece para eles mesmos como algo estranho, autônomo, como uma coisa"; Karl Marx, *Grundrisse*, cit., p. 105.

[19] Adam Smith, *A riqueza das nações: investigação sobre sua natureza e suas causas*, v. 1 (trad. Luiz João Baraúna, São Paulo, Nova Cultural, 1996), p. 77.

[20] Ver David Ricardo, *Princípios de economia política e tributação* (trad. Paulo Henrique Ribeiro Sandroni, São Paulo, Nova Cultural, 1999), p. 33-4. Ver Karl Marx, *Contribuição à crítica da economia política* (trad. Florestan Fernandes, 2. ed., São Paulo, Expressão Popular, 2008), p. 90.

[21] Karl Marx, *Grundrisse*, cit., p. 40.

[22] Aquele que, segundo Marx, evitou essa ingenuidade foi James Steuart, de cuja obra principal, *An Inquiry into the Principles of Political Economy*, Marx copiou inúmeros trechos num caderno de excertos na primavera de 1851. Ver Karl Marx, *Exzerpte aus James Steuart: An Inquiry into the Principles of Political Economy*, MEGA², v. IV/8 (Berlim, Dietz, 1986), p. 304, 312-25, 332-49, 373-80, 400-1, 405-8, 429-45.

Por outro lado, Marx argumentou que "a produção do singular isolado fora da sociedade [...] é tão absurda quanto o desenvolvimento da linguagem sem indivíduos vivendo *juntos* e falando uns com os outros"[23]. Além disso, contra aqueles que retratavam o indivíduo isolado do século XVIII como o arquétipo da natureza humana, "[n]ão como um resultado histórico, mas como ponto de partida da história"[24], argumenta que ele surgiu apenas com o maior desenvolvimento das relações sociais. Marx não nega de forma alguma que o homem fosse um ζῷον πολιτικόν (*zoon politikon*), um animal social, mas enfatiza que ele era "um animal que somente pode isolar-se em sociedade"[25]. Portanto, como a sociedade civil surgiu apenas com o mundo moderno, o assalariado livre da era capitalista só pôde aparecer depois de um longo processo histórico. Ele é, de fato, "produto, por um lado, da dissolução das formas feudais de sociedade e, por outro, das novas forças produtivas desenvolvidas desde o século XVI"[26]. De resto, Marx sentiu necessidade de reafirmar uma realidade que considerava demasiado evidente apenas porque tal realidade foi questionada nas obras de Henry Charles Carey, Frédéric Bastiat[27] e

---

[23] Karl Marx, *Grundrisse*, cit., p. 40. Em outras partes dos *Grundrisse*, Marx afirma que um "indivíduo isolado teria tão pouca possibilidade de ter propriedade de terra quanto de falar" (ibidem, p. 397) e que a "linguagem como produto de um indivíduo singular é um absurdo. Mas o mesmo vale para a propriedade"; ibidem, p. 402.

[24] Ibidem, p. 40.

[25] Idem.

[26] Ibidem, p. 39-40.

[27] No "Commentary" à "Introduction", incluído no volume Karl Marx, *Texts on Method* (org. Terrell Carver, Oxford, Basil Blackwell, 1975), Carver observou (p. 93-5) que as considerações de Marx sobre o uso de Robinson Crusoé por Bastiat não correspondem às posições reais deste último. De acordo com o francês, de fato, "Daniel Defoe teria removido do romance até a sombra de verossimilhança se [...] não tivesse feito [...] algumas concessões obrigatórias, [ou seja,] admitindo que seu herói salvou do naufrágio alguns objetos indispensáveis, como alimentos, pólvora, revólver, machado, faca, cordas, mesas, ferro etc., prova decisiva de que a sociedade é a esfera necessária do homem, pois, fora dela, nem mesmo um romancista seria capaz de fazê-lo subsistir. E note-se que Robinson carregava consigo na solidão outro tesouro *social*, mil vezes mais precioso [...], isto é, suas ideias, suas memórias, sua experiência, sua própria linguagem"; Frédéric Bastiat, *Armonie economiche* (Turim, Utet, 1949), p. 197. Todavia, não obstante a clareza dessa passagem, em outras partes de sua obra, Bastiat demonstra falta de sentido histórico. As ações do indivíduo aparecem sempre ditadas pelo cálculo econômico racional e são representadas de acordo com as divisões próprias da sociedade capitalista: "o indivíduo, se pudesse viver por algum tempo isolado, seria ao mesmo tempo capitalista, empresário, trabalhador, produtor e consumidor" (ibidem, p. 291). Eis, então, que Robinson Crusoé volta a constituir o estereótipo mais raso dos economistas: "nosso Robinson, portanto, não se preocupará em fazer de si mesmo a ferramenta, a menos que veja nessa ação uma economia definitiva de esforços com igual satisfação ou um aumento na satisfação com esforços iguais" (ibidem, p. 292). Essas declarações provavelmente despertaram a atenção de Marx.

Pierre-Joseph Proudhon, publicadas ao longo dos vinte anos que antecederam a redação da "Introdução" de 1857.

Depois de esboçar a gênese do indivíduo capitalista e demonstrar que a produção moderna corresponde apenas a "um determinado estágio de desenvolvimento social – da produção de indivíduos sociais" –, Marx assinala uma segunda exigência teórica, a saber, denunciar a mistificação praticada pelos economistas em relação ao conceito de "produção em geral" [*Production im Allgemeinen*]. Para Marx, trata-se de uma abstração, uma categoria que não existe em nenhum estágio concreto da realidade. Entretanto, como todas as épocas de produção têm certos traços em comum, características comuns (*gemeinsame Bestimmungen*), Marx reconhece que a "*produção em geral* é uma abstração, mas uma abstração razoável, na medida em que efetivamente destaca e fixa o elemento comum"[28], dispensando assim repetições inúteis para o estudioso que procura reproduzir a realidade pelo pensamento[29].

A abstração, portanto, adquiriu uma função positiva para Marx. Já não era, como dizia em sua crítica de juventude a Hegel, sinônimo de filosofia idealista que substitui o real[30], e não era mais concebida, como foi nos *Manuscritos econômico-filosóficos de 1844*, como uma expressão de genéricas fórmulas gerais por meio das quais os economistas mascaravam a realidade[31], ou, como reiterou em 1847 na *Miséria da filosofia*, como uma metafísica que transforma tudo em categoria lógica[32]. Agora que a sua concepção materialista da história estava firmemente elaborada e o contexto – caracterizado pela polêmica anti-hegeliana – em que se moviam suas reflexões críticas havia mudado profundamente desde o início dos anos 1840, Marx pôde reconsiderar a abstração sem os preconceitos de juventude. Assim, diferentemente dos representantes da Escola Histórica, que no mesmo período teorizavam a impossibilidade de se chegar a leis abstratas com valor universal[33],

---

[28] Karl Marx, *Grundrisse*, cit., p. 41.
[29] Idem.
[30] Ver idem, "Dalla critica della filosofia hegeliana del diritto", em *Marx Engels Opere*, v. 3 (Roma, Editori Riuniti, 1976), p. 18 e 140.
[31] Ver idem, *Manuscritos econômico-filosóficos* (trad. Jesus Ranieri, São Paulo, Boitempo, 2004), cit., p. 79.
[32] Ver idem, *Miséria da filosofia*: resposta à Filosofia da miséria, do Sr. Proudhon (trad. José Paulo Netto, São Paulo, Boitempo, 2017), p. 99-100.
[33] Ver, em particular, o trabalho de seu principal representante, Wilhelm Roscher, "Die Grundlagen der Nationalökonomie", em *System der Volkswirtschaft*, v. 1 (Stuttgart, Cotta, 1854), que Marx também cita no Livro I de *O capital*, cit., p. 167, zombando de seu "método anatômico-fisiológico". Em 1883, as questões epistemológicas foram objeto do *Methodenstreit*, a "disputa do método", na qual se contrapuseram o método dedutivo de Carl Menger e da Escola Austríaca – a qual, contra a tradição moderna inaugurada por Francis Bacon, Isaac Newton e David Hume, acreditava ser

nos *Grundrisse* Marx reconheceu que a abstração poderia desempenhar um papel fecundo no processo cognitivo[34].

No entanto, isso só teria sido possível se a análise teórica tivesse se mostrado capaz de distinguir as determinações válidas em todas as fases históricas daquelas válidas apenas em períodos particulares, e conferir a estas últimas a relevância que tinham para se compreender o real. Se, de fato, a abstração é útil para representar os fenômenos mais amplos da produção, ela não fornece a representação correta de seus momentos específicos, que são os únicos verdadeiramente históricos[35]. Se a abstração não é integrada pelas determinações características de cada realidade histórica, a produção, de fenômeno específico e diferenciado que é, transforma-se num processo sempre idêntico a si mesmo, que oculta a "diversidade essencial" (*wesentliche Verschiedenheit*) das várias formas em que se manifesta. Esse foi precisamente o erro dos economistas burgueses que pretendiam mostrar "a eternidade e

---

impossível alcançar o conhecimento científico geral por meio do empirismo – e o método indutivo da Escola Histórica, segundo o qual o objeto da ciência econômica era estudar a evolução histórica das nações e das instituições para construir leis gerais, mas não abstratas. Esse debate, no entanto, começou no próprio ano da morte de Marx e ele não pôde acompanhá-lo ou participar dele.

[34] Imediatamente após a publicação da "Introdução" de Marx, em 1903, nas páginas da revista alemã *Die Neue Zeit* [O Novo Tempo], Max Weber expressou a importância do emprego da "teoria econômica abstrata" para sintetizar fenômenos históricos, com diferentes analogias com relação às formulações marxistas. Tal posicionamento veio à luz no ensaio de 1904, Max Weber, "A 'objetividade' do conhecimento nas ciências sociais", em Gabriel Cohn (org.), *Max Weber: sociologia* (trad. Amélia Cohn e Gabriel Cohn, São Paulo, Ática, 2008), p. 79-127. Segundo o autor alemão, a definição do "conceito do tipo ideal […] não constitui uma exposição da realidade, pretende conferir a ela meios expressivos unívocos". O que Weber define como "tipo ideal" é "impossível encontrar empiricamente na realidade […], na sua pureza conceitual, pois trata-se de uma utopia. A atividade historiográfica defronta-se com a tarefa de determinar, em cada caso particular, a proximidade ou afastamento entre a realidade e o quadro ideal" (ibidem, p. 106). O tipo ideal abstrato representa "um quadro de pensamento, e não a realidade histórica […] e não serve de esquema no qual se pudesse incluir a realidade à maneira exemplar. Tem antes o significado de um conceito limite puramente ideal, em relação ao qual se mede a realidade a fim de esclarecer o conteúdo empírico de alguns dos seus elementos importantes" (ibidem, p. 109). Embora não haja evidências de que Weber tenha lido a "Introdução", é interessante observar como, em algumas partes, sua exposição é semelhante à de Marx.

[35] Ideia semelhante já havia sido expressa por Marx em *A ideologia alemã*, no qual, junto com Engels, declarou: "separadas da história real, essas abstrações não têm nenhum valor. Elas podem servir apenas para facilitar a ordenação do material histórico, para indicar a sucessão de seus estratos singulares. […] A dificuldade começa, ao contrário, somente quando se passa à consideração e à ordenação do material, seja de uma época passada ou do presente, quando se passa à exposição real"; Karl Marx e Friedrich Engels, *A ideologia alemã* (trad. Rubens Enderle, Nélio Schneider e Luciano Cavini Martorano, São Paulo, Boitempo, 2007), p. 95.

a harmonia das relações sociais existentes"[36]. Ao contrário do pressuposto assumido pelos economistas burgueses, que estendeu as características mais singulares da sociedade burguesa a todas as outras épocas históricas, Marx acreditava que eram as características específicas de cada formação socioeconômica que permitiam distingui-las das demais, tornar possível seu desenvolvimento e permitir ao estudioso a compreensão das mudanças históricas reais[37].

Embora a definição dos elementos gerais da produção seja "algo multiplamente articulado, cindido em diferentes determinações" – das quais algumas "pertencem a todas as épocas; [ao passo que] outras são comuns apenas a algumas"[38] –, entre seus componentes universais estão, claramente, o trabalho humano e a matéria fornecida pela natureza. Sem um sujeito produtor e sem um objeto trabalhado, de fato, não pode haver produção nenhuma. Contudo, os economistas incluíram um terceiro elemento entre os requisitos da produção: "um estoque, previamente acumulado, de produtos de trabalho precedente"[39], ou seja, o capital. Para Marx, a crítica desse último elemento era essencial para revelar o que ele considerava uma limitação fundamental dos economistas. Também lhe parecia evidente que nenhuma produção é possível sem um instrumento de trabalho, ainda que fosse apenas a mão humana, ou sem um trabalho anterior acumulado, ainda que fosse apenas sob a forma dos movimentos repetitivos do homem primitivo. Todavia, o que diferencia a análise de Marx da de Smith, Ricardo e John Stuart Mill é que, embora reconheça o capital como instrumento de produção e trabalho passado, disso não decorre que ele sempre existiu.

Em outra parte dos *Grundrisse*, a questão é colocada de modo mais detalhado. Segundo Marx, representar o capital como se ele sempre tivesse existido, à maneira dos economistas, significa considerar apenas sua matéria e ignorar sua essencial "determinação formal" (*Formbestimmung*). Dessa forma:

> o capital teria existido em todas as formas de sociedade, é algo completamente a-histórico. [...] O braço e, sobretudo, a mão são assim capital. Capital seria somente um novo nome para uma coisa tão antiga quanto a humanidade, visto que todo tipo de trabalho, inclusive o menos desenvolvido, a caça, a pesca etc., pressupõe que o produto do trabalho passado é utilizado como meio para o trabalho vivo, imediato [...]. Se a forma determinada do

---

[36] Karl Marx, *Grundrisse*, cit., p. 41.
[37] Ver Karl Korsch, *Karl Marx* (Roma/Bari, Laterza, 1974), p. 62-3.
[38] Karl Marx, *Grundrisse*, cit., p. 41.
[39] A exposição mais profunda dessa concepção pode ser vista em John Stuart Mill, *Princípios de economia política: com algumas de suas aplicações à filosofia social*, v. 1 (trad. Luiz João Baraúna, São Paulo, Abril Cultural, 1996), p. 87 e seg.

capital é assim abstraída [*der bestimmten Form des Capitals abstrahiert*] e é enfatizado só o *conteúdo* [...] *naturalmente nada é mais fácil do que demonstrar que o capital é uma condição necessária de toda produção humana*. A demonstração é feita justamente pela abstração [*Abstraktion*] das determinações específicas que fazem do capital um momento de uma fase histórica particularmente desenvolvida da produção humana [*Moment einer besonders entwickelten historischen Stufe der menschlichen Production*].[40]

Nesse excerto, Marx se refere à abstração em sentido negativo. Abstrair significa deixar de lado as condições sociais reais, conceber o capital como coisa e não como relação e, portanto, operar uma séria falsificação interpretativa. Na "Introdução", ele assume o uso de categorias abstratas, mas apenas se a análise do momento geral não anula o particular e não confunde o segundo na indistinção do primeiro. Para Marx, se se comete o erro de conceber o "capital simplesmente sob seu aspecto material, como instrumento de produção, prescindindo inteiramente da forma econômica [*ökonomischen Form*] que faz do instrumento de produção capital"[41], cai-se nessa "*tosca incapacidade de capturar as diferenças reais*" e na crença de que "*existe uma única relação econômica que recebe diversos nomes*"[42]. Ignorar as diferenças expressas na relação social significa abstrair a diferença específica, que é o ponto fundamental de tudo[43]. Assim, na "Introdução", Marx afirma que "o capital é uma relação natural, geral [*allgemeines*] e eterna; [...] quando deixo de fora justamente o específico, o que faz do 'instrumento de produção', do 'trabalho acumulado', capital"[44].

Por outro lado, Marx já havia criticado a falta de senso histórico dos economistas em *Miséria da filosofia*, quando declarou:

> Os economistas têm uma maneira singular de proceder. Para eles, só existem duas espécies de instituições: as da arte e as da natureza. As instituições feudais são artificiais, as da burguesia são naturais. Nisso, eles se parecem com os teólogos, que também estabelecem dois tipos de religião: toda religião que não é a deles é uma invenção dos homens, ao passo que a deles é uma emanação de Deus. Dizendo que as relações atuais – as relações da produção burguesa – são naturais, os economistas dão a entender que é nessas relações que se cria a riqueza e se desenvolvem as forças produtivas segundo as leis da natureza. Portanto, essas relações são leis naturais independentes da influência do tempo. São leis eternas que devem sempre reger a sociedade. Assim, houve história, mas não há mais.[45]

---

[40] Karl Marx, *Grundrisse*, cit., p. 199.
[41] Ibidem, p. 491.
[42] Ibidem, p. 192.
[43] A esse propósito, ver as críticas de Marx a Proudhon, ibidem, p. 542.
[44] Ibidem, p. 41, trad. modif.
[45] Idem, *Miséria da filosofia*, cit., p. 110.

Para que isso fosse plausível, os economistas retratavam as circunstâncias históricas anteriores ao aparecimento do modo de produção capitalista com sua própria imagem, como "resultados de sua existência". Como Marx afirma nos *Grundrisse*:

> os economistas burgueses, que consideram o capital como uma forma de produção eterna e natural (não histórica), tentam então justificá-lo novamente expressando as condições de seu devir como as condições de sua efetivação atual, *i. e.*, expressando os momentos em que o capitalista ainda se apropria como não capitalista – porque ele só está devindo capitalista – como as verdadeiras condições em que apropria como *capitalista*.[46]

Do ponto de vista histórico, o que efetivamente separa Marx dos economistas clássicos é que, diferentemente das representações destes últimos, ele acredita que "o capital não participou da criação do mundo, mas encontrou a produção e os produtos já prontos antes de submetê-los ao seu processo"[47]. Segundo Marx, "as novas forças produtivas e relações de produção não se desenvolvem do *nada*, nem do ar nem do ventre da ideia que se põe a si mesma; mas o fazem no interior do desenvolvimento da produção existente e das relações de produção tradicionais herdadas, e em contradição com elas"[48]. Da mesma forma, a circunstância pela qual sujeitos produtores são separados dos meios de produção – o que permite ao capitalista encontrar trabalhadores sem propriedade e capazes de executar trabalho abstrato, ou seja, o pressuposto para o intercâmbio entre capital e trabalho vivo – resulta de um processo sobre o qual os economistas silenciam e que "constitui a história da gênese do capital e do trabalho assalariado"[49].

Diversas passagens nos *Grundrisse* se dedicam à crítica da transfiguração, realizada pelos economistas, da realidade histórica em realidade natural. Por exemplo, para Marx é evidente que o dinheiro é produto histórico: "[s]er dinheiro não é uma qualidade natural do ouro e da prata"[50], mas apenas uma característica adquirida a partir de um momento preciso do desenvolvimento social. O mesmo vale para o crédito. Segundo Marx, dar e tomar emprestado foi um fenômeno comum a muitas civilizações, assim como a usura, todavia "emprestar e tomar emprestado não constitui o *crédito*, da mesma maneira que trabalhar não constitui o *trabalho industrial* ou o *trabalho assalariado livre*. Como relação de produção essencial e desenvolvida, o crédito só aparece *historicamente* na circulação fundada

---

[46] Idem, *Grundrisse*, cit., p. 378.
[47] Ibidem, p. 565.
[48] Ibidem, p. 217.
[49] Ibidem, p. 400.
[50] Ibidem, p. 183.

sobre o capital"[51]. Preços e trocas também existiram nas sociedades antigas, "mas a crescente determinação dos primeiros pelos custos de produção, assim como a predominância da última sobre todas as relações de produção, só se desenvolvem completamente, e continuam a desenvolver-se cada vez mais completamente, na sociedade burguesa, a sociedade da livre concorrência", ou seja, aquilo "que Adam Smith, em autêntico estilo do século XVIII, situa no período pré-histórico, no período que antecede a história, é, ao contrário, um produto da história"[52]. Ademais, da mesma forma que critica os economistas por sua falta de senso histórico, Marx ridiculariza Proudhon e todos os socialistas que consideram que o trabalho que produz valor de troca pode existir sem se desenvolver em trabalho assalariado, que o valor de troca pode existir sem se transformar em capital, ou que o capital pode existir sem capitalistas[53].

O principal objetivo de Marx nas páginas iniciais da "Introdução", portanto, é afirmar a especificidade histórica do modo de produção capitalista, demonstrar, como voltaria a fazer nos manuscritos do Livro III de *O capital*, que modo de produção capitalista "não é um modo de produção absoluto", "mas meramente histórico e transitório", e corresponde a uma certa época limitada do desenvolvimento das condições materiais de produção[54].

Esse ponto de vista implicou uma concepção diferente sobre muitas questões, inclusive o processo do trabalho e suas várias características. Nos *Grundrisse*, Marx escreveu que os "economistas burgueses estão tão encerrados nas representações de um determinado nível de desenvolvimento histórico da sociedade que a necessidade da *objetivação* das forças sociais do trabalho aparece-lhes inseparável da necessidade do *estranhamento* dessas forças em face do trabalho vivo"[55]. Marx questionou repetidas vezes essa representação das formas específicas do modo de produção capitalista como constantes do processo de produção enquanto tal. Apresentar o trabalho assalariado não como uma relação específica de uma forma histórica particular da produção, mas como uma realidade universal da existência econômica do homem significava considerar que a exploração e a alienação sempre existiram e sempre continuariam a existir.

Ignorar a especificidade da produção capitalista tinha, portanto, consequências tanto epistemológicas quanto políticas. Por um lado, impedia a compreensão dos

---

[51] Ibidem, p. 442.
[52] Ibidem, p. 104.
[53] Ver ibidem, p. 86.
[54] Idem, *O capital: crítica da economia política*, Livro III: *O processo global da produção capitalista* (trad. Rubens Enderle, São Paulo, Boitempo, 2017), p. 282.
[55] Idem, *Grundrisse*, cit., p. 706.

níveis históricos concretos da produção; por outro, ao definir as condições do presente como inalteradas e inalteráveis, apresentava a produção capitalista como a produção em geral e as relações sociais burguesas como relações naturais do homem. Assim, a crítica de Marx às teorias dos economistas tinha um duplo valor. Além de sublinhar que a caracterização histórica da produção é indispensável para a compreensão da realidade, tinha a intenção política precisa de se opor ao dogma da imutabilidade do modo de produção capitalista. A demonstração da historicidade da ordem capitalista seria também a prova de seu caráter transitório e da possibilidade de sua superação.

Finalmente, um eco dos conceitos expressos nessa primeira parte da "Introdução" pode ser encontrado numa das últimas páginas dos manuscritos do Livro III de *O capital*. Neste, Marx afirma que a "identificação do processo social de produção com o processo simples de trabalho, tal como o executaria também um homem anormalmente isolado, trabalhando sem nenhum auxílio social", "se funda numa confusão". Com efeito,

> o processo de trabalho é um mero processo entre o homem e a natureza, seus elementos simples continuam a ser comuns a todas as formas sociais de desenvolvimento de tal processo. Mas cada forma histórica determinada desse processo desenvolve ulteriormente as bases materiais e as formas sociais daquele. Uma vez que tenha atingido certo grau de maturidade, remove-se a forma histórica determinada, que dá lugar a uma forma superior.[56]

O capitalismo não é o único estágio da história da humanidade, tampouco o último. Marx prevê que a ele se sucederá uma organização da sociedade baseada na "produção comum" (*gemeinschaftliche Production*), na qual o produto do trabalho é "desde o início, um produto coletivo, geral"[57].

5.3. A produção como totalidade

Nas páginas seguintes da "Introdução", Marx aprofunda sua análise sobre a produção, adiantando-lhe uma definição: "Toda produção é apropriação [*Aneignung*] da natureza pelo indivíduo no interior de e mediada por uma determinada forma de sociedade [*bestimmten Gesellschaftsform*]"[58]. Além disso, enfatiza seu caráter, afirmando que a produção não pode ser considerada como "produção em geral" – uma vez que está dividida em agricultura, pecuária, manufatura e outros ramos – nem como "somente produção particular". Para Marx, na verdade, a produção consistia num

---

[56] Idem, *O capital*, Livro III, cit., p. 945.
[57] Idem, *Grundrisse*, cit., p. 118, trad. modif.
[58] Ibidem, p. 43.

"certo corpo social [*Gesellschaftskörper*], um sujeito social [*gesellschaftliches Subject*] em atividade em uma totalidade maior ou menor de ramos de produção"[59].

Também aqui Marx desenvolveu seus argumentos por meio de uma crítica aos principais expoentes do pensamento econômico. Os economistas de sua época tinham o hábito de começar suas obras com uma introdução na qual discutiam as condições universais de cada produção e as circunstâncias que favoreciam, em maior ou menor medida, o desenvolvimento da produção. Para Marx, no entanto, essas introduções continham apenas "banais tautologias"[60]. No caso de John Stuart Mill, em particular, tinham como objetivo representar a produção "como enquadrada em leis naturais eternas, independentes da história" e as relações sociais burguesas "como irrevogáveis leis naturais da sociedade *in abstracto*"[61]. De fato, para John Stuart Mill, as "leis e as condições da produção da riqueza têm o caráter de verdades físicas. Não há nelas nada de opcional ou arbitrário [...] Não acontece o mesmo com a distribuição da riqueza. Esta é exclusivamente uma questão de instituições humanas"[62]. Marx considerou essa tese uma "grosseira disjunção entre produção e distribuição e da sua relação efetiva"[63], pois defendia, como afirmou em outra passagem dos *Grundrisse*, que as "'leis e condições' da produção da riqueza e as leis da 'distribuição da riqueza' são as mesmas leis sob formas diferentes, e ambas mudam, passam pelo mesmo processo histórico; são tão somente momentos de um processo histórico"[64].

---

[59] Ibidem, p. 41.
[60] Ibidem, p. 42.
[61] Idem.
[62] John Stuart Mill, *Princípios de economia política*, v. 1, cit., p. 259-60. Essas declarações despertaram o interesse de Marx, que as anotou, em setembro de 1850, num de seus cadernos de excertos; ver MEGA², v. IV/7 (Berlim, Dietz, 1983), p. 36. Algumas linhas depois, porém, Mill negou parcialmente sua afirmação categórica, ainda que não no sentido de uma historicização da produção. Argumentou, de fato, que a distribuição depende "das leis e dos costumes da sociedade" e, por ser produto das "opiniões" e dos "sentimentos da humanidade" – que nada mais são do que as "consequências das leis fundamentais da natureza humana" –, as leis da distribuição "estão tão longe de ser arbitrárias quanto as leis da produção e têm o mesmo caráter de leis físicas que estas" (ibidem, cit., p. 260). As "Observações preliminares" colocadas no início de seu trabalho contêm, talvez, uma síntese possível: "diversamente do que ocorre com as leis da produção, as que regem a distribuição da mesma são em parte de instituição humana, já que a maneira de se distribuir a riqueza em qualquer sociedade específica depende das leis ou usos nela vigentes" (ibidem, p. 76).
[63] Karl Marx, *Grundrisse*, cit., p. 43.
[64] Ibidem, p. 706-7. Portanto, quem, como Mill, considera as relações de produção eternas e suas formas de distribuição, históricas, "mostra que [...] não entende nem estas nem aquelas" (ibidem, p. 635).

Depois de assim se pronunciar, Marx examina na segunda seção da "Introdução" a relação geral da produção com a distribuição, a troca e o consumo. A divisão da economia política nessas diferentes rubricas foi feita por James Mill em seu livro de 1821, *Elements of Political Economy* [Elementos de economia política], que assim intitulou os quatro capítulos que compunham a obra, e, antes dele, em 1803, por Jean-Baptiste Say, que dividira seu *Tratado de economia política* em três livros, respectivamente dedicados à produção, à distribuição e ao consumo da riqueza[65].

Marx reconstrói essa interconexão dos quatro conceitos operados pelos economistas em termos lógicos, de acordo com o esquema de Hegel de universalidade-particularidade-individualidade[66]: "[p]rodução, distribuição, troca e consumo constituem assim um autêntico silogismo; a produção é a universalidade, a distribuição e a troca, a particularidade, e o consumo, a singularidade na qual o todo se unifica"[67]. Noutras palavras, a produção é o ponto de partida da atividade do homem, a distribuição e a troca, seu duplo ponto intermediário – o primeiro constituindo a mediação operada pela sociedade e o segundo, a mediação operada pelo indivíduo – e o consumo, seu ponto final. Contudo, por compreender que essa é apenas uma "conexão superficial"[68], Marx se lança numa análise mais profunda da correlação entre as quatro esferas.

Seu primeiro objeto de investigação é a relação entre produção e consumo, que ele explica como sendo de "identidade imediata": a "produção é consumo; o consumo é produção". Com o auxílio do princípio de Baruch de Espinosa *determinatio est negatio*[69], evidencia que a produção também é consumo, enquanto dispêndio das forças do indivíduo e emprego de matérias-primas durante o ato laboral. Tal concepção já havia sido proposta pelos economistas burgueses, que definiram esse momento com o termo "consumo produtivo" (*productive consumtion*)[70] e o

---

[65] Marx conhecia muito bem ambos os textos, pois estavam entre os primeiros livros de economia política estudados por ele e dos quais copiou muitos trechos em seus cadernos de excertos; ver Karl Marx, "Exzerpte aus Jean-Baptiste Say: Traité d'économie politique", MEGA², v. IV/2 (Berlim, Dietz, 1981), p. 301-27; e "Exzerpte aus James Mill: Élémens d'économie politique", ibidem, p. 428-70, que conta com uma tradução italiana parcial "Estratti dal libro di James Mill 'Élémens d'économie politique'", em *Marx Engels Opere*, v. 3, cit., p. 229-48.

[66] Ver Georg W. F. Hegel, *Ciência da lógica*, v. 3: *A doutrina do conceito* (trad. Christian G. Iber e Federico Orsini, São Paulo/Bragança Paulista, Vozes/Editora Universitária São Francisco, 2018), p. 63 e seg.

[67] Karl Marx, *Grundrisse*, cit., p. 44.

[68] Idem.

[69] Ver "Baruch Spinoza a Jarig Jelles", em Baruch de Espinosa, *Epistolario* (Turim, Einaudi, 1951), p. 226.

[70] Karl Marx, *Grundrisse*, cit., p. 45.

distinguiram da "produção consumptiva" (*consumtive production*)[71]. Esta só ocorre após a distribuição do produto, quando cai na esfera da reprodução e constitui "o consumo propriamente dito". No consumo produtivo, "coisificou-se o produtor", enquanto na produção consumidora "personifica-se a coisa por ele criada"[72].

Outra característica da identidade entre produção e consumo pode ser reconhecida no "movimento mediador" mútuo que ocorre entre eles. O consumo dá ao produto seu "acabamento" (*finish*) e, ao estimular a propensão para a produção, "cria a necessidade de *nova* produção"[73]. Da mesma forma, a produção fornece não apenas o objeto para que haja consumo, mas também a necessidade de consumir aquele determinado objeto. Segundo Marx, de fato, superado o estágio da natureza, a necessidade é gerada pela percepção do próprio objeto e a "produção, por conseguinte, produz não somente um objeto para o sujeito, mas também um sujeito para o objeto"[74], ou seja, o consumidor. Sendo assim, temos que "a produção produz o consumo, na medida em que 1) cria o material para o consumo; 2) determina o modo do consumo; 3) gera como necessidade no consumidor os produtos por ela própria postos primeiramente como objetos. Produz, assim, o objeto do consumo, o modo do consumo e o impulso do consumo"[75].

Em suma, ocorre um processo de identidade imediata entre produção e consumo; estes também medeiam um ao outro e criam um ao outro à medida que se realizam. Não obstante, Marx acha um erro considerar que ambos são a mesma coisa, como pensavam Jean-Baptiste Say e Pierre-Joseph Proudhon, por exemplo. Pois, em última análise, o "consumo, como carência vital, como necessidade, é um momento interno da atividade produtiva"[76].

Marx se volta então para a análise da relação entre produção e distribuição. A distribuição, ele escreve, é o vínculo entre produção e consumo e, "por meio de leis sociais", determina que parcela dos produtos é devida aos produtores[77]. Os economistas a apresentavam como uma esfera autônoma da produção, de modo que em seus tratados as categorias econômicas eram sempre colocadas de forma dual. Terra, trabalho e capital figuravam na produção como seus agentes e, na distribuição, sob a forma de renda, salário e lucro, como fontes de receita. Marx se opõe a essa divisão,

---

[71] Ibidem, p. 46.
[72] Idem.
[73] Idem.
[74] Ibidem, p. 47.
[75] Idem.
[76] Ibidem, p. 49.
[77] Idem.

que considera ilusória e equivocada, pois a forma de distribuição "não é um arranjo facultativo, de modo que poderia ser distinto; ao contrário, ele é posto pela própria forma da produção"[78]. Assim se expressa Marx a esse respeito na "Introdução":

> Um indivíduo que participa da produção na forma de trabalho assalariado participa na forma do salário nos produtos, nos resultados da produção. A articulação da distribuição está totalmente determinada pela articulação da produção. A própria distribuição é um produto da produção, não só no que concerne ao seu objeto, já que somente os resultados da produção podem ser distribuídos, mas também no que concerne à forma, já que o modo determinado de participação na produção determina as formas particulares da distribuição, a forma de participação na distribuição. É absolutamente uma ilusão pôr a terra na produção, a renda da terra na distribuição etc.[79]

Considerar a distribuição enquanto esfera independente da produção tem como consequência conceber a primeira como uma mera distribuição de produtos. Na realidade, a distribuição inclui dois fenômenos de considerável importância anteriores à própria produção: a distribuição dos instrumentos de produção e a distribuição dos membros da sociedade entre os diferentes tipos de produção, ou seja, o que Marx chamou de "subsunção dos indivíduos sob relações de produção determinadas"[80]. Esses dois momentos fizeram com que, em algumas situações históricas – por exemplo, quando um povo conquistador transforma os vencidos em escravos e impõe o trabalho escravo, ou cria uma nova divisão da propriedade da terra e determina um novo tipo de produção[81] –, "a distribuição não pare[ça] articulada e determinada pela produção, mas, pelo contrário, a produção pare[ça] articulada e determinada pela distribuição"[82]. Os dois ramos estavam profundamente interligados, pois, como Marx reiterou noutra parte dos *Grundrisse*, esses "modos de distribuição são as próprias relações de produção, só que *sub specie distributionis*"[83]. Fica claro, portanto, como afirma na "Introdução", que "[c]onsiderar a produção abstraindo dessa distribuição nela contida é manifestamente uma abstração vazia"[84].

O vínculo concebido por Marx entre produção e distribuição esclarece não apenas sua aversão ao modo como John Stuart Mill separava rigidamente os dois, mas também seu apreço por Ricardo pelo fato de ele ter postulado a necessidade

---

[78] Ibidem, p. 494.
[79] Ibidem, p. 50.
[80] Ibidem, p. 51.
[81] Ver ibidem, p. 51-2.
[82] Ibidem, p. 50.
[83] Ibidem, p. 706.
[84] Ibidem, p. 51.

de "compreender a produção moderna em sua articulação social determinada"[85]. O economista inglês sustentava, de fato, que "determinar as leis que regulam essa distribuição é a principal questão da Economia Política"[86], e, por conseguinte, fez da distribuição um de seus principais temas de estudo, pois ele concebia "as formas de distribuição como a expressão mais determinada na qual se fixam os agentes de produção em uma dada sociedade"[87]. Para Marx também, a distribuição não é redutível ao ato pelo qual as parcelas do produto agregado são distribuídas entre os membros da sociedade; é um elemento decisivo do ciclo produtivo completo. No entanto, essa convicção não derruba a tese de que, dentro do processo produtivo de conjunto, a produção representa sempre o fator primordial:

> Saber qual a relação dessa distribuição com a produção por ela própria determinada é uma questão que evidentemente faz parte da própria produção. [...] a produção tem de fato suas condições e seus pressupostos que constituem momentos dela própria. De início, tais condições e pressupostos podem aparecer como naturais espontâneos [*naturwüchsig*]. Por meio do próprio processo de produção, são transformados de momentos naturais e espontâneos [*naturwüchsigen*] em históricos, e se para um período aparecem como pressuposto natural da produção, para outro são o seu resultado histórico. São continuamente modificados no interior da própria produção.[88]

Em resumo, para Marx, embora a distribuição dos instrumentos de produção e dos membros da sociedade nos diversos setores produtivos apareça "como pressuposto para o novo período de produção, essa própria distribuição, por sua vez, é um produto da produção, e não apenas da produção histórica em geral, mas da produção histórica determinada"[89].

Quando Marx, por fim, examina a relação entre produção e troca, ele também considera esta última parte daquela. Com efeito, não apenas "a troca de atividades e capacidades" entre os trabalhadores e das matérias-primas necessárias para preparar o produto acabado são parte integrante da produção, mas a própria troca entre comerciantes é inteiramente determinada pela produção e constitui uma "atividade produtiva". A troca se torna independente da produção somente na fase em que "o produto é trocado imediatamente para o consumo". Todavia, mesmo nesse caso, sua intensidade e extensão e suas características são determinadas pelo desenvol-

---

[85] Idem.
[86] David Ricardo, *Princípios de economia política e tributação*, cit., p. 19.
[87] Karl Marx, *Grundrisse*, cit., p. 50.
[88] Ibidem, p. 51.
[89] Ibidem, p. 52.

vimento e pela estrutura da produção, de modo que "a troca aparece em todos os seus momentos ou diretamente contida na produção, ou determinada por ela"[90].

Ao final de sua análise sobre a relação da produção com a distribuição, a troca e o consumo, Marx chega a duas conclusões: a) a produção deve ser considerada uma totalidade; e b) a produção, como um ramo particular dentro da totalidade, predomina sobre os outros elementos.

Sobre o primeiro ponto, Marx havia afirmado: o "resultado a que chegamos não é que produção, distribuição, troca e consumo são idênticos, mas que todos eles são membros de uma totalidade, diferenças dentro de uma unidade"[91]. Fazendo uso do conceito hegeliano de totalidade[92], Marx aprimorou um eficaz instrumento teórico – mais sólido do que os limitados processos de abstração utilizados pelos economistas – capaz de mostrar, evidenciando a ação recíproca entre as várias partes, que o concreto é uma unidade diferenciada[93] de várias determinações e relações e que a separação das quatro rubricas econômicas, estipulada pelos economistas burgueses, é tão arbitrária quanto deletéria para a compreensão das relações econômicas reais. Sua definição da produção como totalidade orgânica não corresponde, porém, a um conjunto ordenado e autorregulado no qual sempre se garante a uniformidade entre os diversos ramos. Ao contrário, como escreveu num trecho dos *Grundrisse* acerca do mesmo assunto, os momentos individuais da produção "podem se encontrar ou não, podem coincidir ou não, podem se corresponder ou não. A necessidade interna do que é internamente relacionado, e sua existência autônoma reciprocamente indiferente, já constitui a base das contradições"[94]. Além disso, estas contradições devem ser sempre analisadas levando-se em consideração a produção capitalista (não a produção em geral) que, segundo Marx, não é de modo algum "a forma absoluta para o desenvolvimento das forças produtivas" pregada pelos economistas, mas tem na superprodução a sua "contradição fundamental"[95].

O segundo resultado alcançado por Marx foi o de atribuir à produção, dentro da "totalidade da produção"[96] (*Totalität der Production*), o "momento predominante

---

[90] Ibidem, p. 53.
[91] Idem.
[92] "O verdadeiro, enquanto *concreto*, só é enquanto desdobrando-se em si mesmo, e recolhendo-se e mantendo-se junto na unidade – isto é, como totalidade; e só pela diferenciação e determinação de suas diferenças pode existir a necessidade delas e a liberdade do todo"; Georg W. F. Hegel, *Enciclopédia das ciências filosóficas em compêndio* (trad. Paulo Meneses, São Paulo, Loyola, 1995), p. 55.
[93] Ver Stuart Hall, "Marx's Notes on Method: A 'Reading' of the 1857 'Introduction'", *Cultural Studies*, v. 17, n. 2, 2003, p. 127.
[94] Karl Marx, *Grundrisse*, cit., p. 338-9.
[95] Ibidem, p. 339.
[96] Ibidem, p. 42.

[übergreifende Moment]" sobre as demais partes do todo. A produção era "o ponto de partida efetivo [*Ausgangspunkt*]"[97], aquele a partir do qual "o processo sempre recomeça"[98]; para Marx, uma "produção determinada, portanto, determina um consumo, uma troca e uma distribuição determinados, bem como *relações determinadas desses diferentes momentos entre si*"[99]. O papel dominante da produção não anula, porém, a relevância dos outros momentos, muito menos seu impacto na própria produção. O tamanho do consumo, as transformações da distribuição e o tamanho da esfera de troca – ou seja, do mercado – são fatores que se combinam para definir e influenciar a produção.

Aqui, mais uma vez, as percepções de Marx têm um valor tanto teórico quanto político. De fato, Marx se opunha aos socialistas de seu tempo, que defendiam a possibilidade de revolucionar as relações de produção então vigentes pela transformação do instrumento de circulação, afirmando que tal hipótese demonstrava claramente "o equívoco […] sobre a conexão interna entre as relações de produção, distribuição e circulação"[100]. Para Marx, no entanto, mudar a forma do dinheiro não só deixaria inalteradas as relações de produção e as relações sociais determinadas por elas, mas também resultaria num contrassenso, porque a circulação só poderia se modificar juntamente com uma mudança nas relações de produção. Marx estava convencido de que "o mal da sociedade burguesa não pode ser remediado por meio de 'transformações' dos bancos ou da fundação de um 'sistema monetário' racional", nem por paliativos modestos, como a concessão de crédito gratuito, nem pela quimera de transformar trabalhadores em capitalistas[101]. A questão central é a superação do trabalho assalariado e, acima de tudo, isso tem a ver com a produção.

5.4. Em busca do método

Nesse ponto da análise, Marx trata da principal questão metodológica: como reproduzir a realidade no pensamento? Como construir um modelo categorial abstrato capaz de representar a sociedade?

A terceira e mais importante seção da "Introdução" é dedicada à "relação que a exposição científica tem com o movimento real [*reellen*]"[102]. Não é a elaboração definitiva dessa relação, mas apresenta problemáticas não suficientemente desen-

---

[97] Ibidem, p. 49.
[98] Ibidem, p. 53.
[99] Idem.
[100] Ibidem, p. 74.
[101] Ibidem, p. 85.
[102] Ibidem, p. 41-2, trad. modif.

volvidas e vários pontos apenas esboçados. Além disso, algumas passagens contêm afirmações obscuras, que às vezes se contradizem, e a utilização de uma linguagem influenciada pela terminologia hegeliana acrescenta ambiguidades ao texto em certos momentos. Marx estava elaborando seu método quando escreveu essas páginas e elas mostram os vestígios e trajetórias dessa pesquisa.

Como outros grandes pensadores que o precederam, Marx partiu da questão de por onde começar – ou, no seu caso, da interrogação: qual deve ser o ponto de partida da economia política? A primeira hipótese examinada é "começarmos pelo real e pelo concreto, pelo pressuposto efetivo", com "o fundamento e o sujeito do ato social de produção como um todo": a população[103]. No entanto, Marx considerou esse caminho analítico, já percorrido pelos fundadores da economia política William Petty e Pierre Boisguillebert, inadequado e errôneo. Começar a investigação por uma entidade tão indeterminada como a população implicaria, a seu ver, uma imagem demasiado genérica do todo, incapaz de mostrar sua divisão em três classes (burguesia, proprietários de terras e proletariado), as quais, por sua vez, só podem ser diferenciadas mediante o conhecimento de seus pressupostos fundamentais: o capital, a propriedade da terra e o trabalho assalariado, respectivamente. Além do mais, com tal enfoque empírico, elementos concretos como a população e o Estado se volatilizariam em determinações abstratas como a divisão do trabalho, a moeda ou o valor.

Embora esse método fosse inadequado para interpretar a realidade, mesmo assim, numa outra parte dos *Grundrisse*, Marx reconhece seus méritos e afirma que havia um "valor histórico nas primeiras tentativas da economia política, nas quais as formas [de produção] foram extraídas penosamente do material e fixadas com grande esforço como objeto próprio de reflexão"[104]. Tão logo os economistas foram capazes de definir suas categorias abstratas, "começaram os sistemas econômicos, que se elevaram do simples, como trabalho, divisão do trabalho, necessidade, valor de troca, até o Estado, a troca entre as nações e o mercado mundial". Esse segundo procedimento, empregado por Smith e Ricardo em economia, bem como por Hegel em filosofia, pode ser resumido na tese de que "as determinações abstratas levam à reprodução do concreto por meio do pensamento"; é isso que Marx descreve como "o método cientificamente correto" [*wissenschaftlich richtige Methode*]. Com as categorias corretas, é possível "dar início à viagem de retorno até que finalmente chegasse de novo à população, mas desta vez não como a representação caótica de um todo, mas como uma rica totalidade de muitas determinações e relações"[105].

---

[103] Ibidem, p. 54.
[104] Ibidem, p. 728.
[105] Ibidem, p. 54.

Com efeito, Hegel escreveu na *Ciência da lógica* que o primeiro requisito para o conhecimento sintético e sistemático é partir do objeto:

> na forma de um universal. [...] o primeiro tem de ser o simples, o que foi separado do concreto, porque somente nessa forma o objeto tem a forma do universal que se relaciona consigo. [...] é mais fácil apreender as determinações abstratas, simples, do pensamento do que o concreto, o qual é uma ligação de tais determinações do pensamento e das suas relações [...]. O universal é em si e para si o primeiro momento do conceito, porque ele é o simples, e o particular é apenas o sucessivo, porque ele é o mediado; e, inversamente, o simples é o mais universal, e o concreto [...] é aquilo que já pressupõe a passagem de um primeiro.[106]

No entanto, a definição de "método cientificamente correto"[107] dada por Marx, ao contrário do que têm argumentado alguns comentaristas da "Introdução"[108], não significa de forma alguma que esse era o método que ele então usava. Em primeiro lugar, ele não compartilhava da convicção dos economistas de que a reconstrução lógico-ideal do concreto, realizada por meio de seu pensamento, fosse a reprodução

---

[106] Hegel, *Ciência da lógica*, v. 3, cit., p. 289. No fim de outubro de 1857, durante a redação dos *Grundrisse*, Marx recebeu de seu amigo Ferdinand Freiligrath alguns livros de Hegel que releu com grande interesse. De fato, em 14 de janeiro de 1858, ele escrevia a Engels: "Quanto ao método de trabalho, foi-me muito útil o fato de por puro acaso [...] eu rever a *Lógica* de Hegel. Se algum dia eu voltar a ter o tempo para empresas desse tipo, terei grande prazer em tornar acessível ao intelecto do homem comum, em poucas páginas, o que há de racional no método que Hegel descobriu, mas ao mesmo tempo mistificou"; *Marx Engels Opere*, v. 60 (Roma, Editori Riuniti, 1973), p. 273. Infelizmente, Marx não revelou, nem nessa carta nem em nenhuma de suas outras, como a *Lógica* de Hegel lhe foi útil para a elaboração de seu método. Menos tempo ainda teve para escrever "o que há de racional no método" hegeliano. Em todo caso, quanto à "Introdução", é preciso lembrar que ela foi escrita em agosto, enquanto Marx recebeu a *Lógica* de Hegel apenas em outubro; ver "Ferdinand Freiligrath an Karl Marx, 22 Oktober 1857", MEGA², v. III/8 (Berlim, Dietz, 1990), p. 497. Portanto, ao contrário do que muitos intérpretes de Marx acreditaram, a *Lógica* não teve influência direta na "Introdução", embora reminiscências das obras de Hegel sejam evidentes em vários pontos do texto marxiano.

[107] Karl Marx, *Grundrisse*, cit., p. 54.

[108] As interpretações de Evald Vasilievich Ilyenkov, Louis Althusser, Antonio Negri e Galvano Della Volpe, por exemplo, caem no erro de vincular esse método àquele de Marx. Ver Evald Vasilievich Ilyenkov, *La dialettica dell'astratto e del concreto nel "Capitale" di Marx* (Milão, Feltrinelli, 1961), p. 96; Louis Althusser, Étienne Balibar e Roger Establet, *Ler O capital*, v. 2 (trad. Nathanael C. Caixeiro, Rio de Janeiro, Zahar, 1980), p. 25-6; Antonio Negri, *Marx oltre Marx* (Roma, Manifestolibri, 1998), p. 65; Galvano Della Volpe, *Rousseau e Marx* (Roma, Editori Riuniti, 1956), p. 177. Para a crítica de Della Volpe, ver Cesare Luporini, "Il circolo concreto-astratto-concreto", em Franco Cassano (org.), *Marxismo e filosofia in Italia (1958-1971)* (Bari, De Donato, 1973), p. 226-39.

fiel da realidade[109]. Além disso, o procedimento resumido na "Introdução" de fato tomou de empréstimo vários elementos do método hegeliano, mas também destacou suas diferenças radicais. Marx estava convencido, como Hegel antes dele, de que "o método de ascender do abstrato ao concreto [*die Methode vom Abstrakten zum Concreten aufzusteigen*] é somente o modo do pensamento de apropriar-se do concreto"[110], que a recomposição da realidade no pensamento deve partir das determinações abstratas mais simples e mais gerais. Para ambos, o concreto era a "síntese de muitas determinações, unidade do múltiplo" e, por isso, surge no pensamento como "processo da síntese, como resultado, não como ponto de partida", embora para Marx fosse preciso ter sempre em mente que ele era "o ponto de partida da intuição e da representação"[111].

Além dessa base comum, no entanto, havia uma diferença fundamental que Marx formulou da seguinte forma: "Hegel caiu na ilusão de conceber o real como resultado do pensamento", ao passo que, segundo Marx, "de forma alguma é o processo de gênese do próprio concreto"[112]. Na "Introdução", Marx argumenta que, para o idealismo hegeliano, "o movimento das categorias aparece [...] como o ato de produção efetivo [...] cujo resultado é o mundo efetivo" e que "o pensamento conceitualizante é o ser humano efetivo, e somente o mundo conceituado [...] é o mundo efetivo". Em suma, para Marx, a função do pensamento em Hegel não era apenas representar a realidade idealmente, mas também ser sua própria fundação. Inversamente, na perspectiva de Marx, as categorias econômicas existem como "relação abstrata [...] de um todo vivente, concreto, já dado"[113]; "elas expressam formas de ser, determinações de existência [*Daseinsformen, Existenzbestimmungen*]"[114] da sociedade burguesa moderna. O valor de troca, por exemplo, pressupõe a população e que ela produza dentro de relações determinadas. Em oposição a Hegel, Marx ressalta várias vezes que a "totalidade de pensamento, como um concreto de pensamento, é de fato um produto do pensar", mas certamente não é "um produto do conceito [...] que gera a si mesmo". Com efeito, o "sujeito real [...] continua a existir em sua autonomia fora da cabeça [...]. Por isso, também no método teórico o sujeito, a sociedade, tem de estar continuamente presente como pressuposto da representação"[115].

---

[109] Ver Mario Dal Pra, *La dialettica in Marx* (Bari, Laterza, 1965), p. 461.
[110] Karl Marx, *Grundrisse*, cit., p. 54-5.
[111] Ibidem, cit., p. 54.
[112] Ibidem, p. 54-5.
[113] Ibidem, p. 55.
[114] Ibidem, p. 59.
[115] Ibidem, p. 55.

Porém, na realidade, a interpretação marxiana da filosofia de Hegel não faz completamente jus à verdade. Algumas passagens da obra deste último mostram como seu pensamento, diferentemente do idealismo transcendental de Johann Gottlieb Fichte e do idealismo objetivo de Friedrich Schelling, não confundiu o movimento do conhecimento com o da ordem da natureza, o sujeito com o objeto. Na segunda seção da *Enciclopédia das ciências filosóficas*, de fato, Hegel escreveu: "Inicialmente, a filosofia pode determinar-se, em geral, como *consideração pensante dos objetos* [...] conteúdo humano da consciência, fundado graças ao pensar, não *aparece* primeiro *na forma de pensamento*, mas como sentimento, intuição, representação – *formas* a serem diferenciadas do pensar enquanto *forma*"[116].

Também na *Filosofia do direito*, no apêndice à seção 32 inserido por Eduard Gans na segunda edição de 1827[117], há alguns trechos que tornam problemática a interpretação do pensamento hegeliano feita nas páginas da "Introdução", e também mostram que as próprias reflexões de Marx podem ter sido influenciadas por ele[118]:

> não se pode [...] dizer que a propriedade existia [*dagewesen*] antes da família, mas é tratada como anterior a esta. Pode-se, portanto, colocar aqui a questão de por que não começamos com o momento supremo, isto é, com o concretamente verdadeiro. A resposta é: precisamente porque queremos ver a verdade na forma de um resultado, e isso pertence essencialmente, em primeiro lugar, à compreensão do próprio conceito abstrato. O real, a figura do conceito, é, portanto, para nós, antes de mais nada, o posterior e o posterior, ainda que na própria realidade seja o primeiro. Nosso avanço é que as formas abstratas se mostram não como subsistentes por si mesmas, mas como não verdadeiras.[119]

Dando continuidade às suas considerações, Marx se pergunta se as categorias simples poderiam existir antes e independentemente daquelas mais concretas. Ao examinar a categoria de posse, com a qual Hegel inicia a *Filosofia do direito*, Marx afirma que ela não poderia existir antes do surgimento de "relações muito mais concretas"[120], como a família, e que considerar um selvagem singular como possuidor seria um absurdo. A questão, porém, é mais complexa. O dinheiro, de fato, "pode

---

[116] Georg W. F. Hegel, *Enciclopédia das ciências filosóficas em compêndio*, cit., p. 40.
[117] Os "Apêndices" (*Zusätze*) de Gans, cujo rigor filológico foi questionado por mais de um comentarista, baseiam-se em alguns manuscritos de Hegel e nas transcrições de seus cursos sobre a *Filosofia do direito* após 1821, data da publicação da primeira edição.
[118] A esse propósito, ver Judith Jánoska et al., *Das "Methodenkapitel" von Karl Marx* (Basileia, Schwabe, 1994), p. 115-9.
[119] Georg W. F. Hegel, *Lineamenti di filosofia del diritto* (Roma-Bari, Laterza, 2005), p. 293-4. [ed. bras.: *Princípios da filosofia do direito*, trad. Orlando Vitorino, São Paulo, Martins Fontes, 2009]
[120] Karl Marx, *Grundrisse*, cit., p. 55.

existir, e existiu historicamente, antes que o capital, antes que os bancos, antes que o trabalho assalariado"[121]. Ele surgiu antes do desenvolvimento de realidades mais complexas, demonstrando que, em alguns casos, o caminho das categorias lógicas segue o percurso histórico – o que é mais desenvolvido é também posterior[122] – e "o curso do pensamento abstrato, que se eleva do mais simples ao complexo, corresponderia ao processo histórico efetivo"[123]. Na Antiguidade, o dinheiro desempenhava uma função dominante apenas entre as nações comerciais e, portanto, não aparece "historicamente em sua plenitude senão nas condições mais desenvolvidas da sociedade". Marx então concluiu que, "muito embora possa ter existido historicamente antes de outra mais concreta, a categoria mais simples, em seu pleno desenvolvimento intensivo e extensivo, pode pertencer precisamente a uma forma social complexa"[124].

Essa dedução mostra-se ainda mais válida quando é aplicada à categoria de trabalho. Embora o trabalho tenha surgido com a civilização dos primeiros seres humanos e seja, à primeira vista, um processo muito simples, Marx destaca que, "concebido economicamente [...] o 'trabalho' é uma categoria tão moderna quanto as relações que geram essa simples abstração"[125]. Os expoentes do metalismo e do mercantilismo, de fato, acreditavam que a fonte da riqueza está no dinheiro, razão pela qual atribuíam a ele maior importância do que ao trabalho. Subsequentemente, os fisiocratas consideraram este último criador de riqueza, mas apenas na forma específica de agricultura. Somente com a obra de Smith foi rejeitada "toda determinabilidade da atividade criadora de riqueza" e o trabalho não foi mais considerado numa forma particular, mas como "trabalho simplesmente, nem trabalho manufatureiro, nem comercial, nem agrícola, mas tanto um como os outros"[126]. Dessa forma, encontrou-se "a expressão abstrata para a relação mais simples e mais antiga em que os seres humanos – seja qual for a forma de sociedade – aparecem como produtores". Assim como o dinheiro, a categoria trabalho somente poderia ser obtida "com o desenvolvimento concreto mais rico", numa sociedade "onde um aspecto aparece como comum a muitos, comum a todos". Portanto, "a indiferença diante de

---

[121] Ibidem, p. 56, trad. modif.
[122] Ver ibidem, p. 190.
[123] Ibidem, p. 56, trad modif. Refletindo sobre a sociedade peruana, Marx lembrou também o caso contrário, a saber, que existiram "formas de sociedade muito desenvolvidas, embora historicamente imaturas, nas quais se verificam as mais elevadas formas da economia, por exemplo, cooperação, divisão do trabalho desenvolvida etc., sem que exista qualquer tipo de dinheiro, p. ex. o Peru".
[124] Ibidem, p. 56-7, trad. modif.
[125] Ibidem, p. 57.
[126] Idem.

um determinado tipo de trabalho pressupõe uma totalidade muito desenvolvida de tipos efetivos de trabalho, nenhum dos quais predomina sobre os demais"[127].

Ademais, na produção capitalista "o trabalho em geral" não é somente uma categoria, mas "corresponde a uma forma de sociedade em que os indivíduos passam com facilidade de um trabalho a outro, e em que o tipo determinado do trabalho é para eles contingente e, por conseguinte, indiferente"[128]. Sendo assim, o trabalho do trabalhador perde o caráter corporativo, artesanal, que tinha no passado e se converte em "trabalho em geral", "trabalho puro e simples", "não somente enquanto categoria, mas na efetividade"[129]. O trabalho assalariado "não é esse ou aquele trabalho, mas é trabalho por excelência, trabalho abstrato: absolutamente indiferente diante de sua *determinabilidade* particular, mas suscetível de qualquer determinação"[130]. Trata-se, em síntese, de "atividade puramente mecânica [...] indiferente à sua forma particular"[131].

Ao fim de seu discurso sobre a relação entre as categorias mais simples e as mais concretas, Marx chega à conclusão de que, nas formas mais modernas da sociedade burguesa – ele tem em mente os Estados Unidos da América –, a abstração da categoria "trabalho em geral" se tornou "verdadeira na prática". Assim, "a abstração mais simples, que a Economia moderna coloca no primeiro plano e que exprime uma relação muito antiga e válida para todas as formas de sociedade, tal abstração só aparece verdadeira na prática como categoria da sociedade mais moderna"[132]. Ou seja, como ele também reitera em outra parte dos *Grundrisse*, essa categoria "só devêm verdadeira com o desenvolvimento de um *modo material de produção* particular e de um estágio particular do desenvolvimento das *forças produtivas industriais*"[133].

---

[127] Idem.
[128] Ibidem, p. 58.
[129] Idem.
[130] Ibidem, p. 230.
[131] Ibidem, p. 231. Em outra passagem dos *Grundrisse*, de fato, Marx afirma que o "princípio desenvolvido do capital é justamente tornar supérflua a habilidade particular [...] consiste em colocar a perícia nas forças mortas da natureza" (ibidem, p. 488).
[132] Ibidem, p. 58.
[133] Ibidem, p. 231. Nos *Grundrisse*, Marx mostrou como, mesmo o "capital em geral", não era uma mera abstração, mas uma categoria que tinha "uma existência real" na sociedade capitalista. Assim como os capitais particulares pertencem aos capitalistas individuais, o capital em sua forma geral, isto é, o que se acumula nos bancos, que se torna o capital de uma determinada nação e que pode ser emprestado para ser valorizado, torna-se "desgraçadamente real". "Assim, se o universal, por um lado, é somente *differentia specifica* pensada, por outro, é forma real *particular* ao lado da forma do particular e do singular" (ibidem, p. 369-70).

A indiferença em relação a um determinado tipo de trabalho é, no entanto, um fenômeno comum a várias realidades históricas. Mesmo nesse caso, então, é preciso enfatizar as diferenças: "há uma maldita diferença entre bárbaros com disposição para ser empregados em tudo e civilizados que empregam a si próprios em tudo"[134]. Relacionando a abstração com a história real[135], mais uma vez Marx encontrou a confirmação de sua tese: "Esse exemplo do trabalho mostra com clareza como as próprias categorias mais abstratas, apesar de sua validade para todas as épocas – justamente por causa de sua abstração –, na determinabilidade dessa própria abstração, são igualmente produto de relações históricas e têm sua plena validade só para essas relações e no interior delas"[136].

Tendo feito essa consideração, Marx se volta para outra questão crucial. Em que ordem deveria apresentar as categorias na obra que pretendia escrever? Quando se pergunta se é o complexo que fornece os instrumentos para o entendimento do simples ou o contrário, ele opta decididamente pela primeira possibilidade. Assim se expressa Marx na "Introdução":

> A sociedade burguesa é a mais desenvolvida e diversificada organização histórica da produção. Por essa razão, as categorias que expressam suas relações e a compreensão de sua estrutura permitem simultaneamente compreender a organização e as relações de produção de todas as formas de sociedade desaparecidas, com cujos escombros e elementos edificou-se, parte dos quais ainda carrega consigo como resíduos não superados [...].[137]

É, pois, o presente que oferece as pistas para a reconstrução do passado. "A anatomia do ser humano é uma chave para a anatomia do macaco. Por outro lado, os indícios de formas superiores nas espécies animais inferiores só podem ser compreendidos quando a própria forma superior já é conhecida"[138]. Essa afirmação bem conhecida não deve, contudo, ser entendida em termos evolucionistas. De fato, Marx criticou explicitamente a concepção da assim "chamada evolução histórica", baseada no pressuposto banal de que "a última forma considera as formas precedentes como etapas até si mesma"[139]. Diferentemente dos teóricos do evolucionismo, que

---

[134] Ibidem, p. 58.
[135] A esse respeito, ver o que Marx escreveu a Engels numa carta de 2 de abril de 1858: "as determinações mais abstratas, cuidadosamente examinadas, referem-se sempre a uma base histórica mais concreta e determinada. (Naturalmente, porque são abstratas em sua determinação)"; *Marx Engels Opere*, v. 40, cit., p. 332.
[136] Idem, *Grundrisse*, cit., p. 58.
[137] Idem.
[138] Idem.
[139] Ibidem, p. 59, trad. modif.

explicam os organismos mais complexos partindo dos mais simples e postulam uma trajetória progressiva ingênua, Marx opta por um método lógico muito mais complexo e elabora uma concepção da história marcada pela sucessão de diferentes modos de produção (antigo, asiático, feudal, capitalista), visando explicar as diversas posições e funções que as categorias assumem neles[140]. Foi, portanto, a economia burguesa que forneceu as pistas para o entendimento das economias das épocas históricas precedentes – contudo, dadas as profundas diferenças entre sociedades, essas pistas devem ser tomadas com cautela. Marx, porém, repetiu enfaticamente que isso não poderia ser feito "de modo algum à moda dos economistas, que apagam todas as diferenças históricas e veem a sociedade burguesa em todas as formas de sociedade"[141].

Se esse raciocínio dá sequência aos anteriormente expressos em outros trabalhos, na "Introdução" o problema da ordem a ser atribuída às categorias econômicas foi enfrentado de forma diferente. Marx já havia tratado desse assunto em *Miséria da filosofia*, em que, contra Proudhon, que declarara não querer seguir "uma história segundo a ordem do tempo, mas sim segundo a sucessão das ideias"[142], criticou a ideia de "construir o mundo pelo movimento do pensamento"[143]. Em seu texto de 1847, polemizando com o método lógico-dialético utilizado por Proudhon e Hegel, ele preferiu, portanto, a sequência rigorosamente histórica. Contudo, a posição tomada dez anos depois na "Introdução" foi outra. O critério da sucessão cronológica das categorias científicas foi rejeitado em favor de um método lógico com confirmação histórico-empírica. Como é o presente que ajuda a compreender o passado, a estrutura do homem que ajuda a entender a do macaco, é necessário partir da análise da sociedade mais madura, a capitalista, e, em particular, do elemento que prevalece sobre todos os outros: o capital. "O capital é a potência econômica da sociedade burguesa que tudo domina. Tem de constituir tanto o ponto de partida quanto o ponto de chegada"[144]. Daí, Marx concluiu:

> Seria impraticável e falso, portanto, deixar as categorias econômicas sucederem-se umas às outras na sequência em que foram determinantes historicamente. A sua ordem é determinada, ao contrário, pela relação que têm entre si na moderna sociedade burguesa,

---

[140] Ver Stuart Hall, "Marx's Notes on Method", cit., p. 133. Esse autor notou, com razão, que a teoria desenvolvida por Marx representa uma ruptura com o historicismo, embora não seja uma ruptura com a importância do desenvolvimento histórico.

[141] Karl Marx, *Grundrisse*, cit., p. 58.

[142] Pierre-Joseph Proudhon, *Sistema das contradições econômicas, ou Filosofia da miséria*, t. 1 (trad. J. C. Morel, São Paulo, Ícone, 2003), p. 228.

[143] Karl Marx, *Miséria da filosofia*, cit., p. 101.

[144] Idem, *Grundrisse*, cit., p. 60.

e que é exatamente o inverso do que aparece como sua ordem natural ou da ordem que corresponde ao desenvolvimento histórico. Não se trata da relação que as relações econômicas assumem historicamente na sucessão de diferentes formas de sociedade. Muito menos de sua ordem "na ideia" ([como em] Proudhon) (uma representação obscura do movimento histórico). Trata-se, ao contrário, de sua estruturação no interior da moderna sociedade burguesa.[145]

Em suma, a disposição das categorias numa ordem lógica exata e o progresso da história real não são de forma alguma coincidentes e, por outro lado, como Marx também escreveu nos manuscritos do Livro III de *O capital*, "toda a ciência seria supérflua se a forma de manifestação e a essência das coisas coincidissem imediatamente"[146].

Divergindo, portanto, do empirismo dos primeiros economistas modernos, que resultava na dissolução de elementos concretos em definições abstratas; do método dos economistas clássicos, que reduziam o pensamento sobre a realidade à própria realidade; do idealismo filosófico – segundo Marx, inclusive do hegeliano –, que ele acusava de atribuir ao pensamento a capacidade de gerar o concreto; das concepções gnoseológicas que contrapunham rigidamente formas de pensamento e realidade objetiva; do historicismo, que dissolvia o momento lógico no momento histórico; e, finalmente, de sua própria convicção exposta em *Miséria da filosofia*, de seguir essencialmente "a marcha da história", Marx chegou à sua própria síntese[147]. A sua relutância em estabelecer uma correspondência biunívoca entre o concreto e o pensamento levou-o a separar os dois momentos, atribuindo ao primeiro uma existência presumida e independente em relação ao pensamento e reconhecendo ao último a sua especificidade, ou uma ordem diferente na exposição de categorias em relação ao que se manifesta no processo histórico real[148]. Para evitar que o processo cognitivo se limitasse simplesmente a repetir os estágios dos acontecimentos históricos, era necessário utilizar um processo abstrativo e, portanto, determinações categoriais que permitissem a interpretação da sociedade em toda a sua complexidade. Por outro lado, para ser realmente útil a esse propósito, a abstração tinha de ser constantemente comparada com as diversas realidades históricas, de tal forma que as determinações lógicas gerais pudessem ser distinguidas das relações históricas concretas. A concepção marxiana da história ganhava assim em eficácia e incisivida-

---

[145] Idem.
[146] Idem, *O capital*, Livro III, cit., p. 880.
[147] Idem, *Miséria da filosofia*, cit., p. 109.
[148] Ver Louis Althusser, Jacques Rancière e Pierre Macherey, *Ler O capital*, v. 1 (trad. Nathanael C. Caixeiro, Rio de Janeiro, Zahar, 1979), p. 49-50; e Louis Althusser, Étienne Balibar e Roger Establet, *Ler O capital*, v. 2 (trad. Nathanael C. Caixeiro, Rio de Janeiro, Zahar, 1980), p. 23-4.

de: rejeitada a simetria entre ordem lógica e ordem histórica, o momento histórico se tornaria decisivo para o entendimento da realidade, enquanto o lógico tornaria possível conceber a história como algo além de uma simples cronologia de eventos[149]. Para Marx, de fato, não era necessário reconstruir a gênese histórica de cada relação econômica para entender a sociedade e então dar uma descrição adequada dela. Como ele assinala numa passagem dos *Grundrisse*:

> o nosso método indica os pontos onde a análise histórica tem de ser introduzida, ou onde a economia burguesa, como simples figura histórica do processo de produção, aponta para além de si mesma, para modos de produção anteriores. Por essa razão, para desenvolver as leis da economia burguesa não é necessário escrever a história efetiva das relações de produção. Mas a sua correta observação e dedução, como relações elas próprias que devieram históricas, levam sempre a primeiras equações [...] que apontam para um passado situado detrás desse sistema. Tais indicações, juntamente com a correta apreensão do presente, fornecem igualmente a chave para a compreensão do passado. [...] Por outro lado, esse exame correto também leva a pontos nos quais se delineia a superação da presente configuração das relações de produção – e, assim, o movimento nascente, a prefiguração do futuro. Se as fases pré-burguesas aparecem como *simplesmente históricas*, *i.e.*, como pressupostos superados, de maneira que as condições atuais da produção aparecem *abolindo a si mesmas* e pondo-se, consequentemente, como *pressupostos históricos* para um novo estado de sociedade.[150]

O método desenvolvido por Marx o equipou com ferramentas não só para entender as diferenças entre os modos pelos quais a produção se manifestou na

---

[149] A complexidade do método sintetizado por Marx é demonstrada pelo fato de ter sido deturpado não apenas por muitos de seus estudiosos, mas também pelo próprio Friedrich Engels. Este último, de fato, que não havia lido as teses expostas na "Introdução", escreveu numa resenha de 1859 da *Contribuição à crítica da economia política* que Marx, depois de ter elaborado seu método, poderia ter empreendido a crítica da economia política "de duas maneiras: a história e a lógica". No entanto, como a "história se desenvolve, frequentemente, em saltos e em zigue-zagues, e assim ela deveria ser seguida em toda a sua trajetória [...] o único método indicado era o lógico". No entanto, Engels erroneamente concluiu que esse método nada mais era do que "método histórico despojado unicamente de sua forma histórica e das casualidades perturbadoras. Lá, onde começa essa história, deve começar também o processo de reflexão; e o desenvolvimento posterior desse processo não será mais que a imagem refletida, de forma abstrata e teoricamente consequente, da trajetória"; Friedrich Engels, "Comentários sobre a *Contribuição à crítica da economia política*, de Karl Marx", em Karl Marx, *Contribuição à crítica da economia política*, cit., p. 282-3. Em suma, Engels defendeu o paralelismo entre história e lógica que Marx havia rejeitado categoricamente na "Introdução". Essa posição foi assim atribuída a este último e mais tarde se tornou, com a interpretação marxista-leninista, ainda mais esquemática e infrutífera do ponto de vista epistemológico.

[150] Karl Marx, *Grundrisse*, cit., p. 378-9.

história, mas também para discernir no presente as tendências que prefiguravam um novo modo de produção, diferenciando-se, portanto, de todos aqueles que proclamaram que o capitalismo era historicamente insuperável. Suas pesquisas, inclusive as epistemológicas, nunca tiveram uma motivação exclusivamente teórica, sempre foram motivadas pela necessidade de interpretar o mundo para melhor engajar a luta política que visa a transformá-lo.

De fato, Marx interrompe o parágrafo sobre o método justamente com um esboço sobre a ordem em que pretendia escrever sua "Economia". Esse é o primeiro dos inúmeros planos para a sua obra, elaborados várias vezes ao longo de sua vida, seguindo as reflexões já expostas nas páginas anteriores da "Introdução". Antes de embarcar na escrita dos *Grundrisse*, era sua intenção tratar dos seguintes aspectos:

> 1) as determinações universais abstratas, que, por essa razão, correspondem mais ou menos a todas as formas de sociedade [...]. 2) As categorias que constituem a articulação interna da sociedade burguesa e sobre as quais se baseiam as classes fundamentais. Capital, trabalho assalariado, propriedade fundiária. [...] 3) Síntese da sociedade burguesa na forma do Estado. Considerada em relação a si mesma. [...] 4) Relação internacional da produção [...]. Troca internacional. [...] 5) O mercado mundial e as crises.[151]

Tal era, pelo menos, o esquema concebido por Marx em agosto de 1857, esquema esse que depois passou por sucessivas alterações.

5.5. A relação desigual entre a produção material e a produção intelectual

A última seção da "Introdução" consiste numa breve e fragmentária lista de oito pontos que Marx pretendia tratar em sua obra, além de algumas considerações sobre a relação entre a arte grega e a sociedade moderna. Dos oito pontos, as principais questões apontadas dizem respeito à convicção de que as características do trabalho assalariado se manifestaram no exército antes mesmo de se manifestarem na sociedade burguesa; à ideia de uma dialética entre forças produtivas e relações de produção; à constatação de um "desenvolvimento desigual" (*ungleiche Entwicklung*) entre as relações de produção e as relações jurídicas, em especial na derivação do direito da sociedade burguesa nascente a partir do direito romano privado. Entretanto, tudo isso foi escrito como um memorando, sem nenhuma ordem, e fornece apenas uma ideia muito vaga do pensamento de Marx sobre essas questões.

Suas reflexões sobre arte, porém, são um pouco mais desenvolvidas e concentram-se na "relação desigual [*unegale Verhältnis*] do desenvolvimento da produção

---

[151] Ibidem, p. 61.

material com, por exemplo, o desenvolvimento artístico"[152]. Marx já havia abordado a relação entre produção e formas da consciência em dois trabalhos de juventude. Nos *Manuscritos econômico-filosóficos de 1844*, havia sustentado que "religião, família, Estado, direito, moral, ciência, arte etc., são apenas formas particulares da produção e caem sob a sua lei geral"[153], ao passo que, em *A ideologia alemã*, declarou: "A produção de ideias, de representações, da consciência, está, em princípio, imediatamente entrelaçada com a atividade material e com o intercâmbio material dos homens [...]. O representar, o pensar, o intercâmbio espiritual dos homens ainda aparecem, aqui, como emanação direta [*direkter Ausfluß*] de seu comportamento material"[154].

Na "Introdução", porém, longe de estabelecer um paralelismo rígido entre as duas esferas, critério posteriormente adotado erroneamente por muitos marxistas, Marx evidenciou que não havia relação direta entre o desenvolvimento socioeconômico e o da produção artística. Provavelmente reelaborando algumas reflexões acerca de *De la littérature du midi de l'Europe* [Sobre a literatura do sul da Europa], de Jean Charles Léonard Simonde de Sismondi, lidas e resumidas num de seus cadernos de excertos em 1852[155], ele escreveu: na "arte, é sabido que determinadas épocas de florescimento não guardam nenhuma relação com o desenvolvimento geral da sociedade, nem, portanto, com o da base material [*materiellen Grundlage*], que é, por assim dizer, a ossatura de sua organização"[156]. Além disso, ele observou que algumas formas de arte, como a épica, "só são possíveis em um estágio pouco desenvolvido do desenvolvimento artístico. Se esse é o caso na relação dos diferentes gêneros artísticos no domínio da arte, não surpreende que seja também o caso na relação do domínio da arte como um todo com o desenvolvimento geral da sociedade"[157]. De fato, a arte grega pressupunha a mitologia grega, ou seja, uma representação "inconscientemente artística" das formas sociais. Numa sociedade avançada como a moderna, em que a natureza é concebida racionalmente pelos homens e não mais como uma potência estrangeira que está diante deles, a mitologia perdeu sua razão de ser e o épico não pode mais se repetir: "é possível Aquiles com pólvora e chumbo?

---

[152] Ibidem, p. 62.
[153] Idem, *Manuscritos econômico-filosóficos*, cit., p. 106.
[154] Karl Marx e Friedrich Engels, *A ideologia alemã*, cit., p. 93.
[155] Sismondi havia notado que os momentos mais altos da literatura antiga francesa, italiana, espanhola e portuguesa ocorreram em coincidência com os períodos de declínio social das mesmas sociedades que os expressaram. Os excertos de Marx concernentes à obra de Sismondi ainda são inéditos e serão publicados no volume IV/10 da MEGA². O autor agradece a Klaus Pezold pelas informações relativas aos manuscritos marxianos.
[156] Karl Marx, *Grundrisse*, p. 62.
[157] Ibidem, p. 63-4.

Ou mesmo a *Ilíada* [...] com a máquina de imprimir? Com a alavanca da prensa, não desaparecem necessariamente a canção, as lendas e a musa, não desaparecem, portanto, as condições necessárias da poesia épica?"[158].

Para Marx, portanto, a arte e, de maneira mais geral, a produção intelectual dos homens deve ser investigada em relação às condições materiais, mas sem jamais estabelecer uma correspondência rígida entre os dois momentos. Do contrário, cair-se-ia no erro que Marx atribui a Voltaire nas *Teorias da mais-valia*, a saber, o de acreditar que, como os modernos são "mais avançados do que os antigos em mecânica [...] também deve[ria]m ser capazes de produzir um poema épico"[159].

Após as considerações relativas ao artista enquanto sujeito que cria, a produção artística foi levada em consideração no que diz respeito ao público que a usufrui. Esse tema apresentou maiores dificuldades interpretativas. Para Marx, de fato, o problema não estava "em compreender que a arte e o epos gregos estão ligados a certas formas de desenvolvimento social. A dificuldade é que ainda nos proporcionam prazer artístico e, em certo sentido, valem como norma e modelo inalcançável"[160]. A complexidade estava em entender por que as criações artísticas da Antiguidade ainda agradavam aos homens modernos. Segundo Marx, os modernos se comprazem com o mundo grego porque este representa "a infância histórica da humanidade", um período que exerce "um eterno encanto como um estágio que não volta jamais". Daí a conclusão: "o encanto de sua arte [a dos gregos], para nós, não está em contradição com o estágio social não desenvolvido em que cresceu. Ao contrário, é seu resultado e está indissoluvelmente ligado ao fato de que as condições sociais imaturas sob as quais nasceu, e somente das quais poderia nascer, não podem retornar jamais"[161]. O valor das afirmações sobre estética contidas na "Introdução" não reside nas soluções pouco elaboradas e às vezes pouco convincentes que Marx

---

[158] Ibidem, p. 63. Friedrich Theodor Vischer, em seu *Ästhetik oder Wissenschaft des Schönen* (Hildesheim, Olms, 1975, 3 v.), também tratou da força dissolutiva dos mitos operados pelo capitalismo. Marx inspirou-se nessa obra e resumiu algumas de suas partes num de seus cadernos de excertos, apenas três meses antes da redação da "Introdução". A abordagem dos dois autores, no entanto, não poderia ter sido mais distinta. Vischer deplora romanticamente o empobrecimento estético da cultura causada pelo capitalismo e considera este último uma realidade imutável. Marx, ao contrário, ao mesmo tempo que se esforça constantemente para superar o capitalismo, destaca que ele representa, tanto material quanto ideologicamente, uma realidade mais avançada do que os modos de produção anteriores. Ver György Lukács, *Contributi alla storia dell'estetica* (Milão, Feltrinelli, 1966), p. 306-7.

[159] Karl Marx, "Teorie sul plusvalore I", em *Marx Engels Opere*, v. 34 (Roma, Editori Riuniti, 1979), p. 295 [ed. bras.: *Teorias da mais-valia*, trad. Reginaldo Sant'Anna, São Paulo, Difel, 1985].

[160] Idem, *Grundrisse*, cit., p. 63.

[161] Ibidem, p. 63-4.

oferece, mas sim no enfoque antidogmático sobre as relações entre as formas da produção material, de um lado, e as criações e os comportamentos intelectuais, de outro. Sua consciência sobre o "desenvolvimento desigual" existente entre eles implicava a rejeição de qualquer procedimento esquemático que postulasse uma relação uniforme entre as várias esferas da totalidade social[162]. Mesmo a bem conhecida tese incluída no "Prefácio" da *Contribuição à crítica da economia política*, publicado dois anos depois de Marx ter escrito a "Introdução" – "o modo de produção da vida material condiciona [*bedingt*] o processo de vida social, política e intelectual"[163] – não deve ser interpretada em sentido determinista[164], e deve ser claramente diferenciada da leitura estreita e previsível do "marxismo-leninismo", na qual os fenômenos superestruturais da sociedade são mero reflexo da existência material dos seres humanos[165].

5.6. Além da "Introdução" de 1857

Quando Marx começou a escrever os *Grundrisse*, sua intenção era iniciar a obra com uma seção sobre a metodologia adotada em sua pesquisa. A "Introdução" não foi escrita apenas para autoesclarecimento, mas deveria representar, assim como nos escritos de outros economistas, o lugar das observações preliminares sobre os critérios gerais seguidos no decorrer do trabalho. Contudo, em junho de 1859, quando publicou a primeira parte de seus estudos no volume *Contribuição à crítica da economia política*, ele decidiu omitir a seção que tratava de sua motivação: "suprimo uma introdução geral que esbocei porque, depois de refletir bem a respeito, me pareceu que antecipar resultados que estão para ser demonstrados poderia ser desconcertante e o leitor que se dispuser a me seguir terá que se decidir a se elevar do particular ao geral [*von dem*

---

[162] Ibidem, p. 62.
[163] Ver Karl Marx, *Contribuição à crítica da economia política*, cit., p. 5.
[164] Reforçando esse raciocínio, há uma nota da edição francesa de *O capital* de 1872-1875 na qual, citando essa passagem de sua obra, Marx preferiu traduzir a frase com o verbo *dominer* [dominar]: "le mode de production de la vie materielle domine en général le développement de la vie sociale, politique et intellectuelle"; Karl Marx, *Le capital*, MEGA², v. II/7 (Berlim, Dietz, 1989), p. 62. Ele evitou, dessa forma, apresentar uma relação automática entre os dois momentos. Ver Maximilien Rubel, *Karl Marx: saggio di biografia intellettuale* (Milão, Colibrì, 2001), p. 283.
[165] A vulgarização mais difundida dessa interpretação deve-se a Josef Stálin, que em "Del materialismo dialettico e del materialismo storico", em *Opere scelte* (Milão, Movimento Studentesco, 1973), argumentou que "o mundo material representa uma realidade objetiva [...] [e] a vida espiritual da sociedade é um reflexo dessa realidade objetiva" (ibidem, p. 927): "qualquer que seja o ser social, quaisquer que sejam as condições da vida material da sociedade, tais são as ideias, as teorias, as concepções políticas, instituições políticas da sociedade" (ibidem, p. 92).

Einzelnen zum Allgemeinen aufzustigen]"[166]. Assim, o objetivo norteador de 1857, "ascender do abstrato ao concreto"[167], mudou no texto de 1859 para "se elevar do particular para o geral"[168]. O ponto de partida da "Introdução" – as determinações mais abstratas e universais – foi substituído sem nenhuma explicação, já que o texto de 1857 permanecera inédito, pela análise de uma categoria concreta e historicamente determinada: a mercadoria. Na verdade, já na última passagem dos *Grundrisse*, depois de centenas de páginas em que analisa escrupulosamente o modo de produção capitalista e os conceitos da economia política, Marx afirma que "a primeira categoria em que se apresenta a riqueza burguesa é a da *mercadoria*"[169]. Ele viria a dedicar à sua investigação o primeiro capítulo tanto da *Contribuição à crítica da economia política* quanto de *O capital*, no qual a mercadoria é definida como a "forma elementar"[170] da sociedade capitalista, o "particular" do qual a pesquisa tinha de começar.

Em vez da introdução planejada, Marx abriu a obra de 1859 com um breve "Prefácio" no qual esboçou sucintamente sua biografia intelectual e a chamada concepção materialista da história. Subsequentemente, ele não se engajou mais no discurso sobre o método, exceto em ocasiões muito raras e com poucas e rápidas observações. Certamente a mais importante dessas foi o "Posfácio" de 1873 ao primeiro volume de *O capital*, no qual, tendo sido provocado pelas resenhas que acompanharam sua publicação, ele não pôde resistir a se manifestar sobre seu método de investigação e revisitar alguns dos temas presentes na "Introdução". Outra razão para isso foi a necessidade que ele sentiu de ressaltar a diferença entre método de exposição e método de investigação: enquanto o primeiro podia começar com o geral, movendo-se da forma universal para aquelas historicamente determinadas e, assim, confirmando a formulação de 1857, "partindo do abstrato para o concreto", o último tinha de começar da realidade imediata e, como ele afirmou em 1859, mover-se "do particular para o geral":

> deve-se distinguir o modo de exposição [*Darstellungsweise*] segundo sua forma do modo de investigação [*Forschungsweise*]. A investigação tem de se apropriar da matéria [*Stoff*] em seus detalhes, analisar suas diferentes formas de desenvolvimento e rastrear seu nexo interno. Somente depois de consumado tal trabalho é que se pode expor adequadamente o movimento real.[171]

---

[166] Karl Marx, *Contribuição à crítica da economia política*, cit., p. 45-6.
[167] Idem, *Grundrisse*, cit., p. 54.
[168] Idem, *Contribuição à crítica da economia política*, cit., p. 46.
[169] Idem, *Grundrisse*, cit., p. 756.
[170] Idem, *O capital*, Livro I, cit., p. 113.
[171] Ibidem, p. 90. Marx acrescentou que, quando isso é feito, "o observador pode ter a impressão de se encontrar diante de uma construção *a priori*", mas, na realidade, o resultado alcançado é a

Nas obras posteriores à "Introdução", Marx não mais escreveu sobre questões de método da forma aberta e problematizadora que caracterizou aquele texto de 1857, mas de modo acabado e sem deixar transparecer a complexa gênese de sua elaboração[172]. Por essa razão, as páginas da "Introdução" são extraordinariamente relevantes. Num embate direto com as ideias de alguns dos maiores economistas e filósofos da história, Marx reafirma ali convicções profundas e chega a aquisições teóricas significativas. Acima de tudo, ele quer insistir novamente na especificidade histórica do modo capitalista de produção e de suas relações sociais. Em segundo lugar, ele considera produção, distribuição, troca e consumo uma totalidade, na qual a produção constitui o elemento que predomina sobre as demais partes do todo. Além disso, com relação à reprodução da realidade no pensamento, Marx não recorre a um método meramente histórico, mas faz uso da abstração e reconhece seu valor para a construção do caminho do conhecimento. Finalmente, ele sublinha a relação desigual que existe entre o desenvolvimento das relações de produção e o das formas da consciência.

Nos cem anos transcorridos desde sua publicação, as reflexões contidas na "Introdução" fizeram dela um texto indispensável do ponto de vista teórico e fascinante do ponto de vista literário para todos os intérpretes e leitores sérios de Marx. Esse será certamente o caso também para os que tomarem conhecimento de sua obra nas gerações futuras.

---

representação do concreto no pensamento. A esse respeito, ver uma de suas importantes afirmações contidas numa carta a Engels, de 1º de fevereiro de 1858, na qual, a respeito de Lassalle, declarava: "Ele aprenderá da maneira mais difícil que uma coisa é conduzir, por meio da crítica, uma ciência a ponto de poder expô-la dialeticamente, e outra é usar um sistema de lógica abstrato e pré-fabricado"; *Marx Engels Opere*, v. 40, cit., p. 288.

[172] Ver Terrell Carver, "A Commentary on the Text", em Karl Marx, *Texts on Method*, cit., p. 135.

6
Difusão e recepção dos *Grundrisse* no mundo
Uma contribuição para a história do marxismo*

6.1. 1858-1953: cem anos de solidão

Ao deixar de lado os *Grundrisse*, em maio de 1858, para se dedicar ao trabalho de *Contribuição* à *crítica da economia política*, Marx utilizou passagens daquele na elaboração deste último texto, mas referiu-se pouquíssimas vezes a ele novamente. Na verdade, embora tivesse o hábito de fazer referência a seus próprios estudos precedentes, chegando a transcrever passagens inteiras deles, os manuscritos preparatórios de *O capital*, com exceção daqueles de 1861-1863, não contêm nenhuma referência aos *Grundrisse*. Essa obra se situa entre tantos outros esboços em que Marx não teve intenção de se deter, pois estava cada vez mais absorto na solução de problemas específicos de que esses escritos não tratavam.

Não há qualquer certeza sobre o assunto, mas é provável que nem mesmo Friedrich Engels tenha lido os *Grundrisse*. Como é sabido, até sua morte, Marx logrou terminar apenas o primeiro volume de *O capital*, e os manuscritos inacabados do segundo e do terceiro volumes foram selecionados e reunidos por Engels para publicação. No curso desse trabalho, Engels deve ter examinado dezenas de cadernos contendo esboços preliminares de *O capital*, e é plausível admitir que, ao colocar alguma ordem na montanha de papéis, ele tenha folheado os *Grundrisse* e concluído que era uma versão prematura do trabalho de seu amigo – anterior até à *Contribuição* à *crítica da economia política* de 1859 – e que não poderia, portanto, ser utilizada para seus propósitos. Além disso, Engels nunca se referiu aos *Grundrisse*,

---

* Uma versão parcial deste texto foi publicada pela primeira vez em português na revista *Crítica Marxista*, n. 28, 2009, p. 99-108. A tradução foi feita por Danilo Enrico Martuscelli. A tradução dos novos trechos e a revisão da tradução para esta edição são de Diego Silveira Coelho Ferreira. (N. E.)

nem em seus prefácios aos dois volumes de *O capital* que se encarregou de publicar, nem em seu vasto epistolário.

Depois da morte de Engels, grande parte dos textos originais de Marx foi entregue ao arquivo do Partido Social-Democrata Alemão (SPD) em Berlim, onde foram tratados com extrema negligência. Os conflitos políticos dentro do partido impediram a publicação das significativas e volumosas obras inéditas de Marx, além de facilitarem a dispersão de seus manuscritos, comprometendo, durante muito tempo, a possibilidade de uma edição completa de suas obras. Ademais, ninguém ficou responsável por realizar um inventário do legado intelectual de Marx, de modo que os *Grundrisse* continuaram desconhecidos junto com outros textos.

A única parte desse legado que veio ao conhecimento público nesse período foi a "Introdução", que Karl Kautsky publicou em 1903 na revista *Die Neue Zeit* [O novo tempo] com uma breve nota em que o texto é apresentado como um "esboço incompleto", datado de 23 de agosto de 1857. Argumentando que o texto era a introdução para a obra magna de Marx, Kautsky deu a ele o título *Einleitung zu einer Kritik der politischen Ökonomie* [Introdução à crítica da economia política] e afirmou que, "apesar de seu caráter incompleto", o texto "ofereceu um número vasto de novos pontos de vista"[1]. De fato, o texto provocou grande interesse: as primeiras versões em outras línguas foram em francês (1903) e em inglês (1904), e ele passou a circular ainda mais rapidamente depois de Kautsky publicá-lo em 1907 como um apêndice à *Contribuição à crítica da economia política*. Cada vez mais traduções apareceram – incluindo a russa (1922), a japonesa (1926), a grega (1927) e a chinesa (1930) –, até que se tornou um dos trabalhos mais comentados de toda a produção teórica de Marx.

Enquanto a "Introdução" contou com a sorte, os *Grundrisse* continuaram desconhecidos por um longo período. É difícil acreditar que Kautsky não tenha tomado conhecimento, junto com a "Introdução", do manuscrito inteiro dos *Grundrisse*. Ainda assim, Kautsky nunca fez qualquer menção a ele e, quando pouco depois decidiu publicar alguns dos escritos ainda desconhecidos de Marx, concentrou-se somente naqueles do período de 1861-1863, que vieram à tona entre 1905 e 1910 com o título *Theorien über den Mehrwert* [Teorias do mais-valor].

A descoberta "oficial" dos *Grundrisse* ocorreu em 1923, graças a David Riazanov, diretor do Instituto Marx-Engels de Moscou e organizador da *Marx-Engels-Gesamtausgabe* (MEGA), as obras completas de Marx e Engels. Depois de examinar o

---

[1] Karl Marx, "Einleitung zu einer Kritik der politischen Ökonomie", *Die Neue Zeit*, ano 21, n. 1, p. 710. A afirmação de Karl Kautsky está na nota 1 da publicação.

Nachlaß [Espólio] de Berlim, ele tornou pública a existência dos *Grundrisse* numa comunicação, na Academia Socialista de Moscou, sobre a obra de Marx e Engels:

> encontrei entre os textos de Marx uns oito cadernos de estudos de economia. [...] O manuscrito pode ser datado de meados dos anos 1850 e contém os primeiros esboços de *O capital*, cujo título ele não havia ainda cunhado na época, e representa [também] a primeira versão de sua *Contribuição* à *crítica da economia política*.[2]

"Num desses cadernos", prossegue Riazanov, "Kautsky encontrou a 'Introdução' à *Contribuição* à *crítica da economia política*" e considerou o conjunto dos manuscritos preparatórios de *O capital* de "interesse excepcional para aqueles que abordam o desenvolvimento intelectual de Marx e de seu próprio método de trabalho e pesquisa"[3].

Por meio de um acordo entre o Instituto Marx-Engels, o Instituto de Pesquisa Social, de Frankfurt, e o Partido Social-Democrata alemão (que ainda tinha a custódia do *Nachlaß* de Marx e Engels) para a publicação da MEGA, os *Grundrisse* foram fotografados com muitos outros escritos inéditos e as cópias dos originais começaram a ser estudadas por especialistas em Moscou. Entre 1925 e 1927, Pavel Veller, colaborador do Instituto Marx-Engels, catalogou todos os materiais preparatórios de *O capital*, sendo os *Grundrisse* o primeiro. Em 1931, eles foram completamente desvendados e datilografados e, em 1933, foi publicado, em russo, o "Capítulo do dinheiro", ao qual se seguiu uma edição em alemão, dois anos depois. Finalmente, em 1936, o Instituto Marx-Engels-Lênin (sucessor do Instituto Marx-Engels) adquiriu seis dos oito cadernos dos *Grundrisse*, o que possibilitou a solução do restante dos problemas editoriais[4].

Dessa forma, os *Grundrisse* puderam finalmente ser publicados. Eles foram o último manuscrito importante de Marx – um trabalho extenso de um dos mais férteis períodos de sua vida – a vir a público, e isso aconteceu em Moscou, sob a organização de Veller, que lhe deu o título *Grundrisse der Kritik der politischen Ökonomie (Rohentwurf) 1857-1858* [Esboços da crítica da economia política (rascunho)]. Dois anos mais tarde, ele surge com um apêndice ("Anhang") que inclui os comentários de Marx de 1850-1851 sobre os *Princípios de economia política e tributação*, de Ricardo, suas

---

[2] David Riazanov, "Neueste Mitteilungen über den literarischen Nachlaß von Karl Marx und Friedrich Engels", *Archiv für die Geschichte des Sozialismus und der Arbeiterbewegung*, ano 11, 1925, p. 393-4.
[3] Ibidem, p. 394.
[4] Ver Ernst Theodor Mohl, "Germany, Austria and Switzerland", em Marcello Musto (org.), *Karl Marx's "Grundrisse". Foundations of the Critique of Political Economy 150 Years Later* (Londres/Nova York, Routledge, 2008), p. 189.

observações sobre "Bastiat e Carey", seu próprio sumário dos *Grundrisse* e, finalmente, o material preparatório ("Urtext") da *Contribuição* à *crítica da economia política*, de 1859. O prefácio do Instituto Marx-Engels-Lênin para a edição de 1939 destacou seu excepcional valor: "o manuscrito de 1857-1858, publicado na íntegra pela primeira vez neste volume, marcou uma decisiva fase na obra econômica de Marx"[5].

Embora as linhas editoriais e o formato da publicação fossem semelhantes, os *Grundrisse* não foram incluídos nos volumes da MEGA, mas apareceram em uma edição à parte. Além disso, a proximidade entre sua publicação e o início da Segunda Guerra Mundial fez com que a obra permanecesse virtualmente desconhecida: as três mil cópias produzidas rapidamente se tornaram muito raras e pouquíssimas delas conseguiram atravessar as fronteiras soviéticas. Os *Grundrisse* não foram publicados na *Sočinenija* [Obras completas] de 1928-1947, a primeira edição russa das obras de Marx e Engels, e sua primeira reimpressão em alemão teve de aguardar até 1953. Embora seja surpreendente que um texto como os *Grundrisse* tenha sido publicado ainda durante a era Stálin, certamente herético em relação aos então indiscutíveis cânones do *Diamat* (*Dialekticeskij materializm*, materialismo dialético), devemos também lembrar que foi naquela época o mais importante dos escritos de Marx a não circular na Alemanha. Por isso, sua publicação posterior, parte das comemorações do *Karl-Marx-Jahr* [Ano Karl Marx], referentes ao septuagésimo aniversário da morte de seu autor e do centésimo trigésimo de seu nascimento, atingiu as trinta mil cópias em Berlim.

Escritos em 1857-1858, os *Grundrisse* foram disponibilizados para leitura em todo o mundo apenas a partir de 1953, depois de quase cem anos de solidão.

6.2. Quinhentas mil cópias circulando no mundo

Apesar da ressonância desse importante e consistente novo manuscrito preparatório de *O capital*, e apesar do valor teórico atribuído a ele, as edições dos *Grundrisse* em outras línguas demoraram a aparecer.

Assim como ocorreu com a "Introdução", outro excerto dos *Grundrisse* – as "[Formas que precederam a produção capitalista]" – despertou interesse antes mesmo da íntegra do manuscrito. Esse excerto foi traduzido para o russo em 1939, e do russo para o japonês entre 1947 e 1948. Posteriormente, a edição alemã separada dessa parte e uma tradução para o inglês contribuíram para assegurar a esse excerto um grande número de leitores. À primeira edição, que surgiu na Alemanha em 1952

---

[5] Marx-Engels-Lenin-Institut, "Vorwort", em Karl Marx, *Grundrisse der Kritik der politischen Ökonomie (Rohentwurf) 1857-1858* (Moscou, Verlag für Fremdsprachige Literatur, 1939), p. VII.

como parte da *Kleine Bücherei des Marxismus-Leninismus* [Pequena Biblioteca do Marxismo-Leninismo], seguiram-se as versões húngara e italiana (de 1953 e 1954, respectivamente). A segunda edição, publicada na Inglaterra em 1964, contribuiu para difundir o texto nos países anglófonos, e, traduzida na Argentina (1966) e na Espanha (1967), para sua difusão também entre os leitores de língua espanhola. O organizador dessa edição inglesa, Eric Hobsbawm, acrescentou um prefácio que ajudou a relevar sua importância: conforme observou, as "[Formas que precederam a produção capitalista]" eram "a tentativa mais sistemática de enfrentar o problema da evolução histórica" já realizada por Marx, e "pode-se afirmar, sem hesitação, que qualquer discussão histórica marxista realizada sem levar em consideração este trabalho [...] terá de ser reconsiderada à luz dele"[6]. De fato, cada vez mais especialistas em todo o mundo começaram a se interessar por esse texto, que apareceu em muitos outros países e estimulou importantes discussões historiográficas em todos os lugares.

As traduções integrais dos *Grundrisse* foram iniciadas no final da década de 1950. Sua difusão foi lenta, mas permanente, o que permitiu uma apreciação mais completa e, em alguns aspectos, diferente da obra de Marx. Os melhores intérpretes dos *Grundrisse* leram-no na língua original, mas seu estudo mais amplo – entre os especialistas que não liam em alemão e, sobretudo, entre os militantes políticos e estudantes universitários – só ocorreu depois de sua publicação em várias outras línguas.

As primeiras a aparecer foram no Oriente: no Japão (1958-1965) e na China (1962-1978). Uma edição em russo saiu na União Soviética somente em 1968-1969, quando, depois de terem sido excluídos inclusive da segunda edição ampliada da *Sočinenija* (1955-1966), foram a ela incorporados como volumes adicionais. Sua exclusão prévia da *Sočinenija* foi bastante grave, pois implicou, por sua vez, sua omissão da *Marx-Engels-Werke* de 1956-1968, que reproduziu a seleção soviética de textos. A *Marx-Engels-Werke* – a edição mais utilizada das obras de Marx e Engels, bem como a fonte para as traduções em muitas outras línguas –, portanto, não continha os *Grundrisse* até sua publicação como suplemento, em 1983.

Os *Grundrisse* também começaram a circular na Europa Ocidental no final dos anos 1960. A primeira tradução apareceu na França (1967-1968), mas tinha uma qualidade inferior e só foi substituída por uma tradução mais fiel ao texto em 1980. A versão italiana surgiu entre 1968 e 1970 e, assim como a francesa, foi realizada por uma editora independente do Partido Comunista.

---

[6] Eric Hobsbawm, "Introdução", em Karl Marx, *Formações econômicas pré-capitalistas* (trad. João Maia, Rio de Janeiro, Paz & Terra, 1975), p. 14.

O texto foi publicado em língua espanhola na década de 1970. Se excluirmos a versão de 1970-1971 publicada em Cuba, de pouco valor, pois foi traduzida a partir da versão francesa e teve circulação limitada àquele país, a primeira tradução para um público mais amplo de língua espanhola foi feita na Argentina entre 1971 e 1976, e foi seguida por outras três, produzidas por Espanha, Argentina e México, tornando o espanhol a língua com o maior número de traduções dos *Grundrisse*.

A tradução inglesa foi precedida, em 1971, por uma seleção de excertos organizada por David McLellan. A introdução do organizador desse volume gerou expectativas nos leitores do texto: "Os *Grundrisse* são muito mais que um esboço aproximado de *O capital*"[7]; na verdade, mais do que qualquer outra de suas obras, "contêm uma síntese de várias linhas do pensamento de Marx [...] Em certo sentido, nenhuma das obras de Marx é completa, mas a mais completa delas são os *Grundrisse*"[8]. A tradução integral chegou finalmente em 1973, vinte anos depois da edição original em alemão. Seu tradutor, Martin Nicolaus, observou na introdução do livro que "além de seu grande valor histórico e biográfico, os *Grundrisse* são o único esboço de todo o projeto de economia política de Marx. [...] Os *Grundrisse* desafiam e colocam em questão muitas interpretações importantes de Marx até agora concebidas"[9].

Os anos 1970 foram também cruciais para as traduções na Europa oriental. Depois da edição russa, não havia mais nenhum grande obstáculo para seu aparecimento nos países "satélites", de tal maneira que surgiram edições na Hungria (1972), na Tchecoslováquia (1971-1977 em tcheco; 1974-1975, em eslovaco), na Romênia (1972-1974) e na Iugoslávia (1979).

No mesmo período, duas contrastantes edições dinamarquesas foram lançadas quase ao mesmo tempo: uma publicada por uma editora ligada ao Partido Comunista (1974-1978), e outra, por uma editora próxima à Nova Esquerda (1975-1977).

Nos anos 1980, os *Grundrisse* foram também traduzidos no Irã (1985-1987), representando a primeira edição minuciosa em persa de todos os trabalhos econômicos de Marx, e em um número crescente de países europeus – a edição eslovena data de 1985, e a polonesa e a finlandesa (esta última, com o apoio soviético), de 1986.

Com a dissolução da União Soviética e o fim do que foi conhecido como "socialismo realmente existente", houve um período de queda na publicação dos escritos de Marx. No entanto, mesmo nos anos em que o silêncio sobre seu autor só

---

[7] David McLellan, "Introduction", em Karl Marx, *Grundrisse* (St. Albans, Paladin, 1973), p. 14.
[8] Ibidem, p. 25.
[9] Martin Nicolaus, "Foreword", em Karl Marx, *Grundrisse* (Harmondsworth, Penguin Books, 1973), p. 7. [ed. bras.: Martin Nicolaus, "Introdução", em César Benjamin (org.), *Marx e o socialismo*, São Paulo, Expressão Popular, 2003].

foi rompido por aqueles que decretavam com absoluta certeza o seu esquecimento, os *Grundrisse* continuaram a ser traduzidos para outras línguas. As edições da Grécia (1989-1992), da Turquia (1999-2003), da Coréia do Sul (2000) e do Brasil (2011) fazem dos *Grundrisse* o trabalho de Marx com o maior número de novas traduções nas duas últimas décadas.

Ao todo, os *Grundrisse* foram publicados na íntegra em 22 línguas[10] e traduzidos em 32 versões diferentes. Além disso, foram impressas mais de quinhentas mil cópias[11] de edições parciais – um número que surpreenderia enormemente o homem que escreveu esse texto apenas para resumir, de forma apressada, os estudos econômicos que havia empreendido até aquele momento.

6.3. Leitores e intérpretes

A história da recepção dos *Grundrisse*, bem como de sua difusão, é marcada por um começo um tanto tardio. A principal razão disso, além das hesitações associadas à sua redescoberta, é certamente a complexidade do próprio manuscrito, esboçado de modo incompleto e impreciso, e a dificuldade de traduzi-lo e de interpretá-lo em outras línguas.

Em relação a isso, Roman Rosdolsky, autoridade no assunto, observou que "em 1948, quando o autor deste trabalho teve a sorte de manusear um dos então raríssimos exemplares dos *Grundrisse* [...] logo compreendeu que estava diante de uma obra fundamental para a teoria marxiana. Porém, pela forma do texto e, em parte, por sua linguagem, de difícil compreensão, compreendeu também que ele não atingiria círculos amplos de leitores"[12]. Essas considerações levaram Rosdolsky a tentar fazer uma exposição clara e um exame crítico do texto. O resultado desse empreendimento foi a obra *Gênese e estrutura de "O capital" de Karl Marx*, publicada em alemão em

---

[10] Ver a tabela cronológica das traduções no "Apêndice" deste capítulo. Às traduções completas mencionadas devem ser acrescentadas as edições em sueco: Karl Marx, *Grunddragen i kritiken av den politiska ekonomin*, Estocolmo, Zenit/R&S, 1971; Idem, *Grundrisse: ett urval* (org. Sven-Eric Liedman, Hägersten, Tankekraft, 2010); e em macedônio: Karl Marx, *Osnovi na kritikata na politi kata ekonomija (grub nafrlok): 1857-1858* (Skopje, Komunist, 1989), assim como as traduções da "Introdução" e das "[Formas que precederam a produção capitalista]" publicadas em diversas línguas, do vietnamita ao norueguês, do árabe ao holandês e ao búlgaro.

[11] Chegou-se a esse número somando-se as tiragens encontradas, em todos os países onde os *Grundrisse* foram traduzidos, durante a pesquisa realizada para a terceira seção (intitulada "Dissemination and Reception of 'Grundrisse' in the World") do livro de Marcello Musto (org.), *Karl Marx's 'Grundrisse'*, cit., p. 177-280.

[12] Roman Rosdolsky, *Gênese e estrutura de* O Capital *de Karl Marx* (trad. César Benjamin, Rio de Janeiro, Eduerj/Contraponto, 2001), p. 15.

1968, a primeira e ainda principal monografia dedicada aos *Grundrisse*. Traduzida em muitas línguas, encorajou a publicação e a circulação da obra de Marx e teve uma influência considerável sobre todos os seus intérpretes subsequentes.

O ano de 1968 foi importante para os *Grundrisse*. Além do livro de Rosdolsky, o primeiro ensaio sobre essa obra em inglês apareceu na edição de março-abril da *New Left Review* [Revista da Nova Esquerda]: "Marx desconhecido", de Martin Nicolaus[13], que teve o mérito de jogar luz sobre os *Grundrisse* no mundo anglo-saxão e destacar a necessidade de uma tradução dessa obra. Enquanto isso, na Alemanha e na Itália, os *Grundrisse* influenciaram algumas das lideranças da revolta estudantil, empolgadas com o conteúdo radical das páginas dessa obra. O texto exerceu um fascínio irresistível entre aqueles, sobretudo na Nova Esquerda, que estavam comprometidos com a superação da interpretação de Marx oriunda do marxismo-leninismo.

Por outro lado, os tempos estavam mudando também no Oriente. Depois de um período inicial em que os *Grundrisse* foram quase completamente ignorados ou vistos com desconfiança, o livro de Vitali Vigotski, *Istorii a odnogo velikogo otkrytii a K Marksa: k sozdanii u "Kapitala"* [História de uma grande descoberta de K. Marx: a criação de "O capital"], publicado na União Soviética em 1965 e na República Democrática Alemã em 1967, tomou uma direção política diferente. Ele definiu os *Grundrisse* como um "trabalho genial", que "nos guia pelo laboratório criativo de Marx e nos capacita a seguir passo a passo o processo no qual Marx elaborou sua teoria econômica"[14].

Em poucos anos os *Grundrisse* se tornaram um texto-chave para muitos marxistas influentes. Além dos já mencionados, os especialistas que em particular se interessaram pela obra foram: Walter Tuchscheerer, na República Democrática Alemã; Alfred Schmidt, na República Federal da Alemanha; os membros da Escola de Budapeste, na Hungria; Lucien Sève, na França; Kiyoaki Hirata, no Japão; Gajo Petrović, na Iugoslávia; Antonio Negri, na Itália; Adam Schaff, na Polônia; e Allen Oakley, na Austrália. No geral, tornou-se um trabalho com o qual todo estudioso sério de Marx tinha de lidar.

Ainda que com várias nuances, os intérpretes dos *Grundrisse* se dividiram entre aqueles que o consideravam um trabalho autônomo, conceitualmente completo em si, e aqueles que o viam como um manuscrito prematuro, que meramente preparou o caminho para *O capital*. O cenário ideológico das discussões sobre os *Grundrisse* – o centro da disputa era a legitimidade ou ilegitimidade das abordagens de Marx, com suas enormes repercussões políticas – propiciou o desenvolvimento de

---

[13] Martin Nicolaus, "Marx desconhecido", em Robin Blackburn (org.), *Ideologia na ciência social: ensaios críticos sobre a teoria social* (trad. Aulyde Rodrigues, Rio de Janeiro, Paz & Terra, 1982).

[14] Vitalli Vigotski, *Introduzione ai "Grundrisse"* (Florença, La Nuova Italia, 1974), p. 43.

interpretações equivocadas e que, hoje, soam ridículas. Um dos mais entusiasmados comentadores dos *Grundrisse* chegou a argumentar que a obra era, do ponto de vista do desenvolvimento teórico, superior a *O capital*, apesar dos dez anos a mais de pesquisa intensa utilizados para a elaboração deste último. De modo análogo, alguns dos principais detratores dos *Grundrisse* alegaram que, apesar das partes importantes para nosso entendimento da relação de Marx com Hegel e das passagens significativas sobre o conceito de alienação, esse texto não acrescentou nada ao que já era conhecido sobre Marx.

Além das leituras divergentes sobre os *Grundrisse*, havia também as não leituras da obra – o mais notável e representativo exemplo foi o de Louis Althusser. Ainda que tenha tentado evidenciar os supostos silêncios de Marx e ler *O capital* com o objetivo de "tornar visível o que nele podia ainda persistir de invisível"[15], Althusser se permitiu não levar em consideração uma massa considerável de centenas de páginas escritas dos *Grundrisse* e efetuar uma divisão (debatida calorosamente mais tarde) do pensamento de Marx entre as obras de juventude e as obras de maturidade, sem tomar conhecimento do conteúdo e do significado dos manuscritos de 1857-58[16].

Desde meados dos anos 1970, contudo, os *Grundrisse* angariaram um número bastante significativo de leitores e intérpretes. Com a publicação de dois comentários, um em japonês, em 1974[17], e outro em alemão, em 1978[18], muitos outros autores também escreveram sobre a obra. Vários especialistas reconheciam-no como um texto de vital importância para uma das questões debatidas de modo mais amplo, relacionadas ao pensamento de Marx: sua dívida intelectual com Hegel. Outros se viram fascinados pelas quase proféticas declarações nas passagens sobre maquinaria e automação, e, no Japão, os *Grundrisse* também foram lidos como um texto altamente atual para nosso

---

[15] Louis Althusser, Jacques Rancière e Pierre Macherey, *Ler O Capital*, v. 1 (trad. Nathanael C. Caixeiro, Rio de Janeiro, Zahar, 1979), p. 33.

[16] Ver Lucien Sève, *Penser avec Marx aujourd'hui* (Paris, La Dispute, 2004), que recorda como "com exceção de textos como a 'Introdução' [...] Althusser nunca leu os *Grundrisse*, no sentido real da palavra ler" (ibidem, p. 29). Parafraseando a expressão de Gaston Bachelard *coupure épistémologique* (ruptura epistemológica), Sève fala de uma "ruptura bibliográfica artificial (*coupure bibliographique*) capaz de induzir às visões mais errôneas sobre a gênese e, portanto, também sobre a consistência do pensamento de Marx na maturidade" (ibidem, p. 30). Por fim, é paradoxal o fato de Althusser não se dar ao trabalho de enfrentar esse texto, escrito apenas alguns meses após "Introdução", que ele julgava ser a quintessência do método marxista maduro. Ver Louis Althusser, Étienne Balibar e Roger Establet, *Ler O capital*, v. 2 (trad. Nathanael C. Caixeiro, Rio de Janeiro, Zahar, 1980), p. 23-8.

[17] Kiriro Morita e Toshio Yamada, *Komentaru keizaigakuhihan'yoko* [Comentário sobre os "Grundrisse"] (Tóquio, Nihonhyoronsha, 1974).

[18] Projektgruppe Entwicklung des Marxschen Systems, *Grundrisse der Kritik der politischen Ökonomie (Rohentwurf). Kommentar* (Hamburgo, VSA, 1978).

entendimento da modernidade. Nos anos 1980, os primeiros estudos detalhados começaram a aparecer na China, onde a obra serviu para lançar luz sobre a gênese de *O capital*, enquanto na União Soviética uma coletânea de textos foi dedicada integralmente aos *Grundrisse*[19].

Em anos mais recentes, e em particular após a crise financeira de 2008, a capacidade contínua das obras de Marx de explicar e criticar o modo capitalista de produção tem renovado o interesse por parte de diversos especialistas internacionais[20]. Deste ponto de vista, os *Grundrisse* estão certamente entre os seus textos mais densos e estimulantes. Neles, de fato, o importante papel histórico atribuído ao capitalismo, a função que ele desempenha para o desenvolvimento das forças produtivas, para a socialização da produção e para a criação de uma sociedade cosmopolita, é delineado de modo perspicaz e junto com uma crítica radical de suas características intrínsecas, que constituem obstáculos intransponíveis para uma emancipação humana mais completa. Além disso, os *Grundrisse* têm um valor extraordinário porque contêm inúmeras observações sobre temas que seu autor não conseguiu desenvolver em mais nenhuma outra parte de sua obra inacabada. Entre esses temas, são particularmente relevantes aqueles que descrevem as relações produtivas e sociais da sociedade comunista, que ele acreditava que viria a substituir a sociedade capitalista.

Se a redescoberta de Marx continuar a ter um percurso sério entre os que começaram a lê-lo e os que retomaram suas leituras, e se, do ponto de vista político, for adiante a exigência de enfrentar novamente seu pensamento, os *Grundrisse*, ainda que fragmentários e, em boa medida, carentes em relação a *O capital*, poderão ser colocados como um dos escritos de Marx mais capazes de chamar a atenção de estudiosos e militantes.

Apêndice

Tabela cronológica das traduções dos *Grundrisse*

1939-41	Primeira edição alemã
1953	Segunda edição alemã
1958-65	Tradução ao japonês
1962-78	Tradução ao chinês

---

[19] Vários Autores, *Pervonachal'nuy variant "Kapitala": Ekonomicheskie rukopisi K. Marksa 1857-1858 godov* [A primeira versão de O capital. Os manuscritos econômicos de 1857-1858, de Karl Marx] (Moscou, Politizdat, 1987).

[20] Ver Marcello Musto, "The rediscovery of Karl Marx", *International Review of Social History*, n. 52/53, 2007, p. 477-98.

1967-1968	Tradução ao francês
1968-1969	Tradução ao russo
1968-1970	Tradução ao italiano
1970-1971	Tradução ao espanhol
1971-1977	Tradução ao tcheco
1972	Tradução ao húngaro
1972-1974	Tradução ao romeno
1973	Tradução ao inglês
1974-1975	Tradução ao eslovaco
1974-1978	Tradução ao dinamarquês
1979	Tradução ao servo-croata
1985	Tradução ao esloveno
1985-1987	Tradução ao persa
1986	Tradução ao polonês
1986	Tradução ao finlandês
1989-1992	Tradução ao grego
1999-2003	Tradução ao turco
2000	Tradução ao coreano
2011	Tradução ao português

7
A ESCRITA DE *O CAPITAL*
A crítica inacabada*

7.1. Dos *Grundrisse* à análise crítica das *Teorias da mais-valia*

Marx somente começou a escrever *O capital* muitos anos depois de iniciar seus estudos rigorosos de economia política. Desde 1843, ele já trabalhava com grande intensidade em direção àquela que mais tarde ele definiria como sua própria "Economia".

Foi a erupção da crise financeira de 1857 que o forçou a começar seu trabalho. Marx estava convencido de que a crise que se desenvolvia em nível internacional criava as condições para um novo período revolucionário em toda a Europa. Ele esperava por esse momento desde as insurreições populares de 1848 e, agora que finalmente parecia ter chegado, não queria que os eventos o pegassem despreparado. Então, decidiu retomar seus estudos econômicos e dar-lhes uma forma acabada.

Esse período foi um dos mais fecundos da sua vida: em poucos meses, conseguiu escrever mais do que nos anos precedentes. Em dezembro de 1857, escreveu a Engels: "Estou trabalhando como louco durante toda a noite e todas as noites, reunindo meus estudos econômicos para que eu possa ao menos ter os fundamentos *Grundrisse* claros antes do dilúvio"[1].

O trabalho de Marx era agora notável e abrangente. De agosto de 1857 a maio de 1858, ele preencheu os oito cadernos conhecidos como *Grundrisse*, enquanto, como correspondente do *New-York Tribune* (o jornal de maior circulação nos

---

* Este texto foi publicado pela primeira vez em português em *Verinotio – Revista on-line de Filosofia e Ciências Humanas*, v. 24, n. 1, abr./2018, p. 23-57. A tradução foi feita por Murilo Leite Pereira Neto e Carolina Peters. (N. E.)
[1] "Marx to Engels, 8 December 1857", em Karl Marx e Friedrich Engels, *Collected Works*, v. 40 (Londres, Lawrence & Wishart, 2010), p. 257. O título posteriormente conferido a esses manuscritos foi inspirado por essa carta.

Estados Unidos da América, com o qual colaborou a partir de 1851), escreveu dezenas de artigos sobre, entre outras coisas, o desenvolvimento da crise na Europa. Por fim, de outubro de 1857 a fevereiro de 1858, compilou três livros de excertos, chamados de *Cadernos sobre as crises*[2]. Graças a isso, é possível mudar a imagem convencional de um Marx que estuda a *Ciência da lógica* de Hegel à procura de inspiração para os *Manuscritos de 1857-8*, pois, naquela época, ele estava muito mais preocupado com os eventos ligados à maior crise já prevista. Ao contrário dos excertos que havia produzido anteriormente, esses manuscritos não eram compêndios das obras dos economistas, mas consistiam em uma grande quantidade de notas, recolhidas de vários jornais, sobre os principais desenvolvimentos da crise, tendências do mercado de ações, flutuações cambiais e falências importantes na Europa, nos Estados Unidos da América e em outras partes do mundo. Uma carta escrita a Engels em dezembro indica a intensidade de sua atividade:

> Estou trabalhando intensamente, como regra, até às quatro horas da manhã. Estou empenhado numa dupla tarefa: 1. Elaborar os fundamentos da economia política. (Para o benefício do público, é absolutamente essencial abordar o assunto a fundo, assim como é, para mim mesmo, individualmente, livrar-me desse pesadelo.) 2. A crise atual. Além dos artigos para o [*New-York*] *Tribune*, tudo o que faço é manter registros dela, o que, no entanto, leva uma quantidade considerável de tempo. Eu acho que, em algum momento da primavera, devemos fazer juntos um panfleto sobre o assunto.[3]

Os *Grundrisse* foram divididos em três partes: uma "Introdução" metodológica, um "Capítulo do dinheiro", no qual Marx se ocupou do dinheiro e do valor, e um "Capítulo do capital", centrado no processo de produção e circulação do capital, e que abordou temas-chave, como o conceito de mais-valor e as formações econômicas que precederam o modo de produção capitalista. Contudo, mesmo o imenso esforço de Marx não lhe permitiu completar o trabalho. No fim de fevereiro de 1858, ele escreveu a Lassalle:

> Na verdade, tenho trabalhado nas etapas finais há alguns meses. Mas a coisa está indo muito devagar porque não se consegue dispor finalmente dos assuntos aos quais se devotou anos de estudo antes que eles comecem a revelar novos aspectos e demandar que

---

[2] Ver o recém-publicado volume MEGA², v. IV/14 (Berlim: De Gruyter, 2017).
[3] "Marx to Engels, 18 December 1857", em Karl Marx e Friedrich Engels, *Collected Works*, v. 40 (Londres: Lawrence & Wishart, 2010), p. 224. Poucos dias depois, Marx comunicou seus planos a Lassalle ("Marx to Ferdinand Lassalle, 21 December 1857, idem, p. 226): "A atual crise comercial me impeliu a trabalhar seriamente nos fundamentos da economia política e, também, a preparar algo sobre a presente crise".

se pense mais. (...) O trabalho que atualmente me preocupa é uma crítica das categorias econômicas ou, se quiser, uma exposição crítica do sistema da economia burguesa. É ao mesmo tempo uma exposição e uma crítica do sistema. Eu tenho pouquíssima ideia de a quantas folhas isso vai chegar. (...) Agora que estou finalmente preparado para trabalhar depois de 15 anos de estudo, tenho, no final das contas, uma sensação desconfortável de que os movimentos turbulentos vindos de fora provavelmente interferirão.[4]

Não havia sinal do tão esperado movimento revolucionário que deveria nascer juntamente com a crise. Marx também abandonou o projeto de escrever um volume sobre a crise atual. Ainda assim, ele não conseguiu terminar o trabalho com o qual lutava havia muitos anos, pois sabia que ainda estava longe de uma conceptualização definitiva dos temas abordados no manuscrito. Portanto, os *Grundrisse* permaneceram apenas um rascunho, do qual – depois de ter trabalhado cuidadosamente o "Capítulo do dinheiro" –, em 1859, ele publicou um pequeno livro sem repercussão pública: *Contribuição para a crítica da economia política*.

Em agosto de 1861, Marx voltou a dedicar-se à crítica da economia política, trabalhando com tanta intensidade que, em junho de 1863, havia preenchido 23 cadernos volumosos sobre a transformação do dinheiro em capital, sobre o capital comercial e, acima de tudo, sobre as diversas teorias por meio das quais os economistas tentaram explicar o mais-valor[5]. Seu objetivo era concluir a *Contribuição à crítica da economia política*, que tinha sido designada como a primeira parte do seu plano de trabalho. O livro publicado em 1859 contina um breve primeiro capítulo, "A mercadoria", diferenciando valor de uso e valor de troca, e um segundo capítulo mais longo, "O dinheiro ou a circulação simples", tratando das teorias do dinheiro como uma unidade de medida. No "Prefácio", Marx declarou: "Examino o sistema da economia burguesa na seguinte ordem: capital, propriedade, trabalho assalariado; Estado, comércio exterior, mercado mundial"[6].

Dois anos depois, o plano de Marx não havia mudado: ele ainda pretendia escrever seis livros, cada um dedicado a um dos temas listados por ele em 1859[7]. No entanto,

---

[4] "Marx to Ferdinand Lassalle, 22 February 1858", idem, p. 270-1.
[5] Esses cadernos totalizam 1.472 páginas in-quarto [*quarto pages*]. Ver Friedrich Engels, "Prefácio da primeira edição", em *O capital: crítica da economia política*, Livro II: *O processo de circulação do capital* (trad. Rubens Enderle, São Paulo, Boitempo, 2014), p. 80.
[6] Karl Marx, *Contribuição à crítica da economia política* (trad. Florestan Fernandes, 2. ed., São Paulo, Expressão Popular, 2008), p. 45.
[7] Anteriormente, nos *Grundrisse*, Marx havia estabelecido uma "organização do material" similar, embora menos precisa, em quatro pontos distintos; Karl Marx, *Grundrisse: manuscritos econômicos de 1857-1858* (trad. Mario Duayer e Nélio Schneider, São Paulo, Boitempo, 2011), p. 61, 170-1, 204-5, 214-5. Ele também antecipou o esquema de seis partes planejado para a *Contribuição à*

do verão de 1861 a março de 1862, ele trabalhou em um novo capítulo, "O capital em geral", que pretendia tornar o terceiro capítulo no seu plano de publicação. No manuscrito preparatório contido nos primeiros cinco dos 23 cadernos compilados até o final de 1863, ele se concentrou no processo de produção do capital e, mais especificamente, em: 1) transformação do dinheiro em capital; 2) mais-valor absoluto; e 3) mais-valor relativo[8]. Alguns desses temas, já abordados nos *Grundrisse*, foram agora demonstrados com maior riqueza e precisão analítica.

Um alívio momentâneo dos imensos problemas econômicos que o atormentaram por anos permitiu a Marx dedicar mais tempo aos seus estudos e fazer significativos avanços teóricos. No final de outubro de 1861, ele escreveu a Engels que "as circunstâncias [tinham] finalmente se tranquilizado ao ponto que [ele tinha] ao menos um chão firme sob os [seus] pés novamente". Seu trabalho para o *New-York Tribune* garantia "duas libras por semana"[9]. Ele também firmou um contrato com *Die Presse*, de Viena. Ao longo do ano anterior, ele havia "penhorado tudo que não estava efetivamente empenhado", e sua condição deixou sua mulher profundamente deprimida. Mas agora a "dupla ocupação" prometia "colocar um fim à torturante existência levada por [sua] família" e permitir a ele "terminar seu livro".

Não obstante, em dezembro, ele contou a Engels que foi forçado a deixar notas promissórias no açougue e no armazém e que sua dívida com variados credores chegou a cem libras[10]. Por conta dessas preocupações, sua pesquisa progredia devagar: "Dadas as circunstâncias, havia de fato uma possibilidade pequena de dar às questões

---

crítica da economia política em duas cartas do primeiro semestre de 1858: uma para Ferdinand Lassalle, de 22 de fevereiro de 1858 (ver Karl Marx e Friedrich Engels, *Collected Works*, v. 40, Londres, Lawrence & Wishart, 2010, p. 268-71), e outra para Friedrich Engels, em 2 de abril de 1858 (ibidem, p. 296-304). Entre fevereiro e março de 1859, ele também rascunhou um longo índice preparatório para o seu trabalho, que na edição em língua inglesa dos *Grundrisse* aparece como "Analytical Contents List"; Karl Marx, *Grundrisse: Foundations of the Critique of Political Economy (Rought Draft)* (trad. Martin Nicolaus, Londres, Peguin/New Left Review, 1993), p. 69-80. Sobre o plano original e suas variações, ver o agora datado, mas ainda fundamental trabalho de Roman Rosdolsky, *Gênese e estrutura de* O capital (trad. César Benjamin, Rio de Janeiro, Eduerj/Contraponto, 2001), p. 1-66. Mais limitado, contudo, é Maximilien Rubel, em *Marx critique du marxisme* (Paris, Payot, 1974), p. 379 e 389, o qual alega que Marx não modificou o plano original concebido em 1857.

[8] Esses cadernos foram ignorados por mais de cem anos antes que uma tradução russa fosse finalmente publicada em 1973, no volume suplementar 47 da *Marx-Engels Sočinenija*. Uma edição do original em alemão foi publicada somente em 1976 em MEGA², v. II/3.1.

[9] "Marx to Engels, 30 October 1861", em Karl Marx e Friedrich Engels, *Collected Works*, v. 41 (Londres, Lawrence & Wishart, 2010), p. 323.

[10] "Marx to Engels, 9 December 1861", ibidem, p. 332.

teóricas resoluções rápidas". Mas ele avisou a Engels que "a coisa está assumindo uma forma muito mais popular, e o método está em menor evidência que na Seção 1"[11].

Nesse contexto dramático, Marx tentou pedir dinheiro emprestado à sua mãe, bem como a outros parentes e ao poeta Carl Siebel (1836-1868). Em uma carta a Engels no final de dezembro, explicou que essas foram tentativas de evitar "importuná-lo" constantemente. De toda forma, nenhuma surtiu efeito. Nem o contrato com *Die Presse* estava dando certo, pois eles estavam publicando (e pagando por) somente metade dos artigos submetidos ao jornal. Confidenciou em resposta às mensagens de feliz ano-novo enviadas por seu amigo que se o novo ano mostrasse "qualquer semelhança com o antigo" ele iria "mandar logo ao diabo"[12].

As coisas voltaram a piorar quando o *New-York Tribune*, em face das restrições financeiras associadas à Guerra Civil Americana, teve de reduzir o número de seus correspondentes estrangeiros. O último artigo de Marx para o jornal foi publicado em 10 de março de 1862. A partir de então, ele teve de se virar sem aquela que tinha sido sua principal fonte de renda desde o verão de 1851. Naquele mesmo mês, o locador de sua casa ameaçou mover uma ação para recuperar o aluguel atrasado, e em tal caso – como contou a Engels –, ele seria "processado por tudo e por todos"[13]. E acrescentou logo em seguida: "Eu não estou indo bem com meu livro, já que o trabalho é frequentemente interrompido, ou seja, suspenso durante semanas a fio por distúrbios domésticos"[14].

Durante esse período, Marx se lançou em uma nova área de pesquisa: *Teorias da mais-valia*[15]. Esta foi planejada para ser a quinta e última parte[16] do longo terceiro capítulo sobre "O capital em geral". Em mais de dez cadernos, Marx dissecou minuciosamente a maneira como os principais economistas haviam tratado a questão do mais-valor; sua ideia fundamental era que "todos os economistas compartilham o erro de examinar o mais-valor não como tal, em sua forma pura, mas nas formas particulares do lucro e da renda"[17].

---

[11] Ibidem, p. 333.
[12] "Marx to Engels, 27 December 1861", ibidem, p. 337-8.
[13] "Marx to Engels, 3 March 1862", ibidem, p. 344.
[14] "Marx to Engels, 15 March 1862", ibidem, p. 352.
[15] Entre 1905 e 1910, Kautsky publicou os manuscritos em questão de uma forma um tanto divergente dos originais.
[16] Deveria seguir: 1) A transformação do dinheiro em capital; 2) Mais-valor absoluto; 3) Mais-valor relativo; e 4) Uma seção – nunca escrita de fato – sobre como estas três deveriam ser consideradas em conjunto.
[17] Em Karl Mark e Friedrich Engels, *Collected Works*, v. 30 (Londres, Lawrence & Wishart, 2010), esses manuscritos – *Teorias da mais-valia* – são indicados com o título "Economic manuscript of 1861-3", p. 348.

No Caderno VI, Marx iniciou pela crítica dos fisiocratas. Em primeiro lugar, ele os reconheceu como os "verdadeiros pais da economia política moderna"[18], já que foram eles que "assentaram as bases para as análises da produção capitalista" e buscaram a origem do mais-valor não na "esfera da circulação" – na produtividade do dinheiro, como pensavam os mercantilistas –, mas na "esfera da produção". Eles entenderam o "princípio fundamental de que somente aquele trabalho que é produtivo cria mais-valor"[19]. Por outro lado, estando erroneamente convencidos de que o "trabalho agrícola" era "o único trabalho produtivo", concebiam a "renda" como "a única forma de mais-valor"[20]. Eles limitaram sua análise à ideia de que a produtividade da terra possibilitou ao homem produzir "não mais do que o suficiente para mantê-lo vivo". De acordo com essa teoria, então, o mais-valor aparecia como "uma dádiva da natureza"[21].

Na segunda metade do Caderno VI, e na maior parte dos Cadernos VII, VIII e IX, Marx se concentrou em Adam Smith, que não compartilhava da falsa ideia dos fisiocratas, para quem "um só tipo definido de trabalho concreto – trabalho agrícola – cria mais-valor"[22]. De fato, aos olhos de Marx, um dos grandes méritos de Smith foi ter compreendido que, no processo de trabalho distintivo da sociedade burguesa, o capitalista "se apropria de graça, apropria-se sem pagar por isso, de uma parte do trabalho vivo"[23]; ou, novamente, que "mais trabalho é trocado por menos trabalho (do ponto de vista do trabalhador), menos trabalho é trocado por mais trabalho (do ponto de vista do capitalista)"[24]. A limitação de Smith, entretanto, foi sua incapacidade de diferenciar o "mais-valor como tal" das "formas específicas que ele assume no lucro e na renda"[25]. Ele calculou o mais-valor não em relação à parte do capital do qual se originou, mas como "um excedente sobre o valor total do capital adiantado"[26], incluindo a parte que o capitalista gasta na compra de matérias-primas.

Marx expressou muitos desses pensamentos por escrito durante uma estada de três semanas com Engels em Manchester, em abril de 1862. Ao retornar, relatou a Lassalle:

---

[18] Ibidem, p. 352.
[19] Ibidem, p. 354.
[20] Ibidem, p. 355.
[21] Ibidem, p. 357.
[22] Ibidem, p. 391.
[23] Ibidem, p. 388.
[24] Ibidem, p. 393.
[25] Ibidem, p. 389.
[26] Ibidem, p. 396.

Quanto ao meu livro, não será concluído por mais dois meses. Durante o ano passado, para evitar morrer de fome, tive de fazer o mais desprezível trabalho por encomenda e, muitas vezes, estive por meses sem poder adicionar uma linha à "coisa". Além disso, também possuo o hábito de encontrar falhas em qualquer coisa que escrevi e não olhei por um mês, de modo que eu tenho de revisá-la completamente.[27]

Marx retomou obstinadamente o trabalho e, até o início de junho, estendeu sua pesquisa a outros economistas, como Germain Garnier (1754-1821) e Charles Ganilh (1758-1836). Então, abordou mais profundamente a questão do trabalho produtivo e improdutivo, voltando a concentrar-se, particularmente, em Smith, que, apesar da falta de clareza em alguns aspectos, delineou a distinção entre os dois conceitos. Do ponto de vista capitalista, trabalho produtivo

> é um trabalho assalariado que, trocado pela parte do capital que é gasta em salários, reproduz não só esta parte do capital (ou o valor de sua própria capacidade de trabalho), mas também produz mais-valor para o capitalista. É somente assim que a mercadoria ou o dinheiro são transformados em capital, são produzidos como capital. O único trabalho assalariado que é produtivo é aquele que produz capital.[28]

O trabalho improdutivo, por outro lado, é "trabalho que não é trocado por capital, mas diretamente por receita, isto é, por salários e lucro"[29]. Segundo Smith, a atividade dos soberanos – e dos oficiais jurídicos e militares que os cercam – não produzia valor e, dessa forma, era comparável aos afazeres dos empregados domésticos. Isso, Marx apontou, era a linguagem de uma "burguesia ainda revolucionária", a qual ainda não havia "subjugado a si própria toda a sociedade, o estado etc.",

> as profissões ilustres e tradicionalmente honradas – a de soberano, juiz, oficial, sacerdote etc. –, com todas as antigas castas ideológicas a que dão origem, seus homens de letras, seus professores e sacerdotes estão de um ponto de vista econômico no mesmo nível que o enxame de seus próprios lacaios e bobos da corte mantidos pela burguesia e pela riqueza ociosa – a aristocracia fundiária e os capitalistas ociosos.[30]

No Caderno X, Marx voltou-se a uma análise rigorosa do *Quadro econômico* de François Quesnay (1694-1774)[31]. Ele o louvou aos céus, descrevendo-o como "uma

---

[27] "Marx to Ferdinand Lassalle, 28 April 1862", Karl Marx e Friedrich Engels, *Collected Works*, v. 41, cit., p. 356.
[28] Karl Marx e Friedrich Engels, *Collected Works*, v. 31 (Londres, Lawrence & Wishar), p. 8.
[29] Ibidem, p. 12.
[30] Ibidem, p. 197.
[31] "Marx to Engels, 18 July 1862", Karl Marx e Friedrich Engels, *Collected Works*, v. 41, cit., p. 381.

concepção extremamente brilhante, incontestavelmente a mais brilhante pela qual a economia política até então seria responsável"[32].

Enquanto isso, as condições econômicas de Marx continuavam desesperadoras. Em meados de junho, ele escreveu a Engels: "Todos os dias, minha esposa diz desejar que ela e as crianças estivessem seguras em seus túmulos, e eu realmente não posso culpá-la, pois as humilhações, tormentos e alarmes pelos quais têm de passar em tal situação são de fato indescritíveis". Já em abril, a família tivera de penhorar novamente todas as posses que havia recentemente recuperado da casa de penhor. A situação era tão extrema que Jenny decidiu vender alguns livros da biblioteca pessoal do marido – embora não conseguisse encontrar alguém que quisesse comprá-los.

Marx, no entanto, conseguiu "trabalhar duro" e, em meados de junho, manifestou sua satisfação a Engels: "Estranho dizer, mas minha massa cinzenta está funcionando melhor em meio à pobreza circundante do que funcionou por anos"[33]. Continuando sua pesquisa, ele compilou os Cadernos XI, XII e XIII no decorrer do verão; eles se concentravam na teoria da renda, que ele decidiu incluir como "um capítulo extra"[34] ao texto que estava preparando para publicação. Marx examinou criticamente as ideias de Johann Rodbertus (1805-1875) e então passou a uma extensa análise das doutrinas de David Ricardo (1772-1823)[35]. Negando a existência da renda absoluta, Ricardo admitia um lugar somente para a renda diferencial relativa à fertilidade e à localização da terra. Nessa teoria, a renda era um excesso: não poderia ser mais nada, porque isso contradiria seu "conceito de valor como sendo igual a certa quantidade de tempo de trabalho"[36]; ele teria de admitir que o produto agrícola era constantemente vendido acima do preço de custo, o qual calculou como a soma do capital adiantado e do lucro médio[37]. A concepção marxiana de renda absoluta, em contrapartida, estipulava que "sob certas circunstâncias históricas [...] a propriedade fundiária de fato aumenta os preços das matérias-primas"[38].

---

[32] Karl Marx e Friedrich Engels, *Collected Works*, v. 31, cit., p. 240.
[33] "Marx to Engels, 18 July 1862", Karl Marx e Friedrich Engels, *Collected Works*, v. 41, cit., p. 380.
[34] "Marx to Engels, 2 August 1862", ibidem, p. 394.
[35] Esses cadernos são parte de Karl Marx, *Teorias da mais-valia: história crítica do pensamento econômico (Livro 4 de O capital)*, v. 2 (trad. Reginaldo Sant'Anna, São Paulo, Difel, 1980).
[36] Ibidem, p. 359.
[37] "Marx to Engels, 2 August 1862", em Karl Marx e Friedrich Engels, *Collected Works*, v. 41, cit., p. 396.
[38] Ibidem, p. 398.

Na mesma carta dirigida a Engels, Marx escreveu ser "um verdadeiro milagre" que ele "tenha sido capaz de continuar [seu] escrito teórico a tal ponto"[39]. Seu locador tinha novamente ameaçado enviar os oficiais de justiça, enquanto os comerciantes com quem estava em débito falavam da retenção de suas provisões na fonte e em mover ação judicial contra ele. Mais uma vez, teve de recorrer a Engels para ajudá-lo, confidenciando que, não fossem sua esposa e filhas, ele "preferiria mudar para um abrigo a estar constantemente apertando [sua] carteira"[40].

Em setembro, Marx escreveu a Engels que poderia conseguir um emprego "em um escritório ferroviário"[41] no ano seguinte. Em dezembro, repetiu para Ludwig Kugelmann que as coisas se tornaram tão desesperadoras que "decidiu tornar-se um 'homem prático'"; no entanto, essa ideia não vingou. Marx relatou com seu típico sarcasmo: "Por sorte – ou talvez devesse dizer azar? – não consegui o emprego por causa da minha má caligrafia"[42]. Enquanto isso, no início de novembro, ele confidenciou a Ferdinand Lassalle que havia sido forçado a suspender o trabalho "por cerca de seis semanas", mas que estava "progredindo [...] com interrupções". "No entanto", acrescentou, "isso certamente será concluído logo mais"[43].

Durante esse período, Marx completou mais dois cadernos, o XIV e o XV, com extensa análise crítica de vários teóricos da economia. Ele observou que Thomas Robert Malthus (1766-1834), para quem o mais-valor decorria "do fato de que o vendedor vende a mercadoria acima do seu valor"[44], representava um retorno ao passado na teoria econômica, já que ele derivava o lucro da troca de mercadorias[45]. Marx acusou James Mill de compreender mal as categorias do mais-valor e do lucro; destacou a confusão produzida por Samuel Bailey, que falhou em distinguir a medida imanente do valor do próprio valor da mercadoria; e argumentou que John Stuart Mill não percebeu que "a taxa de mais-valor e a taxa de lucro"[46] eram duas grandezas diferentes, sendo esta última determinada não somente pelo nível dos salários, mas também por outras causas não diretamente atribuíveis a ele.

Marx também prestou especial atenção em vários economistas que se opuseram à teoria ricardiana, como o socialista Thomas Hodgskin. Finalmente, tratou do texto

---

[39] Ibidem, p. 394.
[40] "Marx to Engels, 7 August 1862", ibidem, p. 399.
[41] "Marx to Engels, 10 September 1862", ibidem, p. 417.
[42] "Marx to Ludwig Kugelmann, 28 December 1862", ibidem, p. 436.
[43] "Marx to Ferdinand Lassalle, 7 November 1862", ibidem, p. 426.
[44] Idem, *Collected Works*, v. 32 (Londres, Lawrence & Wishart, 2010), p. 215.
[45] Ibidem, p. 215.
[46] "Marx to Ferdinand Lassalle, 7 November 1862", ibidem, p. 373.

apócrifo *Receita e suas fontes* – em sua visão, um exemplo perfeito de "economia vulgar", que traduzia em linguagem "doutrinária", mas "apologética", o "ponto de vista do setor dominante, isto é, dos capitalistas"[47]. Com o estudo desse livro, Marx concluiu sua análise das teorias do mais-valor apresentadas pelos principais economistas do passado e começou a examinar o capital comercial, ou o capital que não criou, mas distribuiu o mais-valor[48]. Sua polêmica contra o "capital portador de juros" talvez "desfilasse como socialismo", contudo, Marx não tinha tempo para tal "zelo reformista", que não "tocava na verdadeira produção capitalista", mas "apenas atacava uma de suas consequências". Para Marx, pelo contrário:

> A completa objetivação, inversão e destruição do capital como capital portador de juros – na qual, no entanto, a natureza interior da produção capitalista, [seu] distanciamento, simplesmente aparece em sua forma mais palpável – é o capital que produz "juros compostos". Parece com um Moloch exigindo o mundo inteiro como um sacrifício que pertence a ele por direito, cujas demandas legítimas, decorrentes de sua própria natureza, nunca são cumpridas e sempre são frustradas por um destino misterioso.[49]

Marx continuou, no mesmo espírito:

> Assim, são os juros, não o lucro, que parecem ser a criação de valor decorrente do capital como tal [... e], consequentemente, são considerados a receita específica criada pelo capital. Esta é também a forma como são concebidos pelos economistas vulgares. [...] Todas as conexões intermediárias são obliteradas, e a face fetichista do capital, como também o conceito de capital-fetiche, está completa. Esta forma surge necessariamente porque o aspecto jurídico da propriedade é separado do seu aspecto econômico e uma parte do lucro sob o nome de juros decorre do capital por si só, o qual está completamente separado do processo de produção ou do proprietário desse capital. Para o economista vulgar que deseja representar o capital como uma fonte de valor independente, uma fonte que cria valor, esta é, naturalmente, uma dádiva de Deus, uma forma na qual a fonte de lucro não é mais reconhecível, e o resultado do processo capitalista – separado do próprio processo – adquire uma existência independente. Em D-M-D', uma conexão intermediária ainda é mantida. Em D-D' temos a forma incompreensível de capital, a inversão e a materialização mais extremas das relações de produção.[50]

Seguindo os estudos sobre o capital comercial, Marx prosseguiu para aquela que pode ser considerada uma terceira fase dos manuscritos econômicos de 1861-1863.

---

[47] Ibidem, p. 450.
[48] Este é o último caderno que conforma as *Teorias da mais-valia*, v. 3.
[49] Karl Marx e Friedrich Engels, *Collected Works*, v. 32, cit., p. 453.
[50] Ibidem, p. 458.

Isso começou em dezembro de 1862, com a seção sobre "capital e lucro" no Caderno XVI, que indicou como sendo o "terceiro capítulo"[51]. Nela, apresentou um esboço da distinção entre o mais-valor e o lucro. No Caderno XVII, também compilado em dezembro, voltou à questão do capital comercial (seguindo as reflexões do Caderno XV[52]) e ao refluxo do dinheiro na reprodução capitalista. No fim desse ano, Marx apresentou a Kugelmann um relatório do seu progresso, informando-lhe que "a segunda parte", ou a "continuação da primeira parcela", um manuscrito equivalente a "cerca de 30 folhas impressas", estava "agora finalmente terminada". Quatro anos após o primeiro esquema, presente na *Contribuição à crítica da economia política*, Marx agora revisava a estrutura do seu plano de trabalho. Ele disse a Kugelmann que havia se decidido por um novo título, utilizando *O capital* pela primeira vez, e que o nome com o qual operou em 1859 seria "apenas o subtítulo"[53]. Fora isso, continuava trabalhando de acordo com o plano original. O que pretendia escrever seria "o terceiro capítulo da primeira parte, a saber, o capital em geral"[54]. O volume nas últimas etapas de preparação conteria "o que os ingleses chamam de 'princípios da economia política'". Juntamente com o que já havia escrito na edição de 1859, esse volume compreenderia a "quintessência" de sua teoria econômica. Com base nos elementos que estava preparando para tornar públicos, ele disse a Kugelmann, uma futura "sequência (com exceção, talvez, da relação entre as várias formas de Estado e as várias estruturas econômicas da sociedade) poderia ser facilmente perseguida por outros".

Marx pensou que seria capaz de produzir uma "cópia final" do manuscrito no novo ano; em seguida, planejava levá-la pessoalmente para a Alemanha. Então pretendia "concluir a apresentação de capital, concorrência e crédito"[55]. Na mesma carta a Kugelmann, comparou os estilos de escrita no texto publicado em 1859 e no trabalho que estava então preparando: "Na primeira parte, o modo de exposição adotado estava certamente longe de ser popular. Isso se deveu em certa medida à

---

[51] Karl Marx, "Zur Kritik der politischen Ökonomie (Manuskript 1861-1863)", MEGA², v. II/3.5 (Berlim, Dietz, 1980), p. 1.598-675.
[52] Ibidem, p. 1.682-773.
[53] "Marx to Ludwig Kugelmann, 28 December 1862", em Karl Marx e Friedrich Engels, *Collected Works*, v. 41, cit., p. 435.
[54] Ver o esquema dos *Grundrisse*, escrito em junho de 1858 e contido no Caderno M (o mesmo da "Introdução de 1857"), bem como o esboço de esquema para o terceiro capítulo, escrito em 1860; Karl Marx, "Draft plan of the chapter on *Capital*", em Karl Marx e Friedrich Engels, *Collected Works*, v. 19 (Londres, Lawrence & Wishart, 2010), p. 511-7.
[55] "Marx to Ludwig Kugelmann, 28 December 1862", em Karl Marx e Friedrich Engels, *Collected Works*, v. 41, cit., p. 435. Essa afirmação parece indicar que Marx percebeu quão difícil seria completar seu projeto original em seis tomos.

natureza abstrata do assunto [...]. A presente parte é mais fácil de entender porque trata de condições mais concretas". Para explicar a diferença, praticamente se justificando, ele acrescentou:

> As tentativas científicas de revolucionar uma ciência nunca podem ser realmente populares. Mas, uma vez que as bases científicas são assentadas, a popularização é fácil. Novamente, se os tempos se tornarem mais turbulentos, pode-se selecionar as cores e nuances exigidas para uma apresentação popular desses assuntos específicos.[56]

Poucos dias depois, no início do novo ano, Marx enumerou em mais detalhes as partes que conformariam seu trabalho. Em um esquema no Caderno XVIII, indicou que a "primeira seção" [*Abschnitt*], "O processo de produção do capital", seria dividida da seguinte forma:

> 1) Introdução. Mercadoria. Dinheiro. 2) Transformação de dinheiro em capital. 3) Mais-valor absoluto. [...] 4) Mais-valor relativo. [...] 5) Combinação do mais-valor absoluto e relativo. [...] 6) Reconversão do mais-valor em capital. Acumulação primitiva. A teoria da colonização de Wakefield. 7) Resultado do processo de produção. [...] 8) Teorias do mais-valor. 9) Teorias do trabalho produtivo e improdutivo.[57]

Marx não se limitou ao primeiro volume, mas também esboçou um esquema do que se destinava a ser a "terceira seção" de seu trabalho: "Capital e lucro". Essa parte, que já indicava temas que estariam incluídos em *O capital*, Livro III, foi dividida da seguinte forma:

> 1) Conversão do mais-valor em lucro. Taxa de lucro como distinta da taxa de mais-valor. 2) Conversão de lucro em lucro médio. [...] 3) As teorias de Adam Smith e Ricardo sobre lucro e preços de produção. 4) Renda. [...] 5) História da chamada lei ricardiana da renda. 6) Lei da queda da taxa de lucro. 7) Teorias do lucro. [...] 8) Divisão do lucro em lucro industrial e juro. [...] 9) Receita e suas fontes. [...] 10) Movimentos de refluxo de dinheiro no processo de produção capitalista como um todo. 11) Economia vulgar. 12) Conclusão. Capital e trabalho assalariado.[58]

No Caderno XVIII, composto em janeiro de 1863, Marx continuou sua análise do capital mercantil. Avaliando George Ramsay (1855-1935), Antoine-Elisée

---

[56] "Marx to Ludwig Kugelmann, 28 December 1862", em Karl Marx e Friedrich Engels, *Collected Works*, v. 41, cit., p. 436.
[57] Karl Marx e Friedrich Engels, *Collected Works*, v. 32, cit., p. 347.
[58] Ibidem, p. 346-7. O primeiro capítulo já havia sido delineado no Caderno XVI dos manuscritos econômicos de 1861-1863. Marx preparou um esquema do segundo no Caderno XVIII (ibidem, p. 299).

Cherbuliez (1797-1869) e Richard Jones (1790-1855), ele inseriu alguns adendos ao estudo do modo como vários economistas haviam explicado o mais-valor.

As dificuldades financeiras de Marx persistiram durante esse período e, em verdade, começaram a piorar no começo de 1863. Ele escreveu a Engels que suas "tentativas de levantar dinheiro na França e na Alemanha [não deram] em nada", que ninguém lhe forneceria alimentos a crédito e que "as crianças não [tinham] roupas ou sapatos para sair"[59]. Duas semanas depois, ele estava à beira do abismo. Em outra carta a Engels, confidenciou que havia proposto à sua companheira de vida o que agora parecia inevitável:

> Minhas duas filhas mais velhas serão empregadas como governantas pela família Cunningham. Lenchen deve começar o serviço em outro lugar, e eu, juntamente com minha esposa e a pequena Tussy, devemos morar no mesmo abrigo municipal onde Red Wolff já residiu com sua família.[60]

Ao mesmo tempo, surgiram novos problemas de saúde. Nas primeiras duas semanas de fevereiro, Marx estava "estritamente proibido de qualquer leitura, escrita e também de fumar". Sofria de "algum tipo de inflamação ocular, combinada com a mais desagradável crise nervosa". Ele só pôde retornar aos seus livros na metade do mês, quando confessou a Engels que, durante os longos dias ociosos, esteve tão alarmado que "se entregou a todas as formas de fantasias psicológicas sobre como seria estar cego ou demente"[61]. Em pouco mais de uma semana, tendo se recuperado dos problemas oculares, desenvolveu um novo distúrbio hepático que o perseguiria por muito tempo. Visto que o dr. Allen, seu médico, teria imposto um "longo tratamento", que significaria interromper todo o seu trabalho, ele pediu a Engels que conseguisse com o dr. Eduard Gumpert que recomendasse um "remédio caseiro" mais simples[62].

Durante esse período, afora os breves momentos em que estudou maquinaria, Marx teve de suspender seus estudos econômicos mais abrangentes. Em março, no entanto, ele resolveu "compensar o tempo perdido com trabalho duro"[63]. Compilou dois cadernos, o XX e o XXI, que tratavam da acumulação, da subsunção real e formal do trabalho ao capital e da produtividade do capital e do trabalho. Seus argumentos estavam correlacionados ao tema principal de sua pesquisa no momento: o mais-valor.

---

[59] "Marx to Engels, 8 January 1863", Karl Marx e Friedrich Engels, *Collected Works*, v. 41, cit., p. 442.
[60] "Marx to Engels, 13 August 1863", ibidem, p. 445.
[61] "Marx to Engels, 13 February 1863", ibidem, p. 453.
[62] "Marx to Engels, 21 February 1863", ibidem, p. 460.
[63] "Marx to Engels, 24 March 1863", ibidem, p. 461.

No final de maio, escreveu a Engels que, nas semanas anteriores, também estudou a questão polonesa[64] no Museu Britânico: "O que eu fiz, por um lado, foi preencher as lacunas do meu conhecimento (diplomático e histórico) acerca do caso russo-prussiano-polonês e, por outro lado, ler e anotar excertos de todo tipo de literatura anterior sobre a parte da economia política que elaborei"[65]. Essas notas de trabalho, escritas em maio e junho, foram reunidas em oito cadernos adicionais, que vão do A ao H, os quais continham centenas de outras páginas resumindo os estudos econômicos dos séculos XVIII e XIX[66].

Marx também informou a Engels que, sentindo-se "mais ou menos capaz de trabalhar novamente", estava determinado a "tirar o peso de seus ombros" e que, portanto, pretendia "fazer uma cópia final da economia política para impressão (e dar a ela um acabamento final)". Contudo, continuava sofrendo com um "fígado muito inchado"[67], e na metade de junho, apesar do "enxofre devastador", ainda "não estava em forma"[68]. Em todo caso, voltou ao Museu Britânico e, em meados de julho, informou a Engels que estava mais uma vez dedicando "dez horas por dia ao trabalho sobre economia". Esses foram precisamente os dias em que, ao analisar a reconversão do mais-valor em capital, ele preparou, no Caderno XXII, uma reformulação do *Quadro econômico* de Quesnay[69]. Em seguida, compilou o último caderno da série iniciada em 1861 – o XXIII –, que consistia principalmente em excertos e observações complementares.

Ao fim desses dois anos de trabalho árduo e após um reexame crítico mais profundo dos principais teóricos da economia política, Marx estava mais determinado do que nunca a completar a grande obra de sua vida. Embora ainda não tivesse resolvido em definitivo muitos dos problemas conceituais e expositivos, sua conclusão da parte histórica agora o levava a retornar às questões teóricas.

---

[64] Ver as mais de 60 páginas contidas em IISH, *Marx-Engels Papers*, B 98. Com base nessa pesquisa, Marx deu início a um dos seus muitos projetos inacabados, Ver Karl Marx, *Manuskripte über die polnische Frage (1863-1864)* (S-Gravenhage, Mouton, 1961).

[65] "Marx to Engels, 29 May 1863", em Karl Marx e Friedrich Engels, *Collected Works*, v. 41, cit., p. 474.

[66] Ver IISH, *Marx-Engels Papers*, B 93, B 100, B 101, B 102, B 103, B 104 contêm cerca de 535 páginas de notas. A elas devem-se adicionar os três cadernos RGASPI f.1, d. 1397, d. 1691, d. 5.583. Marx usou parte desse material para a compilação dos Cadernos XXII e XXIII.

[67] "Marx to Engels, 29 May 1863", Karl Marx e Friedrich Engels, *Collected Works*, v. 41, cit., p. 474.

[68] "Marx to Engels, 12 June 1863", ibidem, p. 479.

[69] "Marx to Engels, 6 July 1863", ibidem, p. 485.

7.2. A escrita dos três volumes

Marx rangeu os dentes e embarcou em uma nova fase de seus trabalhos. A partir do verão de 1863, começou a estrutura de fato do que se tornaria a sua *magnum opus*[70]. Até dezembro de 1865, ele se dedicou às versões mais extensas das várias subdivisões, preparando rascunhos em torno do Livro I, a maior parte do Livro III (sua única consideração do processo completo de produção capitalista[71] e a versão inicial do Livro II (a primeira apresentação geral do processo de circulação do capital). No que diz respeito ao plano de seis volumes, indicado, em 1859, no "Prefácio" da *Contribuição à crítica da economia política*, Marx acrescentou uma série de temas relacionados à renda e aos salários que, originalmente, deveriam ser tratados nos Livros II e III. Em meados de agosto de 1863, ele atualizou Engels dos passos seguintes:

> Por um lado, meu trabalho (de preparação do manuscrito para publicação) está indo bem. Na elaboração final, as coisas estão, penso eu, assumindo uma forma bastante popular. [...] Por outro lado, apesar do fato de eu escrever todos os dias, não está indo tão rápido quanto a minha própria ansiedade, há muito submetida a uma prova de paciência, talvez exija. De qualquer forma, será 100% mais compreensível do que o n. 1[72].[73]

Marx manteve a velocidade ao longo do outono, concentrando-se na escrita do Livro I. Mas, como resultado, sua saúde rapidamente piorou e, em novembro, viu aparecer o que sua esposa chamou de "doença terrível", contra a qual lutaria por muitos anos de sua vida. Era um caso de carbúnculos[74], uma infecção desagradável que se manifestava em abscessos e feridas graves e debilitantes em várias partes do corpo.

---

[70] Ver Michael Heinrich, "Entstehungs- und Auflösungsgeschichte des Marxschen Kapital", em Michael Heinrich e Werner Bonefeld (orgs.), *Kapital & Kritik: Nach der "neuen" Marx-Lektüre* (Hamburgo, VSA, 2011), p. 176-9, que argumenta que os manuscritos desse período devem ser tomados não como a terceira versão do trabalho iniciado com os *Grundrisse*, mas como o primeiro esboço de *O capital*.

[71] Ver Karl Marx, *Marx's Economic Manuscript of 1864-1865* (trad. Bem Fawkes, org. e introdução Fred Moseley, Leiden, Brill, 2015).

[72] "N. 1" quer dizer a *Contribuição à crítica da economia política*, de 1859.

[73] "Marx to Engels, 15 August 1863", em Karl Marx e Friedrich Engels, *Collected Works*, v. 41, cit., p. 488.

[74] Nos últimos anos, dermatologistas atualizaram a discussão sobre as causas da doença de Marx. Sam Shuster, "The nature and consequence of Karl Marx's skin disease", *British Journal of Dermatology*, v. 158, n. 1, 2008, p. 1-3, sugeriu que ele sofresse de hidradenite supurativa, enquanto Rudolf Happle e Arne Koenig, "A lesson to be learned from Karl Marx: smoking triggers hidradenitis suppurativa", *British Journal of Dermatology*, v. 159, n. 1, 2008, p. 255-6, alegaram, de forma ainda menos plausível, que o culpado seria o intenso consumo de charutos. Para a resposta de Shuster a essa sugestão, ver Rudolf Happle e Arne Koenig, "A lesson to be learned from Karl Marx", cit., p. 256.

Por causa de uma grave úlcera que sucedeu um grande carbúnculo, Marx teve de realizar uma operação e "por bastante tempo sua vida esteve em perigo". De acordo com o relato posterior de sua esposa, a condição crítica durou "quatro semanas" e causou em Marx severas e constantes dores, juntamente com "preocupações atormentadoras e todo tipo de sofrimento mental", dado que a situação financeira da família se manteve "à beira do abismo"[75].

No início de dezembro, quando estava em vias de se recuperar, Marx disse a Engels que "tinha estado com um pé na cova"[76] – dois dias depois, essa sua condição física o apanhou como "um bom tema para um conto". De frente, ele parecia com alguém que "deleitava o seu homem interior com um vinho do porto, vermelho, forte, e um enorme pedaço de carne". Mas, "pelas costas, no homem exterior, havia um maldito carbúnculo"[77].

Neste contexto, a morte da mãe de Marx o obrigou a viajar para a Alemanha a fim de resolver questões relativas à herança. Sua condição novamente se deteriorou durante a viagem e, no caminho de volta, isso o forçou a parar por alguns meses no seu tio Lion Philips, em Zaltbommel, na Holanda. Durante esse tempo, um carbúnculo, maior do que todos os anteriores, apareceu na perna direita, bem como extensos furúnculos em sua garganta e costas; a dor decorrente deles era tão grande que o mantinha acordado durante a noite. Na segunda quinzena de janeiro de 1864, escreveu a Engels que se sentia "como um verdadeiro Lázaro [...], golpeado por todos os lados ao mesmo tempo"[78].

Depois de voltar a Londres, todas as infecções e irritações de pele continuaram a afetar a saúde de Marx no início da primavera, e ele só conseguiu retomar seu plano de trabalho em meados de abril, após uma interrupção de mais de cinco meses. Naquele tempo, continuou a concentrar-se no Livro I, e parece provável que tenha sido precisamente então que redigiu os assim chamados "Resultados do processo imediato da produção", a única parte da versão inicial que foi preservada.

No fim de maio, novos tumores purulentos apareceram em seu corpo e provocaram tormentos indescritíveis. Com a intenção de continuar com o livro a todo custo, ele evitou novamente o dr. Allen e suas pretensões de um "tratamento regular", o que teria interrompido o trabalho que simplesmente "tinha de fazer". Marx

---

[75] "Jenny Marx", em Hans Magnus Enzensberger, *Gespräche mit Marx und Engels* (Frankfurt, Insel, 1973), p. 288.
[76] "Marx to Engels, 2 December 1863", em Karl Marx e Friedrich Engels, *Collected Works*, v. 41, p. 495.
[77] "Marx to Engels, 4 December 1863", ibidem, p. 497.
[78] "Marx to Engels, 20 December 1864", ibidem, p. 507.

sentia o tempo todo que "havia algo errado", e confessou suas dúvidas ao amigo em Manchester: "A tremenda energia que eu tenho de convocar antes de poder abordar assuntos mais difíceis também contribui para esse senso de inadequação. Desculpe-me o termo espinosista"[79].

A chegada do verão não mudou suas precárias circunstâncias. Nos primeiros dias de julho, ele adoeceu, caiu gripado e não conseguiu escrever[80]. E, duas semanas depois, esteve imobilizado por dez dias devido a uma séria lesão pustulenta em seu pênis. Só depois de um repouso com a família em Ramsgate, entre a última semana de julho e os dez primeiros dias de agosto, foi possível forçar-se a trabalhar. Ele começou o novo período de escrita com o Livro III: Seção 2, "A transformação do lucro em lucro médio", posteriormente, a Seção 1, "A transformação do mais-valor em lucro" (que foi concluída, provavelmente, entre o fim de outubro e o início de novembro de 1864). Durante esse período, participou assiduamente das reuniões da Associação Internacional dos Trabalhadores, para a qual escreveu em outubro o discurso inaugural e os estatutos. Também nesse mês, escreveu a Carl Klings, um trabalhador metalúrgico de Solingen, que tinha sido membro da Liga dos Comunistas, e contou-lhe de seus vários percalços e o motivo da sua inevitável lentidão:

> Fiquei doente durante o ano passado (sendo atingido por carbúnculos e furúnculos). Se não fosse por isso, meu trabalho sobre economia política, *O capital*, já teria saído. Espero que eu agora possa, finalmente, terminá-lo em alguns meses e dê à burguesia um golpe teórico do qual nunca se recuperará. [...] Você pode confiar, meu sempre leal defensor da classe trabalhadora.[81]

Retomando o trabalho depois de uma pausa para cumprir deveres com a Internacional, Marx escreveu a Seção 3 do Livro III, intitulada "A lei da queda tendencial da taxa de lucro". Este trabalho foi acompanhado de outro surto da sua doença. Em novembro, "outro carbúnculo apareceu abaixo de [seu] peito direito"[82], deixando-o de cama por uma semana e continuando a incomodá-lo quando se "inclinava para a frente para escrever"[83]. No mês seguinte, temendo outro possível carbúnculo no lado direito, decidiu tratá-lo sozinho. Ele confiou a Engels que estava relutante em consultar o dr. Allen, que não sabia sobre sua tentativa de tratamento

---

[79] "Marx to Engels, 26 May 1864", ibidem, p. 530.
[80] Ver "Marx to Friedrich Engels, 1º July 1864", ibidem, p. 545
[81] "Marx to Carl Klings, 4 October 1864", em Karl Marx e Friedrich Engels, em *Collected Works*, v. 42, (Londres, Lawrence & Wishart, 2010), p. 4.
[82] "Marx to Engels, 4 November 1864", ibidem, p. 12.
[83] "Marx to Engels, 14 November 1864", ibidem, p. 22.

prolongado com um remédio à base de arsênico e lhe daria uma "terrível reprimenda" por causa do "tratamento dos carbúnculos pelas suas costas"[84].

De janeiro a maio de 1865, Marx se dedicou ao Livro II. Os manuscritos foram divididos em três capítulos, que eventualmente se tornaram partes na versão que Engels publicou em 1885: 1) As metamorfoses do capital; 2) A rotação do capital; e 3) Circulação e reprodução. Nessas páginas, Marx desenvolveu novos conceitos e conectou algumas das teorias dos Livros I e III.

Também no novo ano, contudo, o carbúnculo não parou de perseguir Marx e, em meados de fevereiro, houve outro surto da doença. Ele disse a Engels que, ao contrário do ano anterior, suas "faculdades não foram afetadas" e que estava "perfeitamente capaz de trabalhar"[85]. Mas tais previsões revelaram-se excessivamente otimistas: até o início de março, o "problema antigo [estava] atacando[-o] em vários lugares delicados e 'alarmantes', de modo que se sentar [era] difícil"[86]. Além dos "furúnculos", que persistiram até meados do mês, a Internacional tomou uma "enorme quantidade de tempo". Ainda assim, ele não parou de trabalhar no livro, mesmo que isso significasse que, às vezes, "não dormisse antes das quatro da manhã"[87].

Um último estímulo para completar logo as partes que faltavam foi o contrato da editora. Graças à intervenção de Wilhelm Strohn, um antigo camarada dos tempos de Liga dos Comunistas, Otto Meissner (1819-1902), enviou-lhe uma carta de Hamburgo, em 21 de março, que incluía um acordo para publicar "a obra *O capital: contribuição à crítica da economia política*". Deveria ter "aproximadamente 50 assinaturas[88] de comprimento [e ser] publicada em dois volumes"[89].

O tempo era curto e, certa vez, no final de abril, Marx escreveu a Engels que se sentia "tão mole quanto um trapo molhado [...], em parte por trabalhar até tarde da noite [...], em parte pela porcaria diabólica [que ele estava] tomando"[90]. Em meados de maio, "um carbúnculo horrível" apareceu no quadril esquerdo, "perto da parte inexprimível do corpo"[91]. Uma semana depois, os furúnculos estavam "ainda lá", embora, felizmente, "eles apenas perturba[ssem-no] localmente e não

---

[84] "Marx to Engels, 2 December 1864", ibidem, p. 51.
[85] "Marx to Engels, 25 February 1864", ibidem, p. 107.
[86] "Marx to Engels, 4 Ferbruary 1865", ibidem, p. 115.
[87] "Marx to Engels, 13 March 1865", ibidem, p. 129-30.
[88] Cinquenta assinaturas eram equivalentes a 800 páginas impressas.
[89] "Agreement between Mr. Karl Marx and Mr. Otto Meissner, publisher and bookseller", em Karl Marx e Friedrich Engels, em *Collected Works*, v. 42 (Londres, Lawrence & Wishart, 2010), p. 361.
[90] "Marx to Engels, 22 April 1865", ibidem, p. 148.
[91] "Marx to Engels, 13 May 1865", ibidem, p. 158.

incomoda[ssem] o juízo". Ele usou bem o tempo em que se encontrou "apto para o trabalho" e disse a Engels que estava "trabalhando como uma mula"[92].

Entre a última semana de maio e o final de junho, Marx compôs um breve texto chamado *Salário, preço e lucro*[93]. Nele, contestou a tese de John Weston de que os aumentos salariais não seriam favoráveis à classe trabalhadora e que as demandas sindicais por salários mais elevados eram na verdade prejudiciais. Marx mostrou que, pelo contrário, "um aumento geral dos salários resultaria em uma queda na taxa geral de lucro, mas não afetaria os preços médios das mercadorias, ou seus valores"[94].

No mesmo período, Marx também escreveu a Seção 4 do Livro III, intitulando-a "Transformação de capital-mercadoria e de capital monetário em capital de comércio de mercadorias e capital de comércio de dinheiro". No fim de julho de 1865, ele deu a Engels outro relatório do seu progresso:

> Há mais três capítulos a serem escritos para completar a parte teórica (os primeiros três livros). Depois, ainda há o quarto livro, o histórico-literário, a ser escrito, que, em termos comparativos, será a parte mais fácil para mim, já que todos os problemas teriam sido resolvidos nos primeiros três livros, de modo que este último seja algo mais próximo de uma repetição em forma histórica. Mas eu não consigo me fazer entregar nada até que tenha tudo à minha frente. Quaisquer que sejam as deficiências que possa haver, a vantagem de meus escritos é que eles são um todo artístico, e isso só pode ser alcançado por meio da minha prática de nunca publicar as coisas até que eu as tenha em minha frente na sua totalidade.[95]

Quando desvios inevitáveis e uma série de eventos negativos o forçaram a reconsiderar seu método de trabalho, Marx se perguntou se não poderia ser mais útil primeiro produzir uma cópia acabada do Livro I, para que pudesse publicá-lo imediatamente ou, em vez disso, terminar de escrever todos os volumes que conformariam o trabalho. Em outra carta a Engels, disse que o "ponto em questão" era se deveria "fazer uma cópia final de parte do manuscrito e enviá-lo para o editor, ou terminar de escrever tudo primeiro". Ele preferiu a última solução, mas assegurou ao amigo que seu trabalho nos outros volumes não seria desperdiçado:

---

[92] "Marx to Engels, 20 May 1865", ibidem, p. 159.
[93] Esse texto foi publicado em 1898, por Eleanor Marx, como *Value, price and profit* [Valor, preço e lucro]. O título usual serviu de base para a tradução alemã que foi publicada no mesmo ano, em *Die Neue Zeit* [O novo tempo] [ed. bras.: *Salário, preço e lucro*, trad. Eduardo Saló, São Paulo, Edipro, 2020].
[94] Karl Marx e Friedrich Engels, *Collected Works*, v. 20, p. 144.
[95] "Marx to Engels, 31 July 1865", idem, v. 42, cit., p. 173.

[Sob as circunstâncias], o progresso foi tão rápido quanto poderia ser possível a qualquer um, mesmo sem nenhuma consideração artística. Além disso, como eu tenho um limite máximo de 60 folhas impressas[96], é absolutamente essencial que eu tenha tudo à minha frente para saber quanto tem de ser condensado e riscado, de modo que as seções individuais sejam uniformemente equilibradas e na dimensão dos limites prescritos.[97]

Marx confirmou que "não pouparia nenhum esforço para completar o mais rápido possível"; aquilo era um "fardo tenebroso" para ele. Impedia-o "de fazer qualquer outra coisa" e ele estava ansioso para tirá-lo do caminho antes de uma nova agitação política: "Eu sei que esse tempo não ficará parado para sempre como está agora"[98].

Embora tenha decidido avançar na conclusão do Livro I, Marx não queria abandonar o que havia feito no Livro III. Entre julho e dezembro de 1865, ele redigiu, embora de forma fragmentária, a Seção 5 ("Cisão do lucro em juros e ganho empresarial. O capital portador de juros"), Seção 6 ("Transformação do lucro extra em renda fundiária") e Seção 7 ("Os rendimentos e suas fontes")[99]. A estrutura que Marx deu ao Livro III, entre o verão de 1864 e o final de 1865, foi, portanto, muito semelhante ao esquema de doze pontos de janeiro de 1863, contido no Caderno XVIII dos manuscritos sobre teorias do mais-valor.

A ausência de dificuldades financeiras que permitiu a Marx avançar em seu trabalho não duraria muito; elas reapareceram após cerca de um ano, e sua saúde tornou a piorar no decorrer do verão. Além disso, seus deveres para com a Internacional foram particularmente intensos em setembro, em razão da sua primeira conferência, em Londres. Em outubro, Marx visitou Engels em Manchester e, quando voltou a Londres, teve de enfrentar os eventos mais terríveis: sua filha Laura ficou doente,

---

[96] O equivalente a 960 páginas. Posteriormente, Meissner assinalou sua abertura para modificar seu contrato com Marx. Ver "Marx to Engels, 13 April 1867", ibidem, p. 357.
[97] "Marx to Engels, 5 August 1865", ibidem, p. 175.
[98] Idem.
[99] Essa divisão foi seguida por Engels quando publicou *O capital*, Livro III, em 1894. Ver Carl-Erich Vollgraf, Jürgen Jungnickel e Stephen Naron, "Marx in Marx's words? On Engels' edition of the main manuscript of Volume III of *Capital*", *International Journal of Political Economy*, v. 32, n. 1, 2002, p. 35-78; e também o mais recente Carl-Erich Vollgraf, "*Das Kapital* – bis zuletzt ein 'Werk im Werden'", *Marx-Engels Jahrbuch*, v. 2012/13, 2013, p. 113-33 e Regina Roth, "Die Herausgabe von Band 2 und 3 des *Kapital* durch Engels", *Marx-Engels Jahrbuch*, v. 2012/13, 2013, p. 168-82 [ed. bras.: A publicação dos Livros II e III d'*O capital* por Engels, trad. Leonardo Gomes de Deus, *Verinotio*, n. 20, out. 2015, p. 207-15]. Para uma avaliação crítica da edição de Engels, ver Michael Heinrich, "Engels' edition of the third volume of *Capital* and Marx's original manuscript", *Science & Society*, v. 60, n. 4, 1997, p. 452-66. Um ponto de vista diferente está contido em Michael R. Krätke, *Kritik der politischen Ökonomie Heute* (Hamburgo, VSA, 2017), especialmente no capítulo final "Gibt es ein Marx-Engels-Problem?".

o locador ameaçava novamente despejar sua família e enviar os oficiais de justiça e "cartas ameaçadoras" começaram a "sair pelo ladrão". Sua esposa, Jenny, estava "tão desolada" que – como relatou a Engels – "não teve a coragem de explicar o verdadeiro estado de coisas a ela" e "realmente não sab[ia] o que fazer"[100]. A única "boa notícia" foi a morte de uma tia de 73 anos em Frankfurt, de quem ele esperava receber uma pequena parcela da herança.

7.3. A conclusão do Livro I

No início de 1866, Marx lançou-se sobre o novo rascunho de *O capital*, Livro I. Em meados de janeiro, ele atualizou Wilhelm Liebknecht (1826-1900) sobre a situação: "Indisposição, [...] toda sorte de infelizes reveses, demandas feitas a mim pela Associação Internacional etc. têm confiscado todos os momentos livres que eu tenho para escrever a cópia final do meu manuscrito". No entanto, pensava estar perto do fim e que seria "capaz de entregar o Livro I ao editor para publicação em março". Ele acrescentou que seus "dois volumes aparecer[iam] simultaneamente"[101]. Em outra carta, enviada no mesmo dia a Kugelmann, falou sobre estar "ocupado 12 horas por dia escrevendo a cópia final"[102], mas esperava levá-la ao editor em Hamburgo dentro de dois meses.

Contrariamente às suas previsões, no entanto, ele passaria o ano inteiro em luta contra os carbúnculos e seu agravado estado de saúde. No fim de janeiro, sua esposa, Jenny, informou ao velho camarada de luta Johann Philipp Becker (1809-1886) que seu marido havia "sido novamente derrubado pela sua antiga enfermidade, perigosa e extremamente dolorosa". Dessa vez, foi mais "angustiante" para ele, porque interrompeu "a cópia do livro que [tinha] apenas começado". Em sua opinião, "essa nova erupção foi simples e unicamente devida ao excesso de trabalho e às longas horas sem dormir à noite"[103].

Poucos dias depois, Marx foi atingido pelo ataque mais virulento até então, correndo o risco de perder a vida. Quando se recuperou o suficiente para começar a escrever novamente, confidenciou a Engels:

> Desta vez foi por um triz. Minha família não soube quão grave era o caso. Se o problema se repete nesta forma três ou quatro vezes mais, eu serei um homem morto. Estou

---

[100] "Marx to Engels, 8 November 1865", em Karl Marx e Friedrich Engels, *Collected Works*, v. 42, cit., p. 193-94.
[101] "Marx to Wilhelm Liebknecht, 15 January 1866", ibidem, p. 219.
[102] "Marx to Ludwig Kugelmann, 15 January 1866", ibidem, p. 221.
[103] "Jenny Marx to Johann Philipp Becker, 29 January 1866", ibidem, p. 570-1.

extraordinariamente consumido e ainda muito fraco, não na mente, mas em meus lombos e nas minhas pernas. Os médicos têm razão ao pensar que o trabalho excessivo durante a noite foi a principal causa dessa recaída. Mas eu não posso dizer a esses senhores os motivos que me *obrigam* à extravagância – nem haveria propósito fazê-lo. Neste momento, tenho todos os tipos de pequenas progênies sobre meu corpo, o que é doloroso, mas ao menos não mais perigoso.[104]

Apesar de tudo, os pensamentos de Marx ainda estavam dirigidos principalmente para a tarefa à frente dele:

O mais odioso para mim foi a interrupção do meu trabalho, que estava indo de modo esplêndido desde primeiro de janeiro, quando me recuperei da minha queixa hepática. Não havia nenhum problema em "sentar-me", é claro [...]. Eu era capaz de avançar, mesmo que fosse por curtos períodos do dia. Eu não poderia fazer nenhum progresso com a parte realmente teórica. Meu cérebro não estava preparado para isso. Portanto, elaborei seção sobre a "Jornada de trabalho" do ponto de vista histórico, que não fazia parte do meu plano original.[105]

Marx concluiu a carta com uma frase que resumiu bem esse período de sua vida: "Meu livro requer todo o meu tempo de escrita"[106]. Isso foi ainda mais verdadeiro em 1866.

A situação estava agora preocupando seriamente Engels. Temendo o pior, ele interveio firmemente para persuadir Marx de que não poderia mais seguir no mesmo caminho:

Você realmente deve, por fim, fazer agora algo sensato para se livrar dessa bobagem de carbúnculo, mesmo que o livro seja atrasado por mais três meses. A coisa está realmente se tornando muito séria, e se, como você diz, seu cérebro não está à altura da parte teórica, então dê um pouco de descanso para a teoria mais elevada. Abra mão de trabalhar durante a noite por um tempo e leve uma vida muito mais normal.[107]

Engels imediatamente consultou o dr. Gumpert, que aconselhou outro ciclo de arsênico, mas também fez algumas sugestões sobre a conclusão de seu livro. Ele queria ter certeza de que Marx havia abandonado a ideia fora da realidade de escrever todo *O capital* antes de ser publicada qualquer parte. "Você não pode organizar as coisas", perguntou ele, "para que pelo menos o primeiro volume seja enviado para impressão

---

[104] "Marx to Engels, 10 February 1866", ibidem, p. 223.
[105] Ibidem, p. 223-4.
[106] Ibidem, p. 224.
[107] "Engels to Marx, 10 February 1866", ibidem, p. 225-6.

antes e o segundo alguns meses depois?"[108] Levando tudo em conta, ele terminou com uma observação sábia: "Qual seria o ganho nessas circunstâncias de ter talvez alguns capítulos do final do livro completos e nem sequer o primeiro volume em condições de ser impresso, caso os eventos nos surpreendam?"[109].

Marx respondeu a cada um dos argumentos de Engels, alternando entre tons sérios e graciosos. No que dizia respeito ao arsênico, ele escreveu: "Diga ou escreva para Gumpert que me envie a receita com instruções de uso. Ele deve isso tão somente ao bem da 'economia política', ignorando a etiqueta profissional e me tratando de Manchester, eu confio nele"[110]. Quanto aos seus planos de trabalho, escreveu:

> No que diz respeito a este "maldito" livro, a posição agora é: estava pronto no final de dezembro. O tratado sobre a renda da terra sozinho, o penúltimo capítulo, na sua forma atual, é quase o suficiente para ser um livro em si mesmo[111]. Eu tenho ido ao Museu durante o dia e escrito à noite. Tive de arar a nova química agrícola alemã, em particular Liebig e Schönbein, que é mais importante para este assunto do que todos os economistas reunidos, bem como a enorme quantidade de material que os franceses produziram desde a última vez que lidei com esse ponto. Concluí minha investigação teórica sobre a renda da terra há dois anos. E muito se avançou, especialmente no período posterior, confirmando incidentalmente toda a minha teoria. Além da abertura do Japão (em geral, eu não leio livros de viagem se não estou profissionalmente obrigado). Então, aqui estava a "mudança de sistema", como foi aplicada por aqueles vira-latas dos fabricantes ingleses a uma e às mesmas pessoas em 1848-1850, sendo aplicado por mim a mim.[112]

Estudos diurnos na biblioteca para se manter atento às últimas descobertas e trabalho noturno em seu manuscrito: esta foi a rotina punitiva a que Marx se submeteu em um esforço para usar todas as suas energias na conclusão do livro. Sobre a tarefa principal, escreveu a Engels: "Embora pronto, o manuscrito, que na sua forma atual é gigantesco, não é adequado para ser publicado por ninguém além de mim mesmo, nem sequer você". Deu então uma ideia sobre as semanas precedentes:

> Eu comecei a copiar e a polir o estilo pontualmente em primeiro de janeiro, e tudo fluiu, já que eu naturalmente me divirto em lamber o bebê para limpá-lo após as longas dores do parto. Mas então o carbúnculo interveio novamente, de modo que, desde então, não

---

[108] Idem.
[109] Karl Marx e Friedrich Engels, ibidem, p. 226.
[110] "Marx to Engels, 13 February 1866", ibidem, p. 227.
[111] Marx depois inseriu a parte sobre renda da terra na Seção 6 do Livro III: "Transformação do lucro extra em renda fundiária".
[112] "Marx to Engels, 13 February 1866", em Karl Marx e Friedrich Engels, *Collected Works*, v. 42, cit., p. 227.

consegui fazer mais progresso, apenas preencher com mais fatos as seções que estavam, de acordo com o plano, já terminadas.[113]

No fim das contas, ele aceitou o conselho de Engels para desdobrar o planejamento de publicação: "Concordo com você e entrego o primeiro volume a Meissner assim que estiver pronto". "Mas", acrescentou, "para concluí-lo, tenho de primeiro poder me sentar"[114].

Em verdade, a saúde de Marx continuava a deteriorar-se. No fim de fevereiro, dois grandes carbúnculos apareceram em seu corpo, e ele tentou tratá-los sozinho. Disse a Engels que usou uma "lâmina afiada" para se livrar do "mais alto", lancinando "o vira-lata" sozinho. "O sangue infectado [...] jorrava, ou melhor, saltava no ar", e a partir daí pensou que o carbúnculo estivesse "sepultado", embora precisasse de "algum cuidado". Quanto ao "mais baixo", escreveu: "Está se tornando maligno e ficando além do meu controle. [...] Se esse negócio diabólico avança, eu terei de mandar buscar Allen, é claro, porque, devido ao local, não posso vê-lo e curá-lo sozinho"[115].

Após esse relato angustiante, Engels repreendeu seu amigo mais severamente do que nunca: "Ninguém pode suportar uma sucessão tão crônica de carbúnculos por muito tempo, além do que, você pode eventualmente obter um que se torne tão agudo que seja o seu fim. E onde estarão seu livro e sua família então?"[116]. Para dar um pouco de alívio a Marx, ele disse que estava preparado para fazer qualquer sacrifício financeiro. Implorando-lhe que fosse "sensato", sugeriu um período de descanso total:

> Faça o único favor de curar-se, por mim e sua família. O que seria de todo o movimento se alguma coisa acontecesse a você, e da maneira como você está procedendo, esse será o resultado inevitável. Eu realmente não terei paz nenhum dia ou noite até que o tenha convencido desse objetivo, e cada dia que passa sem que ouça notícias suas, eu me preocupo e imagino que você esteja ainda pior. *Nota bene*. Você nunca mais deve deixar as coisas chegarem a tal ponto que um carbúnculo que realmente deveria ser lancetado não é lancetado. Isso é extremamente perigoso.[117]

Finalmente, Marx se deixou persuadir a fazer uma pausa do trabalho. Em 15 de março, viajou para Margate, uma estância balneária em Kent, e no décimo dia enviou um relatório sobre si:

---

[113] Idem.
[114] Idem.
[115] Ibidem, p. 231.
[116] "Engels to Marx, 22 February 1866", ibidem, p. 233.
[117] Ibidem, p. 233-4.

Não estou lendo nada, não estou escrevendo nada. O simples fato de ter de tomar o arsênico três vezes ao dia obriga a organizar o tempo para as refeições e para passear. [...] No que diz respeito à vida social aqui, ela não existe, é claro. Eu posso cantar com o *Miller of the Dee*[118]: "Não me importo com ninguém e ninguém se importa comigo"[119].

No início de abril, Marx disse a seu amigo Kugelmann que estava "recuperadíssimo". Mas se queixou que, devido à interrupção, "outros dois meses ou mais" tinham sido completamente perdidos, e a conclusão de seu livro "atrasava mais uma vez"[120]. Depois de retornar a Londres, permaneceu paralisado por mais algumas semanas devido a um ataque de reumatismo e outros problemas; seu corpo ainda estava exausto e vulnerável. Embora tenha relatado a Engels no início de junho que, "felizmente, não houve recorrência de nada relacionado aos carbúnculos"[121], estava infeliz porque seu trabalho vinha "progredindo mal devido a fatores puramente físicos"[122].

Em julho, Marx teve de enfrentar aqueles que se tornaram seus três inimigos habituais: o *periculum in mora* (perigo da demora) de Tito Lívio, na forma do aluguel atrasado; os carbúnculos, com uma nova ferida pronta para surgir; e um fígado enfermo. Em agosto, assegurou a Engels que, embora sua saúde "oscila[sse] de um dia para o outro", ele se sentia em geral melhor: afinal, "a sensação de estar apto a trabalhar novamente faz muito bem para um homem"[123]. Estava "ameaçado por um novo carbúnculo aqui e ali", e, embora "seguissem desaparecendo" sem a necessidade de uma intervenção de urgência, obrigavam-no a manter suas "horas de trabalho muito estritas"[124]. No mesmo dia, escreveu a Kugelmann: "Não acho que seja capaz de entregar o manuscrito do primeiro volume (ele agora cresceu para três volumes) em Hamburgo antes de outubro. Eu só posso trabalhar de forma produtiva por poucas horas diárias sem sentir imediatamente os efeitos físicos"[125].

Também dessa vez, Marx estava sendo excessivamente otimista. O fluxo constante de fenômenos negativos, aos quais estava diariamente exposto na luta para sobreviver, mais uma vez provou ser um obstáculo para a conclusão do seu texto. Além disso, ele tinha de gastar um tempo precioso procurando maneiras de extrair

---

[118] Uma canção tradicional do folclore inglês.
[119] "Marx to Friedrich Engels, 24 March 1866", em Karl Marx e Friedrich Engels, *Collected Works*, v. 42, cit., p. 249.
[120] "Marx to Ludwig Kugelmann, 6 April 1866", ibidem, p. 262.
[121] "Marx to Engels, 7 July 1866", ibidem, p. 281.
[122] "Marx to Engels, 9 June 1866", ibidem, p. 282.
[123] "Marx to Engels, 7 August 1866", ibidem, p. 303.
[124] "Marx to Engels, 23 August 1866", ibidem, p. 311.
[125] "Marx to Ludwig Kugelmann, 23 August 1866", ibidem, p. 312.

pequenas somas de dinheiro da casa de penhores e escapar do tortuoso ciclo de notas promissórias no qual havia caído.

Escrevendo a Kugelmann em meados de outubro, Marx expressou o temor de que, como resultado de sua longa doença e de todas as despesas que ela implicou, ele não mais pudesse "manter os credores a distância", e o teto estava "prestes a ruir sobre [sua] cabeça"[126]. Nem sequer em outubro, portanto, foi possível que ele desse os toques finais ao manuscrito. Ao descrever o estado das coisas a seu amigo em Hannover, e explicando os motivos da demora, Marx definiu o plano que agora tinha em mente:

> Minhas circunstâncias (intermináveis interrupções, tanto físicas como sociais) me obrigam a publicar primeiro o Volume I, não ambos os volumes juntos, como eu pretendia originalmente. E agora haverá provavelmente três volumes. O trabalho todo está dividido nas seguintes partes:
>
> Livro I: O processo de produção do capital.
> Livro II: O processo de circulação do capital.
> Livro III: Estrutura do processo como um todo.
> Livro IV: Sobre a história da teoria.
> O primeiro volume incluirá os primeiros dois livros. O terceiro livro, creio, enche o segundo volume; o quarto, o terceiro.[127]

Revisando o trabalho que fez desde a *Contribuição à crítica da economia política*, que foi publicado em 1859, Marx continuou:

> Era, na minha opinião, necessário começar de novo desde o início o primeiro livro, ou seja, resumir o meu livro, publicado por Duncker, em um capítulo sobre mercadoria e dinheiro. Eu julguei que isso fosse necessário, não apenas por causa da completude, mas porque mesmo as pessoas inteligentes não entenderam adequadamente a questão, em outras palavras, deve ter havido defeitos na primeira apresentação, especialmente na análise da mercadoria.[128]

A pobreza extrema também marcou o mês de novembro. Referindo-se a um terrível cotidiano que não permitia nenhum período de descanso, Marx escreveu a Engels: "Não só o meu trabalho foi frequentemente interrompido por tudo isso, como tentando compensar à noite o tempo perdido durante o dia adquiri um

---

[126] "Marx to Ludwig Kugelmann, 13 October 1866", ibidem, p. 328.
[127] Idem.
[128] Idem, p. 328-9.

belo carbúnculo próximo ao meu pênis"[129]. Mas ele estava desejoso por apontar que "nesse verão e outono, não foi em verdade a teoria que causou o atraso, mas [a sua] condição física e civil". Se tivesse estado em boa saúde, teria sido capaz de completar o trabalho. Ele lembrou a Engels que fazia três anos desde que "o primeiro carbúnculo fora removido" – anos em que ele teve "apenas curtos períodos" de alívio[130]. Além disso, tendo sido forçado a gastar tanto tempo e energia na luta diária contra a pobreza, observou em dezembro: "Apenas lamento que pessoas físicas não possam apresentar suas contas ao tribunal de falências com os mesmos direitos que os homens de negócios".

A situação não mudou durante o inverno e, no final de fevereiro de 1867, Marx escreveu a seu amigo em Manchester (que nunca deixou de mandar o que podia): "Um armazém enviará os oficiais de justiça no sábado (depois de amanhã) se eu não pagar pelo menos £ 5. [...] O trabalho em breve estará completo, e teria sido hoje se eu estivesse sujeito nos últimos tempos a menos assédio"[131].

No fim de fevereiro de 1867, Marx finalmente conseguiu dar a Engels a tão esperada notícia de que o livro estava concluído. Agora ele tinha de levá-lo para a Alemanha, e mais uma vez foi obrigado a recorrer a seu amigo para que pudesse resgatar suas "roupas e relógio da estada na casa de penhor"[132]; caso contrário, não poderia partir.

Tendo chegado a Hamburgo, Marx discutiu com Engels o novo plano proposto por Meissner:

> Ele agora quer que o livro seja publicado em três volumes. Em particular, ele se opõe à compressão do livro final (a parte histórico-literária) como eu pretendia. Ele disse que, do ponto de vista editorial, [...] esta era a parte para a qual estava reservando maior espaço. Eu disse a ele que, no que diz respeito a isso, eu estava ao seu comando.[133]

Poucos dias depois, deu um informe similar a Becker:

> Todo o trabalho será publicado em três volumes. O título é *O capital: crítica da economia política*. O primeiro volume compreende o primeiro livro: "O processo de produção do capital". É sem sombra de dúvida o mais terrível míssil que já foi lançado sobre as cabeças da burguesia (proprietários fundiários inclusos).[134]

---

[129] "Marx to Engels, 8 November 1866", ibidem, p. 331.
[130] "Marx to Engels, 10 November 1866", ibidem, p. 332.
[131] "Marx to Engels, 21 February 1867", ibidem, p. 347.
[132] "Marx to Engels, 2 April 1867", ibidem, p. 351.
[133] "Marx to Engels, 13 April 1867", ibidem, p. 357.
[134] "Marx to Johann Philipp Becker, 17 April 1867", ibidem, p. 358.

Depois de alguns dias em Hamburgo, Marx seguiu viagem para Hannover. Ficou lá como convidado de Kugelmann, que finalmente o conheceu depois de anos de relações puramente epistolares. Marx permaneceu lá para o caso de Meissner querer que ele ajudasse com a leitura das provas. Escreveu a Engels que sua saúde estava "extraordinariamente melhor". Não havia "nenhum vestígio da antiga queixa" ou seu "problema do fígado", e que "ainda por cima, [ele estava] de bom humor"[135]. Seu amigo respondeu de Manchester:

> Eu sempre tive a sensação de que aquele maldito livro, que você carregou durante tanto tempo, era o fundamento de todo o seu infortúnio, e você nunca iria nem poderia se livrar até que o tirasse de suas costas. Resistir eternamente a concluí-lo estava levando você física, mental e financeiramente ao chão, e eu posso muito bem entender como, depois de ter acordado deste pesadelo, você agora é um homem novo.[136]

Marx queria informar aos outros sobre a próxima publicação do seu trabalho. Para Sigfrid Meyer (1840-1872), membro socialista alemão da Internacional que atuava na organização do movimento operário em Nova York, escreveu: "O Volume I compreende o processo de produção do capital. [...] O Volume II contém a continuação e conclusão da teoria, o Volume III, a história da economia política a partir de meados do século XVII"[137].

Em meados de junho, Engels se envolveu na correção do texto para publicação. Ele pensou que, em comparação com a *Contribuição à crítica da economia política* de 1859, "a dialética do argumento tinha sido muito afiada"[138]. Marx foi encorajado por essa aprovação: "O fato de você estar satisfeito com isso até agora é mais importante para mim do que qualquer coisa que o resto do mundo possa dizer"[139]. No entanto, Engels observou que sua exposição da forma do valor era excessivamente abstrata e insuficientemente clara para o leitor médio; também lamentou que precisamente esta importante seção tivesse "as marcas dos carbúnculos mais firmemente estampadas"[140]. Em resposta, Marx fulminou contra a causa de seus tormentos físicos – "Espero que a burguesia se lembre dos meus carbúnculos até o dia de sua morte"[141] – e se convenceu da necessidade de um apêndice que apresentasse

---

[135] "Marx to Engels, 24 April 1867", ibidem, p. 361.
[136] "Engels to Marx, 27 April 1867", ibidem, p. 362.
[137] "Marx to Sigfrid Meyer, 30 April 1867", ibidem, p. 367.
[138] "Engels to Marx, 16 June 1867", ibidem, p. 381.
[139] "Marx to Engels, 22 June 1867", ibidem, p. 383.
[140] "Engels to Marx, 16 June 1867", ibidem, p. 380.
[141] "Marx to Engels, 22 June 1867", ibidem, p. 383.

sua concepção da forma do valor de um modo mais popular. Este complemento de 20 páginas foi concluído no fim de junho.

Marx completou as correções da prova às duas horas da manhã do dia 1º de agosto de 1867. Poucos minutos depois, escreveu para seu amigo em Manchester: "Caro Fred, acabei de corrigir a última folha [...]. Então, este volume está concluído. Eu devo apenas a você que isso tenha sido possível! [...] Eu te abraço completamente agradecido"[142]. Poucos dias depois, em outra carta a Engels, ele resumiu o que considerava os dois pilares principais do livro: "1. (isto é fundamental para toda a compreensão dos fatos) o duplo caráter do trabalho conforme se expressa em valor de uso ou valor de troca, que é trazido logo no primeiro capítulo; 2. O tratamento do mais-valor independentemente de suas formas particulares, como lucro, juros, renda da terra etc."[143].

O capital foi colocado à venda em 11 de setembro de 1867[144]. Seguindo as modificações finais, o índice dos conteúdos foi o seguinte:

Prefácio
1. Mercadoria e dinheiro
2. A transformação do dinheiro em capital
3. A produção do mais-valor absoluto
4. A produção do mais-valor relativo
5. Pesquisas mais aprofundadas sobre a produção do mais-valor absoluto e relativo
6. O processo de acumulação de capital
Apêndice à Seção I,1: A forma do valor.[145]

Apesar do longo processo de correção e da adição final, a estrutura do trabalho seria amplamente expandida nos próximos anos e várias modificações adicionais seriam feitas no texto. Por conseguinte, mesmo após sua publicação, o volume continuou a absorver energias significativas por parte de Marx.

7.4. Em busca da versão definitiva

Em outubro de 1867, Marx voltou ao Livro II. Mas isso trouxe uma repetição de suas queixas médicas: dores no fígado, insônia e florescimento de "dois pequenos carbúnculos perto do *membrum*". Nem as "incursões de fora" nem os "agravamentos da vida

---

[142] "Marx to Engels, 24 August 1867", ibidem, p. 405.
[143] Idem, p. 407.
[144] Karl Marx, *Das Kapital: Kritik der Politischen Ökonomie* [Erster Band, Hamburg 1867], MEGA², v. II/5 (Berlim, Dietz, 1983), p. 674.
[145] Ibidem, p. 9-10.

doméstica" o deixaram; havia certa amargura em sua sábia observação a Engels de que "minha doença sempre se origina na mente"[146]. Como sempre, seu amigo ajudou e enviou todo o dinheiro que podia, juntamente com a esperança de que "afastasse os carbúnculos"[147]. Não foi o que aconteceu e, no fim de novembro, Marx escreveu para dizer: "O estado da minha saúde piorou muito, e praticamente não é possível trabalhar"[148].

O novo ano, 1868, começou muito parecido ao modo como o antigo terminara. Durante as primeiras semanas de janeiro, Marx nem sequer conseguia responder à sua correspondência. Sua esposa, Jenny, confiou a Becker que seu "pobre marido tinha sido novamente acamado e tinha mãos e pés atados por sua antiga, séria e dolorosa queixa, que [estava] se tornando perigosa devido à sua constante recorrência"[149]. Alguns dias depois, sua filha Laura relatou a Engels: "O Mouro é mais uma vez vítima de seus antigos inimigos, os carbúnculos, e, pela chegada do último, sente-se muito desconfortável numa postura sentada"[150]. Marx começou a escrever novamente apenas no fim do mês, quando disse a Engels que "durante 2-3 semanas" ele "não faria absolutamente nenhum trabalho". "Seria terrível", acrescentou, "se um terceiro monstro irrompesse"[151].

O estado de saúde de Marx continuou a oscilar. No fim de março, ele informou a Engels que a situação era tal que deveria "realmente desistir inteiramente de trabalhar e pensar por algum tempo". Mas acrescentou que isso seria "difícil" para ele, mesmo que tivesse "os meios para ficar à toa"[152]. A nova interrupção ocorreu exatamente quando estava recomeçando o trabalho na segunda versão do Livro II – depois de um hiato de quase três anos, desde a primeira metade de 1865. Ele completou os dois primeiros capítulos no decorrer da primavera[153], além de um grupo de manuscritos preparatórios – sobre a relação entre o mais-valor e a taxa de lucro, a lei da taxa de lucro e as metamorfoses do capital – que o ocuparam até o fim de 1868[154].

---

[146] "Marx to Engels, 19 October 1867", em Karl Marx e Friedrich Engels, *Collected Works*, v. 42, p. 453.
[147] "Engels to Marx, 22 October 1867", ibidem, p. 457.
[148] "Marx to Engels, 27 November 1867", ibidem, p. 477.
[149] "Jenny Marx to Johann Philipp Becker, after 10 january 1868", ibidem, p. 580.
[150] "Laura Marx to Engels, 13 January 1868", ibidem, p. 583.
[151] "Marx to Engels, 25 January 1868", ibidem, p. 528.
[152] "Marx to Engels, 25 March 1868", ibidem, p. 557.
[153] Karl Marx, "Manuskripte zum zweiten Buch des 'Kapitals' 1868 bis 1881", MEGA², v. II/11 (Berlim, De Gruyter, 2008), p. 1-339.
[154] Esses textos foram publicados em MEGA², v. II/4.3 (Berlim, Akademie), p. 78-234; 285-363. A última parte constitui o Manuscrito 4 do Livro II e contém novas versões da Seção 1, "A circulação do capital", e da Seção 2, "As metamorfoses do capital".

No fim de abril de 1868, Marx enviou a Engels um novo esquema para seu trabalho, com particular referência ao "modo pelo qual a taxa de lucro se desenvolve"[155]. Na mesma carta, deixou claro que o Livro II apresentaria o "processo de circulação do capital com base nas premissas desenvolvidas" no Livro I. Ele pretendia estabelecer, de forma tão satisfatória quanto possível, as "determinações formais" do capital fixo, capital circulante e volume de negócios do capital – e, portanto, investigar "a intercalação social dos diferentes capitais, partes de capital e de receita (= d)". O Livro III seria, então, "a conversão do valor excedente em suas diferentes formas e partes separadas"[156].

Em maio, no entanto, os problemas de saúde voltaram e, depois de um período de silêncio, Marx explicou a Engels que "dois carbúnculos no escroto talvez deixassem mesmo Sulla rabugento"[157]. Na segunda semana de agosto, ele contou a Kugelmann da sua esperança de terminar todo o trabalho "no final de setembro de 1869"[158]. Mas o outono trouxe um surto de carbúnculos e, na primavera de 1869, quando Marx ainda estava trabalhando no terceiro capítulo do Livro II[159], seu fígado também piorou mais uma vez. Os seus infortúnios continuaram nos anos seguintes com uma regularidade incômoda e impediram-no para sempre de completar o Livro II.

Havia também razões teóricas para o atraso. Desde o outono de 1868 até a primavera de 1869, determinado a dar conta dos últimos desenvolvimentos do capitalismo, Marx compilou copiosos excertos de textos sobre os mercados financeiros e monetários que apareceram em *The Money Market Review*, *The Economist* e publicações similares[160]. Além disso, no outono de 1869, tendo tomado conhecimento de literatura nova (na realidade, insignificante) sobre mudanças na Rússia, decidiu aprender russo para que pudesse estudar o assunto por si mesmo. Ele perseguiu esse novo interesse com seu rigor habitual e, no início de 1870, Jenny disse a Engels que, "em vez de cuidar de si [ele havia começado] a estudar martelos e pinças russas, saía raramente, comia com pouca frequência e mostrou o carbúnculo sob o braço apenas quando já estava muito inchado e tinha endurecido"[161]. Engels se apressou

---

[155] "Marx to Engels, 30 April 1868", em Karl Marx e Friedrich Engels, *Collected Works*, v. 43 (Londres, Lawrence & Wishart, 2010), p. 20.
[156] Idem.
[157] "Marx to Engels, 16 May 1868", ibidem, p. 35.
[158] "Marx to Ludwig Kugelmann, 10 August 1868", ibidem, p. 82.
[159] Ver Karl Marx, "Manuskripte zum zweiten Buch des 'Kapitals' 1868 bis 1881", cit., p. 340-522.
[160] Ainda não publicadas, essas notas estão incluídas nos cadernos do IISH, *Marx-Engels Papers*, B 108, B 109, B 113 e B 114.
[161] "Jenny Marx to Engels, about 17 January 1870", em Karl Marx e Friedrich Engels, *Collected Works*, v. 43, cit., p. 551.

em escrever para o amigo, tentando convencê-lo de que "no interesse do Livro II" ele precisava de "uma mudança de estilo de vida"; caso contrário, se houvesse "repetição constante de tais suspensões", ele nunca terminaria o livro[162].

A previsão foi certeira. No início do verão, resumindo o que aconteceu nos meses anteriores, Marx disse a Kugelmann que seu trabalho tinha sido "aguentar a doença durante todo o inverno" e que "acho[u] necessário melhorar [o seu] russo, pois, ao lidar com a questão da terra, isso se tornou essencial para estudar as relações de propriedade das terras russas a partir de fontes primárias"[163].

Depois de todas as interrupções e de um período de intensa atividade política junto da Internacional, após o nascimento da Comuna de Paris, Marx voltou-se para uma nova edição do Livro I. Insatisfeito com a maneira como expusera a teoria do valor, ele passou dezembro de 1871 e janeiro de 1872 reescrevendo o apêndice de 1867, o que o levou a reescrever o primeiro capítulo em si[164]. Nessa ocasião, além de um pequeno número de adições, também modificou toda a estrutura do livro[165].

Correções e reformulações também afetaram a tradução francesa. A partir de março de 1872, Marx teve de trabalhar na correção dos rascunhos que foram impressos em fascículos entre 1872 e 1875[166]. Ao longo das revisões, ele decidiu fazer mais mudanças no texto básico, principalmente na seção sobre acumulação de capital. No *post-scriptum* da edição francesa, não hesitou em atribuir-lhes "um valor científico independente do original"[167].

Embora o ritmo tenha sido menos intenso do que antes – por causa do estado precário de sua saúde e porque ele precisava ampliar seu conhecimento em algumas áreas –, Marx continuou a trabalhar em *O capital* durante os últimos anos de sua vida. Em 1875, escreveu outro manuscrito para o Livro III, intitulado "Relação entre taxa de valor excedente e taxa de lucro desenvolvida matematicamente"[168] e, entre outubro de 1876 e início de 1881, preparou novos rascunhos de seções do Livro II[169].

---

[162] "Engels to Marx, 19 January 1870", ibidem, p. 408.
[163] "Marx to Ludwig Kugelmann, 27 June 1870", ibidem, p. 528.
[164] Ver Karl Marx, *Das Kapital*, cit., p. 1-55.
[165] Em 1867, Marx dividiu o livro em capítulos. Em 1872, eles se tornaram seções, cada uma com subdivisões muito mais detalhadas.
[166] Karl Marx, "Le Capital, Paris 1872-1875", MEGA², v. II/7 (Berlim, Dietz, 1989).
[167] Karl Marx e Friedrich Engels, *Collected Works*, v. 35 (Londres, Lawrence & Wishart, 2010), p. 24.
[168] Ver Karl Marx, "Manuskripte und redaktionelle Texte zum dritten Buch des 'Kapitals' 1871 bis 1895", MEGA², v. II/14 (Berlim, Akademie, 2003), p. 19-150.
[169] Ver Karl Marx, "Manuskripte zum zweiten Buch des 'Kapitals' 1868 bis 1881", MEGA², v. II/11, cit., p. 525-828.

Algumas de suas cartas indicam que, se tivesse sido capaz de alimentar os resultados de sua incessante pesquisa, ele teria atualizado o Livro I também[170].

O espírito crítico com o qual Marx compôs sua *magnum opus* revela quão distante ele estava do autor dogmático que a maioria de seus adversários e muitos autodeclarados discípulos apresentaram ao mundo. Apesar de permanecer inacabado[171], aqueles que hoje queiram usar conceitos teóricos essenciais para a crítica do modo de produção capitalista ainda não podem dispensar a leitura de *O capital* de Marx[172].

---

[170] "Marx to Nikolai Danielson, 13 December 1881", em Karl Marx e Friedrich Engels, *Collected Works*, v. 46 (Londres, Lawrence & Wishart, 2010), p. 161.

[171] O trabalho editorial que Engels assumiu para preparar as partes inconclusas de *O capital* para a publicação após a morte de seu amigo foi extremamente complexo. Deve-se ter em mente que o texto em questão foi preparado com base em material incompleto e muitas vezes heterogêneo, escrito por Marx em distintos períodos de sua vida, alguns dos quais continham observações diferentes de outras encontradas em outras partes de *O capital*. Ainda assim, Engels publicou o Livro II em 1885 e o Livro III em 1894.

[172] Ver Marcello Musto (org.), *Marx's Capital after 150 Years: Critique and Alternative to Capitalism* (Londres/Nova York, Routledge, 2019).

8
A CONCEPÇÃO DE ALIENAÇÃO SEGUNDO MARX E NOS MARXISMOS DO SÉCULO XX*

8.1. As origens do conceito

A alienação pode ser incluída entre as teorias mais relevantes e debatidas do século XX e a concepção elaborada por Marx assumiu um papel determinante no âmbito das discussões sobre o tema. No entanto, diferentemente do que se poderia imaginar, o caminho de sua afirmação não foi linear e as publicações de algumas obras inéditas de Marx com reflexões sobre a alienação representaram significativos pontos de viragem para a transformação e a difusão dessa teoria.

Ao longo dos séculos, o termo "alienação" foi utilizado muitas vezes e com significados diferentes. Na reflexão teológica, designava o afastamento do homem em relação a deus; nas teorias do contrato social, servia para indicar a perda da liberdade original do indivíduo; já na economia política inglesa, foi empregado para descrever a transferência de propriedade de terras e bens. A primeira exposição filosófica sistemática da alienação, entretanto, ocorre somente no início do século XIX com Georg W. F. Hegel. Na *Fenomenologia do espírito*, ele a tornou de fato a categoria central do mundo moderno e empregou os termos *Entäusserung* (renúncia) e *Entfremdung* (estranhamento, cisão) para representar o fenômeno mediante o qual o espírito se torna outro de si mesmo na objetividade. Tal problemática teve grande importância também para autores da esquerda hegeliana, e a concepção de alienação religiosa, elaborada por Ludwig Feuerbach em *A essência do cristianismo*, a saber, a crítica do processo pelo qual o homem se convence da existência de uma

---

* Este texto foi publicado pela primeira vez em português em Marcos Del Roio (org.), *Marx e a dialética da sociedade civil* (Marília/São Paulo, Oficina Universitária/Cultura Acadêmica, 2014), v. 1, p. 95-124. A tradução foi feita por Luciana Aliaga. (N. E.)

divindade imaginária e se submete a ela, contribuiu de modo significativo para o desenvolvimento do conceito.

Em seguida, a alienação desaparece da reflexão filosófica e nenhum dos mais importantes autores da segunda metade do século XIX lhe dedicou atenção particular. O próprio Marx, nas obras publicadas ao longo de sua vida, empregou o termo em raríssimas ocasiões, a ponto de ele nem sequer aparecer no marxismo da Segunda Internacional (1889-1914)[1].

Nesse período, entretanto, alguns pensadores elaboraram conceitos que, posteriormente, foram associados àquele de alienação. Nos livros *Da divisão do trabalho social* e *O suicídio*, por exemplo, Émile Durkheim formulou a noção de "anomia", com a qual pretendia indicar o conjunto de fenômenos que se manifestavam nas sociedades nas quais as normas que garantem a coesão social entram em crise após o grande desenvolvimento da divisão do trabalho. As mudanças sociais ocorridas no século XIX, com enormes transformações no processo produtivo, constituíram também o pano de fundo das reflexões dos sociólogos alemães. Em *Philosophie des Geldes* [Filosofia do dinheiro], Georg Simmel dedicou grande atenção ao predomínio das instituições sociais sobre os indivíduos e à impessoalidade das relações humanas, ao passo que, em *Economia e sociedade*, Max Weber se deteve sobre os conceitos de "burocratização" e "cálculo racional" nas relações humanas, consideradas a essência do capitalismo. Esses autores, porém, interpretaram tais fenômenos como eventos inevitáveis e suas considerações foram sempre guiadas pela vontade de melhorar a ordem social e política existente, e não certamente pela vontade de subvertê-la com outra diferente.

8.2. A redescoberta da alienação

A redescoberta da teoria da alienação ocorreu graças a György Lukács. Em *História e consciência de classe*, referindo-se a algumas passagens de *O capital*, de Marx, em particular à seção dedicada ao "caráter fetichista da mercadoria" (*Der Fetischcharakter der Ware*), elaborou o conceito de reificação (*Verdinglichung ou Versachlichung*), ou seja, o fenômeno pelo qual a atividade laborativa se contrapõe ao homem como algo objetivo e independente e o domina mediante leis autônomas e estranhas a ele. Em seus traços fundamentais, porém, a teoria de Lukács era ainda muito semelhante à

---

[1] Na introdução ao livro de Richard Schacht, Walter Kaufmann notou que poderia se revelar realmente "pouco crível que a moda da alienação tivesse derivado de um início tão pouco promissor"; Walter Kaufmann, "The Inevitability of Alienation", em Richard Schacht, *Alienation* (Garden City, Doubleday, 1970), p. xvii.

de Hegel, uma vez que ele também concebeu a reificação como um "fato estrutural fundamental"[2]. Assim, sobretudo após o aparecimento da tradução francesa de seu livro[3] na década de 1960, quando esse texto voltou a exercer uma grande influência entre os estudiosos e militantes de esquerda, Lukács decidiu republicá-lo numa nova edição acompanhada de um longo prefácio autocrítico, no qual, para esclarecer sua posição, afirmou: "*História e consciência de classe* segue Hegel na medida em que nele também o estranhamento é equiparado à objetificação"[4].

Outro autor que, durante os anos 1920, dispensou grande atenção a essas temáticas foi Isaak Illich Rubin. Em seu *A teoria do valor de Marx*, ele sustenta que a teoria do fetichismo constitui "a base de todo o sistema econômico de Marx, particularmente de sua teoria do valor"[5]. Para o autor russo, a reificação das relações sociais representa "um fato da economia mercantil-capitalista"[6], isto é, consiste na "'materialização' das relações de produção e não apenas [em] 'mistificação' ou ilusão. Esta é uma das características da estrutura econômica da sociedade contemporânea. [...] O fetichismo não é apenas um fenômeno da consciência social, mas da existência social"[7]. Não obstante essas intuições, perspicazes se considerarmos o período no qual foram escritas, a obra de Rubin não consegue contribuir para o conhecimento da teoria da alienação, uma vez que, tendo sido traduzida somente em 1972 ao inglês (e dessa língua para outras), conheceu uma tardia recepção no Ocidente.

O evento decisivo que revolucionou de maneira definitiva a difusão do conceito de alienação foi a publicação, em 1932, dos *Manuscritos econômico-filosóficos de 1844*, uma obra inédita da produção juvenil de Marx. A partir desse texto emerge o papel de destaque conferido por Marx à teoria da alienação durante uma importante fase da formação de sua concepção: a descoberta da economia política[8]. Marx, na

---

[2] György Lukács, *História e consciência de classe: estudos sobre a dialética marxista* (trad. Rodnei Nascimento, 2. ed., São Paulo, WMF Martins Fontes, 2016), p. 199, trad. modif.

[3] O livro foi traduzido por Kostas Axelos e Jacqueline Bois com o título *Histoire et conscience de classe* (Paris, Minuit, 1960).

[4] György Lukács, *História e consciência de classe*, cit., p. 26, trad. modif.

[5] Isaak Illich Rubin, *A teoria marxista do valor* (trad. José Bonifácio de S. Amaral Filho, São Paulo, Polis, 1987), p. 19.

[6] Ibidem, p. 39.

[7] Ibidem, p. 73. Sobre a obra de Rubin, ver Fredy Perlman, *Il feticismo delle merci* (Milão, Lampugnani Nigri, 1972).

[8] Na realidade, Marx já havia utilizado o conceito de alienação no ensaio *Crítica da filosofia do direito de Hegel*, publicado nos *Deutsch-Französische Jahrbücher* [Anais Franco-Alemães] alguns meses antes da redação dos *Manuscritos econômico-filosóficos de 1844*. Naquele texto, ele havia justificado a necessidade de passar da crítica da religião àquela do mundo real: "a tarefa da história, depois que o *outro mundo da verdade* se desvaneceu, é estabelecer a *verdade deste mundo*. A *tarefa imediata*

realidade, mediante a categoria de trabalho alienado (*entfremdete Arbeit*)[9] não somente transportou a problemática da alienação da esfera filosófica, religiosa e política para a esfera econômica da produção material, como também fez desta última o pressuposto para poder compreender e superar aquelas primeiras[10]. Nos *Manuscritos econômico-filosóficos de 1844*, a alienação foi descrita como o fenômeno pelo qual o produto do trabalho "se lhe defronta como um *ser estranho*, como um *poder independente* do produtor"[11]. Para Marx,

> A *exteriorização* (*Entäusserung*) do trabalhador em seu produto tem o significado não somente de que seu trabalho se torna um objeto, uma existência *externa*, mas, bem além disso, que existe *fora dele*, independente dele e estranha a ele, tornando-se uma potência autônoma diante dele, que a vida que ele concedeu ao objeto se lhe defronta hostil e estranha.[12]

Ao lado dessa definição geral, Marx elencou quatro diferentes tipos de alienação que indicavam como, na sociedade burguesa, o trabalhador seria alienado: 1) do produto de seu trabalho, que se torna um "objeto estranho e poderoso sobre ele"[13]; 2) na atividade de trabalho, que é percebida como "voltada contra ele mesmo [...] não pertencente a ele"; 3) do gênero humano, uma vez que o "ser genérico do homem" é transformado em "um ser estranho a ele"; e 4) dos outros

---

da filosofia, que está a serviço da história, é desmascarar a autoalienação humana nas suas *formas não sagradas*, agora que ela foi desmascarada na sua *forma sagrada*. A crítica do céu transforma-se desse modo em crítica da terra, a *crítica da religião em crítica do direito*, e a *crítica da teologia em crítica da política*"; Karl Marx, "Crítica da filosofia do direito de Hegel – Introdução", em *Crítica da filosofia do direito de Hegel* (trad. Rubens Enderle e Leonardo de Deus, São Paulo, Boitempo, 2005), p. 148.

[9] Nos escritos de Marx aparecem tanto *Entfremdung* como *Entäusserung*. As duas noções, que em Hegel tinham significados diferentes, foram utilizadas por Marx como sinônimos. Ver Marcella D'Abbiero, *Alienazione in Hegel: usi e significati di Entäusserung, Entfremdung, Veräusserung* (Roma, Ateneo, 1970), p. 25-7.

[10] Essa elaboração amadureceu também graças à influência do pensamento de Moses Hess. De fato, no artigo "L'essenza del denaro" [A essência do dinheiro], ele argumentou que a alienação religiosa tinha sua explicação no mundo econômico e social. Ver Moses Hess, "L'essenza del denaro", em *Filosofia e socialismo: scritti 1841-1845* (Lecce, Milella, 1988): "deus é somente o capital idealizado, o céu é somente o mundo dos comerciantes idealizado" (ibidem, p. 212); "Aquilo que deus representa para a vida teórica, o dinheiro representa para a vida prática do mundo invertido: a faculdade alienada do homem, a sua atividade vital mercantilizada" (ibidem, p. 209).

[11] Karl Marx, *Manuscritos econômico-filosóficos* (trad. Jesus Ranieri, São Paulo, Boitempo, 2004), p. 80. Para uma antologia de textos de Marx sobre alienação, ver Marcello Musto (org.), *Karl Marx's Writings on Alienation* (Nova York: Palgrave Macmillan, 2021).

[12] Karl Marx, *Manuscritos econômico-filosóficos*, cit., p. 81, trad. modif.

[13] Ibidem, p. 83.

homens, isto é, em relação ao "trabalho e [a]o objeto do trabalho"[14] realizados por seus semelhantes.

Para Marx, diferentemente de Hegel, a alienação não coincidia com a objetivação enquanto tal, mas com uma realidade econômica precisa e com um fenômeno específico: o trabalho assalariado e a transformação dos produtos do trabalho em objetos que se contrapõem aos seus produtores. A diversidade política entre as duas interpretações é enorme. Ao contrário de Hegel, que representou a alienação como manifestação ontológica do trabalho, Marx concebeu esse fenômeno como característica de um determinado período da produção, o capitalista, considerando possível sua superação mediante "a emancipação da sociedade da propriedade privada"[15]. Considerações análogas foram desenvolvidas nos cadernos de notas que continham excertos da obra *Elements of Political Economy* [Elementos de economia política], de James Mill:

> o [...] trabalho seria livre manifestação da vida e, portanto, gozo da vida. Mas nas condições da propriedade privada ele é alienação da vida; de fato, eu trabalho para viver, para obter os meios de vida. O meu trabalho não é vida. Em segundo lugar: no trabalho seria afirmada, portanto, a peculiaridade da minha individualidade, já que nele seria afirmada a minha vida individual. O trabalho seria, dessa maneira, verdadeira e ativa propriedade. Mas nas condições da propriedade privada, a minha individualidade está alienada ao ponto desta atividade me ser odiosa, um tormento, e só a aparência de uma atividade, e também é, portanto, apenas uma atividade extorsiva que me é imposta por uma acidental necessidade exterior, e não por uma necessidade interior.[16]

Portanto, mesmo nessas fragmentárias e, às vezes, incertas formulações de juventude, Marx tratou sempre da alienação de um ponto de vista histórico e nunca natural.

8.3. As concepções não marxistas

Levaria ainda muito tempo, entretanto, para que uma concepção histórica, e não ontológica, de alienação pudesse se afirmar. De fato, a maior parte dos autores que se ocupou dessa problemática nas primeiras décadas do século XX fez isso sempre considerando a alienação um aspecto universal da existência humana. Em *Ser e tempo*, Martin Heidegger trata do problema da alienação no aspecto meramente

---

[14] Ibidem, p. 85-6. Sobre isso, consultar o estudo de Bertell Ollman, *Alienation: Marx's Conception of Man in Capitalist Society* (Cambridge, Cambridge University Press, 1971), p. 136-52.
[15] Karl Marx, *Manuscritos econômico-filosóficos*, cit., p. 88.
[16] Karl Marx, "Manoscritti economico-filosofici del 1844", em *Marx Engels Opere*, v. 3 (Roma, Editori Riuniti, 1976), p. 247-8.

filosófico e considera essa realidade uma dimensão fundamental da história. A categoria utilizada por ele para descrever a fenomenologia da alienação é a de "decadência" (*Verfallen*), isto é, a tendência do Ser-aí (*Dasein*) (para a filosofia heideggeriana, a constituição ontológica da vida humana) que se perde na falta de autenticidade e no conformismo do mundo que o circunda. Para Heidegger, o "ser do decair no 'mundo' significa ser-absorvido no ser-um-com-o-outro, na medida em que este é conduzido por falatório, curiosidade e ambiguidade"[17]. Um território, portanto, completamente diverso da fábrica e da condição operária que estão no centro das preocupações e das elaborações de Marx. Além disso, essa condição de "decadência" não é considerada por Heidegger uma condição "má e censurável... da qual talvez se pudesse prescindir em estádios mais adiantados de cultura da Humanidade"[18], mas uma característica ontológica, "um *modo existencial* do ser-no-mundo"[19].

Também Herbert Marcuse, que, ao contrário de Heidegger, conhecia bem a obra de Marx[20], identificou a alienação com a objetivação em geral e não com a sua manifestação nas relações de produção capitalistas. No ensaio "Sobre os fundamentos filosóficos do conceito de trabalho na ciência econômica", ele sustenta que o "caráter penoso do trabalho" não pode ser reduzido meramente a "determinadas condições na execução do trabalho, à configuração técnico-social do trabalho"[21], mas deve ser considerado um de seus traços fundamentais:

> Trabalhando o trabalhador está "no plano da coisa" esteja ele junto à máquina, projetando planos técnicos, propondo medidas organizativas, investigando problemas científicos, educando pessoas etc. Em seu fazer ele se deixa guiar pela coisa, se subordina à sua nor-

---

[17] Martin Heidegger, *Ser e tempo* (trad. Fausto Castilho, Campinas/Petrópolis, Unicamp/Vozes, 2012), p. 493.
[18] Ibidem, p. 495.
[19] No "Prefácio" de 1967 a *História e consciência de classe*, Lukács observou que em Heidegger a alienação se tornara um conceito politicamente inofensivo para "sublimar a crítica social numa crítica puramente filosófica"; György Lukács, *História e consciência de classe*, cit., p. 26. Heidegger tentou também alterar o próprio significado da concepção marxiana de alienação. Na *Carta sobre o humanismo*, de fato, ele elogiou Marx porque nele a "alienação atinge uma dimensão essencial da história" (Martin Heidegger, *Carta sobre o humanismo*, trad. Rubens Eduardo Frias, São Paulo, Centauro, 2005, p. 483), posição que acaba por ser uma falsificação clamorosa, já que não está presente em nenhum dos escritos de Marx.
[20] Consultar, por exemplo, Herbert Marcuse, "Novas fontes para a fundamentação do materialismo histórico", em *Materialismo histórico e existência* (Rio de Janeiro, Tempo Brasileiro, 1968), texto que apareceu logo após a publicação dos *Manuscritos econômico-filosóficos de 1844*.
[21] Herbert Marcuse, "Sobre os fundamentos filosóficos do conceito de trabalho na ciência econômica", em *Cultura e sociedade*, v. 2 (trad. Robespierre de Oliveira, Rio de Janeiro, Paz & Terra, 1998), p. 18.

matividade e se vincula a ela, inclusive quando domina seu objeto [...] Em qualquer caso não está "consigo" [...] está "com o outro de si próprio", inclusive quando esse fazer justamente confere plenitude à sua própria vida assumida livremente. Essa exteriorização e alienação da existência [...] por princípio, é inevitável.[22]

Para Marcuse, portanto, existe uma "negatividade originária do fazer pelo trabalho"[23], que ele reputa pertencer à própria "essência da existência humana"[24]. A crítica da alienação torna-se, assim, uma crítica da tecnologia e do trabalho em geral. A superação da alienação é considerada possível somente pelo jogo, momento em que o homem pode alcançar a liberdade que lhe é negada durante a atividade produtiva: "em uma única jogada de bola de quem joga existe um triunfo infinitamente superior da liberdade do ser humano em relação à objetividade do que existe na mais imponente das realizações do trabalho técnico"[25].

Em *Eros e civilização*, Marcuse se distancia de maneira muito nítida da concepção marxiana. Ele afirma que a emancipação do homem só pode se realizar mediante a libertação do trabalho (*abolition of labor*)[26] e a afirmação da libido e do jogo nas relações sociais. A possibilidade de superar a exploração pelo nascimento de uma sociedade baseada na propriedade comum dos meios de produção é definitivamente afastada, já que Marcuse considera o trabalho em geral, não apenas o assalariado,

> trabalho para uma engrenagem que ela [a esmagadora maioria da população] não controla, que funciona como um poder independente a que os indivíduos têm de submeter-se se querem viver. E torna-se tanto mais estranho quanto mais especializada se torna a divisão do trabalho. [...] Enquanto trabalham, não satisfazem suas próprias necessidades e faculdades, mas trabalham em alienação.[27]

A principal norma contra a qual os homens devem se rebelar é o princípio do desempenho (*performance*) imposto pela sociedade. Segundo Marcuse, de fato,

> o conflito entre sexualidade e civilização desenrola-se com esse desenvolvimento da dominação. Sob o domínio do princípio de desempenho, o corpo e a mente passam a

---

[22] Ibidem, p. 27.
[23] Ibidem, p. 30.
[24] Ibidem, p. 29.
[25] Ibidem, p. 15.
[26] Com essa expressão Marcuse se referia ao trabalho físico e ao labor, não ao trabalho *tout court*. A esse propósito, consultar Giovanni Jervis, "Introduzione", em Herbert Marcuse, *Eros e civiltà* (Turim, Einaudi, 2001, p. 28).
[27] Herbert Marcuse, *Eros e civilização: uma interpretação filosófica do pensamento de Freud* (trad. Álvaro Cabral, 6. ed., Rio de Janeiro, Zahar, 1975), p. 57.

ser instrumentos de trabalho alienado; só podem funcionar como tais instrumentos se renunciam à liberdade do sujeito-objeto libidinal que o organismo primariamente é e deseja. [...] O homem existe [...] como um instrumento de desempenho alienado.[28]

Ele conclui, portanto, que a produção material, ainda que seja organizada de maneira justa e racional, "jamais pode constituir um domínio da liberdade e da gratificação [...] É a esfera exterior ao trabalho que define a liberdade e a satisfação"[29]. A alternativa proposta por Marcuse é o abandono do mito de Prometeu, tão caro a Marx, para alcançar um horizonte dionisíaco: a "libertação do eros"[30]. Diferentemente de Sigmund Freud, que em *O mal-estar na civilização* sustenta que uma organização social não repressiva levaria a uma perigosa regressão no nível de civilização alcançado nas relações humanas[31], Marcuse estava convencido de que, se a libertação dos instintos ocorresse numa "sociedade livre", altamente tecnológica e a serviço do homem, ela favoreceria não somente "um desenvolvimento do progresso", mas também criaria "novas e duradouras relações de trabalho"[32].

As indicações sobre como essa nova sociedade poderia tomar corpo são, porém, muito vagas e utópicas. Marcuse acaba defendendo uma oposição ao domínio tecnológico em geral, na qual a crítica da alienação não é mais utilizada para contrastar as relações de produção capitalistas, e chega a desenvolver uma reflexão tão pessimista

---

[28] Ibidem, p. 58. Da mesma opinião foi Georges Friedmann, que em seu *Le travail en miettes* (Paris, Gallimard, 1956) [ed. bras.: *O trabalho em migalhas*, São Paulo, Perspectiva, 1983.] afirma que a superação da alienação somente é possível depois da libertação do trabalho. Do mesmo autor, ver também *Problèmes humains du machinisme industriel* (2. ed., Paris, Gallimard, 1951).

[29] Herbert Marcuse, *Eros e civilização*, cit., p. 143.

[30] Ibidem, p. 142.

[31] Sigmund Freud, *Il disagio della civiltà* (Turim, Boringhieri, 1971), p. 226 e 231. [ed. bras.: "O mal-estar na civilização", em *Obras completas*, vol. 18, trad. Paulo César de Souza, São Paulo, Companhia das Letras, 2013]

[32] Herbert Marcuse, *Eros e civilização*, cit., p. 142. Nesse mesmo sentido vai a seguinte afirmação: a "racionalidade libidinal não somente [é] compatível com o progresso em direção a formas superiores de liberdade civil, mas também [está] apta a promovê-las" (ibidem, p. 216-7). Sobre a relação entre técnica e progresso, indica-se também o trabalho de Kostas Axelos, *Marx pensatore della tecnica* (Milão, SugarCo, 1963). O autor defendeu esta tese: "tudo o que aliena o homem era, e é, devido ou ao não desenvolvimento das forças produtivas [...], ou ao subdesenvolvimento da técnica" (ibidem, p. 352-3). Enfim, sobre esses temas, ver o magistral livro de Harry Braverman, *Lavoro e capitale monopolistico* (Turim, Einaudi, 1978) [ed. bras.: *Trabalho e capital monopolista*, trad. Nathanael C. Caixeiro, 3. ed., Rio de Janeiro, Guanabara, 2010], no qual o autor segue os princípios "daquela visão marxista que combate não a ciência e a tecnologia enquanto tais, mas somente o modo pelo qual são utilizadas e reduzidas a instrumentos de domínio, com a criação, a manutenção e o aprofundamento de um abismo entre as classes sociais" (ibidem, p. 6).

sobre a mudança social que inclui também a classe operária entre os sujeitos que agem em defesa do sistema.

A descrição de um estranhamento generalizado, produzido por um controle social invasivo e pela manipulação das necessidades criadas pela influência dos *mass-media*[33], foi teorizada também por outros dois exponentes da Escola de Frankfurt: Max Horkheimer e Theodor Adorno. Em *Dialética do esclarecimento*, eles afirmam que "a racionalidade técnica hoje é a racionalidade da própria dominação. Ela é o caráter compulsivo da sociedade estranhada de si mesma"[34]. Desse modo, eles evidenciam como, no capitalismo contemporâneo, até mesmo a esfera da diversão, antes livre e alternativa ao trabalho, foi absorvida nas engrenagens da reprodução do consenso.

Depois da Segunda Guerra Mundial, o conceito de alienação atracou também na psicanálise. Aqueles que se ocuparam desse conceito partiram da teoria de Freud, segundo a qual, na sociedade burguesa, o homem é posto diante da escolha entre natureza e cultura e, para poder gozar das seguranças garantidas pela civilização[35], deve necessariamente renunciar às próprias pulsões. Os psicólogos ligaram a alienação às psicoses que se manifestam, em alguns indivíduos, em consequência dessa escolha conflitual. Por conseguinte, a vastidão da problemática da alienação foi reduzida a um mero fenômeno subjetivo.

O expoente que mais se ocupou do tema da alienação nessa disciplina foi Erich Fromm. Diferentemente da maioria de seus colegas, ele nunca separou as manifestações da alienação do contexto histórico do capitalismo, e em seus livros *Psicanálise da sociedade contemporânea* e *O conceito marxista do homem*, usou esse conceito para tentar construir uma ponte entre a psicanálise e o marxismo. Todavia, também Fromm enfrenta essa problemática privilegiando sempre a análise subjetiva, e sua concepção de alienação, que pode ser resumida como "um modo de experiência em que a pessoa se sente como um estranho"[36], permanece excessivamente circunscrita ao indivíduo. Além disso, sua interpretação da concepção de alienação em Marx se

---

[33] Ver Pasquale Stanziale, *Mappe dell'alienazione* (Roma, Erre emme, 1995), p. 70-3.

[34] Max Horkheimer e Theodor W. Adorno, *Dialética do esclarecimento* (trad. Guido Antonio de Almeida, Rio de Janeiro, Zahar, 2006), p. 100, trad. modif.

[35] Ver Sigmund Freud, "O mal-estar na civilização", cit.: "De fato, o homem primitivo estava em situação melhor, pois não conhecia restrições ao instinto. Em compensação, era mínima a segurança de desfrutar essa felicidade por muito tempo. O homem civilizado trocou um tanto de felicidade por um tanto de segurança".

[36] Erich Fromm, *Psicanálise da sociedade contemporânea* (trad. L. A. Bahia e Giasone Rebua, Rio de Janeiro, Zahar, 1961), p. 125. Sobre esse ponto, ver Alberto Izzo, "Introduzione: Il problema dell'alienazione nella storia del pensiero sociologico", em *Alienazione e sociologia* (Milão, Franco Angeli, 1973), p. 37-8.

baseia exclusivamente nos *Manuscritos econômico-filosóficos de 1844* e se caracteriza por uma profunda incompreensão da especificidade e da centralidade do conceito de trabalho alienado no pensamento de Marx. Essa lacuna impediu Fromm de atribuir a devida importância à alienação objetiva, isto é, aquela do trabalhador na atividade de trabalho e em relação ao produto do seu trabalho, e o levou a sustentar, justamente por negligenciar a importância das relações de produção, teses que parecem até mesmo ingênuas:

> Marx acreditava que a classe operária fosse a mais estranhada […], não previu até que ponto a alienação chegaria a ser o destino da vasta maioria das pessoas […]. O empregado de escritório, o comerciário, o gerente, são hoje ainda mais alienados do que o operário especializado. A atividade deste último ainda depende da expressão de certas qualidades pessoais como habilidade, confiança de que é mercedor etc., e ele não é obrigado a vender sua "personalidade", seu sorriso, suas opiniões, ao ser contratado num negócio.[37]

Entre as principais elaborações não marxistas da alienação deve ser mencionada, enfim, aquela que remonta a Jean-Paul Sartre e aos existencialistas franceses[38]. A partir dos anos 1940, num período marcado pelos horrores da guerra, pela consequente crise das consciências e, na cena francesa, pelo neo-hegelianismo de Alexandre Kojève[39], o fenômeno da alienação foi assumido como referência recorrente, tanto na filosofia quanto na literatura[40]. Todavia, mesmo nessa circunstância, a noção de alienação assumiu um perfil muito mais genérico em relação ao exposto por Marx.

---

[37] Erich Fromm, *O conceito marxista do homem* (trad. Octavio Alves Velho, Rio de Janeiro, Zahar, 1970). p. 14, trad. modif. A esse respeito, deve-se fazer referência também a Richard Schacht, que evidenciou que Fromm se referiu "a quase tudo que desaprova[va] como exemplo de alienação" (Richard Schacht, *Alienation*, cit., p. 139): "Sempre que ele [Fromm] sent[ia] que qualquer coisa não é como deveria ser, ele a descrevia como alienação" (ibidem, p. 116). A aplicação indiscriminada desse termo "a qualquer esfera da vida contemporânea" (idem) fez desaparecer seu "conteúdo conceitual específico" e o transformou em qualquer coisa que indicasse uma mera "insatisfação" (ibidem, p. 140). A incapacidade de compreender o caráter específico do trabalho alienado manifestou-se também quando Fromm voltou a escrever sobre alienação, num ensaio de 1965, no qual afirmou: "deve-se analisar o fenômeno da alienação na sua relação com o narcisismo, a depressão, o fanatismo e a idolatria para compreendê-lo completamente"; Erich Fromm, "The Application of Humanist Psychoanalysis to Marx's Theory, em *Socialist Humanism* (Nova York, Doubleday, 1965), p. 221.

[38] Embora os filósofos existencialistas tenham feito uso frequente desse conceito, ele não está presente em seus textos de forma tão difusa e uniforme como em geral se acredita. Ver Richard Schacht, *Alienation*, cit., p. 232.

[39] Ver Alexandre Kojève, *Introdução à leitura de Hegel* (trad. Estela dos Santos Abreu, Rio de Janeiro, Contraponto/Eduerj, 2002).

[40] Ver Jean-Paul Sartre, *A náusea* (trad. Rita Braga, Rio de Janeiro, Nova Fronteira, 1986); e Albert Camus, *O estrangeiro* (trad. Valerie Rumjanek, Rio de Janeiro, Record, 2015).

A alienação foi identificada com um indistinto mal-estar do homem na sociedade, com uma separação entre a personalidade humana e o mundo da experiência e, significativamente, como uma *condition humaine* irreprimível. Os filósofos existencialistas não estabeleceram uma origem social específica da alienação, mas, tornando a assimilá-la a toda faticidade (a falência da experiência socialista na União Soviética certamente favoreceu a afirmação dessa posição), conceberam a alienação como um sentido genérico de alteridade humana[41].

Numa das obras mais significativas dessa tendência filosófica, os *Études sur Marx et Hegel* [Estudos sobre Marx e Hegel], Jean Hyppolite explica essa posição do seguinte modo:

> [a alienação] não nos parece imediatamente redutível apenas ao conceito de alienação do homem no capital, como entende Marx. Esse é somente um caso particular de um problema mais universal, que é o da autoconsciência humana, que, incapaz de pensar a si mesma como um "*cogito*" separado, encontra-se somente no mundo que edifica, nos outros eus que reconhece e que, às vezes, desconhece. Mas esse modo de se encontrar no outro, essa objetivação, é sempre mais ou menos uma alienação, *uma perda de si e ao mesmo tempo um reencontrar-se*. Assim, objetivação e alienação são inseparáveis e sua unidade não pode ser outra coisa senão a expressão de uma tensão dialética que se vê no próprio movimento da história.[42]

Marx havia contribuído para desenvolver uma crítica da sujeição humana baseada na oposição às relações de produção capitalistas[43]. Os existencialistas tomaram um caminho diferente, isto é, tentaram absorver o pensamento de Marx por meio daquelas partes de sua obra de juventude que podiam ser mais úteis às suas teses, numa discussão privada de uma crítica histórica específica e, por vezes, meramente filosófica[44].

---

[41] Para uma comparação entre as diferentes concepções de alienação em Hegel, Marx e nos filósofos existencialistas, ver Pietro Chiodi, "Il concetto di 'alienazione' nell'esistenzialismo", *Rivista di filosofia*, v. 54, n. 40, 1963, p. 419-45.

[42] Jean Hyppolite, *Saggi su Marx e Hegel* (Milão, Bompiani, 1965), p. 105-6.

[43] Ver George Lichtheim, "Alienation", em David Sills (org.), *International Encyclopedia of the Social Sciences*, v. 1 (Nova York, Crowell-Macmillan, 1968), p. 264-8, que escreveu: a "alienação (que os pensadores românticos atribuíram ao aumento da racionalidade e à especialização da existência) foi atribuída por Marx à sociedade e, especificamente, à exploração do trabalhador por parte do não trabalhador, ou seja, o capitalista. [...] Diferentemente dos pensadores românticos e dos seus predecessores iluministas do século XVIII, Marx atribuiu essa desumanização não à divisão do trabalho em si, mas à forma histórica que havia tomado sob o capitalismo" (ibidem, p. 266).

[44] Ver Ornella Pompeo Faracovi, *Il marxismo francese contemporaneo* (Milão, Feltrinelli, 1972), p. 28; e István Mészáros, *A teoria da alienação em Marx* (trad. Nélio Schneider, São Paulo, Boitempo, 2016), p. 224.

8.4. O debate sobre o conceito de alienação nos escritos de juventude de Marx

Na discussão sobre alienação que se desenvolveu na França, o recurso às teorias de Marx foi muito frequente. Nesse debate, no entanto, somente os *Manuscritos econômico-filosóficos de 1844* foram examinados repetidamente e não foram levadas em consideração nem mesmo as partes de *O capital* a partir das quais Lukács havia construído sua teoria da reificação nos anos 1920. Além disso, algumas frases dos *Manuscritos econômico-filosóficos de 1844* foram completamente isoladas de seu contexto e transformadas em citações sensacionalistas com o objetivo de demonstrar a suposta existência de um "novo Marx", radicalmente diferente daquele até então conhecido, pois impregnado de teoria filosófica e ainda desprovido do determinismo econômico que alguns de seus comentadores atribuíam a *O capital* – texto, para dizer a verdade, muito pouco lido por aqueles que sustentaram essa tese. No que concerne estritamente aos manuscritos de 1844, os existencialistas franceses privilegiaram fortemente a noção de autoalienação (*Selbstentfremdung*), isto é, o fenômeno por meio do qual o trabalhador é alienado do gênero humano e de seus semelhantes que Marx havia tratado em seu escrito de juventude, mas sempre em relação à alienação objetiva.

O mesmo erro clamoroso foi cometido por uma importante expoente do pensamento filosófico-político do pós-guerra. Na obra *A condição humana*, Hannah Arendt construiu sua interpretação do conceito de alienação em Marx baseando-se apenas nos *Manuscritos econômico-filosóficos de 1844* e, além disso, privilegiando, entre as tantas tipologias de alienação indicadas por Marx, exclusivamente aquela subjetiva: "a expropriação e a alienação do homem do mundo coincidem; e a era moderna, muito contra as intenções de todos os atores da peça, começou por alienar do mundo certas camadas da população. [...] O que distingue a era moderna é a alienação do mundo e não, como pensava Marx, a alienação de si"[45].

Mostra de sua escassa familiaridade com as obras de maturidade de Marx é que, para assinalar os "vários indícios de que ele [Marx] não ignorava completamente as implicações da alienação do mundo na economia capitalista", Arendt indicou o artigo jornalístico de juventude "Debates sobre a lei referente ao furto de madeira", e não as dezenas de páginas sobre o tema, certamente muito mais significativas, de *O capital* e seus manuscritos preparatórios. Sua surpreendente conclusão foi que, "essas considerações ocasionais têm papel secundário em sua obra, que permaneceu

---

[45] Hannah Arendt, *A condição humana* (trad. Roberto Raposo, 10. ed. rev., Rio de Janeiro, Forense Universitária, 2007), p. 265-6.

firmemente apoiada no extremo subjetivismo da era moderna"[46]. Onde e de que modo, em sua análise da sociedade capitalista, Marx privilegiou "a alienação de si"[47] permanece um mistério para o qual Arendt não forneceu explicações em sua obra.

Na década de 1960, a exegese da teoria da alienação contida nos *Manuscritos econômico-filosóficos de 1844* tornou-se o pomo da discórdia em relação à interpretação geral de Marx. Nesse período foi concebida a distinção entre dois supostos Marx: o "jovem Marx" e o "Marx maduro". Essa arbitrária e artificial contraposição foi alimentada tanto por aqueles que preferiram o Marx das obras de juventude e filosóficas (por exemplo, grande parte dos existencialistas) quanto por aqueles (entre eles, Louis Althusser e quase todos os marxistas soviéticos) que afirmavam que o verdadeiro Marx seria somente aquele de *O capital*. Aqueles que aderiram à primeira tese consideravam a teoria da alienação contida nos *Manuscritos econômico-filosóficos de 1844* o ponto mais significativo da crítica marxiana da sociedade, enquanto aqueles que abraçaram a segunda hipótese mostravam com frequência uma real "fobia da alienação", tentando, num primeiro momento, minimizar sua importância e, quando isso já não era mais possível, considerando o tema da alienação "um pecado de juventude, um resíduo de hegelianismo"[48], posteriormente abandonado por Marx. Os primeiros apagaram o fato de que a concepção de alienação contida nos *Manuscritos econômico-filosóficos de 1844* foi escrita por um autor de 26 anos e ainda no princípio de seus estudos mais relevantes; os segundos, ao contrário, não quiseram reconhecer a importância da teoria da alienação em Marx, mesmo quando, com a publicação de novas obras inéditas, tornou-se evidente que ele nunca deixou de se ocupar dela no curso de sua existência e que ela, ainda que mudada, havia conservado um lugar de relevo nas principais etapas de elaboração de seu pensamento[49].

Sustentar, como muitos fizeram, que a teoria da alienação contida nos *Manuscritos econômico-filosóficos de 1844* é o tema central do pensamento de Marx é uma falsificação que denota somente a escassa familiaridade com sua obra da parte daqueles

---

[46] Hannah Arendt, *A condição humana*, cit., p. 266.
[47] Ibidem, p. 187.
[48] Adam Schaff, *L'alienazione come fenomeno sociale* (Roma, Editori Riuniti, 1979), p. 27 e 53.
[49] Criticando a posição de Althusser, Pier Aldo Rovatti apontou que o problema do célebre marxista francês a respeito do debate sobre a alienação em Marx era simplesmente "textual", já que "todos os althusserianos ignoram ou querem ignorar a existência dos *Grundrisse* [nos quais] a alienação reaparece como o fundamento da relação de produção capitalista, a origem do fetichismo". A seu ver, portanto, "já não basta[va] o álibi do jovem Marx [...], diante daquele tratado sobre a alienação (desenvolvida e historicizada em comparação com os *Manuscritos de 1844*) que são os *Grundrisse*"; Pier Aldo Rovatti, "Introduzione", em Jacques Rancière, *Critica e critica dell'economia politica* (Milão, Feltrinelli, 1973), p. 13 e 17-8.

que propuseram essa tese[50]. Por outro lado, quando Marx voltou a ser o autor mais discutido e citado na literatura filosófica mundial justamente por suas páginas inéditas sobre alienação, o silêncio da União Soviética sobre o tema e as controvérsias ligadas a ele oferece um exemplo da instrumentalização de seus escritos realizada naquele país. De fato, a existência da alienação na União Soviética e nos países satélites foi simplesmente negada[51] e todos os textos que tratavam dessa problemática foram considerados suspeitos. Segundo Henri Lefebvre, "na sociedade soviética a alienação não podia, não devia mais ser uma questão. O conceito devia desaparecer, por ordem superior, por razão de Estado"[52]. E, assim, até a década de 1970, foram pouquíssimos os autores que, no chamado "campo socialista", escreveram obras a respeito desse tema.

Enfim, renomados autores europeus também subestimaram a complexidade do fenômeno. É o caso de Lucien Goldmann, que se iludiu sobre a possibilidade de superação da alienação nas condições socioeconômicas da época e declarou, no seu livro *Recherches dialectiques* [Pesquisas dialéticas], que a alienação desapareceria, ou regrediria, graças ao simples efeito da planificação. Segundo Goldmann, a "reificação é, com efeito, um fenômeno estreitamente ligado à ausência de planificação e à produção para o mercado"; o socialismo soviético do Leste e as políticas keynesianas do Ocidente produziriam "no primeiro caso a supressão da reificação e no segundo um enfraquecimento progressivo desta"[53]. A história mostrou a falácia de suas previsões.

8.5. O fascínio irresistível da teoria da alienação

A partir da década de 1960, explodiu um verdadeiro modismo em torno da teoria da alienação e, no mundo inteiro, centenas de livros e artigos foram publicados sobre o tema[54]. Foi o tempo da alienação *tout court*. O período no qual autores, diferentes entre si por formação política e competência disciplinar, atribuíram as

---

[50] Sobre isso, ver Daniel Bell, "La 'riscoperta' dell'alienazione", em Alberto Izzo (org.), *Alienazione e sociologia*, cit., que afirmou: "atribuir esse conceito a Marx como seu tema central é somente criar mais um mito" (ibidem, p. 89).

[51] Exceção relevante foi a do estudioso polonês Adam Schaff, que no livro *Il marxismo e la persona umana* (Milão, Feltrinelli, 1965), pôs em evidência como a abolição da propriedade privada dos meios de produção não comportava o desaparecimento automático da alienação, uma vez que, nas sociedades "socialistas", o trabalho conservava o caráter de mercadoria.

[52] Henri Lefebvre, *Critica della vita quotidiana*, v. 1 (Bari, Dedalo, 1977), p. 62.

[53] Lucien Goldmann, "La reificazione", *Ideologie*, n. 8, 1969, p. 158. [ed. bras.: Lucien Goldmann, "A reificação", em *Dialética e Cultura*, Rio de Janeiro, Paz & Terra, 1991]

[54] Ver Vittorio Rieser, "Il concetto di alienazione in sociologia", *Quaderni di Sociologia*, 14, 1965, p. 167.

causas desse fenômeno à mercantilização, à excessiva especialização do trabalho, à anomia, à burocratização, ao conformismo, ao consumismo, à perda do sentido de si que se manifesta na relação com as novas tecnologias, e até mesmo ao isolamento do indivíduo, à apatia, à marginalização étnica e social e à poluição ambiental[55].

O conceito de alienação pareceu refletir perfeitamente o espírito da época e constituiu também o terreno de encontro, na elaboração da crítica à sociedade capitalista, entre o marxismo filosófico e antissoviético e o catolicismo mais democrático e progressista. A popularidade do conceito e sua aplicação indiscriminada, porém, criaram uma profunda ambiguidade terminológica[56]. Assim, em poucos anos, a alienação se tornou uma fórmula vazia, que englobava todas as manifestações de infelicidade humana, e a desmesurada ampliação de seu sentido gerou a convicção da existência de um fenômeno tão amplo a ponto de parecer imutável[57].

Com o livro *A sociedade do espetáculo*, de Guy Debord – que pouco tempo depois de sua publicação, em 1967, tornou-se um verdadeiro manifesto de crítica social para a geração de estudantes que se revoltavam contra o sistema –, a teoria da alienação alcançou a crítica da produção imaterial. Retomando as teses já adiantadas por

---

[55] Nesse contexto, a alienação se tornou também "uma mercadoria intelectual no mercado acadêmico", um tema muito em voga sobre o qual escrever livros e, portanto, um instrumento eficaz e funcional para fazer carreira no mundo acadêmico. Ver David Schweitzer, "Fetishization of Alienation: Unpacking a Problem of Science, Knowledge, and Reified Practices in the Workplace", em Felix Geyer (org.), *Alienation, Ethnicity, and Postmodernism* (Londres, Greenwood, 1996), p. 26.

[56] Ver Joachim Israel, *Alienation from Marx to Modern Sociology* (Boston, Allyn and Bacon, 1971), p. 258, e Richard Schacht, *Alienation*, cit., que notou que "não existia quase nenhum âmbito da vida contemporânea que não tivesse sido discutido em termos de 'alienação'" (ibidem, p. lix). Também Peter C. Ludz, em seu "Alienation as a Concept in the Social Sciences", inicialmente publicado na revista *Current Sociology*, v. 21, n. 1, 1973, p. 9-42, e depois em Felix Geyer e David Schweitzer (orgs.), *Theories of Alienation* (Haia, Martinus Nijhoff, 1976), p. 3-37, observou que "a popularidade do conceito serv[iu] para incrementar a existente ambiguidade terminológica" (ibidem, p. 3). A pluralidade de teses associadas ao conceito de alienação é presumível também pelas numerosas problemáticas enfrentadas pelos autores do livro de Joseph Gabel, Bernard Rousset e Trinh van Thao (orgs.), *L'alienation aujourd'hui* (Paris, Anthropos, 1974).

[57] Ver David Schweitzer, "Alienation, De-alienation, and Change: A Critical Overview of Current Perspectives in Philosophy and the Social Sciences", em Giora Shoham (org.), *Alienation and Anomie Revisited* (Tel-Aviv, Ramot, 1982), para o qual "o verdadeiro significado de alienação é frequentemente diluído até o ponto de uma ausência virtual de significado" (ibidem, p. 57). Na primeira metade dos anos 1960, dois autores denunciaram essa situação e propuseram não utilizar mais o conceito: ver Pierre Naville, "Aliénation et exploitation", *Cahiers d'Étude des Sociétés Industrielles et de l'Automation*, v. 6, 1964, p. 161-4; e Arnold Kaufmann, "On Alienation", *Inquiry*, v. 8, n. 1, 1965, p. 141-65, segundo o qual essa noção se tornara "fonte de supérflua confusão sociológica" e deveria ser "substituída por qualquer coisa mais claramente específica e empiricamente relevante" (ibidem, p. 143 e 162).

Horkheimer e Adorno, segundo as quais na sociedade contemporânea até mesmo a diversão fora subsumida na esfera da produção do consenso pela ordem social existente, Debord afirmou que, nas atuais circunstâncias, o não trabalho não podia mais ser considerado uma esfera diferente da atividade produtiva:

> Na fase primitiva da acumulação capitalista, "a economia política só vê no *proletário* o *operário*", que deve receber o mínimo indispensável para conservar sua força de trabalho; jamais o considera "em seus lazeres, em sua humanidade". Esse ponto de vista da classe dominante se inverte assim que o grau de abundância atingido na produção das mercadorias exige uma colaboração a mais por parte do operário. Subitamente lavado do absoluto desprezo com que é tratado em todas as formas de organização e controle da produção, ele continua a existir fora dessa produção, aparentemente tratado como adulto, com uma amabilidade forçada, sob o disfarce de consumidor. Então, o humanismo da mercadoria se encarrega dos "lazeres e da humanidade" do trabalhador, simplesmente porque agora a economia política pode e deve dominar essas esferas *como economia política*.[58]

Para Debord, se o domínio da economia sobre a vida social se manifestou inicialmente por uma "degradação do *ser* para o *ter*", na "fase atual" verificou-se um "deslizamento generalizado do *ter* para o *parecer*"[59]. Tal reflexão levou-o a colocar no centro de sua análise o mundo do espetáculo: "o espetáculo na sociedade corresponde a uma fabricação concreta da alienação"[60], o fenômeno mediante o qual "o princípio do fetichismo da mercadoria [...] se realiza completamente"[61]. Nessas circunstâncias, a alienação se afirma a ponto de se tornar até mesmo uma experiência entuasiasmante para os indivíduos, que, levados por esse novo ópio do povo ao consumo e a "reconhecer-se nas imagens dominantes"[62], ao mesmo tempo se distanciavam, cada vez mais, dos próprios desejos e existências reais: "o espetáculo é o momento em que a mercadoria *ocupou totalmente* a vida social. [...] A produção econômica moderna espalha, extensa e intensivamente, sua ditadura. [...] Nesse ponto da "segunda revolução industrial", o consumo alienado torna-se para as massas um dever suplementar à produção alienada"[63].

---

[58] Guy Debord, *A sociedade do espetáculo* (trad. Estela dos Santos Abreu, Rio de Janeiro, Contraponto, 2016), p. 31. As palavras entre aspas foram tiradas dos *Manuscritos econômico-filosóficos de 1844*, de Marx.
[59] Ibidem, p. 18.
[60] Ibidem, p. 24.
[61] Ibidem, p. 28.
[62] Ibidem, p. 24.
[63] Ibidem, p. 30-1.

Seguindo o caminho de Debord, Jean Baudrillard também utilizou o conceito de alienação para interpretar criticamente as mutações sociais que ocorreram com o advento do capitalismo maduro. Em *A sociedade de consumo* (1970), ele identificou no consumo o principal fator da sociedade moderna, distanciando-se assim da concepção marxiana ancorada na centralidade da produção. Segundo Baudrillard, "a era do consumo", na qual a publicidade e as pesquisas de opinião criam necessidades fictícias e consenso de massa, transformou-se também na "era da alienação radical":

> Generalizou-se a lógica da mercadoria, que regula hoje não só os processos de trabalho e os produtos materiais, mas a cultura inteira, a sexualidade, as relações humanas e os próprios fantasmas e pulsões individuais. [...] Tudo é espetacularizado, quer dizer, evocado, provocado, orquestrado em imagens, em signos, em modelos consumíveis.[64]

Suas conclusões políticas, contudo, foram bastante confusas e pessimistas. Diante de um grande período de agitação social, ele acusou "os contestatórios de Maio" de terem caído na armadilha de "super-reificar os objetos e o consumo, atribuindo-lhes valor diabólico", e criticou "os discursos sobre a 'alienação', toda a zombaria da arte 'pop' e pela 'antiarte'", por haver criado uma acusação que "faz parte do jogo: constitui a miragem crítica, a antifábula que coroa a fábula"[65]. Portanto, longe do marxismo, que via na classe operária o sujeito social de referência para mudar o mundo, Baudrillard encerra seu livro com um apelo messiânico, tão genérico quanto efêmero: "atingiremos as irrupções brutais e as desagregações súbitas que, de maneira tão imprevisível, mas certa, como em Maio de 1968, virão interromper essa missa branca"[66].

8.6. A teoria da alienação na sociologia estadunidense

Na década de 1950, o conceito de alienação entrou para o vocabulário estadunidense. A abordagem a partir da qual esse tema foi tratado, porém, era completamente diferente daquela que prevalecia na Europa. De fato, na sociologia convencional a alienação voltou a ser tratada como problemática inerente ao ser humano individual[67], não às relações sociais, e a pesquisa de soluções para sua superação foi dirigida para as capacidades de adaptação dos indivíduos à ordem existente, e não às práticas coletivas que visam mudar a sociedade[68].

---

[64] Jean Baudrillard, *A sociedade de consumo* (trad. Artur Morão, 2. ed., Lisboa, Ed. 70, 2011), p. 205.
[65] Ibidem, p. 210.
[66] Idem.
[67] Ver John P. Clark, "Measuring Alienation within a Social System", *American Sociological Review*, v. 24, n. 6, 1959, p. 849-52.
[68] Ver David Schweitzer, "Alienation, De-alienation, and Change", cit., p. 36-7.

Também nessa disciplina reinou por muito tempo uma profunda incerteza sobre uma definição clara e consensual de alienação. Alguns autores avaliaram esse fenômeno como um processo positivo, como um meio de expressão da criatividade do homem, e inerente à condição humana em geral[69]. Outra característica difusa entre os sociólogos estadunidenses foi a de considerar a alienação como algo que nascia da cisão entre o indivíduo e a sociedade[70]. Seymour Melman, por exemplo, identificou a alienação na separação entre a formulação e a execução das decisões e a considerou um fenômeno que afetava tanto os trabalhadores quanto os gestores[71]. No artigo "A Measure of Alienation" [Uma medida da alienação], que inaugurou um debate sobre esse conceito na revista *American Sociological Review*, Gwynn Nettler desenvolveu uma pesquisa com o objetivo de estabelecer uma definição do conceito. Todavia, muito distante da tradição das rigorosas investigações sobre as condições de trabalho conduzidas pelas organizações do movimento operário, o questionário formulado por ele parecia se inspirar mais nos cânones do macarthismo da época que numa pesquisa científica[72]. De fato, ao representar as pessoas alienadas como sujeitos guiados por "uma coerente manutenção de atitudes hostis e impopulares diante dos valores da família, dos meios de comunicação de massa, dos gostos da massa, da atualidade, da instrução popular, da religião convencional, da visão teleológica da vida, do nacionalismo e do sistema eleitoral"[73], Nettler identificou a alienação com a rejeição dos princípios conservadores da sociedade estadunidense[74].

---

[69] Expressão exemplar dessa posição é o texto de Walter Kaufmann, "The Inevitability of Alienation", cit.: "uma vida sem estranhamento é quase inútil; o que importa é aumentar a capacidade de suportar a alienação" (ibidem, p. xvii).

[70] Ver Richard Schacht, *Alienation*, cit., p. 155

[71] Ver Seymour Melman, *Decision-making and Productivity* (Oxford, Basil Blackwell, 1958), p. 18 e 165-6.

[72] Entre as perguntas formuladas pelo autor a uma amostra de sujeitos considerados propensos a "orientações alienadas", estavam as seguintes: "você gosta de assistir televisão? O que você acha dos novos modelos dos automóveis americanos? Você lê *Reader's Digest*? [...] Participa por livre e espontânea vontade das atividades da igreja? Os esportes nacionais lhe interessam (futebol americano, beisebol)?"; Gwynn Nettler, "Una proposta per misurare l'alienazione", em Alberto Izzo (org.), *Alienazione e sociologia*, cit., p. 231. Nettler considera, convencido de que respostas negativas a tais perguntas constituíssem uma prova de alienação, "que devem deixar poucas dúvidas sobre o fato de que essa escala [suas questões] meçam uma dimensão do estranhamento em nossa sociedade" (ibidem, p. 231).

[73] Ibidem, p. 229.

[74] Para provar tal argumentação, Nettler notou que "à pergunta 'você gostaria de viver sob uma forma de governo diferente da atual?', todos responderam de modo probabilístico e nenhum com clara rejeição" (ibidem, p. 229). Ele foi ainda mais longe nas conclusões de seu ensaio, afirmando "que a alienação [estava] ligada à criatividade. Supõe-se que os cientistas e os artistas [...] sejam indiví-

A pobreza conceitual presente no panorama sociológico estadunidense mudou após a publicação do ensaio "On the Meaning of Alienation" [Sobre o significado da alienação], de Melvin Seeman. Nesse breve artigo, que se tornou rapidamente uma referência obrigatória para todos os estudiosos da alienação, ele catalogou aquelas que considerava suas cinco formas principais: a falta de poder, a falta de significado (isto é, a dificuldade do indivíduo de compreender os eventos nos quais está inserido), a falta de normas, o isolamento e o estranhamento de si[75]. Esse elenco mostra como também Seeman considerava a alienação sob um aspecto tipicamente subjetivo.

Robert Blauner, no livro *Alienation and Freedom* [Alienação e liberdade], adotou o mesmo ponto de vista. O autor estadunidense definiu a alienação como uma "qualidade da experiência pessoal que resulta de tipos específicos de disposições sociais"[76], ainda que o esforço que dispensou em sua pesquisa o tenha levado a rastrear as causas no "processo de trabalho em organismos gigantescos e nas burocracias impessoais que saturam todas as sociedades industriais"[77].

No âmbito da sociologia estadunidense, portanto, a alienação foi concebida como uma manifestação relativa ao sistema de produção industrial, independentemente se este fosse capitalista ou socialista, e, sobretudo, como uma problemática inerente à consciência humana[78]. Essa abordagem acaba por marginalizar, ou mesmo excluir, a análise dos fatores histórico-sociais que determinam a alienação, produzindo uma espécie de hiperpsicologização da análise do conceito – que foi assumida na sociologia, bem como na psicologia, não mais como uma questão social, mas como uma patologia individual que se referia aos indivíduos singulares[79]. Isso provocou

---

duos alienados. […] Que a alienação está relacionada ao altruísmo [e] que o […] estranhamento conduza ao comportamento criminal" (ibidem, p. 232-3).

[75] Ver Melvin Seeman, "On the Meaning of Alienation", *American Sociological Review*, v. 24, n. 6, 1959, p. 783-91. Em 1972, Seeman revê sua classificação e lhe acrescenta um sexto ponto: o "estranhamento cultural"; ver "Alienation and Engagement", em Angus Campbell e Philip E. Converse (orgs.), *The Human Meaning of Social Change* (Nova York, Russell Sage, 1972), p. 467-527. O artigo de Seeman, no entanto, certamente não resolve o problema da indefinição do termo. Joachim Israel, em *Alienation from Marx*, cit., observou sarcasticamente: "acho difícil compreender por que se define alienação como falta de poder, falta de normas, falta de significado etc. Não seria mais simples usar diretamente o termo falta de poder, falta de normas etc.?" (ibidem, p. 259).

[76] Robert Blauner, *Alienazione e libertà* (Milão, Franco Angeli, 1971), p. 58.

[77] Ibidem, p. 33.

[78] Ver Walter R. Heinz, "Changes in the Methodology of Alienation Research", em Felix Geyer e Walter R. Heinz, *Alienation, Society, and the Individual* (Londres, Transaction, 1992), p. 217.

[79] Ver Felix Geyer, "A General Systems Approach to Psychiatric and Sociological De-alienation", em Giora Shoham (org.), *Alienation and Anomie Revisited*, cit., p. 141. Para uma crítica das consequências políticas dessa abordagem, ver David Schweitzer e Felix Geyer, "Introduction", em *Alienation:*

uma profunda mudança na concepção de alienação. Se na tradição marxista ela representava um dos conceitos críticos mais incisivos do modo de produção capitalista, na sociologia passa por um processo de institucionalização e acaba por ser considerada um fenômeno relativo à falta de adaptação dos indivíduos às normas sociais. Do mesmo modo, a noção de alienação perde o caráter normativo que possuía na filosofia (inclusive nos autores que consideravam a alienação um horizonte insuperável) e se transforma num conceito avaliativo, do qual foi removido o conteúdo originalmente crítico[80].

Outro efeito dessa metamorfose da alienação foi o seu empobrecimento teórico. De fenômeno abrangente, relativo às condições de trabalho, social e intelectual do homem, ele foi reduzido a uma categoria limitada, parcelada em função das pesquisas acadêmicas[81]. Os sociólogos estadunidenses afirmaram que essa escolha metodológica libertaria a pesquisa sobre a alienação de suas conotações políticas e conferiria objetividade científica a ela. Na realidade, essa suposta reviravolta apolítica possuía fortes e evidentes implicações ideológicas, uma vez que por trás da bandeira da desideologização e da suposta neutralidade dos valores escondia-se o suporte dos valores e da ordem dominante[82].

Problems of Meaning, Theory and Method (Londres, Routledge, 1981): "transferindo o problema da alienação para o indivíduo, a solução do problema tende também a ser posta sobre o indivíduo, ou seja, devem ser feitas adaptações e ajustes individuais em conformidade com as estruturas e os valores dominantes" (ibidem, p. 12); e David Schweitzer, "Fetishization of Alienation", cit., p. 28. Todas as supostas estratégias de desalienação promovidas pelas administrações empresariais, que atendem pelo nome de "relações humanas", possuem a mesma matriz cultural. James W. Rinehart, em seu livro *The Tiranny of Work: Alienation and the Labour Process* (Toronto, Harcourt Brace Jovanovich, 1987), chama a atenção para o fato de que essas estratégias, longe de humanizar a atividade laboral, são funcionais para as exigências patronais e visam exclusivamente intensificar o trabalho e reduzir os custos da empresa.

[80] Ver David Schweitzer e Felix Geyer, "Introduction", em *Theories of Alienation*, cit., p. xx-xxi. A esse respeito, ver também Arthur Fischer, *Die Entfremdung des Menschen in einer heilen Gesellschaft: Materialien zur Adaption und Denunziation eines Begriffs* (Munique, Juventa, 1970), p. 13 e seg.

[81] Ver David Schweitzer, "Fetishization of Alienation", cit., p. 23.

[82] Segundo Marcuse, com essa escolha de campo "a sociologia se tornou uma ciência por renunciar ao ponto de vista transcendente da crítica filosófica. A sociedade passava agora a ser [...] uma esfera a ser tratada como qualquer outro campo de investigação científica [...] [e] as decorrências, de maior alcance, dos conceitos filosóficos deveriam ser excluídas". A seu ver, ademais, essa era uma posição claramente política, uma vez que o "assentimento ao princípio das leis invariáveis na sociedade prepararia os homens para a disciplina e para a obediência à ordem existente, e promoveria sua 'resignação' diante dela"; Herbert Marcuse, *Razão e revolução* (trad. Marília Barroso, São Paulo, Paz & Terra, 1978), p. 309 e 313.

A diferença entre a concepção marxista de alienação e a dos sociólogos estadunidenses não consistia, portanto, no fato de que a primeira era política e a segunda científica, mas no fato de que os teóricos marxistas eram portadores de valores completamente diferentes dos hegemônicos, enquanto os sociólogos estadunidenses sustentavam os valores da ordem social existente, habilmente mascarados como valores eternos do gênero humano[83]. Em sociologia, portanto, o conceito de alienação conheceu uma verdadeira distorção e começou a ser utilizado justamente pelos defensores daquelas classes sociais contra as quais tinha se chocado por muito tempo[84].

8.7. O conceito de alienação em *O capital* e em seus manuscritos preparatórios

Os escritos de Marx tiveram, obviamente, um papel fundamental para aqueles que resistiram às tendências surgidas no âmbito das ciências sociais de mudança no sentido do conceito de alienação. A atenção dirigida à teoria da alienação em Marx, inicialmente concentrada nos *Manuscritos econômico-filosóficos de 1844*, deslocou-se, depois da publicação de outros escritos inéditos, para esses novos textos e por meio deles foi possível reconstruir o percurso de sua elaboração, dos escritos de juventude até *O capital*.

Na segunda metade dos anos 1840, Marx já não utilizava com frequência a palavra alienação. Com exceção de *A sagrada família* e do *Manifesto Comunista*, escritos com a colaboração de Engels, nos quais o termo foi utilizado em diversas polêmicas contra alguns expoentes da esquerda hegeliana[85], referências a esse conceito

---

[83] Ver John Horton, "La disumanizzazione dell'anomia e dell'alienazione: un problema di ideologia della sociologia", em Alberto Izzo (org.), *Alienazione e sociologia*, cit., p. 318-20.

[84] Ibidem, p. 304-5. Tal abordagem foi orgulhosamente exibida por Irving Louis Horowitz no artigo "The Strange Career of Alienation: How a Concept is Transformed Without Permission of Its Founders", em Felix Geyer (org.), *Alienation, Ethnicity, and Postmodernism*, cit., p. 17-9, no qual o autor estadunidense sustenta que "a alienação é agora parte da tradição das ciências sociais mais que dos protestos sociais. [...] Termos como 'ser alienado' não são mais ou menos carregados de valores do que termos como 'ser integrado'". Segundo Horowitz, o conceito de alienação se tornou "um todo unificado com as noções de condição humana [e] hoje [existe um] uso de alienação como força positiva, não negativa. Ao invés de ver a alienação como um estranhamento em relação à essência natural do ser humano, como resultado de um conjunto cruel de exigências industriais-capitalistas, a alienação se torna um direito inalienável, uma fonte de energia criativa para uns e uma expressão de excentricidade pessoal para outros" (ibidem, p. 18).

[85] As passagens de *A sagrada família* (trad. Marcelo Backes, 1. ed. rev., São Paulo, Boitempo, 2011), nas quais Marx (e Engels) trata do tema da alienação são três: a "classe possuinte e a classe do proletariado representam a mesma autoalienação humana. Mas a primeira das classes se sente bem e aprovada nessa autoalienação, sabe que a alienação é *seu próprio poder* e nela possui a *aparência* de

se encontram somente numa longa passagem de *A ideologia alemã*, também escrita em conjunto com Engels:

> A divisão do trabalho oferece [...] o primeiro exemplo de que [...] a ação própria do homem torna-se um poder que lhe é estranho e que a ele é contraposto, um poder que subjuga o homem em vez de por este ser dominado. [...] Esse fixar-se da atividade social, essa consolidação de nosso próprio produto num poder objetivo situado acima de nós, que foge ao nosso controle, que contraria nossas expectativas e aniquila nossas conjeturas, é um dos principais momentos no desenvolvimento histórico até aqui realizado. O poder social, isto é, a força de produção multiplicada que nasce da cooperação dos vários indivíduos condicionada pela divisão do trabalho, aparece a esses indivíduos, porque a própria cooperação não é voluntária mas natural, não como seu próprio poder unificado, mas sim como uma potência estranha, situada fora deles, sobre a qual não sabem de onde veio nem para onde vai, uma potência, portanto, que não podem mais controlar e que, pelo contrário, percorre agora uma sequência particular de fases e etapas de desenvolvimento, independente do querer e do agir dos homens e que até mesmo dirige esse querer e esse agir. [E prossegue no rodapé:] Essa "*alienação* [*Entfremdung*]", para usarmos um termo compreensível aos filósofos, só pode ser superada, evidentemente, sob dois pressupostos *práticos*. Para que ela se torne um poder "insuportável", quer dizer, um poder contra o qual se faz uma revolução, é preciso que ela tenha produzido a massa da humanidade como absolutamente "sem propriedade" e, ao mesmo tempo, em contradição com um mundo de riqueza e de cultura existente, condições que pressupõem um grande aumento da força produtiva, um alto grau de seu desenvolvimento.[86]

---

uma existência humana; a segunda, por sua vez, sente-se aniquilada nessa alienação, vislumbra nela sua impotência e a realidade de uma existência desumana" (ibidem, p. 48); os "trabalhadores [...] que atuam nos ateliers de Manchester e de Lyon [...] sabem que propriedade, capital, dinheiro, salário e coisas do tipo não são, de nenhuma maneira, quimeras ideais de seu cérebro, mas produtos deveras práticas e objetivas de sua autoalienação, e que portanto só podem e devem ser superadas de uma maneira também prática e objetiva" (ibidem, p. 65-6); "a massa se volta contra seus próprios defeitos ao voltar-se contra os *produtos* de sua *auto-humilhação* aos quais atribui uma existência independente, do mesmo modo que o homem, ao se voltar contra a existência de Deus, volta-se contra sua *própria religiosidade*. Mas, como aquelas autoexteriorizações *práticas* da massa existem no mundo real de uma maneira exterior, a massa tem de combatê-las também exteriormente. Ela não pode considerar esses produtos de sua auto-humilhação, de modo algum, tão só como se fossem fantasmagorias *ideais*, como simples *exteriorizações* da autoconsciência, e querer destruir a alienação *material* apenas mediante uma ação *espiritualista interior*" (ibidem, p. 99-100). No *Manifesto Comunista* (trad. Álvaro Pina e Ivana Jinkings, 1. ed. rev., São Paulo, Boitempo, 2010), Marx utilizou o termo num único caso: os "literatos alemães [...] [i]ntroduziram suas insanidades filosóficas no original francês. Por exemplo, sob a crítica francesa das funções do dinheiro escreveram 'alienação da essência humana'" (ibidem, p. 62-3).

[86] Idem, *A ideologia alemã* (trad. Rubens Enderle, Nélio Schneider e Luciano Cavini Martorano, São Paulo, Boitempo, 2007), p. 38.

Abandonado o projeto de publicar *A ideologia alemã*, Marx reapresentou a teoria da alienação em *Trabalho assalariado e capital*, um conjunto de artigos, publicados em 1849 e redigidos a partir das anotações utilizadas numa série de conferências na Liga Operária Alemã de Bruxelas, em 1847. Contudo, não podendo se dirigir ao movimento operário com uma noção que teria aparecido excessivamente abstrata, ele fez pouco uso dessa palavra. Afirmou que o trabalho assalariado não fazia parte da "atividade vital" do operário, mas representava, ao contrário, um momento de "sacrifício da sua vida". A força de trabalho consistiria numa mercadoria que o trabalhador estava constrangido a vender "para viver" e "o produto da sua atividade tampouco é o objetivo da sua atividade"[87]:

> O operário que por doze horas tece, fia, torneia, perfura, constrói, cava, talha a pedra e a transporta etc., por acaso considera esse tecer, fiar, perfurar, tornear, construir, cavar, talhar pedras por doze horas manifestações da sua vida, como vida? Ao contrário. A vida começa para ele a partir do momento que essa atividade cessa, à mesa, no balcão da taberna, na cama. O significado das doze horas de trabalho não está para ele no tecer, fiar, perfurar etc., mas tão somente no ganhar aquilo que lhe permite estar à mesa, no balcão da taberna, na cama. Se o bicho-da-seda devesse tecer para sustentar a sua existência como lagarta, seria um assalariado perfeito.[88]

Até o fim dos anos 1850, não havia outras referências na obra de Marx à teoria da alienação. Após a derrota das revoluções de 1848, ele foi forçado a se exilar em Londres e, durante esse período, para concentrar todas as suas energias nos estudos de economia política, com exceção de alguns breves trabalhos de caráter histórico, não publicou nenhum livro. Quando voltou a escrever sobre economia, nos *Esboços da crítica da economia política*, mais conhecidos pelo nome de *Grundrisse*, Marx utilizou repetidamente o conceito de alienação. O conceito lembrava, em muitos aspectos, aquele exposto nos *Manuscritos econômico-filosóficos de 1844*, embora, graças aos estudos efetuados nesse intervalo temporal, sua análise tenha se tornado muito mais profunda:

> O caráter social da atividade, assim como a forma social do produto e a participação do indivíduo na produção, aparece aqui diante dos indivíduos como algo estranho, como coisa; não como sua conduta recíproca, mas como sua subordinação a relações que existem independentemente deles e que nascem do entrechoque de indivíduos indiferentes entre si. A troca universal de atividades e produtos, que deveio condição vital

---

[87] Idem, "Lavoro salariato e capitale", em *Marx Engels Opere*, v. 9 (Roma, Editori Riuniti, 1984), p. 208-9.
[88] Ibidem, p. 209.

para todo indivíduo singular, sua conexão recíproca, aparece para eles mesmos como algo estranho, autônomo, como uma coisa. No valor de troca, a conexão social entre as pessoas é transformada em um comportamento social das coisas; o poder [*Vermögen*] pessoal, em poder coisificado.[89]

Nos *Grundrisse*, portanto, a descrição de alienação adquiriu maior densidade em relação àquela dos anos de juventude, uma vez que foi enriquecida pela compreensão de importantes categorias econômicas e por uma análise social mais rigorosa. Ao lado do nexo entre alienação e valor de troca, uma das passagens mais brilhantes que delinearam as características desse fenômeno da sociedade moderna, figuram também aquelas nas quais a alienação foi relacionada à contraposição entre capital e "força de trabalho viva":

> As condições objetivas do trabalho vivo aparecem como valores *separados, autonomizados* em relação à força de trabalho viva como existência subjetiva [...] são pressupostas como uma existência autônoma diante dela, como a objetividade de um sujeito distinto e autonomamente contraposto a ela; a reprodução e a *valorização, i.e.*, a ampliação dessas *condições objetivas*, são ao mesmo tempo, por essa razão, a sua reprodução e nova produção como riqueza de um sujeito estranho, indiferente e autonomamente contraposto à força de trabalho. O que é reproduzido e produzido de novo não é somente a *existência* dessas condições objetivas do trabalho vivo, mas *existência de valores autônomos, i.e., pertencentes a um sujeito estranho, ante essa capacidade de trabalho viva*. As condições objetivas do trabalho ganham existência subjetiva diante da capacidade de trabalho viva – do capital surge o capitalista.[90]

Os *Grundrisse* não foram o único texto da maturidade de Marx no qual a descrição da problemática da alienação ocorre com frequência. De fato, cinco anos depois, ela retornou em *O capital, Livro I, Capítulo VI inédito*, manuscrito no qual a análise econômica e a análise política da alienação estão mais relacionadas entre si: "o domínio dos capitalistas sobre os operários é apenas o domínio das condições de trabalho [...] que se tornam autônomas sobre o trabalhador"[91]. Nesses esboços preparatórios de *O capital*, Marx colocou em evidência que, na sociedade capitalista, mediante "a transposição das forças produtivas sociais do trabalho em propriedades

---

[89] Idem, *Grundrisse* (trad. Mario Duayer e Nélio Schneider, São Paulo/Rio de Janeiro, Boitempo/Ed. UFRJ, 2011), p. 105. Numa outra passagem dos *Grundrisse*, dedicada à descrição do fenômeno da alienação, lê-se: "Retire da coisa esse poder social e terá de dar tal poder a pessoas sobre pessoas" (ibidem, p. 106).
[90] Ibidem, p. 379.
[91] Idem, *O capital: livro I, capítulo VI (inédito)* (São Paulo, Livraria Editora Ciências Humanas, 1978), p. 20.

objetivas do capital"[92], realiza-se uma verdadeira "personificação das coisas e coisificação das pessoas", ou seja, cria-se uma aparência a partir da qual "os meios de produção, as condições objetivas de trabalho, não aparece subsumidas ao operário, mas este subsumido a elas"[93]. Na realidade, a seu ver,

> no capital, como no dinheiro, determinadas relações sociais de produção entre pessoas, se apresentam como relações entre coisas e pessoas, bem como determinadas relações sociais surgem como propriedades sociais naturais das coisas. Sem trabalho assalariado, nenhuma produção de mais-valor existe, já que os indivíduos se relacionam como pessoas livres; sem produção de mais-valor, não existe produção capitalista, e, por conseguinte, nenhum capital e nenhum capitalista! Capital e trabalho assalariado (assim denominamos o trabalho do operário que vende sua própria força de trabalho) nada mais exprimem do que dois fatores da mesma relação. O dinheiro não pode transmudar-se em capital se não é intercambiável pela capacidade de trabalho, enquanto mercadoria vendida pelo próprio operário. Por outro lado, o trabalho só pode aparecer como trabalho assalariado quando suas próprias condições objetivas se lhe opõem como poderes autônomos, propriedade estranha, valor existente para si e preso a si mesmo; em suma, como capital.[94]

No modo de produção capitalista o trabalho humano se tornou um instrumento do processo de valorização do capital, que, "ao incorporar-se a capacidade viva de trabalho aos componentes objetivos [...] se transforma em monstro animado, e se põe em ação, 'como se tivesse o amor dentro do corpo'"[95]. Esse mecanismo se expande em escala sempre maior, até que a cooperação no processo produtivo, as descobertas científicas e o uso das máquinas, ou seja, os progressos sociais gerais criados pela coletividade, tornam-se forças do capital que aparecem como propriedades pertencentes naturalmente a ele e estranhas perante os trabalhadores enquanto ordenamento do capitalismo:

> as forças produtivas [...] desenvolvidas pelo trabalho social [...] se apresentam como [...] forças produtivas do capital. [...] A unidade coletiva na cooperação, a combinação na divisão do trabalho, o emprego das forças naturais e das ciências, dos produtos do trabalho como maquinaria, tudo isso se contrapõe aos operários individuais autonomamente, como algo estranho, objetivo, preexistente a eles, que ali estão, sem a sua participação, e frequentemente contra ela, como meras formas de existência dos meios

---

[92] Ibidem, p. 90.
[93] Ibidem, p. 85. Sobre esse manuscrito, ver Jacques Camatte, *Il capitale totale* (Bari, Dedalo, 1976); e Claudio Napoleoni, *Lezioni sul "Capitolo sesto inedito" di Marx* (Turim, Boringhieri, 1972) [ed. bras.: *Lições sobre o capítulo sexto (inédito) de Marx*, São Paulo, Ciências Humanas, 1981].
[94] Karl Marx, *O capital: livro I, capítulo VI (inédito)*, cit., p. 36, trad. modif.
[95] Ibidem, p. 38.

de trabalho que os dominam e que são independentes deles na medida em que [são] objetivas; e a inteligência e vontade da oficina coletiva, encarnadas no capitalista e seus representantes, na medida em que essa oficina coletiva é formada pela própria combinação destes operários, [se lhes contrapõem] como funções do capital que vive no capitalista.[96]

É mediante esse processo, portanto, que, segundo Marx, o capital se torna algo "extremamente misterioso". E ocorre, desse modo, que "as condições de trabalho elevam-se ante o operário como poderes sociais, e nessa forma são capitalizadas"[97].

A difusão, a partir dos anos 1960, de *O capital: Livro I, capítulo VI inédito* e, sobretudo, dos *Grundrisse*, abriu o caminho para uma concepção de alienação diferente da noção hegemônica na sociologia e na psicologia, cuja compreensão estava voltada para a sua superação prática, ou seja, para a ação política dos movimentos sociais, partidos e sindicatos, para a mudança radical das condições de trabalho e de vida da classe operária. A publicação nos anos 1930 daquela que, depois dos *Manuscritos econômico-filosóficos de 1844*, pode ser considerada a "segunda geração" de escritos de Marx sobre a alienação forneceu não apenas uma base teórica coerente para uma nova temporada de estudos sobre a alienação, mas, sobretudo, uma plataforma ideológica anticapitalista para o extraordinário movimento político e social que eclodiu no mundo naquele período. Com a difusão de *O capital* e dos seus manuscritos preparatórios, a teoria da alienação saiu dos trabalhos dos filósofos e das salas de aula universitárias para irromper nas praças pelas lutas operárias e tornar-se crítica social.

8.8. Fetichismo da mercadoria e desalienação

Uma das melhores descrições da alienação feitas por Marx é aquela da célebre seção "O caráter fetichista da mercadoria e seu segredo", em *O capital*. Nessa seção, Marx coloca em evidência que, na sociedade capitalista, os homens são dominados pelos produtos que criaram e vivem num mundo no qual as relações recíprocas aparecem "não como relações diretamente sociais entre pessoas [...], mas como relações reificadas entre pessoas e relações sociais entre coisas"[98]. Mais precisamente:

> O caráter misterioso da forma-mercadoria consiste [...] no fato de que ela reflete aos homens os caracteres sociais de seu próprio trabalho caracteres objetivos dos produtos do trabalho, como propriedades sociais que são naturais a essas coisas e, por isso, reflete

---

[96] Ibidem, p. 86, trad. modif.
[97] Ibidem, p. 87.
[98] Idem, *O capital: crítica da economia política*, Livro I: *O processo de produção do capital* (trad. Rubens Enderle, São Paulo, Boitempo, 2013), p. 148.

também a relação social dos produtores com o trabalho total como uma relação social entre os objetos, existente à margem dos produtores. É por meio desse quiproquó que os produtos do trabalho se tornam mercadorias, coisas sensíveis-suprassensíveis ou sociais. [...] É apenas uma relação determinada entre os próprios homens que aqui assume, para eles, a forma fantasmagórica de uma relação entre coisas. Desse modo, para encontrarmos uma analogia, temos de nos refugiar na região nebulosa do mundo religioso. Aqui, os produtos do cérebro humano parecem dotados de vida própria, figuras independentes que travam relação umas com as outras e com os homens. Assim se apresentam, no mundo das mercadorias, os produtos da mão humana. A isso eu chamo de fetichismo, que se cola aos produtos de trabalho tão logo eles são produzidos como mercadorias e que, por isso, é inseparável da produção de mercadorias.[99]

Dessa definição emergem características precisas que traçam uma clara linha divisória entre a concepção de alienação em Marx e aquela presente em grande parte dos autores examinados neste ensaio. O fetichismo, de fato, não foi concebido por Marx como uma problemática individual; ao contrário, sempre foi considerado um fenômeno social. Não é uma manifestação da alma, mas um poder real, uma dominação concreta, que se realiza, na economia de mercado, depois da transformação do objeto em sujeito. Por esse motivo, ele não limitou sua análise da alienação ao desconforto do ser humano individual, mas analisou os processos sociais que estavam em sua base, em primeiro lugar a atividade produtiva. Para Marx, além disso, o fetichismo se manifesta numa específica realidade histórica da produção, aquela do trabalho assalariado, e não está vinculado à relação entre a coisa em geral e o homem, mas àquilo que se verifica entre este e um determinado tipo de objetividade: a mercadoria.

Na sociedade burguesa, as propriedades e as relações humanas se transformam em propriedades e relações entre coisas. A teoria que, depois da formulação de Lukács, foi designada com o nome de reificação, ilustra esse fenômeno do ponto de vista das relações humanas, enquanto o conceito de fetichismo o faz do ponto de vista das mercadorias. Ao contrário do que sustentam aqueles que negam a presença de reflexões sobre a alienação na obra madura de Marx, a concepção de alienação não foi substituída pela de fetichismo das mercadorias, porque esta representa somente um aspecto particular daquela[100].

Mas o avanço teórico de Marx com relação à concepção de alienação, desde os *Manuscritos econômico-filosóficos de 1844* até *O capital*, não consiste simplesmente numa descrição mais precisa, mas numa elaboração diferente e mais completa

---

[99] Ibidem, p. 147-8.
[100] Ver Adam Schaff, *L'alienazione come fenomeno sociale*, cit., p. 149-50.

das medidas consideradas necessárias para a sua superação. Se em 1844 Marx considerava que os seres humanos eliminariam a alienação por meio da abolição da produção privada e da divisão do trabalho, em *O capital* e nos manuscritos preparatórios, o percurso indicado para construir uma sociedade livre da alienação torna-se muito mais complexo. Marx considerava o capitalismo um sistema no qual os trabalhadores são subjugados pelo capital e pelas suas condições, mas também estava convencido de que o capital havia criado as bases para uma sociedade mais avançada e que a humanidade poderia prosseguir no caminho do desenvolvimento social generalizando as benesses produzidas por esse novo modo de produção. Segundo Marx, um sistema que produz um enorme acúmulo de riqueza para poucos e espoliação e exploração para a massa de trabalhadores deve ser substituído por "uma associação de homens livres, que trabalham com meios de produção coletivos e que conscientemente despendem suas forças de trabalho individuais como uma única força de trabalho social"[101]. Esse tipo diverso de produção se diferenciaria daquele baseado no trabalho assalariado, uma vez que colocaria seus fatores determinantes sob o governo coletivo, assumindo um caráter imediatamente geral e transformando o trabalho numa verdadeira atividade social. É uma concepção de sociedade que está nos antípodas do *bellum omnium contra omnes* [a guerra de todos contra todos] de Thomas Hobbes, e sua criação não é um processo meramente político, mas envolve necessariamente a transformação radical da esfera da produção. Como Marx escreveu nos manuscritos que depois se tornaram o Livro III de *O capital*:

> Com efeito, o reino da liberdade só começa onde cessa o trabalho determinado pela necessidade e pela adequação a finalidades externas; pela própria natureza das coisas, portanto, é algo que transcende a esfera da produção material propriamente dita. Do mesmo modo como o selvagem precisa lutar com a natureza para satisfazer suas necessidades, para conservar e reproduzir sua vida, também tem de fazê-lo o civilizado – e tem de fazê-lo em todas as formas da sociedade e sob todos os modos possíveis de produção. À medida de seu desenvolvimento, amplia-se esse reino da necessidade natural, porquanto se multiplicam as necessidades; ao mesmo tempo, aumentam as forças produtivas que as satisfazem. Aqui, a liberdade não pode ser mais do que fato de que o homem socializado, os produtores associados, regulem racionalmente esse seu metabolismo com a natureza, submetendo-o a seu controle coletivo, em vez de serem dominados por ele como por um poder cego; que o façam com o mínimo emprego de forças possível e sob as condições mais dignas e em conformidade com sua natureza humana.[102]

---

[101] Karl Marx, *O capital*, Livro I, cit., p. 153.
[102] Idem, *O capital*, Livro III, cit., p. 883.

Essa produção de caráter social, juntamente com os progressos tecnológicos e científicos e a consequente redução da jornada de trabalho, criam as possibilidades para o nascimento de uma nova formação social, na qual o trabalho coercitivo e alienado, imposto pelo capital e subsumido por suas leis, é progressivamente substituído por uma atividade criativa e consciente, não imposta pela necessidade, e na qual relações sociais completas substituem a troca indiferente e acidental em função das mercadorias e do dinheiro[103]. Não é mais o reino da liberdade do capital, mas aquele da autêntica liberdade humana do indivíduo social.

---

[103] O autor pretende desenvolver em outro ensaio algumas observações críticas sobre o caráter incompleto, e parcialmente contraditório, do processo de desalienação dos trabalhadores na obra de Marx.

9
Evitar o capitalismo?
Os populistas e a primeira recepção
de Marx na Rússia

9.1. O que fazer com a comuna agrícola russa?

Desde o fim da década de 1850, Marx acompanhou e saudou muito positivamente as revoltas camponesas que eclodiram na Rússia e das quais saiu, em 1861, a reforma para a abolição da servidão[1]. De 1870 em diante, depois de aprender a ler em russo, manteve-se constantemente informado sobre a evolução dos acontecimentos consultando estatísticas e textos mais profundos e atualizados sobre as transformações socioeconômicas do país[2] e trocando correspondência com notáveis

---

[1] Em 1858, Marx afirmou: "o movimento de emancipação da servidão da gleba, na Rússia, parece-me muito importante, pois marca o início de uma história interna do país que poderá colocar um obstáculo à sua tradicional política externa"; "Karl Marx a Friedrich Engels, 29 aprile 1858", em *Marx Engels Opere*, v. 40 (Roma, Editori Riuniti, 1987), p. 340. Na época, os servos constituíam cerca de 38% da população russa.

[2] Em 1877, reconstruindo sua trajetória, Marx afirmou: "Para poder julgar com conhecimento de causa o desenvolvimento econômico da Rússia contemporânea, aprendi a língua russa e depois estudei durante longos anos as publicações oficiais referentes a esse tema, entre outras"; Karl Marx, "Carta à redação da *Otechestvenye Zapiski*, 1877", em Karl Marx e Friedrich Engels, *Lutas de classes na Rússia* (trad. Nélio Schneider, São Paulo, 2013), p. 66. Para os estudos de Marx, foi determinante o encontro com a obra do filósofo e revolucionário Nikolai Tchernichevski, da qual Marx possuía diversos volumes em sua biblioteca (ver Karl Marx e Friedrich Engels, *Die Bibliotheken von Karl Marx und Friedrich Engels*, MEGA², v. IV/32, Berlim, Akademie, 1999, p. 184-7). Ver, por exemplo, a "Critica dei pregiudizi filosofici contro la proprietà comunitaria della terra", em Nikolai Tchernichevski, *Scritti politico-filosofici* (Lucca, Marina Picini Fazzi, 2001), p. 65-107. Marx realizou pesquisas tão profundas sobre a Rússia que elas foram motivo de um divertido conflito entre ele e Engels. Segundo Paul Lafargue, Engels sempre dizia a Marx que "queimarei com prazer as publicações sobre a agricultura russa que há tanto impedem você de terminar *O capital*"; "Paul Lafargue", em Hans Magnus Enzensberger (org.), *Gespräche mit Marx und Engels* (Frankfurt, Insel-Verlag, 1973), p. 429.

estudiosos russos[3]. Um encontro fundamental foi com o filósofo e escritor Nikolai Tchernichevski (1828-1889). Depois de conhecer suas obras, no fim da década de 1860, Marx adquiriu muitos de seus textos[4] e o ponto de vista do principal precursor do populismo russo (*Narodnichestvo*)[5] tornou-se uma referência sempre muito útil para a sua análise das mudanças sociais que estavam acontecendo na Rússia. Marx considerou "excelentes"[6] os trabalhos econômicos de Tchernichevski e, no início de 1873, já se declarava "familiarizado com a maior parte de seus textos"[7] e interessado em "publicar algo" sobre sua "vida e personalidade, a fim de criar algum interesse por ele no Ocidente"[8]. Ler Tchernichevski foi um estímulo para aprender a ler em russo. Estudando as obras do autor que ele definiu no "Posfácio à segunda edição de *O capital*" como "o grande erudito e crítico russo"[9], Marx encontrou ideias originais acerca do dilema sobre se era possível alcançar o desenvolvimento econômico sem necessariamente passar pelo capitalismo, a fim de evitar, noutras partes do mundo, as terríveis consequências sociais que o modo de produção burguês teve para a classe operária da Europa. No ensaio "Crítica dos preconceitos filosóficos contra a propriedade comunitária da terra" (1858), Tchernichevski se perguntou: "todas as instituições devem necessariamente atravessar, em qualquer povo, todos os movimentos lógicos do desenvolvimento?"[10]. Sua resposta foi não. De fato, naquele que

---

[3] Ver Henry Eaton, "Marx and the Russian ", *Journal of the History of Ideas*, v. 41, n. 1, 1980, p. 89, em que estão elencados, cronologicamente, os nomes de todos os cidadãos russos com quem Marx se encontrou ou fez contato por carta.

[4] Ver a informação em *Die Bibliotheken von Karl Marx und Friedrich Engels*, MEGA², v. IV/32, cit., p. 184-7.

[5] Sobre o significado do conceito de populismo na Rússia do século XIX, semelhante àquele de um anticapitalismo de esquerda, ver Richard Pipes, "Narodnichestvo: A Semantic Inquiry", *Slavic Review*, v. 23, n. 3, 1964, p. 421-58. Em *Controversy Over Capitalism: Studies in the Social Philosophy of the Russian Populists* (Oxford, Clarendon Press, 1969), p. 27, Andrzej Walicki datou o nascimento do populismo em 1869, concomitantemente com a publicação dos seguintes textos: *Cartas históricas*, de Pyotr Lavrov (1823-1900); *O que é o progresso?*, de Nikolai Mikhailovsky (1842-1904); e *A situação da classe operária na Rússia*, de Vasilij Bervi-Flerovskii (1829-1918).

[6] "Marx to Sigfrid Meyer, 21 January 1871", em Karl Marx e Friedrich Engels, *Collected Works*, v. 44 (Londres, Lawrence and Wishart, 1989), p. 105; *Werke*, v. 33 (Berlim, Dietz, 1966), p. 173.

[7] "Marx to Nikolai Danielson, 18 January 1873", em Karl Marx e Friedrich Engels, *Collected Works*, v. 44, cit., p. 469; *Werke*, v. 33, cit., p. 599.

[8] "Marx to Nikolai Danielson, 12 December 1872", em Karl Marx e Friedrich Engels, *Collected Works*, v. 44, cit., p. 457; *Werke*, v. 33, cit., p. 549.

[9] Karl Marx, "Posfácio da segunda edição", em *O capital: crítica da economia política*, Livro I: *O processo de produção do capital* (trad. Rubens Enderle, São Paulo, Boitempo, 2013), p. 86.

[10] Nikolai Tchernichevski, "Critica dei pregiudizi filosofici contro la proprietà comunitaria della terra", cit., p. 66.

se tornaria um dos manifestos de referência do movimento populista, tomando como base o que ocorrera na Nova Zelândia após a chegada dos ingleses, Tchernichevski resumiu em cinco pontos que:

> 1. Quando, num certo povo, um fenômeno social alcança um alto desenvolvimento, seu curso até aquele estágio num outro povo mais atrasado pode se completar mais rapidamente do que num povo mais avançado. (Aos ingleses, foram necessários pelo menos 1500 anos de vida civil para alcançar o sistema de livre mercado. Os neozelandeses, sem dúvida, não demorarão todo esse tempo)
> 2. Essa aceleração se realiza graças ao contato do povo atrasado com o povo avançado. [...]
> 3. Essa aceleração consiste no fato de que, num povo atrasado, o desenvolvimento de um certo fenômeno social, graças à influência do povo avançado, salta diretamente do nível inferior àquele superior, evitando níveis intermediários. [...]
> 4. Nesse processo acelerado de desenvolvimento, os níveis intermediários, que a vida do povo atrasado salta por se aproveitar da experiência e da ciência do povo avançado, atingem apenas uma existência teórica, como momentos lógicos, sem se realizar efetivamente. (Os neozelandeses saberão apenas pelos livros da existência do sistema protecionista, pois na realidade, entre eles, esse sistema nunca vai ser aplicado)
> 5. Mesmo que esses níveis intermediários atinjam uma existência efetiva, esta será de dimensões insignificantes e ainda mais irrelevantes no que se refere à importância para a vida prática.[11]

Na esteira dessas observações, Tchernichevski chega a "duas conclusões"[12] que contribuíram para definir as reivindicações políticas dos populistas russos e dar a elas um fundamento político:

> 1. Quanto à forma, o nível superior do desenvolvimento coincide com seu início.
> 2. Sob a influência do alto nível de desenvolvimento que um determinado fenômeno da vida social alcançou nos povos avançados, esse fenômeno pode, nos outros povos, gozar de um rápido desenvolvimento e ascender do nível inferior diretamente ao superior, evitando os momentos lógicos intermediários.[13]

Deve-se observar que as teorias de Tchernichevski se diferenciavam solidamente das de muitos pensadores eslavófilos contemporâneos a ele. Com eles, Tchernichevski certamente compartilhava a denúncia dos efeitos do capitalismo e a oposição à proleta-

---

[11] Ibidem, p. 103.
[12] Ibidem, p. 104.
[13] Idem.

rização do trabalho no campo russo[14]. Todavia, opunha-se decididamente às posições da *intelligentsia* aristocrática que almejava a conservação das estruturas do passado e nunca descreveu a *obshchina* como uma organização idílica e típica apenas das populações eslavas[15]. Ao contrário, declarou que não se devia ter "orgulho da sobrevivência de tais vestígios de uma antiguidade primitiva". Para Tchernichevski, sua conservação "testemunhava apenas a lentidão e a fraqueza da evolução histórica" dos países onde ainda estavam presentes. Nas relações agrárias, por exemplo, "a conservação da propriedade comunitária, desaparecida enquanto tal nos outros povos", longe de ser uma demonstração de superioridade, comprovava que os russos tinham "vivido menos"[16].

Tchernichevski estava fortemente convencido de que o desenvolvimento da Rússia não podia ignorar as conquistas alcançadas na Europa ocidental. As características positivas da comuna rural tinham de ser preservadas, mas só poderiam assegurar o bem-estar das massas camponesas se estivessem inseridas num contexto produtivo diferente[17]. A *obshchina* só poderia contribuir para o início de uma nova fase de emancipação social do povo russo se ela se tornasse o embrião de uma nova organização econômica da sociedade, radicalmente diferente daquela preexistente. A posse comunitária da terra também era acompanhada de uma forma coletiva do cultivo do solo e da distribuição de seus frutos. Além disso, sem as descobertas científicas nascidas com o capitalismo e as aquisições técnicas dele derivadas, a *obshchina* nunca se tornaria uma experiência de cooperativismo agrícola verdadeiro e moderno[18].

---

[14] Ver Marco Natalizi, *Il caso Černyševskij* (Milão, Bruno Mondadori, 2006), p. 55. A propósito da relação de Tchernichevski com seu ambiente cultural, ver Norman G. O. Pereira, *The Thought and Teachings of N. G. Černyševskij* (Haia, Mouton, 1975).

[15] Já em sua *Contribuição à crítica da economia política* (trad. Florestan Fernandes, 2. ed., São Paulo, Expressão Popular, 2008), Marx expressou críticas semelhantes contra as teses de Herzen. Ver Franco Venturi, *Roots of Revolution: A History of the Populist and Socialist Movements in Nineteenth Century Russia* (Nova York, Alfred A. Knopf, 1960), que corretamente lembra que a *obshchina* não é considerada por Tchernichevski uma "típica instituição russa, uma característica do espírito eslavo [...] mas uma sobrevivência, na Rússia, de formas de organização social desaparecidas hoje em todas as partes do mundo" (ibidem, p. 148).

[16] Nikolai Tchernichevski, "Kritika filosofskikh preubezhdenii protiv obshchinnogo vladeniya", em *Sobranie sochinenii*, v. 4 (Moscou, Ogonyok, 1974), p. 371. Sobre a leitura de Tchernichevski por Marx, ver Marcello Musto, *The Last Years of Karl Marx: An Intellectual Biography* (Stanford, Stanford University Press, 2020), p. 50-4.

[17] Para Franco Venturi, esse era o ponto central da discussão de Tchernichevski sobre a *obshchina*: "A *obshchina* deve ser ressuscitada e transformada pelo socialismo ocidental; ela não pode ser retratada como modelo e símbolo da missão russa"; *Roots of Revolution*, cit., p. 160.

[18] Andrzej Walicki lembrou que, para Tchernichevski, o capitalismo representava "um grande progresso em relação às formas de sociedade pré-capitalistas". Para ele, o "inimigo número um" não era "o capitalismo, mas o atraso russo"; *Controversy Over Capitalism*, cit., p. 20. Segundo Natalizi,

Na Rússia, o progresso derivado dos processos de industrialização – este era o ponto-chave – não deveria implicar as condições de exploração e miséria típicas do capitalismo. O fundamento teórico dessa possível passagem na organização da produção de uma forma arcaica para uma pós-capitalista é identificado por Tchernichevski na filosofia alemã. A seu ver, graças a Hegel e Schelling, era possível afirmar que "em todas as esferas da vida [...], o nível superior do desenvolvimento, quanto à forma, é análogo ao nível inicial de onde parte"[19].

O "estágio primitivo" foi exemplificado pela "posse comunitária da terra". Num "segundo estágio", após a intensificação do desenvolvimento produtivo, a terra se torna propriedade privada daqueles que nela investiram capital para cultivá-la. Num terceiro e último estágio, a "propriedade comunitária" seria identificada como "necessária não apenas para o bem-estar da classe camponesa, mas também para o progresso da própria agricultura". Ela se estabeleceria mais uma vez como "a forma mais elevada de relacionamento do homem com a terra"[20].

Fundada mais com base nos conceitos do pensamento dialético do que numa comparação histórico-analítica, a concepção de Tchernichevski teve o mérito, porém, de se distinguir daquelas concepções que viam o desenvolvimento histórico como um avanço linear e imutável em direção a uma meta previamente definida. Do ponto de vista político, isso significava que era possível saltar o segundo estágio[21] e que a "posse comunitária da terra" ainda vigente nas comunidades rurais russas não deveria ser necessariamente destruída pela difusão da propriedade privada[22]. Ao contrário, ela precisava ser fortalecida para permitir o nascimento de um sistema de coletivismo agrário capaz de garantir justiça social aos camponeses e satisfazer as necessidades de toda a população.

Tchernichevski "não foi em hipótese alguma um adversário do progresso burguês na Rússia. Se é para rotulá-lo, ele era um ocidentalista"; *Il caso Černyševskij*, cit., p. 3.

[19] Nikolai Tchernichevski, "Critica dei pregiudizi filosofici contro la proprietà comunitaria della terra", cit., p. 74.

[20] Ibidem, p. 90-2.

[21] Franco Venturi observou que Tchernichevski desejava que, na Rússia, fossem "mantidos os elementos coletivos que já existiam no campo" e incluídos "no desenvolvimento econômico geral do país"; *Roots of Revolution*, cit., p. 150.

[22] Andrzej Walicki escreveu que Tchernichevski queria "saltar os estágios intermediários de desenvolvimento ou ao menos reduzir enormemente sua duração. Seu principal argumento a favor da comunidade rural era uma concepção dialética do progresso, segundo a qual o primeiro estágio de todo desenvolvimento é, via de regra, similar na forma ao terceiro; por isso, o coletivismo comunitário primitivo é similar na forma ao coletivismo desenvolvido numa sociedade socialista"; *Controversy Over Capitalism*, cit., p. 18.

Partindo desses pressupostos, os populistas estabeleceram o ponto central de seu programa com um duplo objetivo: impedir o avanço do capitalismo na Rússia e utilizar o potencial emancipatório das comunidades rurais existentes. Tchernichevski apresentou essa perspectiva por meio de uma metáfora. Escreveu que "a história, como uma avó, ama exacerbadamente seus netinhos. Não lhes dá os ossos, mas a medula dos ossos; a Europa ocidental, no entanto, machucou gravemente seus dedos na tentativa de quebrá-los"[23].

Ao formular esse conceito, Tchernichevski se inspirou também nas teorias de Alexandr Herzen (1812-1870). Basta ver, por exemplo, o que Herzen afirma em *An Open Letter to Jules Michelet* [Uma carta aberta a Jules Michelet] (1851): "a história do Ocidente nos fornece certas lições, mas nada mais do que isso: não nos consideramos os executores legais de seu passado"[24].

O estudo da obra de Tchernichevski foi muito útil a Marx. Em 1881, coincidindo com seu crescente interesse pelas formas arcaicas de organização comunitária, que o havia levado a estudar os antropólogos de seu tempo, e à medida que o horizonte de sua reflexão ia constantemente para além da Europa, um acaso o levou a aprofundar ainda mais seus estudos sobre a Rússia.

Em 16 de fevereiro de 1881, Marx recebeu uma carta breve, mas intensa e envolvente, de Vera Zasulitch (1849-1919), militante da organização populista Repartição Negra. Escrita em francês, a carta foi expedida de Genebra, onde a revolucionária russa se refugiara, pois era procurada em sua terra natal por um ataque ao chefe da polícia de São Petersburgo.

Zasulitch, que nutria profunda admiração por Marx, escrevera para saber se ele, que seguramente já estava informado da "grande popularidade" de *O capital* na Rússia, estava igualmente informado sobre a influência que seu livro exercera sobre os companheiros russos nas "discussões sobre a questão agrária e a [...] comuna rural".

Além disso, Zasulitch fez questão de enfatizar a Marx que certamente ele, "melhor do que ninguém", poderia entender a urgência do problema que estava prestes a apresentar – uma questão de "vida ou morte" para os militantes russos – e acrescentou que "até o destino pessoal dos [...] socialistas revolucionários" podia depender de sua avaliação.

---

[23] Nikolai Tchernichevski, "Critica dei pregiudizi filosofici contro la proprietà comunitaria della terra", cit., p. 101.
[24] Alexandr Herzen, *The Russian People and Socialism: An Open Letter to Jules Michelet* (Londres, Weidenfeld and Nicolson, 2011), p. 199. Sobre a concepção da "liberdade do peso do passado" enquanto vantagem para as forças da revolução, ver Andrzej Walicki, *Controversy Over Capitalism*, cit., p. 116-7.

Zasulitch resumiu da seguinte maneira os dois diferentes pontos de vista que emergiram das discussões:

> a comuna rural, liberta das excessivas exigências do fisco, dos pagamentos à nobreza e da administração arbitrária, é capaz de se desenvolver na via socialista, ou de organizar, pouco a pouco, a sua produção e a sua distribuição de produtos de forma coletivista. Nesse caso, os socialistas revolucionários devem dedicar todas as suas forças à libertação da comuna e ao seu desenvolvimento.
> Se, pelo contrário, a comuna estiver destinada a perecer, os socialistas, enquanto tais, têm apenas de se entregar ao cálculo mais ou menos exato de saber em quantas dezenas de anos a terra dos camponeses russos passará de suas mãos às da burguesia e em quantas centenas de anos, talvez, o capitalismo atingirá um desenvolvimento na Rússia semelhante ao da Europa ocidental. Os socialistas, então, terão de fazer propaganda apenas entre os trabalhadores das cidades, que serão continuamente submersos pelas massas de camponeses jogadas, após a dissolução da comuna, nas ruas das grandes cidades em busca de um salário.

Prosseguindo com sua exposição, a revolucionária russa informou que, entre aqueles que debatiam a matéria, circulavam teorias segundo as quais a "comuna rural [era] uma forma arcaica que a história, o socialismo científico – numa palavra, tudo aquilo que era indiscutível – condenava a perecer". Aqueles que apresentavam essas razões se "declaravam discípulos [de Marx] por excelência: 'marxistas' [e] o mais forte de seus argumentos era que 'foi Marx que disse'".

Justamente por essa razão, Zasulitch conclui sua missiva com um apelo sincero: Marx provavelmente entendera "até que ponto a [sua] opinião sobre essa questão lhe interessava e que grande serviço ele [lhes] prestaria" se expusesse suas ideias "sobre o possível destino da [...] comuna rural e sobre a teoria da necessidade histórica de cada país passar por todas as fases da produção capitalista". A questão era tão vital, e Zasulitch estava tão determinada a conhecer o pensamento daquele que ela acreditava ser o mais importante socialista vivo, que seu texto terminava com um pedido de resposta, pelo menos "em forma de carta [...], a ser traduzida e publicada na Rússia", caso o tempo não lhe permitisse "expor [suas] ideias sobre o assunto em detalhes"[25].

A questão colocada por Zasulitch chegou no momento certo. Marx estava totalmente envolvido nas pesquisas sobre as relações comunitárias da fase pré-capitalista.

---

[25] Vera Zasulitch a Karl Marx, em Karl Marx, *Œuvres: Économie II* (org. Maximilien Rubel, Paris, Gallimard, 1968), p. 1.556-7. A tradução dessa carta foi feita pelo autor. A esse propósito, ver Martin Buber, *Sentieri in utopia: sulla comunità* (Milão, Marietti, 2009), que comentou: "de que lado está a verdade histórica [foi] uma decisão deixada a Marx" (ibidem, p. 141).

A mensagem de Zasulitch o levou a analisar, no concreto, um caso histórico de grande atualidade, estritamente ligado às questões que ele estava estudando no plano teórico[26].

A complexidade das avaliações expostas por Marx nas páginas que preencheu só pode ser compreendida se percorrermos, em suas obras mais importantes, a reflexão completa do autor sobre o papel do capitalismo para o socialismo.

9.2. A função histórica do capitalismo

A convicção de que a expansão do modo de produção capitalista é um pressuposto fundamental para o nascimento da sociedade comunista atravessa toda a obra de Marx.

No *Manifesto Comunista*, escrito com Engels, ele declarou que as tentativas revolucionárias da classe trabalhadora, na época da derrocada da sociedade feudal, estavam inevitavelmente destinadas ao fracasso, "não só por causa do estado embrionário do próprio proletariado, como devido à ausência das condições materiais de sua emancipação, condições que apenas surgem como produto da época burguesa"[27].

Explorando as descobertas geográficas e o nascimento do mercado mundial, a burguesia "imprime um caráter cosmopolita à produção e ao consumo de todos os países"[28]. Ademais, fato ainda mais importante, a burguesia forjou "as armas que lhe trarão a morte" e os seres humanos que as usarão serão "os operários modernos, os *proletários*"[29], que aumentam na mesma velocidade com que ela se expande. Para Marx e Engels, de fato, o "progresso da indústria, de que a burguesia é agente passivo e involuntário, substitui o isolamento dos operários, resultante da competição, por sua união revolucionária resultante da associação [*Assoziation*]"[30].

Marx formulou um juízo semelhante, embora sob uma ótica mais política, no brilhante "Discurso pelo aniversário do The People's Paper" (1856). Ao lembrar que, com o capitalismo, nasceram forças industriais e científicas sem precedentes na história, ele afirma aos militantes que "o vapor, a eletricidade e

---

[26] Andrzej Walicki observou corretamente: "Depois de Morgan, Marx voltou novamente ao populismo russo que era, então, a tentativa mais significativa de 'encontrar nas coisas do passado as coisas mais recentes'"; *Controversy Over Capitalism*, cit., p. 192.

[27] Karl Marx e Friedrich Engels, *Manifesto Comunista* (trad. Álvaro Pina e Ivana Jinkings, 1. ed. rev., São Paulo, Boitempo, 2010), p. 66.

[28] Ibidem, p. 43.

[29] Ibidem, p. 46.

[30] Ibidem, p. 51.

a máquina de fiação foram revolucionários bem mais perigosos que os cidadãos Barbès, Raspail e Blanqui".

Nos *Grundrisse*, Marx insistiu várias vezes na ideia de que o capitalismo cria "a apropriação universal da natureza, bem como da própria conexão social pelos membros da sociedade". Nesse texto, Marx afirma, com insistência e clareza, que:

> o capital [...] move-se para além tanto das fronteiras e dos preconceitos nacionais quanto da divinização da natureza, bem como da satisfação tradicional das necessidades correntes, complacentemente circunscrita a certos limites, e da reprodução do modo de vida anterior. O capital é destrutivo disso tudo e revoluciona constantemente, derruba todas as barreiras que impedem o desenvolvimento das forças produtivas, a ampliação das necessidades, a diversidade da produção e a exploração e troca das forças naturais e espirituais.[31]

Na época dos *Grundrisse*, portanto, a questão ecológica estava em segundo plano nas preocupações de Marx, subordinada ao problema do desenvolvimento potencial dos indivíduos[32].

Na obra de Marx, uma das exposições mais detalhadas sobre os efeitos positivos do processo produtivo capitalista encontra-se numa das últimas seções de sua *magnum opus*: "Tendência histórica da acumulação capitalista". Nessa passagem, Marx resume as seis condições geradas pelo capital – fundamentalmente, devido à sua "centralização [*Konzentration*]"[33] – que constituem os pressupostos fundamentais para o possível nascimento da sociedade comunista.

---

[31] Karl Marx, *Grundrisse* (trad. Mario Duayer e Nélio Schneider, São Paulo/Rio de Janeiro, Boitempo/Ed. UFRJ, 2011), p. 334. Para uma análise desse relevante e complexo texto de Marx, ver Marcello Musto (org.), *Los Grundrisse de Karl Marx: Fundamentos de la crítica de la economía política 150 años después* (Bogotá, Fondo de Cultura Económica, 2018).

[32] Segundo Ranajit Guha, "essa passagem eloquente, isolada do grande corpo crítico do autor ao capital, iria torná-lo indistinguível dos inúmeros liberais do século XIX que não viam nada além do lado positivo do capital. [...] Lido em seu próprio contexto, no entanto, deve ser entendido como nada além de um movimento inicial de uma crítica desenvolvida"; *Dominance without Hegemony: history and power in colonial India* (Cambridge, Harvard University Press, 1997), p. 15-6. O fundador da revista *Subaltern Studies* discute aqui uma posição errada e superficial que, paradoxalmente, foi adotada por muitos discípulos de Marx: "Alguns dos escritos de Marx – alguns excertos de seus bem conhecidos artigos sobre a Índia, por exemplo – foram efetivamente lidos de forma isolada e distorcidos a ponto de reduzir sua avaliação das possibilidades históricas do capital à adulação de um tecnomaníaco". Na interpretação de Guha, a posição crítica de Marx "se distinguiu inequivocamente do liberalismo" e parece muito mais incisiva se considerarmos que foi formulada numa "fase ascendente e otimista", quando o capital "crescia a pleno vapor e parecia não haver limite para sua expansão e capacidade de transformar a sociedade" (idem).

[33] Karl Marx, *O capital*, cit., p. 832.

São elas: 1) a cooperação do trabalho; 2) a contribuição científico-tecnológica proporcionada à produção; 3) a apropriação das forças da natureza pela produção; 4) a criação de grandes maquinários que só podem ser usados conjuntamente pelos trabalhadores; 5) a economia dos meios de produção; 6) a tendência à criação do mercado mundial. Para Marx,

> paralelamente [...] à expropriação de muitos capitalistas por poucos, desenvolve-se a forma cooperativa do processo de trabalho em escala cada vez maior, a aplicação técnica consciente da ciência, a exploração planejada da terra, a transformação dos meios de trabalho em meios de trabalho que só podem ser utilizados coletivamente, a economia de todos os meios de produção graças a seu uso como meios de produção do trabalho social e combinado, o entrelaçamento de todos os povos na rede do mercado mundial e, com isso, o caráter internacional do regime capitalista.[34]

Marx sabia bem que, com a concentração da produção nas mãos de poucos patrões, aumentaria "a massa da miséria, da opressão, da servidão, da degeneração, da exploração"[35], mas também sabia que a "cooperação dos assalariados é um [...] efeito do capital"[36]. Ele estava convencido de que o extraordinário incremento das forças produtivas gerado no capitalismo, que se manifestava em maior grau e de forma mais acelerada do que em todos os outros modos de produção precedentes, criaria as condições para a superação das relações econômicas e sociais por ele originadas e, portanto, para se alcançar uma sociedade socialista.

Em *O capital*, de fato, Marx afirma que "o modo de produção capitalista se apresenta [...] como uma necessidade histórica para a transformação do processo de trabalho num processo social"[37]. Em seu juízo, a "força produtiva social do trabalho se desenvolve gratuitamente sempre que os trabalhadores se encontrem sob determinadas condições, e é o capital que os coloca sob essas condições"[38]. Marx compreendeu que as circunstâncias mais favoráveis para o advento do comunismo só poderiam se realizar com a expansão do capital:

> Como fanático da valorização do valor, o capitalista força inescrupulosamente a humanidade à produção pela produção e, consequentemente, a um desenvolvimento das forças produtivas sociais e à criação de condições materiais de produção que constituem

---

[34] Idem.
[35] Idem.
[36] Ibidem, p. 406-7.
[37] Ibidem, p. 410.
[38] Ibidem, p. 408.

as únicas bases reais possíveis de uma forma superior de sociedade, cujo princípio fundamental seja o desenvolvimento pleno e livre de cada indivíduo.[39]

Reflexões posteriores sobre o papel do modo de produção capitalista na implementação do comunismo estão presentes em todo o longo percurso da crítica marxista da economia política. É claro que Marx era ciente, como escreveu nos *Grundrisse*, que, se uma das tendências do capital é, de um lado, "*criar tempo livre*", de outro, é "*convertê-lo em trabalho excedente*"[40]. Todavia, nesse modo de produção, o trabalho é valorizado ao máximo e "o *quantum* de trabalho necessário para a produção de certo objeto é reduzido a um mínimo"[41].

Para Marx, isso era absolutamente fundamental. Essa mudança "beneficiará o trabalho emancipado [*emanzipierten Arbeit*] e é a condição de sua emancipação"[42]. Portanto, o capital, "a despeito dele mesmo, [...] é instrumento na criação dos meios para o tempo social disponível, na redução do tempo de trabalho de toda a sociedade a um mínimo decrescente e, com isso, na transformação do tempo de todos em tempo livre para seu próprio desenvolvimento"[43].

Além de estar convencido, no que diz respeito à capacidade de expandir ao máximo as forças produtivas, que o capitalismo representa o melhor sistema que já existiu, Marx também reconhece que ele, não obstante a impiedosa exploração dos seres humanos, apresenta elementos potencialmente progressistas, a ponto de consentir, muito mais que outras sociedades do passado, a valorização do potencial de cada indivíduo.

---

[39] Ibidem, p. 667. A esse propósito, ver também o que Marx escreve a Engels numa carta de 7 de dezembro de 1867, quando fornece ao amigo, que estava preparando um comentário sobre *O capital*, um resumo dos principais temas que gostaria que fossem apontados na resenha do livro. Nessa ocasião, descreveu seu trabalho como a demonstração de que "a sociedade contemporânea, do ponto de vista econômico, está tomada por uma nova forma superior". Logo após uma perigosa comparação de suas descobertas com a teoria da evolução de Darwin, Marx lembra que seu texto evidencia "um progresso velado, no qual as relações econômicas modernas são acompanhadas de desencorajadoras consequências imediatas". Com "sua concepção crítica [...], quiçá a despeito de sua vontade", ele "pôs fim a todo socialismo de escrivaninha, isto é, a todo utopismo". Por fim, destaque-se a afirmação na qual Marx reafirma uma profunda convicção: "se o senhor Lassalle insultou os capitalistas e bajulou os nobres prussianos, o senhor Marx, ao contrário, demonstra a 'necessidade' histórica da produção capitalista"; "Karl Marx a Friedrich Engels", *Marx Engels Opere*, v. 42, cit., p. 443.

[40] Karl Marx, *Grundrisse*, cit., p. 590, trad. modif.

[41] Ibidem, p. 585.

[42] Idem.

[43] Ibidem, p. 590.

Profundamente contrário ao preceito produtivista do capitalismo, ou seja, ao primado do valor de troca e ao imperativo da produção de trabalho excedente, ainda assim Marx levou em consideração a questão do aumento das capacidades produtivas em relação ao incremento das faculdades individuais. De fato, nos *Grundrisse*, Marx recorda que:

> no próprio ato da reprodução não se alteram apenas as condições objetivas, por exemplo, a vila se torna cidade, o agreste, campo desmatado etc., mas os produtores se modificam extraindo de si mesmos novas qualidades, desenvolvendo a si mesmos por meio da produção, se remodelando, formando novas forças e novas concepções, novos meios de comunicação, novas necessidades e nova linguagem.[44]

Esse procedimento diferente das forças produtivas, muito mais intenso e complexo, gerou "o efetivo desenvolvimento dos indivíduos", "a universalidade de suas relações"[45]. Em *O capital*, Marx também afirma que "a troca de mercadorias rompe as barreiras individuais e locais da troca direta de produtos e [...] desenvolve-se um círculo completo de conexões que, embora sociais, impõem-se como naturais [*gesellschaftlicher Naturzusammenhänge*], não podendo ser controladas por seus agentes"[46]. Trata-se de uma produção que se realiza "numa forma adequada ao pleno desenvolvimento do homem"[47].

Por fim, Marx considerou positivas algumas tendências do capitalismo também no que se refere à emancipação da mulher e à modernização das relações no âmbito doméstico. No importante documento "Instruções para os delegados do conselho geral provisório. As diferentes questões" (1866), preparado por ocasião do primeiro congresso da Associação Internacional dos Trabalhadores, Marx afirma que "embora o modo de produção que se realiza sob o jugo do capital seja abominável [...], fazer cooperar [...] os jovens dos dois sexos no grande movimento da produção social [é] um progresso"[48].

Avaliações semelhantes se encontram em *O capital*, no qual Marx escreve:

> por terrível e repugnante que pareça a dissolução do velho sistema familiar no interior do sistema capitalista, não deixa de ser verdade que a grande indústria, ao conferir às mulheres, aos adolescentes e às crianças de ambos os sexos um papel decisivo nos proces-

---

[44] Ibidem, p. 405.
[45] Ibidem, p. 447.
[46] Idem, *O capital*, cit., p. 186.
[47] Ibidem, p. 573.
[48] Idem, "Istruzioni per i delegati del consiglio generale provvisorio. Le differenti questioni", em *Marx Engels Opere*, v. 20, cit., p. 192.

sos socialmente organizados da produção situados fora da esfera doméstica, cria o novo fundamento econômico para uma forma superior da família e da relação entre os sexos.[49]

Marx acrescenta que o "modo de produção capitalista consuma a ruptura do laço familiar original que unia a agricultura à manufatura e envolvia a forma infantilmente rudimentar de ambas". Graças a isso, criou-se uma "predominância sempre crescente da população urbana, amontoada em grandes centros pela produção capitalista", que é a verdadeira "força motriz da história da sociedade"[50].

Em suma, utilizando o método dialético de sua obra, em *O capital*, assim como em seus manuscritos preparatórios, Marx sustenta que, com as "condições materiais e a combinação social do processo de produção" amadurecem "os elementos criadores de uma nova sociedade"[51]. Esses "pressupostos materiais" são decisivos para realizar "uma nova síntese, superior"[52], e, ainda que a revolução nunca surja das meras dinâmicas econômicas e sempre necessite do imprescindível fator político, para o advento do comunismo "requer-se uma base material da sociedade ou uma série de condições materiais de existência que, por sua vez, são elas próprias o produto natural-espontâneo de uma longa e excruciante história de desenvolvimento"[53].

Teses semelhantes, que confirmam a continuidade do pensamento de Marx, estão contidas nos breves, mas significativos escritos de caráter político que sucederam à redação de *O capital*.

No "Resumo crítico de *Estatismo e anarquia*, de Mikhail Bakunin", nos quais se encontram notas relevantes sobre as radicais diferenças existentes entre ele e o revolucionário russo no que diz respeito aos pressupostos indispensáveis para o nascimento de uma sociedade alternativa ao capitalismo, Marx confirma, também no que se refere ao sujeito social que conduzirá a luta, que "uma revolução social radical está ligada a certas condições históricas do desenvolvimento econômico; estas são seu pressuposto. Portanto, ela só é possível onde, juntamente com a produção capitalista, o proletariado industrial assume no mínimo uma posição significativa na massa popular"[54].

Na *Crítica do programa de Gotha*, Marx afirma: "dever-se-ia mostrar com precisão de que modo, na atual sociedade capitalista, são finalmente criadas as condições

---

[49] Idem, *O capital*, cit., p. 560.
[50] Ibidem, p. 572.
[51] Ibidem, p. 571.
[52] Ibidem, p. 572.
[53] Ibidem, p. 154.
[54] Idem, "Resumo crítico de *Estatismo e anarquia*, de Mikhail Bakunin" em *Crítica do programa de Gotha* (trad. Rubens Enderle, São Paulo, Boitempo, 2012), p. 112.

materiais [...] que habilitam e obrigam os trabalhadores a romper essa maldição histórica"[55]. Finalmente, num dos últimos textos breves que publicou, o "Programa eleitoral dos trabalhadores socialistas" (1880), Marx reiterou que, para que os produtores se apropriassem dos meios de produção, era essencial "a forma coletiva, cujos elementos materiais e intelectuais são moldados pelo próprio desenvolvimento da sociedade capitalista"[56].

Em sua obra, portanto, Marx teve o cuidado de não indicar fórmulas que pudessem sugerir o que ele considerava inútil e politicamente contraproducente: traçar um modelo universal de sociedade socialista. Foi por isso que, no "Posfácio à segunda edição" de *O capital*, deu a entender que não pretendia "prescrever receitas [...] para o cardápio da taberna do futuro"[57]. Essa afirmação foi reiterada nas "Glosas marginais ao *Tratado de economia política* de Adolph Wagner" (1879-1880), quando, em resposta a uma crítica do economista alemão Adolph Wagner (1835-1917), escreveu categoricamente: "eu nunca concebi um 'sistema socialista'"[58].

Se Marx nunca manifestou o desejo de prefigurar como deveria ser o socialismo, da mesma maneira, quando desdobrou suas reflexões sobre o capitalismo, não considerou que a sociedade humana estivesse destinada a percorrer, em todos os lugares, o mesmo caminho, nem mesmo a passar pelas mesmas etapas. No entanto, ele se viu obrigado a lidar com a tese, erroneamente atribuída a ele, da fatalidade histórica do modo de produção burguês. A controvérsia sobre a perspectiva do desenvolvimento do capitalismo na Rússia é um testemunho claro disso.

Em novembro de 1877, Marx preparou uma longa carta para o conselho editorial da *Otechestvennye Zapiski* [Anais da Pátria], com a qual se propôs a responder ao artigo "Karl Marx perante a corte do senhor Zukovsky", do crítico literário e sociólogo Nikolai Mikhailovsky (1842-1904), sobre o futuro da comuna agrícola (em russo, *obshchina*). A missiva foi reelaborada um par de vezes, mas, ao final, foi deixada em rascunho, com alguns sinais de apagamento. A carta nunca foi enviada, mas continha interessantes adiantamentos dos argumentos que Marx posteriormente utilizou na resposta a Zasulitch.

Numa série de ensaios, Mikhailovsky havia levantado uma questão muito semelhante à que Zasulitch voltaria a propor quatro anos mais tarde, embora com

---

[55] Idem, *Crítica do programa de Gotha*, cit., p. 25.
[56] Idem, "Preamble to the Programme of the French Workers Party", em Karl Marx e Friedrich Engels, *Collected Works*, v. 24 (Londres, Lawrence and Wishart, 1989), p. 340.
[57] Idem, *O capital*, cit., p. 88.
[58] Karl Marx, "Glosas marginais ao *Tratado de economia política* de Adolph Wagner", em *Últimos escritos econômicos: anotações de 1879-1882* (trad. Hyury Pinheiro, São Paulo, Boitempo, 2020), p. 41.

nuances diferentes. Para ela, o nó a ser resolvido estava relacionado às repercussões que as possíveis mudanças na comuna rural teriam sobre a atividade de propaganda do movimento socialista. Mikhailovsky, por sua vez, debateu num plano mais teórico as diferentes teses existentes acerca do futuro da *obshchina*, que oscilavam entre aquelas que pensavam que a Rússia deveria destruí-la, tal como argumentavam os economistas liberais, para passar ao regime capitalista, e aquelas que, para evitar os efeitos negativos desse modo de produção para a população, esperavam que a comuna rural pudesse posteriormente se desenvolver[59].

Se Zasulitch se dirigiu a Marx para saber seu ponto de vista e receber dicas, Mikhailovsky, eminente representante do populismo russo[60], claramente pendia para a última hipótese e acreditava que Marx pendia para a primeira. Se Zasulitch havia escrito que os "marxistas" afirmavam que o desenvolvimento do capitalismo era indispensável, Mikhailovsky foi ainda mais longe, dizendo que o proponente dessa tese era o próprio Marx em *O capital*. De fato, Mikhailovsky escreveu:

> Temos diante de nossos olhos todas essas "mulheres e crianças aleijadas" e, do ponto de vista da teoria da história de Marx, não devemos protestar contra tudo isso porque significaria nos causar dano. [...] Um discípulo russo de Marx [...] deve se reduzir ao papel de espectador. [...] Se ele realmente compartilha das ideias econômicas e sociais de Marx, deve se contentar em ver produtores separados dos meios de produção, deve considerar essa separação a primeira fase de um processo inevitável e, em seu resultado final, benéfico. Numa palavra, deve aceitar a derrubada dos princípios inerentes ao seu ideal. Esse choque entre convicções morais e inevitabilidade histórica deve, é claro, ser resolvido em favor da última.[61]

---

[59] Segundo Andrzej Walicki, "Mikhailovsky não negou que as guildas e *arteis* russos de seu tempo limitavam a liberdade e as possibilidades de desenvolvimento individual. Pensava, no entanto, que as consequências negativas dessa limitação tinham sido menos danosas do que os resultados do desenvolvimento capitalista. [...] Mikhailovsky concluiu que era completamente injustificado afirmar que o capitalismo 'havia libertado o indivíduo'. [...] Entre os autores cujos livros mais contribuíram para empurrá-lo para tais posições, um lugar de destaque foi ocupado por Marx"; *Controversy Over Capitalism*, cit., p. 59.

[60] Sobre alguns textos de Mikhailovsky e de outros fundadores desse importante movimento, ver Giorgio Migliardi (org.), *Il populismo russo* (Milão, Franco Angeli, 1985), bem como o fundamental Andrzej Walicki, *Marxisti e populisti: il dibattito sul capitalismo* (Milão, Jaca, 1973), e Franco Venturi, *Il populismo russo: Herzen, Bakunin, Cernysevskij* (Turim, Einaudi, 1972).

[61] Nikolai Mikahilovsky, "Karl Marks pered sudom g. Yu. Zhukovskogo", *Sočinenija*, v. 4, 1897, p. 171, citado em Andrzej Walicki, *Controversy Over Capitalism*, cit., p. 146. Esse artigo seguiu a crítica de Juri Zukovski a Marx, publicada em 1877 na revista *Vestnik Evropy* [Mensageiro Europeu], e a defesa de *O capital*, feita por Sieber nas *Patriotic Notes* [Notas Patrióticas]. Ver Cyril Smith, *Marx*

Mikhailovsky, no entanto, não conseguiu fundamentar seus argumentos com citações exatas do texto e, em seu lugar, usou uma referência polêmica de Marx a Aleksandr Herzen (1812-1870), contida no apêndice[62].

Se na Europa continental a influência do modo de produção capitalista – que exaure a raça humana pelo excesso de trabalho, pela divisão do trabalho, pela submissão às máquinas, pela mutilação dos corpos femininos imaturos, pelas más condições de vida etc. – continua a se desenvolver de mãos dadas com a competição pelo tamanho do exército nacional, da dívida do governo, dos impostos, da guerra arrojada etc., então o rejuvenescimento da Europa pelo *knute* e pelo derramamento obrigatório de sangue dos calmucos, que o meio russo e totalmente moscovita Herzen seriamente profetizou (Herzen, o beletrista que, note-se, fez suas descobertas sobre o comunismo "russo" não na Rússia, mas nas obras do secretário de Estado prussiano Haxthausen), pode eventualmente se tornar inevitável.[63]

A omissão dessa consideração nas edições subsequentes de *O capital* não atesta, contudo, uma mudança de opinião de Marx sobre Herzen[64]. Ao contrário, na carta ao conselho editorial da *Otechestvennye Zapiski*, Marx criticou Herzen nos mesmos termos de 1867, dizendo "que não foi na Rússia que ele descobriu o comunismo 'russo', mas no livro de Haxthausen [...] e que, em suas mãos, a comuna russa só serve de argumento para provar que a velha Europa poderia ter sido regenerada pela vitória do pan-eslavismo"[65]. As ideias de Marx sobre o socialismo sempre estiveram nos antípodas das de Herzen. Em "Revoljucija v Rossii" [A revolução na Rússia] (1857), Herzen defendeu que na Rússia, embora o movimento que foi "para o povo e com o povo [...] talvez não [fosse] numeroso", ele não o considerava "inferior em sua consciência e seu desenvolvimento a qualquer outro ambiente do Ocidente. Se, entre nós, o movimento não está habituado a discutir as questões sociais, está todavia muito mais livre de tudo que é tradição; é mais novo, mais simples, mais

---

at the Millennium (Londres, Pluto, 1996), p. 53-5. Em 1894, Mikhailovsky voltou ao tema com um artigo publicado na *Russkoje Bogatstvo* [Riqueza Russa], no qual reitera o que afirmara sete anos antes.

[62] Ver Karl Marx, "Nachtrag zu den Noten des ersten Buches", em *Das Kapital*, MEGA², v. II/5 (Berlim, Dietz, 1983), p. 625. Esse "Apêndice às notas do livro primeiro" não foi incluído nas edições seguintes de *O capital* e, portanto, não aparece nas traduções posteriores da obra.

[63] Idem.

[64] Uma interpretação semelhante foi feita recentemente por James White em *Marx and Russia: The Fate of a Doctrine* (Londres, Bloomsbury, 2018), em que defende que, após a publicação de *O capital*, "Marx revisou sua postura em relação às concepções de Herzen, se não ao próprio Herzen" (ibidem, p. 8).

[65] Karl Marx, "Carta à redação da *Otechestvenye Zapiski*, 1877", cit., p. 64-5.

jovem que a sociedade ocidental"[66]. A suposta predisposição natural do povo russo para o comunismo nunca foi compartilhada por Marx. A abertura que ele manifestou quanto às possibilidades de eclosão de uma revolução na Rússia não pode ser rastreada, tanto pelas modalidades tidas como necessárias para a tomada do poder político quanto pelas prerrogativas apontadas como indispensáveis ao nascimento de uma sociedade pós-capitalista, à moda de Herzen.

Marx, que sempre se opôs às posições de Herzen, afirmando que ele usava a comuna russa apenas como "argumento para provar que a velha e podre Europa deve ser regenerada pela vitória do pan-eslavismo", disse, um tanto irritado, que sua polêmica com Herzen não podia ser transformada em falsificação de suas análises ou, como escreveu Mikhailovsky, em negação dos "esforços 'dos homens russos para encontrar um caminho de desenvolvimento para sua pátria, diferente daquele que foi e é trilhado pela Europa ocidental'"[67].

Alguns anos antes, Engels havia se manifestado acerca de uma possível revolução social na Rússia. No artigo "As condições sociais na Rússia" (1875), redigido em resposta ao polêmico texto "Carta aberta ao sr. Friedrich Engels" (1874), escrito pelo revolucionário blanquista Pyotr Tkachev[68] (1844-1886), ele esclareceu:

> a revolução a que visa o socialismo moderno é, em síntese, a vitória do proletariado sobre a burguesia e o reordenamento da sociedade por meio da supressão de toda diferença de classe. Ela pressupõe não apenas um proletariado que cumpra essa transformação radical, mas uma burguesia em cujas mãos as forças produtivas sociais tenham atingido um tal nível de desenvolvimento que a supressão *definitiva*[69] das diferenças de classe seja possível. Mesmo entre os selvagens e os semisselvagens, as diferenças de classe, em geral, não existem. Todos os povos passaram por esse estágio, mas nem sequer sonharíamos em restabelecê-lo, mesmo porque a partir daí, com o desenvolvimento das forças sociais de produção, necessariamente se geram diferenças de classe.

A fim de aplacar quaisquer dúvidas, Engels acrescenta:

> Somente em certo estágio do desenvolvimento das forças produtivas da sociedade, que até para os tempos atuais é bastante elevado, torna-se possível aumentar a produção a um nível em que a eliminação das diferenças de classe seja um verdadeiro progresso e possa ser duradoura, sem acarretar uma paralisação ou mesmo um retrocesso no modo de produção da sociedade. Porém, as forças produtivas só chegaram a esse grau de

---

[66] Alexandr Herzen, "La rivoluzione in Russia", em Giorgio Migliardi, *Il populismo russo*, cit., p. 79.
[67] Karl Marx, "Carta à redação da *Otechestvenye Zapiski*, 1877", cit., p. 65.
[68] Sobre as ideias de Pyotr Tkachev, ver Franco Venturi, *Roots of Revolution*, cit., p. 389-428.
[69] O adjetivo é certamente exagerado; itálico do autor.

desenvolvimento pelas mãos da burguesia. Sendo assim, a burguesia, também nesse aspecto, é uma precondição tão necessária da revolução socialista quanto o próprio proletariado. Portanto, um homem capaz de dizer que seria mais fácil realizar essa revolução em certo país porque este não tem proletariado nem burguesia só prova, com isso, que ainda tem de aprender o bê-á-bá do socialismo.[70]

Marx não só está de acordo com essas afirmações de Engels[71], como ambos sempre estiveram em discordância radical com Herzen e com seus herdeiros ideológicos, tal como Mikhail Bakunin (1814-1876) e Pyotr Tkachev. Estes cometeram o erro de retratar os camponeses russos como "verdadeiros portadores do socialismo, como comunistas natos frente aos trabalhadores do decrépito e putrefato Ocidente europeu, que primeiro tiveram de apropriar-se artificialmente do socialismo à custa de muitos tormentos"[72].

Sobre o debate com Mikhailovsky, na tentativa de evitar qualquer ambiguidade teórica, na carta aos editores da *Otechestvennye Zapiski* Marx quis "falar sem rodeios" e expressar as conclusões a que chegou após muitos anos de estudo. Ele começou com esta frase, mais tarde apagada no manuscrito: "se a Rússia prosseguir no rumo tomado depois de 1861, ela perderá a melhor chance que a história já ofereceu a um povo, para, em vez disso, suportar todas as vicissitudes fatais do regime capitalista"[73].

O primeiro esclarecimento fundamental diz respeito às áreas às quais concerniam sua análise. Nesse ponto, Marx lembra que, no capítulo intitulado "A assim chamada acumulação primitiva"[74] de *O capital*, quis "descrever o caminho seguido pela ordem econômica capitalista para sair do seio da ordem econômica feudal", referindo-se única e exclusivamente "à Europa ocidental". Não ao mundo inteiro, portanto, mas apenas ao "velho continente".

Marx remete à leitura de uma passagem da edição francesa de *O capital* na qual afirma que a base de todo o processo de separação dos produtores de seus meios

---

[70] Friedrich Engels, "Literatura de refugiados V", em Karl Marx e Friedrich Engels, *Lutas de classes na Rússia*, cit., p. 37.
[71] Numa mensagem parcialmente não transmitida, porque foi escrita a lápis por Marx na capa do panfleto "Carta aberta ao sr. Friedrich Engels", de Pyotr Tkachev, Marx afirmou que o conteúdo desse texto era "tão estúpido que Bakunin deve ter contribuído"; "Marx to Engels, February-March 1875", em Karl Marx e Friedrich Engels, *Collected Works*, v. 45 (Londres, Lawrence and Wishart, 1991), p. 59. Maximilien Rubel observou que foi o próprio Marx que pediu a Engels para que escrevesse uma réplica"; *Marx: Life and Works* (Londres, Macmillan, 1980) p. 105.
[72] Friedrich Engels, "Literatura de refugiados V", cit., p. 48. Ver Franco Venturi, *Roots of Revolution*, cit., p. 93-4.
[73] Karl Marx, "Carta à redação da *Otechestvenye Zapiski*, 1877", cit., p. 66.
[74] Idem, *O capital*, cit., cap. 24, p. 785-833.

de produção havia sido "a expropriação dos agricultores", acrescentando que esse processo "só se realizou de um modo radical na Inglaterra [...]. Mas todos os outros países da Europa ocidental percorrem o mesmo processo etc."[75].

É nesse horizonte espacial que se enquadra a afirmação presente no "Prefácio" ao Livro I de *O capital*: "O país industrialmente mais desenvolvido não faz mais do que mostrar aos menos desenvolvidos a imagem de seu próprio futuro". Marx escreveu ao leitor alemão: "atormenta-nos, do mesmo modo como nos demais países ocidentais do continente europeu, não só o desenvolvimento da produção capitalista, mas também a falta desse desenvolvimento". Em seu juízo, além das "misérias modernas", "afligem-nos toda uma série de misérias herdadas, decorrentes da permanência vegetativa de modos de produção arcaicos e antiquados, com o seu séquito de relações sociais e políticas anacrônicas"[76]. Foi ao leitor alemão, que poderia "ser tomado por uma tranquilidade otimista, convencido de que na Alemanha as coisas estão longe de ser tão ruins", que Marx afirmou: "*De te fabula narratur* [A fábula refere-se a ti]!"[77].

Marx também manifestou uma atitude flexível em relação a vários países da Europa, pois não considerava esta última um todo homogêneo. Num discurso proferido em 1867 na Associação Cultural Operária Alemã, em Londres, posteriormente publicado no *Der Vorbote* [O Precursor], de Genebra, Marx observou que os proletários alemães poderiam realizar a revolução com sucesso, pois, "ao contrário

---

[75] Karl Marx, "Carta à redação da *Otechestvenye Zapiski*, 1877", cit., p. 67. Ver também Karl Marx, *O capital*, cit., nota do tradutor, p. 788. Esse acréscimo relevante de Marx à tradução francesa de Joseph Roy não foi incluído por Engels na quarta edição alemã de 1890, que mais tarde se tornou a versão padrão das traduções da *magnum opus* marxiana.

[76] Karl Marx, "Prefácio da primeira edição", em *O capital*, cit., p. 79. Na edição francesa, Marx limitou ligeiramente o alcance dessa frase: "Le pays le plus développé industriellement ne fait que montrer à ceux qui le suivent sur l'échelle industrial de leur propre avenir"; *Le Capital*, MEGA², v. II/7, (Berlim, Dietz, 1989), p. 12. Em seu *Provincializing Europe: Postcolonial Thought and Historical Difference* (Nova Jersey, Princeton University Press, 2000), Dipesh Chakrabarty interpreta equivocadamente essa passagem como um exemplo típico de historicismo que segue o princípio do "primeiro na Europa, depois em outros lugares" (ibidem, p. 7). Ele apresenta ainda as "ambiguidades na prosa de Marx" como características daqueles que consideram "a história uma sala de espera, um período necessário da transição para o capitalismo em qualquer tempo e lugar específico. Esse é o período ao qual [...] o terceiro mundo está muitas vezes consignado" (ibidem, p. 65). De qualquer forma, Neil Lazarus corretamente apontou que "nem toda narrativa histórica é teleológica ou 'historicista'"; "The Fetish of 'the West' in Postcolonial Theory', em Crystal Bartolovich e Neil Lazarus (orgs.), *Marxism, Modernity and Postcolonial Studies* (Cambridge, Cambridge University Press, 2002), p. 63.

[77] Karl Marx, "Prefácio da primeira edição", em *O capital*, cit., p. 78.

dos trabalhadores de outros países, eles não precisam passar pelo longo período de desenvolvimento burguês"[78].

Quanto à Rússia, Marx compartilhava a opinião de Mikhailovsky, segundo a qual ela poderia "desenvolver seus próprios fundamentos históricos e, dessa forma, mesmo sem precisar experimentar todas as torturas do regime [capitalista], apropriar-se de todos os seus frutos". Marx desafiou Mikhailovsky a "metamorfosear totalmente o [seu] esquema histórico da gênese do capitalismo na Europa ocidental em uma teoria histórico-filosófica do curso geral fatalmente imposto a todos os povos, independentemente das circunstâncias históricas nas quais eles se encontrem"[79].

Prosseguindo seu raciocínio, Marx lembrou também que havia resumido a trajetória histórica da produção capitalista como um processo em que esta, depois que "criou os elementos de uma nova ordem econômica", por meio do "maior impulso [dado] às capacidades produtivas do trabalho social e ao desenvolvimento integral de todo produtor individual", e estando "baseada de fato já num modo de produção coletivo", só poderia "transformar-se em propriedade social"[80].

Mikhailovsky, portanto, só poderia aplicar "esse esboço histórico à Rússia" de uma maneira: "se a Rússia tende[r] a tornar-se uma nação capitalista a exemplo das nações da Europa ocidental" – e, de acordo com Marx, nos anos precedentes, ela havia se movido nessa direção –, ela não realizará sua mutação "sem ter transformado, de antemão, uma boa parte de seus camponeses em proletários, e, depois disso, uma vez levada ao âmago do regime capitalista, terá de suportar suas leis impiedosas como os demais povos profanos"[81].

A maior decepção de Marx foi o intuito de seu crítico de "metamorfosear totalmente o [seu] esquema histórico da gênese do capitalismo na Europa ocidental em uma teoria histórico-filosófica do curso geral fatalmente imposto a todos os povos, independentemente das circunstâncias históricas nas quais eles se encontrem"[82].

Ironicamente, Marx acrescentou: "mas peço-lhe desculpas. (Ele me honra e ao mesmo tempo me envergonha demais)". Utilizando o exemplo da expropriação dos camponeses na Roma Antiga, e de sua separação dos meios de produção, Marx

---

[78] "Report of a Speech by Karl Marx at the Anniversary Celebration of the German Workers' Educational Society in London, February 28, 1867", em Karl Marx e Friedrich Engels, *Collected Works*, v. 20 (Londres, Lawrence and Wishart, 1985), p. 415; "Aufzeichnung einer Rede von Karl Marx auf dem Stiftungsfest des Deutschen Bildungsvereins für Arbeiter in Londonam", em *Werke*, v. 16 (Berlim, Dietz, 1961), p. 524.
[79] Karl Marx, "Carta à redação da *Otechestvenye Zapiski*, 1877", cit., p. 68.
[80] Ibidem, p. 67.
[81] Ibidem, p. 68.
[82] Idem.

observou que eles não se tornaram "trabalhadores assalariados, mas uma turba ociosa". Na sequência desse processo, desenvolveu-se um modo de produção escravista, não capitalista. Marx, portanto, concluiu afirmando que "eventos surpreendentemente análogos, mas ocorridos em tempos históricos distintos, produzem resultados muito diferentes". Para compreender as transformações históricas é necessário estudar separadamente os fenômenos isolados, pois só depois é possível compará-los. Sua interpretação nunca teria sido possível "tendo como chave-mestra uma teoria histórico-filosófica geral cuja virtude suprema consiste em ser supra-histórica"[83].

Em conclusão, Mikhailovsky, que não conhecia a fundo a verdadeira posição teórica de Marx, ao criticá-la, pareceu antecipar um dos pontos fundamentais que caracterizariam o marxismo do século XX e que, na época, já circulava entre seus seguidores, tanto na Rússia quanto em outros lugares. A crítica de Marx a essa concepção foi muito importante porque era dirigida não apenas ao presente, mas também ao futuro[84]. Tal crítica, porém, não foi publicada por ele[85] e a ideia de que

---

[83] Ibidem p. 69. James White, em seu *Marx and Russia*, entendeu as palavras dirigidas a Mikhailovsky como uma "acusação surpreendente". Em seu juízo, "Marx nunca considerou o desenvolvimento do capitalismo meramente histórico, meramente empírico. Ele concebeu o capitalismo como um sistema universal, a manifestação externa da espécie interior do homem. *O capital* se limitou ao desenvolvimento do capitalismo no plano histórico apenas porque Marx foi incapaz de descobrir as etapas mais essenciais e lógicas do processo" (ibidem, p. 32). As recentes publicações dos manuscritos incompletos e das notas de estudo de Marx na *Marx-Engels-Gesamtausgabe* (MEGA²) mostram, ao contrário, quão fortemente suas pesquisas foram baseadas na investigação empírica e centradas na análise histórica. Diferentemente do que supuseram vários de seus intérpretes no passado, essas pesquisas não foram inspiradas numa nova filosofia da história nem se basearam obsessivamente no método dialético. Os materiais da MEGA² atestam, com evidências definitivas, a falácia desse tipo de interpretação.

[84] Ver Pier Paolo Poggio, *L'Obščina: comune contadina e rivoluzione in Russia* (Milão, Jaca, 1978), p. 148.

[85] Foram várias as tentativas de explicar as razões que levaram Marx a não publicar sua resposta a Mikhailovsky. Quando Engels, em 1885, enviou a carta à direção do *Severnyi Vestnik* [Mensageiro do Norte], declarou que não havia sido publicada "por razões a [ele] desconhecidas"; *Scritti 1883--1889*, 2014, p. 202. No ano anterior, porém, em carta enviada a Vera Zasulitch, Engels disse sobre a resposta de Marx: "Essa é a resposta que ele escreveu; tem o carimbo de um artigo escrito para publicação na Rússia, mas ele nunca a enviou a São Petersburgo por medo de que a mera menção de seu nome pudesse comprometer a existência da revista que viesse a publicar sua resposta"; "Engels to Vera Zasulitch, 6 March 1884", em Karl Marx e Friedrich Engels, *Collected Works*, v. 47 (Londres, Lawrence and Wishart, 1995), p. 112; *Werke*, v. 36 (Berlim, Dietz, 1967), p. 121. No entanto, deve-se observar que não havia nenhuma evidência de risco real para a revista russa, caso ela optasse publicar em suas páginas um texto escrito por Marx. Sem ter coletado as provas necessárias para provar sua tese, Haruki Wada, no artigo "Marx and Revolutionary Russia", que pode ser lido em Teodor Shanin (org.), *Late Marx and the Russian Road* (Nova York, MRP Classics, 1983), afirma

Marx considerava o capitalismo uma etapa obrigatória também para a Rússia firmou-se rapidamente, produzindo sérias repercussões naquele que mais tarde seria o marxismo na Rússia[86].

9.3. A alternativa possível

Por quase três semanas, Marx permaneceu imerso em suas cartas, ciente de que deveria fornecer uma resposta a um questionamento teórico de grande envergadura e, mais do que isso, expressar sua posição sobre uma questão política concreta e decisiva[87].

O fruto de seu trabalho foram três longos rascunhos que continham afirmações por vezes contraditórias e um esboço da resposta finalmente enviada a Vera Zasulitch. As várias versões da mesma carta foram escritas em francês e começavam invariavelmente do mesmo modo.

Como síntese de sua detalhada análise sobre "a transformação do modo de produção feudal em capitalista", Marx escolheu usar como referência a mesma citação, retirada da edição francesa de *O capital*, inserida na carta ao conselho editorial da *Otechestvennye Zapiski*. Na linha seguinte, ele reitera: "restringi expressamente essa 'fatalidade histórica' aos 'países da Europa ocidental'"[88].

---

que "a verdadeira razão [...] foi na verdade que Marx, após reler sua carta, viu algo errado em sua crítica a Mikhailovsky" (ibidem, p. 60). Sobre esse tema, James White recordou que a *Patriotic Notes* publicou, no número seguinte àquele do artigo de Mikhailovsky, uma resposta de Sieber em que este reiterava que "o processo formulado por Marx era universalmente obrigatório"; *Marx and Russia* (Londres, Bloomsbury Academic, 2018), p. 33. Sua convicção de que o "capitalismo era um fenômeno universal, que se encontra em todas as sociedades num determinado estágio de seu desenvolvimento" (ibidem, p. 45), constitui um exemplo significativo de como Marx foi recebido na Rússia.

[86] Segundo James White, essa "percepção adquiriu tamanho e resiliência tão consideráveis que, mesmo após a publicação da carta de Marx, foi difícil abalá-la"; *Marx and Russia*, cit., p. 33. Sobre a relação entre populismo e marxismo na Rússia, ver também Richard Pipes, *Struve: Liberal on the Left, 1870-1905* (Cambridge, Harvard University Press, 1970), e o recente Vesa Oittinen, *Marxism, Russia, Philosophy* (Londres, Palgrave, 2020), em especial cap. 3.

[87] Martin Buber afirma: "Seus esforços para fornecer a resposta exata são de uma admirável solidez e precisão. Marx já se ocupara, anteriormente, desse difícil problema e, agora, tornava a aprofundar-se nele com particular intensidade. Vemo-lo, constantemente, traçando uma formulação altamente precisa e rebuscada para, logo a seguir, procurar outra ainda mais exata. Embora não passem de uma série de esboços fragmentários, considero esses estudos o ensaio mais importante que já se escreveu para abarcar, sinteticamente, o tema da comuna rural russa"; Martin Buber, *O socialismo utópico*, cit., p. 116.

[88] "A correspondência entre Vera Ivanovna Zasulitch e Karl Marx", em Karl Marx e Friedrich Engels, *Lutas de classes na Rússia*, cit., p. 103.

Essa espécie de premissa é seguida de reflexões detalhadas e ricas em implicações teóricas sobre a *obshchina* enquanto germe de uma futura sociedade socialista, acompanhadas da análise das possibilidades concretas de que essa sociedade pudesse se tornar realidade.

Na primeira das três versões[89], que foi também a mais longa, Marx analisou o que considerava "o único argumento sério a favor da dissolução fatal da comuna de camponeses russos"[90]. Analisando a história europeia, percebeu a recorrência de uma única e constante mudança: "Remontai às origens das sociedades ocidentais e encontrareis lá em toda parte a propriedade comum do solo; com o progresso social ela desapareceu em toda parte frente à propriedade privada". Por que razão, então, a Rússia deveria se privar da mesma sorte? Marx responde a essa pergunta com o mesmo mote apontado acima: "Só levo em conta esse raciocínio na medida em que ele se baseia nas experiências europeias"[91].

Porém, olhando para a Rússia, Marx afirmou: "Se a produção capitalista estabelecer seu reinado na Rússia, a grande maioria dos camponeses, isto é, do povo russo, deverá ser convertida em assalariados e, em consequência, expropriados pela abolição prévia de sua propriedade comunista. Mas, em todos os casos, o precedente ocidental não provaria absolutamente nada!"[92].

A comuna agrícola também poderia se desintegrar e encerrar sua longa existência – um evento que não podia ser descartado. Todavia, se isso acontecesse, não seria em razão de uma predestinação histórica[93].

Além disso, referindo-se àqueles que, segundo Zasulitch, se declaravam seus seguidores, mas apoiavam a inevitabilidade do advento do capitalismo, Marx comentou, com seu típico sarcasmo: "Os "marxistas" russos de que falais me são desconhecidos. Os russos com os quais tenho relações pessoais [...] têm pontos de vista totalmente opostos"[94].

Essas constantes referências às experiências ocidentais foram acompanhadas de uma observação política de grande valor. Se, no início da década de 1850, no artigo "The Future Results of British Rule in India" [Os resultados futuros da dominação

---

[89] Para uma datação alternativa dos rascunhos à carta a Zasulitch, ver Haruki Wada, "Marx and Revolutionary Russia", em Teodor Shanin (org.), *Late Marx and the Russian Road* (Nova York, MRP Classics, 1983), p. 64-5.

[90] "A correspondência entre Vera Ivanovna Zasulitch e Karl Marx", cit., p. 89.

[91] Ibidem, p. 108.

[92] Ibidem, p. 104.

[93] Ver Teodor Shanin, "Late Marx: Gods and Craftsmen", em *Late Marx and the Russian Road*, cit., p. 16.

[94] "A correspondência entre Vera Ivanovna Zasulitch e Karl Marx", cit., p. 104.

britânica na Índia] (1853), publicado no *New-York Tribune*, Marx afirmou que "a Inglaterra [devia] cumprir na Índia uma dupla missão, uma destruidora, outra regeneradora: aniquilar a velha sociedade asiática e estabelecer os fundamentos materiais da sociedade ocidental na Ásia"[95], em suas reflexões sobre a Rússia a mudança de perspectiva salta à vista.

Já em 1853, ele não nutria nenhuma ilusão sobre as características básicas do capitalismo, plenamente consciente de que a burguesia "nunca deu impulso ao progresso sem arrastar os indivíduos para o sangue e a lama, a miséria e a degradação"[96]. Todavia, estava convencido de que, por meio da troca universal, do desenvolvimento das forças produtivas do homem e da transformação da produção em algo científico, capaz de dominar as forças da natureza, "a indústria e o comércio burgueses [teriam] criado [...] as condições materiais para um novo mundo"[97].

A visão contida nessa afirmação, pela qual Marx foi acusado de eurocentrismo e de orientalismo por aqueles que fizeram leituras circunscritas e, quiçá, superficiais[98] de suas obras, corresponde apenas a uma reflexão parcial e ingênua sobre o colonialismo, elaborada por um jovem jornalista, então com 35 anos. Em 1881, após lustros de estudos teóricos aprofundados, a observação atenta das mudanças ocorridas no cenário político internacional e uma grande quantidade de leituras sumarizadas, o tema da possível transição do capitalismo para formas comunitárias do passado foi considerado de modo totalmente distinto em seus "Cadernos etnológicos". Por exemplo, ao se referir às "Índias Orientais", Marx manifestou convicção de que "todo o mundo – menos *Sir* H[enry] Maine e outras pessoas da mesma laia – sabe que lá a supressão da propriedade comum do solo não passou de um ato de vandalismo inglês, que não impulsionou o povo indiano para frente, mas o empurrou para trás"[99]. Os britânicos só conseguiram "estragar a agricultura local e duplicar tanto a quantidade quanto a intensidade da fome"[100].

---

[95] Idem, "I risultati futuri della dominazione britannica in India", em *Marx Engels Opere*, v. 12 (Roma, Editori Riuniti, 1978), p. 223.

[96] Ibidem, p. 227.

[97] Ibidem, p. 228-9. Marx acrescenta: "o período histórico burguês [...] cria as bases materiais do novo mundo".

[98] Ver, por exemplo, Edward Said, *Orientalismo* (Roma, Feltrinelli, 2008), p. 155-6 [ed. bras.: *Orientalismo*, trad. Rosaura Eichenberg, São Paulo, Companhia de Bolso, 2016]. A esse propósito, ver o livro de Kevin Anderson, *Marx nas margens: nacionalismo, etnia e sociedades não ocidentais* (trad. Allan M. Hillani e Pedro Davoglio), São Paulo, Boitempo, 2019, p. 348.

[99] "A correspondência entre Vera Ivanovna Zasulitch e Karl Marx", cit., p. 108.

[100] Ibidem, p. 112. Nesse aspecto, Marx difere da maior parte de seus seguidores. Partha Chatterjee discutiu muito bem esse ponto em seu livro *The Politics of the Governed: Popular Politics in Most of*

Assim, a *obshchina* russa não estava inevitavelmente destinada a seguir o mesmo desfecho de realidades semelhantes que haviam existido na Europa em séculos anteriores, onde, de forma bastante uniforme, ocorreu a "transição da sociedade fundada sobre a propriedade comum para a sociedade fundada sobre a propriedade privada"[101]. Questionado se, mesmo na Rússia, "a parábola histórica da comuna [deveria] inevitavelmente ter o mesmo destino", Marx, mais uma vez, opôs um curto e grosso "não".

Além de sua recusa teórica cabal em aplicar, de forma esquemática, o mesmo modelo histórico a diferentes contextos, Marx destacou as razões pelas quais a *obshchina* deveria ser analisada com base em suas próprias características exclusivas. Antes de tudo, era preciso destacar que "a expropriação dos agricultores no Ocidente" ocorreu após uma transformação da propriedade privada, que deixou de ser de "particionada dos trabalhadores" para ser "concentrada dos capitalistas". Na Rússia, o processo foi diferente, pois se tratou da "substituição da propriedade comunista pela propriedade capitalista"[102]. Ademais, era preciso ter claro que, "na Europa ocidental a morte da propriedade comum e o nascimento da produção capitalista estão separados um do outro por um intervalo imenso"[103], no decorrer do qual aconteceram mudanças econômicas e revoluções.

Com sua flexibilidade característica, e sem esquematismos, Marx levou em consideração a possível mudança da comuna agrícola. Em sua opinião, a "forma constitutiva" da *obshchina* abria duas possibilidades: "o elemento da propriedade privada prevalecerá sobre o elemento coletivo ou este último prevalecerá sobre o primeiro [...]. Tudo depende do ambiente histórico em que a comuna se encontra localizada"[104] – e o contexto na época não excluía a possibilidade de um desenvolvimento socialista da *obshchina*.

O primeiro ponto destacado por ele concerne à coexistência da comuna agrícola com formas econômicas mais avançadas. Marx observou que a Rússia era "contemporânea de uma cultura superior e encontra-se ligada a um mercado mundial, no qual predomina a produção capitalista. Apropriando-se dos resultados positivos desse modo de produção, ela está, portanto, em condições de desenvolver e transformar

---

the World (Nova York, Columbia University Press, 2004): "Os marxistas, em geral, acreditaram que o domínio do capital sobre a comunidade tradicional era o sinal inevitável do progresso histórico"; ibidem, p. 30.
[101] "A correspondência entre Vera Ivanovna Zasulitch e Karl Marx", cit., p. 111.
[102] Ibidem, p. 103, trad. modif.
[103] Ibidem, p. 104.
[104] Ibidem, p. 93.

a forma ainda arcaica de sua comuna rural em vez de destruí-la"[105]. Os camponeses poderiam "incorporar as conquistas positivas realizadas pelo sistema capitalista sem passar por suas 'forcas caudinas'"[106].

Ademais, como era impossível avançar aos saltos, como sustentavam aqueles que consideravam o capitalismo uma etapa indispensável também para a Rússia, Marx perguntou-lhes ironicamente se também a Rússia, assim "a exemplo do Ocidente", deveria "passar por um longo período de incubação da indústria mecânica" para poder chegar às máquinas, aos navios a vapor e às ferrovias. Perguntou-lhes igualmente como seria possível "introduzir entre eles num piscar de olhos todo o mecanismo de trocas (bancos, sociedades de crédito etc.), cuja produção custou séculos ao Ocidente"[107].

A história da Rússia não poderia refazer, servilmente, todas as etapas que marcaram a história da Inglaterra e de outros países europeus. Portanto, se essa hipótese fosse admitida e considerada a única lógica, a transformação socialista da *obshchina* também poderia se concretizar sem passar necessariamente pelo capitalismo.

Em suma, para Marx, era fundamental avaliar o momento em que essa hipótese era tomada em consideração. A "melhor prova de que o desenvolvimento [socialista] da 'comuna rural' responde à corrente histórica da [...] época [era] a crise fatal" – nesse caso, as esperanças políticas de Marx o levaram a escrever um exagerado "terminal" – "sofrida pela produção capitalista nos países europeus e norte-americanos, onde ela mais avançou"[108].

Na esteira das sugestões tiradas da leitura dos textos de Lewis Morgan, Marx tinha a esperança de que a crise econômica em curso pudesse determinar as condições favoráveis para a eliminação do capitalismo e "o retorno, na sociedade moderna, [de] uma forma superior de um tipo 'arcaico' da propriedade e da produção coletivas"[109].

Com essas palavras, fica claro, mais uma vez, que Marx não pensava de fato no modo "primitivo de produção cooperativa ou coletiva, [que fora] o resultado da fraqueza do indivíduo isolado", mas sim no fruto da "socialização dos meios de produção"[110]. A própria *obshchina*, como ele fez questão de notar, constituía "a forma mais moderna do um tipo arcaico" de propriedade comunista que, por sua vez, havia "atravessado por toda uma série de evoluções"[111].

---

[105] Ibidem, p. 105.
[106] "A correspondência entre Vera Ivanovna Zasulitch e Karl Marx", cit., p. 111.
[107] Ibidem, p. 90.
[108] Ibidem, p. 99.
[109] Ibidem, p. 95, trad. modif.
[110] Ibidem, p. 92.
[111] Ibidem, p. 105.

Esses estudos e as análises consecutivas, e não esquemas abstratos, determinaram a escolha de Marx. As comunas agrícolas russas não se baseavam mais em "relações de consanguinidade entre seus membros", mas representavam um potencial como "primeiro agrupamento social dos homens livres, não vinculados por estreitos laços de sangue"[112].

Marx criticava também o "isolamento" das arcaicas comunas rurais, pois, fechando-se em si mesmas e sem nenhum contato com o mundo exterior, constituíam, do ponto de vista político, a realidade econômica mais propícia ao reacionário regime tsarista: "a falta de ligação entre a vida de cada uma delas, esse microcosmo localizado [...], em toda parte onde se encontra ele sempre faz surgir sobre as comunas um despotismo centralizado"[113].

É evidente que Marx não mudou, de forma geral, seu juízo crítico sobre as comunas rurais na Rússia e que, no curso de sua análise, o desenvolvimento do indivíduo e da produção social manteve seu significado intacto. Ele não se convenceu subitamente de que as comunidades arcaicas representavam para os indivíduos um lugar de emancipação mais evoluído do que as relações existentes no capitalismo. Ambas as sociedades permaneceram profundamente distantes de sua ideia de comunismo. Nos primeiros rascunhos da carta a Zasulitch, não há nenhuma ruptura dramática em relação às suas convicções anteriores, ao contrário do que argumentam alguns estudiosos[114]. Marx não enunciou nenhum princípio teórico com base no qual a Rússia ou outras nações onde o capitalismo ainda era pouco desenvolvido deveriam se tornar o lugar privilegiado para a insurreição revolucionária. Marx não considerava que os países capitalistas mais atrasados estavam mais próximos da meta do comunismo do que aqueles com desenvolvimento produtivo maior. Rebeliões esporádicas ou lutas de resistência não deviam ser confundidas com a instauração

---

[112] Ibidem, p. 109, trad. modif.
[113] Ibidem, p. 105.
[114] Nesse sentido, ver as interpretações de Teodor Shanin, que defende a tese de uma "mudança significativa" relativa à publicação de *O capital* de 1867 ("Late Marx: Gods and Craftsmen", cit., p. 60); de Enrique Dussel, que fala de uma "mudança de rumo" (*L'ultimo Marx*, Roma, Manifestolibri, 2009, p. 230 e 237); e de Tomonaga Tairako, que afirma que Marx "mud[ou] sua perspectiva sobre a revolução global realizada pela classe trabalhadora" ("Marx on Capitalist Globalization", *Hitotsubashi Journal of Social Studies*, v. 35, 2003, p. 12). Vários autores propuseram uma leitura do "Terceiro Mundo" sobre a elaboração do último Marx, com a suposta mudança do sujeito revolucionário, dos operários industriais para as massas do campo e das periferias. Para reflexões sobre esses temas, com diferentes interpretações, ver também as obras de Umberto Melotti, *Marx and the Third World* (Londres, Palgrave, 1977); e Kenzo Mohri, "Marx and 'Underdevelopment'", *Monthly Review*, v. 30, n. 11, 1979, p. 32-42.

de um novo ordenamento econômico e social de base comunista. Além disso, as possibilidades examinadas no caso da Rússia naquele momento particular de sua história, no qual se apresentavam oportunidades favoráveis para uma transformação progressista das comunas agrárias, não podiam ser generalizadas para outros países de capitalismo ainda pouco avançado. Na Argélia ocupada pelos franceses ou na Índia colonizada pelos britânicos não existiam as condições peculiares de desenvolvimento que haviam sido tão bem apresentadas por Tchernichevski. Da mesma forma, a Rússia daquele exato momento histórico não podia ser comparada com o que poderia acontecer com ela no futuro. Os elementos novos que intervieram em relação ao passado dizem respeito, no entanto, a uma abertura teórica cada vez maior em relação a ele, o que permitiu que Marx considerasse outros caminhos possíveis para a transição ao socialismo que ele não havia avaliado anteriormente ou que havia considerado irrealizáveis[115].

No mais, na segunda metade do século XIX, após as reformas lançadas por Alexandre II (1818-1881), as condições da *obshchina* já estavam mudadas e apresentavam muitos aspectos contraditórios[116]:

> Emancipada desses laços fortes, mas restritos, do parentesco natural, a propriedade comum do solo e as relações sociais dela decorrentes garantiram-lhe uma base sólida, ao mesmo tempo que a casa e seu pátio, como domínio exclusivo da família individual, o cultivo parceleiro e a apropriação privada de seus frutos impulsionaram à individualidade, algo incompatível com o organismo das comunidades mais primitivas.[117]

Esse "dualismo" podia "se converter em germe de decomposição" e mostrava que "a comuna carrega dentro de si seus elementos deletérios"[118]. Ou seja, sua sobrevivência não era ameaçada apenas pela "opressão" vinda de fora, como as do Estado que, com uma intervenção legislativa, havia favorecido os "ramos do sistema capitalista

---

[115] A esse propósito, ver o que afirma Marian Sawer em seu excelente livro *Marxism and the Question of the Asiatic Mode of Production* (Haia, Martinus Nijhoff, 1977): "o que aconteceu, em particular na década de 1870, não foi que Marx mudou sua visão sobre o caráter das comunas de aldeia, ou decidiu que elas poderiam ser a base do socialismo assim como eram; ao contrário, ele começou a considerar a possibilidade de que as comunas pudessem ser revolucionadas não pelo capitalismo, mas pelo socialismo. [...] Com a intensificação da comunicação social e a modernização dos métodos de produção, o sistema de aldeias poderia ser incorporado a uma sociedade socialista. Em 1882, isso ainda era, para Marx, uma alternativa genuína à completa desintegração da *obshchina* sob o impacto do capitalismo" (ibidem, p. 67).

[116] Após a reforma emancipadora de 1861, os camponeses puderam adquirir terras, mas apenas pelo pagamento de algumas indenizações sob a forma de impostos.

[117] "A correspondência entre Vera Ivanovna Zasulitch e Karl Marx", cit., p. 110.

[118] Idem.

ocidental [...], sem desenvolver de nenhum modo as capacidades produtivas da agricultura", resultando na criação das condições para "o enriquecimento de um novo parasita capitalista que suga o sangue já tão anêmico da 'comuna rural'"[119].

Marx havia chegado à conclusão de que a alternativa proposta pelos populistas russos era viável e afirmou que, "falando em termos teóricos",

> a "comuna rural" russa pode, portanto, conservar-se, desenvolvendo sua base, a propriedade comum da terra, e eliminando o princípio da propriedade privada, igualmente implicado nela; ela pode tornar-se um ponto de partida direto do sistema econômico para o qual tende a sociedade moderna; ela pode trocar de pele sem precisar se suicidar; ela pode se apropriar dos frutos com que a produção capitalista enriqueceu a humanidade sem passar pelo regime capitalista.[120]

Todavia, essa hipótese, para se realizar, tinha de "descer da teoria pura à realidade russa"[121]. Para isso, Marx fez um esforço de pesquisa sobre as "possibilidades de evolução"[122] da *obshchina*, observando que, naquele preciso momento histórico, ela estava

> numa situação única, sem precedente na história. Na Europa, somente ela ainda possui uma forma orgânica, predominante na vida rural de um império imenso. A propriedade comum do solo lhe oferece a base natural da apropriação coletiva, ao passo que seu ambiente histórico, a contemporaneidade com a produção capitalista, oferece-lhe já prontas todas as condições materiais do trabalho cooperativo, organizado em larga escala. Ela pode, portanto, incorporar as conquistas positivas realizadas pelo sistema capitalista, [...] substituindo gradualmente a agricultura parceleira pela agricultura combinada com o auxílio de máquinas, [...] poderá tornar-se o ponto de partida direto do sistema econômico para o qual tende a sociedade moderna e trocar de pele sem precisar antes cometer suicídio.[123]

O que Marx aponta, portanto, é muito semelhante ao que Tchernichevski havia escrito no passado[124]. Essa alternativa era possível e certamente mais adequada, no que diz respeito ao contexto socioeconômico da Rússia, do que o sistema de

---

[119] Ibidem, p. 97.
[120] Ibidem, p. 96.
[121] Idem.
[122] Ibidem, p. 111.
[123] Ibidem, p. 111-2.
[124] Ver Franco Venturi, "Introduzione", cit., p. xli: "Marx, ao final, acabou por aceitar as ideias de Tchernichevski". A mesma opinião foi emitida por Andrzej Walicki: "O raciocínio de Marx é muito semelhante àquele desenvolvido por Tchernichevski em sua 'Crítica dos preconceitos filosóficos contra a propriedade comunitária da terra'". Walicki afirmou que, se os populistas tivessem lido os manuscritos preparatórios da carta para Zasulitch, eles o "teriam considerado uma notável, inestimável, justificativa de suas esperanças"; *Controversy Over Capitalism*, cit., p. 189.

"arrendamento capitalizado ao modo inglês"[125]. No entanto, ele só poderia sobreviver se "o trabalho coletivo [...] suplantar [...] o trabalho parceleiro – fonte da apropriação privada". Para que isso acontecesse, eram "necessárias duas coisas: a necessidade econômica de tal transformação e as condições materiais para efetivá-la"[126]. A simultaneidade histórica da comuna agrícola russa com o capitalismo na Europa oferecia à primeira "todas as condições do trabalho coletivo"[127] e a familiaridade dos camponeses com o *artel*[128] facilitaria a transição para o "trabalho cooperativo"[129].

Quanto à separação das várias comunas, que facilitava, no plano político, o caráter despótico da Rússia, era "um obstáculo muito fácil de eliminar", pois, segundo Marx, se podia "substituir a *volost*[130], a instância governamental, por uma assembleia de camponeses eleitos pelas próprias comunas e servindo de órgão econômico e administrativo dos seus interesses"[131].

A vontade política e a coincidência favorável dos tempos históricos constituíam, portanto, os elementos fundamentais da salvação da *obshchina*, garantindo tanto sua sobrevivência quanto sua radical transformação. Em outras palavras, não obstante a aproximação do capitalismo com suas profundas convulsões, a transformação em sentido socialista de uma forma arcaica de comunidade como a *obshchina* ainda era possível:

> Aqui não se trata mais de um problema a resolver; trata-se pura e simplesmente de um inimigo. Para salvar a comuna russa é preciso que haja uma revolução russa. [...] Se a revolução acontecer em tempo oportuno, se ela concentrar todas as suas forças para assegurar o livre crescimento da comuna rural, ela logo se desenvolverá como elemento regenerador da sociedade russa e como elemento de superioridade frente aos países submetidos ao regime capitalista.[132]

Marx voltou às mesmas questões no ano seguinte. Em janeiro de 1882, no "Prefácio" à nova edição russa do *Manifesto Comunista*, escrito em parceria com Engels, o destino da comuna rural russa foi colocado ao lado daquele das lutas proletárias dos países europeus. De fato, os autores sustentam que:

---

[125] "A correspondência entre Vera Ivanovna Zasulitch e Karl Marx", cit., p. 100.
[126] Ibidem, p. 98.
[127] Ibidem, p. 99.
[128] Forma coletiva de associação cooperativa de origem tártara, baseada no vínculo da comunidade de sangue, na qual se aplica a responsabilidade conjunta dos membros perante o Estado e terceiros. Ver Pier Paolo Poggio, *L'Obščina*, cit., p. 119.
[129] "A correspondência entre Vera Ivanovna Zasulitch e Karl Marx", cit., p. 94.
[130] Tradicional subdivisão administrativa existente na Rússia e na Europa oriental.
[131] "A correspondência entre Vera Ivanovna Zasulitch e Karl Marx", cit., p. 95.
[132] Ibidem, p. 102.

na Rússia vemos que, ao lado do florescimento acelerado da velhacaria capitalista e da propriedade burguesa, que começa a desenvolver-se, mais da metade das terras é possuída em comum pelos camponeses. O problema agora é: poderia *obshchina* russa – forma já muito deteriorada da antiga posse em comum da terra – transformar-se diretamente na propriedade comunista? Ou, ao contrário, deveria primeiramente passar pelo mesmo processo de dissolução que constitui a evolução histórica do Ocidente?

Hoje em dia, a única resposta possível é a seguinte: se a revolução russa constituir-se no sinal para a revolução proletária no Ocidente, de modo que uma complemente a outra, a atual propriedade comum da terra na Rússia poderá servir de ponto de partida para uma evolução comunista.[133]

A tese de fundo que Marx expressara com frequência também no passado não havia mudado. Ao mesmo tempo, ele relacionava suas ideias ao contexto histórico e aos diferentes cenários políticos que este poderia revelar[134]. Esse curto prefácio de Marx e Engels foi imediatamente publicado no jornal *Narodnaya Volya* [Vontade do Povo] acompanhado de uma nota triunfante, na qual se afirmava que os membros da redação estavam "particularmente satisfeitos em sublinhar as palavras finais" do texto, pois viam nelas "a confirmação de uma das teses fundamentais do *Narodnaya Volya*"[135].

Quanto à resposta a Zasulitch, Marx resolveu enviá-la, em 8 de março de 1881, depois de muita reflexão e muito escrever. Embora tivesse preparado várias versões das cartas, todas tão longas e amplamente fundamentadas que lhe tomaram muito tempo e energia, ele decidiu enviar uma resposta bastante curta, na qual se desculpou por não poder satisfazer a solicitação que lhe fora dirigida, a de fornecer "uma explanação sucinta, destinada ao público"[136]. Acrescentou ainda que já havia se comprometido

---

[133] Karl Marx e Friedrich Engels, "Prefácio à edição russa de 1882", em *Manifesto Comunista* (trad. Álvaro Pina e Ivana Jinkings, 1. ed. rev., São Paulo, Boitempo, 2010), p. 73.

[134] Segundo Andrzej Walicki, o breve texto de 1882 "reafirmou a tese de que as possibilidades do socialismo são melhores nos países mais desenvolvidos, mas, ao mesmo tempo, admitiu que o desenvolvimento econômico dos países atrasados pode ser modificado, de maneira decisiva, pela influência da situação internacional"; *Controversy Over Capitalism*, cit., p. 180.

[135] *Narodnaya Volya*, 5 de fevereiro de 1882, reimpresso em *Literatura partii Narodnoj Voli* (Paris, Société Nouvelle de Librairie et d'Édition, 1905), p. 558.

[136] Karl Marx, "Carta de Karl Marx a Vera Ivanovna Zasulitch", em *O capital*, cit., p. 849. David Riazanov, que descobriu e publicou os rascunhos preliminares da carta de Marx a Zasulitch, afirmou que Marx não foi capaz de responder à carta como queria, pois sua capacidade de trabalho estava reduzida (ver "Vera Zasulič und Karl Marx. Zur Einführung", *Marx-Engels Archiv*, v. 1, 1926, p. 309-14). Maximilien Rubel partilha da mesma opinião em seu livro *Marx critico del marxismo* (Bolonha, Cappelli, 1981), p. 214: "podemos pensar que foi a doença que o impediu de ir mais longe". Parece mais convincente a afirmação de Pier Paolo Poggio, segundo a qual, na realidade,

a discorrer sobre no assunto – sem, no entanto, cumprir com o combinado – com o Comitê de São Petersburgo da organização populista Narodnaya Volya[137].

Contudo, em "algumas linhas", Marx tentou eliminar "qualquer dúvida" de Zasulitch "sobre o mal-entendido acerca de [sua] assim chamada teoria"[138]. Como argumento, Marx fez referência à citação sobre a "expropriação dos agricultores" presente na edição francesa de *O capital* – a mesma que ele inseriu no rascunho da carta destinada ao conselho editorial da *Otechestvennye Zapiski* – e reiterou que sua análise "está *expressamente* restrita aos *países da Europa Ocidental*", nos quais se verificou "a *transformação de uma forma de propriedade privada numa outra forma de propriedade privada*. Já no caso dos camponeses russos, ao contrário, seria preciso *transformar sua propriedade comunal* [*propriété commune*] *em propriedade privada*"[139]. Foi esta a conclusão de seu raciocínio:

> a análise apresentada n'*O capital* não oferece razões nem a favor nem contra a vitalidade da comuna rural, mas o estudo especial que fiz dessa questão, sobre a qual busquei os materiais em suas fontes originais, convenceu-me de que essa comuna é a alavanca [*point d'appui*] da regeneração social da Rússia; mas, para que ela possa funcionar como tal, seria necessário, primeiramente, eliminar as influências deletérias que a assaltam de todos os lados e, então, assegurar-lhe as condições normais de um desenvolvimento espontâneo.[140]

Dessa forma, Marx assumiu uma posição dialética, que o levou a não excluir que o desenvolvimento de um novo sistema econômico, baseado na associação dos produtores, pudesse se realizar apenas por meio de determinadas e obrigatórias etapas. No entanto, negou a necessidade histórica do desenvolvimento do modo de produção capitalista em qualquer canto do mundo.

Na versão final enviada a Zasulitch, Marx incluiu considerações significativamente mais concisas e adotou um tom mais cauteloso do que nos textos preparatórios. Isso demonstraria que ele sentia que havia tratado de modo muito superficial de uma questão muito complexa, e algumas incertezas teóricas continuavam a assombrá-lo. Na resposta à revolucionária russa, Marx afirmou, logo no início: "Uma doença nervosa que me acomete periodicamente nos últimos dez anos impossibilitou-me de responder mais cedo à vossa carta [e] fornecer-vos uma explanação sucinta [...] da

---

Marx hesitou "em assumir uma posição cabal sobre uma questão explosiva tanto por suas implicações políticas quanto teóricas"; *L'Obščina: comune contadina e rivoluzione in Russia*, cit., p. 157.

[137] Marx estava se referindo ao executivo dessa organização secreta de populistas, fundada em 1879, a partir da divisão da Zemlya i Volya [Terra e Liberdade], que havia optado pela luta "terrorista".

[138] "Carta de Karl Marx a Vera Ivanovna Zasulitch", em *O capital*, cit., p. 849.

[139] Ibidem, p. 850.

[140] Idem.

indagação [...]"[141]. Na verdade, os muitos rascunhos escritos por Marx antes da versão final indicam que ele dedicou muito tempo à questão levantada por Zasulitch, sem conseguir resolvê-la de maneira que o satisfizesse[142]. Aqueles que não compartilhavam do conteúdo de suas reflexões posteriores tentaram reduzir o alcance dessas versões e as avaliaram como fragmentos insignificantes de um velho cujas capacidades teóricas estavam declinando[143]. Por outro lado, para aqueles que concordavam com suas teses, essas reflexões se tornaram o testamento intelectual de Marx e assumiram um valor ainda maior do que os textos que ele completou e imprimiu. Na realidade, a resposta a Zasulitch confirma a maneira de trabalhar habitual de Marx. No processo de elaboração de suas teorias, ele tinha o costume de percorrer um longo caminho, marcado por uma grande quantidade de pesquisas, a partir da formulação de hipóteses iniciais, que eram inevitavelmente seguidas de dúvidas e autocríticas sobre a sua validade. Esgotada essa fase, Marx chegava a novas teses que, por sua vez, exigiam mais estudos. Os escritos da última parte de sua vida não fogem a esse padrão e, portanto, não só não têm menos valor que os anteriores como não são o ponto final de sua concepção. Contudo, eles nos permitem compreender um ponto-chave que Marx havia alcançado: as hipóteses sobre o possível curso da história não deveriam ser concebidas com base em leis abstratas, mas ser sempre relacionadas aos diferentes contextos existentes.

As considerações desenvolvidas por Marx, com riqueza de argumentos, sobre o futuro da *obshchina*, estão muito distantes da equivalência entre socialismo e forças produtivas que se afirmou, com acentos nacionalistas e simpatias colonialistas, na Segunda Internacional e nos partidos social-democratas. Essa equivalência era também muito distinta de um suposto "método científico" de análise social bastante preponderante no movimento comunista internacional do século XX.

Engels também tem culpa nessa aceitação passiva do curso da história. Em mais de um escrito, discurso ou carta da parte final de sua vida, encontramos uma posição semelhante à que expressou em carta dirigida a Nikolai Danielson em 24 de

---

[141] Ibidem, p. 849.
[142] Ver David Riazanov, "The Discovery of the Drafts", em Teodor Shanin (org.), *Late Marx and the Russian Road*, cit., p. 129. Andrzej Walicki observou corretamente que, na carta a Zasulitch, "o possível papel da comuna camponesa como principal mola da regeneração social da Rússia foi, sem dúvida, superestimado". Porém, ele afirmou que, nos esboços preparatórios redigidos por Marx, havia "muitas observações agudas que desafiavam o método oitocentista de interpretar a mudança social nos termos de um processo 'natural' predeterminado"; *Controversy Over Capitalism*, cit., p. 194.
[143] Zasulitch e Plekhanov chegaram a esconder a carta escrita por Marx, nesse caso, por razões políticas óbvias. Esse documento foi publicado apenas em 1924, mais de quarenta anos depois de sua redação.

fevereiro de 1893: "O processo de substituição de cerca de 500 mil proprietários de terras e cerca de 80 milhões de camponeses por uma nova classe de burgueses proprietários de terras só pode ser realizado com sofrimento e convulsões terríveis". E acrescentou ainda:

> a história é a mais cruel de todas as deusas, e conduz seu carro triunfal sobre pilhas de cadáveres, não apenas na guerra, mas também no desenvolvimento econômico "pacífico". E nós, homens e mulheres, infelizmente somos tão estúpidos que nunca temos coragem para realizar um progresso real, a menos que sejamos impelidos por sofrimentos que parecem quase desproporcionais.[144]

As dúvidas de Marx são substituídas pela convicção de que, mesmo numa nação como a Rússia, o capitalismo representava uma etapa inelutável para o desenvolvimento econômico[145].

9.4. Juízo sobre o movimento populista

Nesse período, Marx também fez avaliações sobre as várias tendências revolucionárias existentes na Rússia naquela época, voltando sua atenção para os populistas. Por estes manifestou apreço, dada a concretude de sua ação política, e porque, em sua opinião, não recorriam a tons ultrarrevolucionários inúteis nem a generalizações contraproducentes ao divulgar suas ideias políticas.

O panorama político da época caracterizava-se por três posições distintas. A divergência entre elas dava-se em função das diferentes respostas dos revolucionários à controversa questão da relação entre a esfera política e a esfera econômica, e qual das duas prevalecia. Aqueles que defendiam que, pela esfera política, todo tipo de transformação econômica poderia ser imposta compartilhavam das posições neoblanquistas de Tkachev ou das anarquistas de Bakunin. O primeiro movimento revolucionário russo, surgido nos anos 1870, foi o Zemlya i Volya [Terra e Liberdade]. A ideia fundamental desse movimento era que o socialismo podia se realizar mesmo onde a sociedade burguesa não estava plenamente desenvolvida[146]. Essa organização se dis-

---

[144] "Engels to Nikolai Danielson, 24 February 1893", em Karl Marx e Friedrich Engels, *Collected Works*, v. 50 (Londres, Lawrence and Wishart, 2001), p. 112; *Werke*, v. 39 (Berlim, Dietz, 1968), p. 38.

[145] Segundo Franco Venturi, "com o grande impulso da industrialização, no final do século XIX, as dúvidas de Marx pareciam, naquele momento, desaparecer no passado, ao passo que se afirmava uma nova e rígida visão do desenvolvimento burguês"; "Introduzione", cit., p. xliv.

[146] Franco Venturi observou que os militantes do Zemlya i Volya "não compartilhavam das opiniões de Marx sobre as classes trabalhadoras, embora admitissem as linhas gerais de sua análise do de-

solveu em 1879 e dela nasceram duas novas correntes. A Cernyi Peredel [Repartição Negra] teve um papel secundário e recrutou aqueles que rejeitavam a possibilidade de que houvesse uma transformação nas relações econômicas unicamente por uma revolução na esfera política. Seu nome derivava da proposta de repartir a terra entre os camponeses (o adjetivo "*cernyi*" tinha, na verdade, o significado de "universal"). Entre seus principais dirigentes estavam Vera Zasulitch e Georgi Plekhanov (1856-1918), que foi um dos primeiros "marxistas" russos e, tendo chegado a uma visão gradualista da revolução, acabou aceitando que, como não havia perspectiva de início imediato da revolução, só restava aguardar o desenvolvimento do capitalismo[147]. Já o Zemlya i Volya tinha uma posição mais articulada[148]. No artigo "A revolução política e a questão econômica" (1881), assinado por Doroshenko, pseudônimo de Nikolai Ivanovich Kibalchich (1853-1881), o autor afirma que "nem [...] as instituições políticas livres podem ser mantidas sem alguma preparação histórica na esfera econômica"[149]. Igualmente flexível foi sua posição sobre o papel da subjetividade revolucionária: "À primeira vista, a impressão é que a revolução virá da cidade, não do campo. Mas, uma vez alcançado o objetivo na cidade, isso erguerá a bandeira da revolta para milhões de camponeses famintos"[150]. Ou seja, os militantes do Zemlya i Volya acreditavam ser possível uma revolta social de monta na Rússia, mas que, para isso, era preciso saber identificar o momento certo e aproveitar as oportunidades que surgiriam. No segundo número da revista *Narodnaya Volya*, encontra-se a emblemática afirmação de que, se os revolucionários soubessem "aproveitar este momento, eles poderiam entregar o poder ao povo e impedir que o tsar o entregasse à burguesia. Mas não havia tempo a perder [...]. 'Agora ou nunca'; esse é o nosso dilema"[151]. Enfim, Marx estudou

---

senvolvimento da sociedade burguesa. E eles não acreditavam num socialismo que viria a existir quando o desenvolvimento capitalista chegasse ao fim"; *Roots of Revolution*, cit., p. 622.

[147] Ver Franco Venturi, *Roots of Revolution*, cit. "[Para Plekhanov] tudo o que restava era se dedicar inteiramente a uma tarefa organizativa [e] se preparar para uma lenta evolução em que o socialismo era o ponto de chegada, não mais o elemento econômico da convulsão imediata" (ibidem, p. 633-4). A esse respeito, ver também Samuel H. Baron, "Lo sviluppo del capitalismo in Russia nel pensiero di Plechanov", em Istituto Giangiacomo Feltrinelli (org.), *Storia del marxismo contemporaneo* (Milão, Feltrinelli, 1974), p. 426-50.

[148] A revolucionária Vera Figner (1852-1942) afirmou que o nome da velha organização Zemlya i Volya foi partilhado entre os dois movimentos nascidos de suas cinzas: a Repartição Negra (Cernyi Peredel) tomou para si a palavra "terra" e a Vontade do Povo (Narodnaya Volya), a palavra "liberdade", pois a palavra "*volya*" significava tanto vontade quanto liberdade; ver Andrzej Walicki, *Controversy Over Capitalism*, cit., p. 103.

[149] Ver Franco Venturi, *Roots of Revolution*, cit., p. 649.

[150] Ibidem, p. 681.

[151] Ibidem, p. 671.

atentamente o caso russo, inclusive para refletir sobre a questão – fundamental para os revolucionários que viriam depois dele – relativa ao peso dos fatores subjetivos e objetivos no processo histórico.

Numa carta do fim de 1880 a Friedrich Sorge, Marx expressou sua opinião sobre algumas organizações socialistas, mostrando que não era de modo algum influenciado por vínculos pessoais com os militantes, e menos ainda pelos juramentos de fidelidade às suas teorias. Descreveu assim as forças em campo: "de um lado, estão os críticos (principalmente jovens universitários e alguns poucos publicistas, parte deles ligados a mim por vínculos de amizade pessoal) e, de outro, o comitê central terrorista", ou seja, os populistas do Narodnaya Volya. Marx disse a Sorge que o caráter pragmático dessa organização, que ele avaliava favoravelmente, havia irritado os ativistas do primeiro grupo, os militantes do Cernyi Peredel – entre os quais também estavam Vera Zasulitch e Georgi Plekhanov –, tachados por Marx de "anarquistas"[152].

Desse bloco, formado principalmente por gente que deixou a Rússia por opção pessoal, ele comentou ironicamente:

> eles [...] constituem, ao contrário dos terroristas que arriscam a própria vida, o chamado partido de propaganda (para fazer propaganda na Rússia eles se mudam para Genebra: que *quid pro quo*). Esses senhores se opõem a qualquer ação política revolucionária. A Rússia deveria saltar para o milênio anarquista-comunista-ateu com uma cambalhota! Enquanto isso, preparam esse salto com um doutrinarismo maçante.[153]

Numa carta a sua filha Laura, datada de abril de 1881, ele estigmatiza novamente a atitude desses intelectuais que se mudaram para a Suíça: "os refugiados russos em Genebra [...] não passam de uns doutrinadores, uns socialistas anárquicos confusos, e sua influência no 'teatro de guerra' russo é zero".

Finalmente, comentando com sua outra filha, Jenny, os julgamentos contra os terroristas de São Petersburgo, cuja posição política e método de propaganda ele aprovava, acrescentou:

> são boas pessoas, sem poses melodramáticas, simples, realistas, heroicas. Gritar e fazer são opostos irreconciliáveis. O Comitê Executivo de São Petersburgo[154], que age sempre com tanto vigor, publica manifestos de requintada "moderação". Está muito distante [daqueles] que pregam o tiranicídio como "teoria" e "panaceia" [...]. Pelo contrário, eles se

---

[152] "Karl Marx a Friedrich Sorge, 5 novembre 1880", em Karl Marx e Friedrich Engels, *Lettere 1880- -1883 (marzo)* (Milão, Lotta Comunista, 2008), p. 35.

[153] Idem.

[154] Marx se referia à organização populista Narodnaya Volya.

esforçam para ensinar à Europa que seu modo de agir é especificamente russo, um modo de agir historicamente inevitável sobre o qual não se pode moralizar – a favor ou contra.[155]

As avaliações de Marx sobre a plausibilidade do desenvolvimento do socialismo na Rússia, portanto, não se baseavam apenas na situação econômica daquele país. Em 1881, o contato com os populistas russos, como havia acontecido uma década antes com os *communards* parisienses, ajudou-o a desenvolver uma nova convicção: além da possível sucessão de modos de produção ao longo da história, a irrupção de acontecimentos revolucionários e as subjetividades que os determinam têm de ser avaliados com mais flexibilidade. Foi, de fato, o início de um verdadeiro internacionalismo em escala global, e não mais somente europeu[156].

Poucos meses antes de sua morte, Marx retomou o estudo dos principais textos dedicados às mudanças sociais e políticas que continuavam a acontecer na Rússia, a fim de atualizar seus conhecimentos. Como mostra um de seus últimos cadernos de excertos[157], no outono de 1882 ele voltou a se ocupar com as dinâmicas que estavam transformando a economia russa. Esse caderno contém também a lista "Russo em minhas estantes", provavelmente já parcialmente compilada em 1881, ou seja, uma lista das publicações disponíveis nessa língua na biblioteca pessoal de Marx. Tal lista sugeria sua intenção de retornar ao assunto, caso tivesse tido forças e tempo.

Em particular, Marx estudou algumas obras recém-publicadas nas quais eram analisadas as novas relações socioeconômicas que surgiram na Rússia após a reforma agrária

---

[155] "Karl Marx a Jenny Longuet, 11 aprile 1881", em Karl Marx e Friedrich Engels, *Lettere 1880-1883 (marzo)*, cit., p. 68. Sobre as simpatias populistas de Marx, ver também o testemunho de Nikolai Morozov (1854-1946), que conta uma conversa que teve com Marx, em dezembro de 1880, na qual este se declarou "muito interessado [...] nas realizações da Narodnaya Volya [e] disse que a luta [dessa organização] contra a autocracia parecia-lhe uma espécie de conto de fadas, uma história tirada de um livro de fantasias". Ver "Nikolai Morozov", em Hans Magnus Enzensberger (org.), *Gespräche mit Marx und Engels*, cit., p. 424.

[156] No livro *Le repliche della storia: Karl Marx tra la Rivoluzione francese e la critica della politica* (Turim, Bollati Boringhieri, 1989), Bruno Bongiovanni nos convida a não "subestimar a importância da política internacional ao fornecer uma interpretação do itinerário intelectual de Marx [...] diante da Rússia". Em sua opinião, "com base em todos os escritos de Marx", pode-se deduzir que ele desenvolveu uma convicção sobre a sucessão de eventos nesta ordem: "guerra contra a Rússia, derrota militar da Rússia, revolução russa (não socialista, mas jacobina), ausência (temporária ou permanente?) do *gendarme* reacionário da Europa, transformação socialista na Europa [...], retorno da revolução à Rússia, onde, então e somente então, a *obshchina* poderia ser usada na transição socialismo" (ibidem, p. 201-2). Todavia, o que Bongiovanni define como "a mecânica do desenvolvimento da revolução" perde muita força nas reflexões do último Marx. A revolução não começaria necessariamente na Europa e alcançaria a Rússia apenas no "segundo *round*" (ibidem, p. 212).

[157] Ver International Institute of Social History, *Marx-Engels Papers*, B 167.

de 1861, pela qual foi abolida a servidão. Entre os livros que resumiu constavam *Os camponeses na época da imperatriz Catarina II* (1881), de Vasili Semevski (1848-1916); *O artel na Rússia* (1881), de Andrei Isaev (1851-1924); *A propriedade comunal rural na província de Arcanjo* (1882), de Gerard Mineiko (1832-1888); e, do economista e sociólogo Vasili Vorontsov (1847-1918), *O destino do capitalismo na Rússia* (1882), uma interessante coletânea de artigos publicados a partir de 1879 na *Otechestvennye Zapiski*. Vorontsov foi um dos primeiros estudiosos russos a perceber a importância da obra de Marx e, graças à leitura de *O capital*, distanciou-se da crítica de Mikhailovsky sobre a divisão do trabalho[158]. Também tratou da *vexata quaestio* da relação entre atraso e socialismo e, em seu livro, declarou que a indústria russa poderia utilizar "todas as formas criadas no Ocidente e, por isso, desenvolver-se muito rapidamente, sem atravessar, a passo de caracol, todos os estágios de desenvolvimento". Vorontsov optou, portanto, pela tese do assim chamado "privilégio do atraso". Afirmou que as nações que "chegassem por último na arena da história" se beneficiariam da experiência "acumulada pelos outros países" e, portanto, não seriam obrigadas a "se esforçar para alcançar [...] instintivamente o que outros já haviam alcançado". Elas poderiam fazer isso "conscientemente; não tateando no escuro, mas sabendo o que [tinha] de ser evitado"[159].

Além desses volumes datados dos primeiros anos da década de 1880, Marx estudou os livros *A questão camponesa na época de Alexandre II* (1862), de Aleksandr Skrebickij (1827-1915), e *Na periferia e na capital* (1870), de Fedor Elenev (1828--1902), que assinou sua obra com o pseudônimo de Skaldin. Ademais, voltou a ler as *Cartas sem endereço*, de Nikolai Tchernichevski, que, embora tivessem sido escritas em 1862, em virtude da censura na Rússia só foram publicadas em 1874, em Londres, graças à iniciativa de Pyotr Lavrov[160].

Paralelamente a todas essas leituras, o trabalho mais significativo de Marx sobre a Rússia foi a redação, entre o fim de 1881 e outubro de 1882, de um manuscrito

---

[158] " [...] também devido ao seu costume de se referir a Marx, com quem aprendera muito, [para Vorontsov] a 'socialização do trabalho' era um sinal de progresso e uma necessidade para o desenvolvimento econômico"; Andrzej Walicki, *Controversy Over Capitalism*, cit., p. 106.

[159] Vasily Vorontsov, *Sud'by kapitalizma v Rossii* [O destino do capitalismo na Rússia] (São Petersburgo, 1882), p. 13-14; citado em Andrzej Walicki, *Controversy Over Capitalism*, cit., p. 1.115-6. Deve-se notar que essas citações não foram incluídas nas páginas que Marx separou ou sublinhou; ver Karl Marx e Friedrich Engels, *Die Bibliotheken von Karl Marx und Friedrich Engels*, MEGA², v. IV/32, cit., p. 667. Para uma crítica dos limites da concepção de Vorontsov, ver Rosa Luxemburgo, *The Accumulation of Capital* (Londres, Routledge, 2014), p. 276-83 [ed. bras.: *A acumulação do capital*, trad. Luiz Alberto Moniz Bandeira, Rio de Janeiro, Civilização Brasileira, 2021].

[160] Para mais informações sobre o uso dessas obras por parte de Marx, ver Karl Marx e Friedrich Engels, *Die Bibliotheken von Karl Marx und Friedrich Engels*, MEGA², v. IV/32, cit., p. 597, 343, 463, 667, 603-4, 245-6, 186.

intitulado "Notas sobre a reforma de 1861 e o que daí se desdobrou na Rússia"[161]. O conjunto dessas páginas sobre a repercussão da abolição da servidão foi fortemente inspirado no artigo "Sketches of Our Post-Reform Social Economy" [Esboços de nossa economia social após a reforma], de Nikolai Danielson, do qual foram extraídas muitas informações. Ao redigir suas notas, Marx usou vários outros escritos e inúmeras publicações oficiais, inclusive estatísticas e dados econômicos. As quatro partes que dividem o artigo: I. Preparativos para a Reforma; II. Três períodos de trabalho das comissões de redação; III. Zemstvo; e IV. Rússia, mostram alguns dos principais temas que interessavam a Marx. As transformações ocorridas na Rússia continuaram a fasciná-lo enquanto ele teve energia suficiente para se dedicar à pesquisa.

Naquela época, alguns artigos publicados em São Petersburgo relatavam "a grande fortuna de [suas] teorias naquele país". Ele se alegrava vivamente. Como disse à sua filha Laura: "Em nenhum outro lugar meu sucesso me dá mais prazer. Dá-me a satisfação de abalar um poder que, juntamente com a Inglaterra, é o verdadeiro baluarte da velha sociedade"[162].

A concepção multilinear de Marx, alcançada no período de sua plena maturidade intelectual, obrigou-o a prestar ainda mais atenção às especificidades históricas e ao desenvolvimento desigual das condições políticas e econômicas entre países e contextos sociais diferentes. Essa abordagem certamente contribuiu para aumentar a dificuldade, no já acidentado percurso, para terminar os livros restantes de *O capital*.

No entanto, Marx não mudou o perfil da sociedade comunista que traçou, sem jamais cair no utopismo abstrato, a partir dos *Grundrisse*[163]. Guiado pela dúvida[164] e pela hostilidade aos esquematismos do passado e aos novos dogmatismos que estavam nascendo em seu nome, considerou possível a eclosão da revolução em condições e formas nunca antes consideradas.

O futuro estava nas mãos da classe trabalhadora e de sua capacidade de provocar profundas convulsões sociais, por suas próprias organizações e com suas próprias lutas.

---

[161] Karl Marx, "Notas sobre a reforma de 1861 e o que daí se desdobrou na Rússia", em *Últimos escritos econômicos* (trad. Hyury Pinheiro, São Paulo, Boitempo, 2020), p. 97-126.

[162] "Karl Marx a Laura Lafargue, 14 dicembre 1882", em Karl Marx e Friedrich Engels, *Lettere 1880--1883 (marzo)*, cit., p. 311.

[163] Com razão, ainda que com um exagerado "irreversivelmente", Bongiovanni afirma que "a *Gemeinschaft* [comunidade], em última instância, não pode se transformar milagrosamente em socialismo sem a presença, esta, sim, irreversivelmente emancipadora, da *Gesellschaft* [sociedade]"; Bruno Bongiovanni, *Le repliche della storia*, cit., p. 189.

[164] Marx foi fiel toda a sua vida ao lema: "*de omnibus dubitandum*" ["tudo deve ser questionado"]; ver Karl Marx, "Confessioni", em *Marx Engels Opere*, v. 42, cit., p. 595.

10
A ODISSEIA DA PUBLICAÇÃO DOS ESCRITOS DE MARX E AS NOVAS DESCOBERTAS DA MEGA²

10.1. A incompletude de Marx e a sistematização do marxismo

Poucos homens abalaram o mundo como Karl Marx. À sua morte seguiu-se imediatamente, com uma velocidade poucas vezes vista na história, o eco da fama. Muito cedo, o nome de Marx estava na boca dos trabalhadores de Detroit e Chicago, assim como dos primeiros socialistas indianos, em Calcutá. Sua imagem foi o pano de fundo do congresso dos bolcheviques, em Moscou, logo após a revolução. Seu pensamento inspirou programas e estatutos de todas as organizações políticas e sindicais do movimento operário, do conjunto da Europa até Xangai. Suas ideias viraram de ponta-cabeça a economia, a política, a filosofia e a história.

Mesmo assim, em que pese a afirmação de suas teorias, transformadas ao longo do século XX em ideologia dominante e doutrina de Estado por uma parte significativa da humanidade, e malgrado a enorme difusão de seus escritos, até os dias de hoje suas obras não receberam uma edição integral e científica. A razão principal dessa particularíssima condição reside em seu caráter de incompletude. Excluindo-se os artigos jornalísticos, publicados por quinze anos, entre 1848-1862 – grande parte deles destinados ao *New-York Tribune*, à época um dos maiores jornais do mundo –, os trabalhos publicados foram relativamente poucos, se comparados aos tantos apenas parcialmente realizados e à imponente quantidade de pesquisas desenvolvidas. Emblematicamente, em 1881, quando questionado por Karl Kautsky sobre a possibilidade de publicar uma edição completa de suas obras, Marx respondeu: "antes de tudo, é preciso que essas obras sejam escritas"[1].

---

[1] Karl Kautsky, "Mein Erster Aufenthalt in London", em Benedikt Kautsky (org.), *Friedrich Engels' Briefwechsel mit Karl Kautsky* (Viena, Danubia, 1955), p. 32.

Marx deixou um volume muito maior de manuscritos que não vieram à luz do que publicados. Ao contrário do que geralmente se pensa, sua obra é fragmentária, e uma das características de *O capital* é a incompletude. O método extremamente rigoroso e a autocrítica impiedosa, que aumentaram as dificuldades a serem ultrapassadas para se levar a cabo muitos dos trabalhos empreendidos; as condições de profunda miséria e o estado de saúde permanentemente debilitado, que se impuseram por toda sua vida; a inextinguível paixão pelo conhecimento, que sempre o levava a novos estudos, tudo isso fez justamente da incompletude a fiel companheira de toda a produção de Marx, bem como condenou sua própria existência. No entanto, seus incessantes esforços intelectuais se mostraram brilhantes e frutíferos, repletos de extraordinárias consequências teóricas e políticas, ainda que apenas uma pequena parte do colossal plano de sua obra tenha sido concluída[2].

Após a morte de Marx, ocorrida em 1883, foi Friedrich Engels o primeiro a se dedicar à dificílima empresa, dadas a dispersividade dos materiais, a obscuridade da linguagem e a ilegibilidade da grafia, de publicar o legado do amigo. Seu trabalho se concentrou na reconstrução e seleção dos originais, na publicação dos textos inéditos ou incompletos e, ao mesmo tempo, na reedição e tradução dos escritos já conhecidos.

Ainda que com exceções, como no caso das "Teses sobre Feuerbach", publicadas como apêndice em seu *Ludwig Feuerbach e o fim da filosofia clássica alemã*, e da *Crítica do programa de Gotha*, publicada em 1891, Engels privilegiou quase exclusivamente o trabalho editorial de complementação de *O capital*, do qual só havia sido concluído o Livro I. Esse esforço, que durou mais de uma década, se deu com a justa intenção de realizar uma obra "coerente e o mais acabada possível"[3]. Assim, no decorrer de sua atividade editorial, a partir da seleção daqueles textos que apareciam não como versões finais, mas sim como variantes reais, e da necessidade de uniformizar o conjunto, Engels, em vez de reconstruir a gênese e o desenvolvimento dos Livros II e III de *O capital*, muito distantes de sua redação definitiva, publicou os volumes acabados.

Por outro lado, anteriormente, Engels já havia contribuído de maneira direta, com seus próprios escritos, para gerar um processo de sistematização teórica. O *Anti-Dühring*, publicado em 1878 e que ele definiu como a "exposição mais ou menos

---

[2] Ver Maximilien Rubel, *Marx crítico del marxismo* (Bolonha, Cappelli, 1981), p. 109; e Marcello Musto, *Another Marx: Early Manuscripts to the International* (Londres/Nova York, Bloomsbury, 2018).

[3] Friedrich Engels, "Prefácio da primeira edição", em Karl Marx, *O capital: crítica da economia política*, Livro II: *o processo de circulação do capital* (trad. Rubens Enderle, São Paulo, Boitempo, 2014), p. 79.

coerente do método dialético e da concepção de mundo comunista defendidos por Marx e por mim"[4], tornou-se a referência crucial na formação do "marxismo" como sistema e na diferenciação deste em relação ao socialismo eclético, predominante naquele período[5]. Impacto ainda maior teve *Do socialismo utópico ao socialismo científico*, reelaboração, para fins propagandísticos, de três capítulos da obra anterior que, publicado pela primeira vez em 1880, teve sorte análoga àquela do *Manifesto Comunista*. Embora houvesse uma clara distinção entre esse tipo de vulgarização, realizada em controvérsia aberta com os atalhos simplistas das sínteses enciclopédicas, e aquele da qual a geração posterior da social-democracia alemã se tornou protagonista, o uso das ciências naturais por Engels abriu caminho para a concepção evolucionista que, pouco depois, se afirmaria também no movimento operário.

A despeito de ser algumas vezes atravessado por tentações deterministas, o indiscutivelmente crítico e aberto pensamento de Marx caiu sob os golpes do clima cultural da Europa do fim do século XIX, permeado, como jamais o fora antes, por concepções sistemáticas, sobretudo pelo darwinismo. Para responder a isso, o marxismo recém-nascido, que de modo precoce se torna ortodoxo nas páginas da revista *Die Neue Zeit* [O novo tempo], dirigida por Kautsky, rapidamente assumiu a mesma conformação. Um fator decisivo que contribuiu para a consolidação dessa transformação da obra de Marx tem a ver com a forma de sua difusão. Como demonstrado pela reduzida tiragem das edições de seus textos à época, foram privilegiados brochuras sumárias e resumos muito parciais. Além disso, algumas das obras traziam consigo os efeitos da instrumentalização política. De fato, surgiram as primeiras edições retrabalhadas pelos editores, prática essa que, favorecida pela incerteza acerca do legado de Marx, posteriormente se popularizou cada vez mais junto com a censura de alguns escritos. O formato de manual, notável veículo de exportação do pensamento de Marx para o mundo, certamente representou uma ferramenta de propaganda muito eficaz, mas trouxe consigo a alteração da concepção inicial. A divulgação de sua obra, de caráter complexo e incompleto, ao se deparar com o positivismo e para responder melhor às exigências práticas do partido proletário, traduziu-se, por fim, em empobrecimento teórico e vulgarização do patrimônio original[6].

---

[4] Friedrich Engels, *Anti-Dühring* (trad. Nélio Schneider, São Paulo, Boitempo, 2015), p. 35.

[5] A propósito, ver Franco Zannino (org.), *L'AntiDühring: affermazione o deformazione del marxismo* (Milão, FrancoAngeli, 1981).

[6] Ver Franco Andreucci, "La diffusione e la volgarizzazione del marxismo", em Vários Autores, *Storia del marxismo* (Turim, Einaudi, 1979), v. 2, p. 15. Naturalmente, isso não valeu para todas as tentativas de popularização de seus escritos, como demonstrado pelos úteis e normalmente bem-sucedidos

Foi a partir do desenvolvimento desses processos que tomou forma uma doutrina de interpretação evolucionista, esquemática e elementar, banhada de determinismo econômico: o marxismo do período da Segunda Internacional (1889-1914). Guiada por uma convicção firme e ingênua no progresso automático da história e, portanto, na inelutável sucessão do socialismo ao capitalismo, essa doutrina se mostrou incapaz de compreender a verdadeira tendência do presente e, rompendo o vínculo necessário com a práxis revolucionária, produziu uma espécie de imobilização fatalista que se transformou em fator de estabilidade para a ordem existente[7]. Revelava-se, assim, o profundo distanciamento em relação a Marx, que já em sua primeira obra, escrita com Engels, declarara: "A *História* não faz *nada* [...] não é, por certo, a 'História' que utiliza o homem como meio para alcançar *seus* fins – como se se tratasse de uma pessoa à parte –, pois a História *não é senão* a atividade do homem que persegue seus objetivos"[8].

A teoria do colapso (*Zusammenbruchstheorie*), ou a tese do fim iminente da sociedade capitalista-burguesa, que teve na crise econômica da Grande Depressão – que se desenrolou durante os vinte anos posteriores a 1873 – o contexto mais favorável para se expressar, foi proclamada como a essência mais intrínseca do socialismo científico. As afirmações de Marx, dirigidas a esboçar os princípios dinâmicos do capitalismo e, de modo geral, a descrever sua tendência de desenvolvimento[9], foram transformadas em leis históricas universalmente válidas, às quais se reduziria, inclusive nos detalhes, o curso dos acontecimentos.

A ideia de um capitalismo agonizante, automaticamente destinado ao ocaso, estava presente também no quadro teórico da primeira plataforma inteiramente "marxista" de um partido político, o Programa de Erfurt, de 1891, e no comentário de Kautsky sobre ele, no qual enuncia que "o desenfreado desenvolvimento econômico leva à falência do modo de produção capitalista com uma necessidade de lei natural. A criação de uma nova forma de sociedade no lugar da atual não é mais

---

compêndios e resumos de O *capital* – ver Carlo Cafiero, *Il capitale di Karl Marx* (Roma, Editori Riuniti, 1996); Johann Most, *Capitale e lavoro* (Milão, SugarCo, 1979); Karl Kautsky, *Introduzione al pensiero economico di Marx* (Bari, Laterza, 1972); Karl Marx, *Il capitale riassunto da Gabriel Deville* (Milão, Casa Editrice Sociale, sem data); e Ferdinand Domela Nieuwenhuis, *Karl Marx: Kapitaal en Arbeid* (Haia, Liebers & Co., 1881).

[7] Ver Erich Matthias, *Kautsky e il kautskismo* (Bari, De Donato, 1971), p. 124.
[8] Friedrich Engels e Karl Marx, *A sagrada família* (trad. Marcelo Backes, São Paulo, Boitempo, 2003), p. 111. Essa frase se encontra na parte do texto escrita por Engels. Ver Terry Eagleton, *Marx* (Florença, Sansoni, 1998).
[9] Ver Paul Malor Sweezy, *La teoria dello sviluppo capitalistico* (Turim, Boringhieri, 1970), p. 22 e 225. [ed. bras.: *Teoria do desenvolvimento capitalista: princípios de economia política marxista*, trad. Waltensir Dutra, 4. ed., Rio de Janeiro, Zahar, 1976]

apenas algo desejável, mas tornou-se *inevitável*"[10]. Essa foi a mais clara e significativa representação dos limites intrínsecos à elaboração marxista da época, bem como da distância abissal entre ela e aquela na qual se inspirou.

O próprio Eduard Bernstein, que, concebendo o socialismo como uma possibilidade e não como algo inevitável, havia marcado uma descontinuidade com as interpretações dominantes naquele período, fez uma leitura igualmente artificial de Marx. Ela não se distanciou minimamente daquelas de seu tempo e contribuiu para a difusão, devido à vasta ressonância obtida pelo *Bernstein-Debatte* [O debate Bernstein], de uma imagem de Marx igualmente alterada e instrumental.

O marxismo russo, que no decorrer do século XX desenvolveu um papel fundamental na divulgação do pensamento de Marx, seguiu essa trajetória de sistematização e vulgarização, até mesmo com maior enrijecimento. Para o seu mais importante pioneiro, Georgi Plekhanov, de fato, "o marxismo é uma concepção do mundo completa"[11], marcada por um monismo simplista com base no qual as transformações superestruturais da sociedade ocorrem simultaneamente às modificações econômicas. Em *Materialismo e empiriocriticismo*, de 1909, Lenin definiu o materialismo como "o reconhecimento das leis objectivas da natureza e do reflexo aproximadamente exacto destas leis na cabeça do homem"[12]. A vontade e a consciência do gênero humano devem, "necessária e inevitavelmente"[13], se adequar à necessidade da natureza. Mais uma vez, prevalece a abordagem positivista.

Portanto, a despeito do áspero embate ideológico daqueles anos, muitos dos elementos teóricos característicos da deformação operada pela Segunda Internacional passaram para aqueles que marcariam a matriz cultural da Terceira Internacional. Essa continuidade se manifestou, de maneira ainda mais clara, em *A teoria do materialismo histórico*, publicado em 1921 por Nikolai Bukhárin, segundo o qual, "seja na natureza, seja na sociedade, os fenômenos são regulados por determinadas leis. A primeira tarefa da ciência é descobrir essa regularidade"[14]. O êxito desse determinismo social, inteiramente voltado para o desenvolvimento das forças produtivas,

---

[10] Karl Kautsky, *Il programma di Erfurt* (Roma, Samonà e Savelli, 1971), p. 123. Sobre o pensamento de Kautsky, ver Marek Waldenberg, *Il papa rosso Karl Kautsky* (Roma, Editori Riuniti, 1980). Para uma reconstrução do marxismo da social-democracia alemã, ver também Hans Josef Steinberg, *Il socialismo tedesco da Bebel a Kautsky* (Roma, Editori Riuniti, 1979).

[11] Georgi Plekhanov, "Le questioni fondamentali del marxismo", em idem, *Opere scelte* (Moscou, Edições Progress, 1985), p. 366.

[12] Vladimir Ilich Lênin, *Materialismo e empiriocriticismo* (Lisboa, Avante, 1982), p. 118.

[13] Ibidem, p. 143. Para uma crítica dos fundamentos filosóficos do leninismo, ver Anton Pannekoek, *Lenin filosofo* (Milão, Feltrinelli, 1972).

[14] Nikolai Ivanovich Bukharin, *Teoria del materialismo storico* (Florença, La Nuova Italia, 1977), p. 16.

gerou uma doutrina que afirma que "a variedade de causas cuja ação se faz sentir na sociedade não contradiz de fato a existência de uma lei única da evolução social"[15].

Antonio Gramsci se opôs a essa concepção. Para ele, a colocação desse problema enquanto "uma busca por leis, por linhas constantes, regulares, uniformes, está ligada a uma necessidade, concebida de maneira um tanto pueril e ingênua, de resolver peremptoriamente o problema prático da previsibilidade dos eventos históricos"[16]. Sua sólida rejeição a restringir a filosofia da *práxis* marxiana a uma sociologia grosseira, a "reduzir uma concepção de mundo a uma forma mecânica que dá a impressão de carregar toda a história no bolso"[17], ganhou ainda mais importância porque foi além do escrito de Bukhárin e visava condenar aquela orientação muito mais geral que posteriormente prevaleceria, de modo inconteste, na União Soviética.

Com o estabelecimento do marxismo-leninismo, o processo de distorção do pensamento de Marx alcançou sua manifestação definitiva. A teoria foi retirada da função de guiar a ação e se tornou, ao contrário, uma justificativa *a posteriori*. O ponto de não retorno foi alcançado com o *Diamat* (*Dialekticeskij materializm* – Materialismo dialético), "a concepção de mundo do partido marxista-leninista"[18]. O panfleto de Stálin, *Sobre o materialismo dialético e o materialismo histórico*, de 1938, e que teve uma difusão extraordinária, fixou suas características essenciais: os fenômenos da vida coletiva são regulados por "leis necessárias do desenvolvimento social", "perfeitamente reconhecíveis"; "a história da sociedade se apresenta como um desenvolvimento necessário da sociedade, e o estudo da história da sociedade se torna uma ciência". Isso "significa que a ciência da história da sociedade, não obstante toda a complexidade dos fenômenos da vida social, pode se tornar uma ciência tão exata quanto, por exemplo, a biologia, capaz de usar as leis do desenvolvimento da sociedade na prática"[19] e, por conseguinte, a tarefa do partido do proletariado é fundar sua própria atividade com base nessas leis. É evidente que o mal-entendido em torno dos conceitos de "científico" e "ciência" atingiu seu ápice. O caráter científico do método marxista, baseado em critérios teóricos escrupulosos e coerentes, foi substituído pelo modo de proceder das ciências naturais, que não contemplava nenhuma contradição. Por fim, afirmou-se a

---

[15] Ibidem, p. 252.
[16] Antonio Gramsci, *Quaderni del carcere* (org. Valentino Gerratana, Turim, Einaudi, 1975), p. 1.403. [ed. bras.: *Cadernos do cárcere*, trad. Luiz Sérgio Henriques, Marco Aurélio Nogueira, Carlos Nelson Coutinho, Rio de Janeiro, Civilização Brasileira, 2022, 3 v.]
[17] Ibidem, p. 1.428.
[18] Josef Stálin, "Del materialismo dialettico e del materialismo storico", em idem, *Opere scelte* (Milão, Edizioni Movimento Studentesco, 1973), p. 919.
[19] Ibidem, p. 926-27.

superstição da objetividade das leis históricas, segundo a qual estas operariam, como as da natureza, independentemente da vontade dos homens.

Junto a esse catecismo ideológico, o dogmatismo mais rígido e intransigente encontrou terreno fértil. A ortodoxia marxista-leninista impôs um monismo inflexível que não deixou de produzir efeitos perversos inclusive sobre os escritos de Marx. Inegavelmente, com a Revolução Soviética o marxismo experimentou um momento significativo de expansão e circulação em áreas geográficas e classes sociais nas quais estava, até então, ausente. No entanto, uma vez mais, a divulgação dos textos, em vez de remeter diretamente àqueles de Marx, dizia respeito a manuais do partido, *vade-mécuns*, antologias marxistas sobre diversos temas. Além disso, tornaram-se cada vez mais comuns a censura de algumas obras, o desmembramento e a manipulação de outras, bem como a prática da extrapolação e a edição astuta de citações. A esses textos, cujo uso correspondia a fins predeterminados, era atribuído o mesmo tratamento que o ladrão Procusto reservava às suas vítimas: se fossem muito compridos, eram amputados, se muito curtos, estendidos.

Em resumo, a relação entre a divulgação e a esquematização de um pensamento – e sobretudo para um pensamento tão crítico como o de Marx –, entre a sua popularização e a exigência de não o empobrecer teoricamente, é sem dúvida uma empresa difícil de realizar. A despeito disso, o fato é que, com frequência, Marx foi fortemente deturpado.

Inclinado para vários lados de acordo com contingências e necessidades políticas, ele foi assimilado a elas e, em seu nome, injuriado. Sua teoria, por mais crítica que fosse, foi usada como exegese de versículos bíblicos. Assim nasceram os paradoxos mais impensáveis. Ao contrário de "prescrever receitas [...] para o cardápio da taberna do futuro"[20], Marx, ao contrário, foi ilegitimamente transformado no pai de um novo sistema social. Crítico rigorosíssimo e nunca satisfeito com pontos de chegada, tornou-se a fonte do mais obstinado doutrinarismo. Defensor convicto da concepção materialista da história, foi removido de seu contexto histórico mais do que qualquer outro autor. Convencido de "que a emancipação da classe trabalhadora deve ser obra dos próprios trabalhadores"[21], Marx foi, ao contrário, enjaulado numa ideologia que via prevalecer o primado das vanguardas políticas e do partido no papel de propulsores da consciência de classe e guia da revolução. Proponente da ideia de que a condição fundamental para o amadurecimento das habilidades humanas

---

[20] Karl Marx, *O capital: crítica da economia política*, Livro I: *O processo de produção do capital* (trad. Rubens Enderle, São Paulo, Boitempo, 2011), p. 88.

[21] Karl Marx, "Statuti provvisori dell'Associazione internazionale degli operai", em *Marx Engels Opere*, v. 20 (Roma, Editori Riuniti, 1987), p. 14.

era a redução da jornada de trabalho, ele foi assimilado ao credo produtivista do stakhanovismo. Convicto defensor da abolição do Estado, viu-se identificado como seu baluarte. Interessado, como poucos pensadores, no livre desenvolvimento das individualidades dos homens, argumentando contra o direito burguês que esconde as disparidades sociais por trás de uma mera igualdade jurídica que "o direito teria de ser não igual, mas antes desigual"[22], foi associado a uma concepção que neutralizou a riqueza da dimensão coletiva no indiferenciado reconhecimento. A criticidade original de Marx foi abalada pelos empurrões da sistematização dos seguidores que produziram a distorção de seu pensamento.

10.2. Adversidades da publicação das obras de Marx e Engels

"Os textos de Marx e Engels [...] alguma vez foram lidos *por inteiro* por alguma pessoa que se encontrasse fora do círculo de amigos e adeptos [...] dos próprios autores?" Assim Antonio Labriola se questionou, em 1897, acerca do quanto se conhecia até então sobre a obra daqueles autores. As conclusões a que chegou são inequívocas: "ler todos os escritos dos fundadores do socialismo científico é considerado até hoje um privilégio para iniciados"; o "materialismo histórico" se propagou "por meio de uma infinidade de equívocos, mal-entendidos, alterações grotescas, disfarces estranhos e invenções gratuitas"[23]. Com efeito, tal como demonstrado por sucessivas pesquisas historiográficas, a crença de que Marx e Engels foram realmente lidos foi fruto de um mito hagiográfico[24]. Pelo contrário, muitos de seus textos eram raros ou não estavam disponíveis nem mesmo na língua original – daí o convite do estudioso

---

[22] Karl Marx, *Crítica do programa de Gotha* (trad. Rubens Enderle, São Paulo, Boitempo, 2012), p. 31. Entre os textos que expuseram essas contradições, ver a obra em cinco volumes de Hal Draper, *Karl Marx's theory of revolution,* 1: *State and Bureaucracy* (Nova York, Monthly Review, 1977); 2: *The politics of social classes* (Nova York, Monthly Review, 1978); 3: *The "Dictatorship of the Proletariat"* (Nova York, Monthly Review, 1986; 4: *Critique of other socialisms* (Nova York, Monthly Review, 1990); e Hal Draper e Ernest Haberkern, 5: *War & Revolution* (Nova York, Monthly Review, 2005).
[23] Antonio Labriola, *Discorrendo di socialismo e filosofia: scritti filosofici e politici* (org. Franco Sbarberi, Turim, Einaudi, 1973), p. 667-9.
[24] Na "Advertência" de sua obra, os autores de uma das principais biografias de Marx escreveram: "A cada mil socialistas, quiçá apenas um leu alguma obra econômica de Marx, a cada mil antimarxistas, sequer um leu Marx", em Boris I. Nikolaevski e Otto Maenchen-Helfen, *Karl Marx: la vita e l'opera* (Turim, Einaudi, 1969), p. 7. Ver também Eric Hobsbawm, "La fortuna delle edizioni di Marx ed Engels", em *Storia del marxismo* (Turim, Einaudi, 1978), v. 1, p. 358-74 [ed. bras.: *História do marxismo*, trad. Carlos Nelson Coutinho e Nemesio Salles, Rio de Janeiro, Paz & Terra, 1991, 12 v.]; e, para uma leitura mais geral sobre a recepção dos escritos de Marx, Georges Labica (org.), *L'œuvre de Marx: un siécle après* (Paris, Presses Universitaires de France, 1985).

italiano: dar vida a "uma edição completa e crítica dos escritos de Marx e Engels", o que seria uma necessidade incontornável. Para Labriola, não era preciso nem compilar antologias, nem redigir um *"testamentum juxta canonem receptum"*, mas "toda a obra científica e política, toda a produção literária, mesmo aquela ocasional, dos dois fundadores do socialismo crítico, deve ser colocada ao alcance dos leitores [...] para que eles possam falar diretamente com quem queira lê-la"[25].

Junto a essas avaliações preponderantemente filológicas, Labriola elaborou outras de caráter teórico, de surpreendente capacidade de previsão, tendo em vista a época em que vivia. Ele considerava os inconclusos escritos e trabalhos de Marx e Engels "fragmentos de uma ciência e de uma política, que está em constante evolução". Para evitar buscar em seu interior "aquilo que não está e nem deve estar lá", ou "uma espécie de vulgata ou preceitos para a interpretação da história de qualquer tempo e lugar", eles só poderiam ser plenamente compreendidos se ligados ao momento e ao contexto em que se originaram. Ao mesmo tempo, aqueles que "não compreendem o pensar e o saber como trabalho *em andamento*", ou seja, "os doutrinários e presunçosos de toda espécie, que precisam de ídolos da mente, os fabricantes de sistemas clássicos bons para a eternidade, os compiladores de manuais e enciclopédias, vão procurar no marxismo, por engano e pelo avesso, aquilo que ele nunca pretendeu oferecer a ninguém"[26]: uma solução sumária e fideísta para as questões da história.

O executor natural da criação da obra completa só poderia ter sido o Partido Social-Democrata Alemão, detentor do legado literário dos autores e das maiores competências linguísticas e teóricas para trabalhá-lo. Todavia, os conflitos políticos no seio da social-democracia não apenas impediram a publicação da imponente e relevante massa de trabalhos inéditos de Marx, mas também promoveram a dispersão de seus manuscritos, comprometendo qualquer possibilidade de produção de uma edição sistemática[27]. Por incrível que possa parecer, o partido alemão não publicou nenhuma edição sequer, tratando o legado literário de Marx e Engels com extrema negligência[28]. Nenhum de seus teóricos se preocupou em elaborar uma lista da herança intelectual dos dois fundadores, nem muito menos houve quem

---

[25] Antonio Labriola, cit., p. 672.
[26] Ibidem, p. 673-77.
[27] Ver Maximilien Rubel, *Bibliographie des œuvres de Karl Marx* (Paris, Rivière, 1956), p. 27.
[28] Ver David Riazanov, "Neueste Mitteilungen über den literarischen Nachlaß von Karl Marx und Friedrich Engels", em *Archiv für die Geschichte des Sozialismus und der Arbeiterbewegung*, v. 11 (1925), em particular, p. 385-86. O texto de Riazanov foi originalmente publicado em russo, em 1923. A tradução italiana desse artigo, intitulada "Comunicazione sull'eredità letteraria di Marx ed Engels", encontra- se no apêndice do opúsculo de Lucien Goldmann, *Ideologia tedesca e le tesi su Feuerbach* (Roma, Samonà e Savelli, 1969), p. 53-76.

se dedicasse a organizar a correspondência, muito volumosa, mas extremamente dispersa, mesmo sendo muito útil enquanto fonte de esclarecimento ou até como continuação de seus escritos.

A primeira publicação das obras completas, a *Marx-Engels-Gesamtausgabe* (MEGA), só começou a ser elaborada na década de 1920, por iniciativa de David Riazanov, diretor do Instituto Marx-Engels (IME), de Moscou[29]. Mesmo esse empreendimento, no entanto, naufragou devido aos tormentosos acontecimentos do movimento operário internacional, que muitas vezes, em vez de favorecer, dificultaram a edição de seus textos[30]. Os expurgos do stalinismo na União Soviética, que acometeram também os estudiosos que lideravam o projeto, e o advento do nazismo na Alemanha, levaram à interrupção prematura da edição[31], tornando vã também essa tentativa. Produziu-se, assim, a contradição do nascimento de uma ideologia inflexível que se inspirava num autor cuja obra era ainda parcialmente desconhecida. A afirmação do marxismo e a sua cristalização num *corpus* dogmático antecederam o conhecimento de textos cuja leitura era indispensável para compreender a formação e a evolução do pensamento de Marx[32]. Os principais trabalhos de juventude, de fato, vieram à tona apenas com a MEGA – *Crítica da filosofia do direito de Hegel*, em

---

[29] Sobre o fundamental trabalho desenvolvido por Riazanov para dar à luz uma rigorosa edição dos escritos de Marx, ver Volker Külow e André Jaroslawski (orgs.), *David Rjasanow: Marx-Engels--Forscher – Humanist, Dissident* (Berlim, Dietz, 1993); Ernst Czóbel, "Rjazanov als Marxforscher", em *Unter dem Banner des Marxismus*, v. 4 (1930), p. 401-17; e Bud Burkhard, "D. B. Rjazanov and the Marx-Engels Institute: Notes Toward Further Research", em *Studies in Soviet Thought*, v. 30 (1985), n. 1, que inclui ademais um índice de escritos do autor. Ver também David Riazanov, *Marx ed Engels* (Roma, Samonà e Savelli, 1969).

[30] Sobre a história da MEGA, ver Mayer, "Die Geschichte des sozialdemokratischen Parteiarchivs und das Schicksal des Marx-Engels-Nachlasses", em *Archiv für Sozialgeschichte*, v. 6 e 7 (1966-67), p. 5-198; Siegfried Bahne, "Zur Geschichte der ersten Marx/Engels-Gesamtausgabe", em Hans--Peter Harstick, Arno Herzig e Hans Palger (orgs.), *Arbeiterbewegung und Geschichte* (Trier, Schriften aus dem Karl-Marx-Haus, 1983), p. 146-65; e Vários Autores, "David Borisovič Rjazanov und die erste MEGA", em *Beiträge zur Marx-Engels-Forschung*, Neue Folge, Sonderbd. 1 (Hamburgo, Argument, 1997).

[31] Riazanov foi demitido e deportado em 1931, e as publicações foram interrompidas em 1935. Dos 42 volumes inicialmente planejados, apenas 12 foram impressos (em 13 tomos). Ver Karl Marx, Friedrich Engels, *Historisch-kritische Gesamtausgabe: Werke, Schriften, Briefe*, sob a direção do Marx-Engels-Institut [desde 1933, Marx-Engels-Lenin-Institut, de Moscou], org. David Borisovic Riazanov, [desde 1932, Vladimir Viktorovic Adoratski] (Frankfurt am Main, Berlin, Moscou--Leningrado, Moscou, Marx-Engels-Verlag, 1927-1935).

[32] Ver Maximilien Rubel, *Marx critico del marxismo*, cit., p. 88. Rubel chegou a considerar o marxismo como "o maior, se não o mais trágico, mal-entendido do século", idem. Sobre a obra de Rubel, ver Louis Janover, *Maximilien Rubel: un impegno per Marx* (Milão, Colibrì, 2001), p. 19.

1927, os *Manuscritos econômico-filosóficos* e *A ideologia alemã*, em 1932 – e, tal como já ocorrera com os Livros II e III de *O capital*, em edições nas quais eram apresentadas como obras acabadas, escolha que, depois, mostrou-se prenúncio de muitos erros interpretativos. Ainda mais tarde, em edições que alcançaram uma circulação muito limitada, foram publicados alguns importantes trabalhos preparatórios de *O capital*: em 1933, o inédito capítulo 6 e, entre 1939 e 1941, os *Esboços da crítica da economia política*, mais conhecidos como *Grundrisse*[33]. Esses textos inéditos, aliás, tal como os outros que os sucederam, quando não ocultados pelo temor de que corroessem o cânone ideológico dominante, foram acompanhados por uma interpretação funcional às necessidades políticas que, na melhor das hipóteses, fazia ajustes evidentes à interpretação já predeterminada e que nunca permitiu uma séria rediscussão geral da obra de Marx.

De 1928 a 1947, ainda na União Soviética, foi concluída a primeira edição em russo, a *Sočinenija* [Obras completas]. Apesar do nome, essa obra reproduzia somente uma parcela dos escritos, mas, com seus 28 volumes (33 tomos), constituiu para a época a coletânea quantitativamente mais consistente dos dois autores. A segunda *Sočinenija*, por sua vez, foi publicada entre 1955 e 1966 em 39 volumes (42 tomos). De 1956 a 1968, na República Democrática Alemã, por iniciativa do Comitê Central do Partido Socialista Unificado da Alemanha (SED), foram impressos os 41 volumes (em 43 tomos) da *Marx-Engels-Werke* (MEW). Tal edição, porém, longe de ser completa[34], foi sobrecarregada de introduções e notas que, elaboradas com base na edição soviética, orientavam sua leitura de acordo com a concepção do marxismo-leninismo.

O projeto de uma "segunda" MEGA, que visava reproduzir fielmente todos os escritos dos dois pensadores com amplo aparato crítico, renasceu durante a década de 1960. No entanto, as publicações, iniciadas em 1975, também foram interrompidas, desta vez na sequência dos acontecimentos de 1989. Em 1990, com o intuito de dar continuidade a esta edição, o Internationaal Instituut voor Sociale Geschiedenis [Instituto Internacional de História Social], de Amsterdã, e a Karl-Marx-Haus [Casa Karl Marx], de Trier, constituíram a Internationale Marx-Engels-Stiftung [Fundação Internacional Marx-Engels]. Após um *árduo período* de reorganização, durante o qual foram elaborados novos princípios editoriais e a Dietz foi substituída pela

---

[33] Ver Marcello Musto, "Dissemination and Reception of the *Grundrisse* in the World: Introduction", em Marcello Musto (org.), *Karl Marx's Grundrisse: Foundations of the Critique of Political Economy 150 Years Later* (Londres-Nova York, Routledge, 2008), p. 177-88.

[34] As publicações não incluíam, por exemplo, os *Manuscritos econômico-filosóficos de 1844* e os *Grundrisse*, textos que só foram acrescentados posteriormente.

editora Akademie, em 1998 a publicação da *Marx-Engels-Gesamtausgabe*, a chamada MEGA², foi retomada.

10.3. Revistas de estudos marxianos

As edições das obras completas de Marx e Engels em alemão e russo foram muitas vezes acompanhadas da impressão de alguns periódicos com o objetivo de promover e desenvolver suas obras. Deve-se a Riazanov a primeira iniciativa de publicação nascida com esse escopo. De fato, os dois volumes da *Marx Engels Archiv*[35] surgiram junto ao IME, de Moscou, no biênio 1926-27. A revista, que por opção de Riazanov, só deveria publicar artigos científicos, excluindo aqueles voltados ao debate político da época na União Soviética, tinha entre seus objetivos antecipar elementos sobre os manuscritos de Marx e Engels e publicar parte deles antes de saírem nos volumes da MEGA. Mais tarde, o terror stalinista interrompeu esse projeto.

Entre 1935, ano de interrupção da MEGA, e 1975, ano de início da impressão dos volumes da MEGA², no "campo socialista", nenhum periódico especializado acompanhou a segunda *Sočinenija* e a MEW. A única revista impressa no curso desses anos foi o *Naučno-informacionnyj bjulleten' sektora proizvedenij K. Marksa i F. Èngel'as* [Boletim de informação científica do setor K. Marx e F. Engels], produção de caráter predominantemente doutrinário, publicada entre 1958 e 1989, num total de 47 números, junto ao Instituto para o Marxismo-Leninismo (IML) de Moscou, cuja nova denominação refletia bem a mudança de época em relação ao anterior IME.

Ao contrário, na Europa, a partir do segundo pós-guerra, várias revistas se dedicaram à interpretação dos escritos de Marx e Engels, ainda que nem sempre vinculadas às edições de suas obras. Entre 1954 e 1968, na República Federal da Alemanha, surgiram os sete volumes dos *Marxismusstudien* [Estudos sobre o marxismo], publicação promovida por alguns estudiosos protestantes, como, por exemplo, Iring Fetscher, e com a qual contribuíram também autores liberais. Na França, por sua vez, sob a direção de Maximilien Rubel, nasceram os *Études de marxologie* [Estudos de marxologia]. Os 31 números da revista, publicados de forma um tanto descontínua entre 1959 e 1994, receberam traduções inéditas de Marx em língua francesa, bem como estudos de história e crítica do marxismo que são, ainda hoje, uma ferramenta válida para quem queira lidar de forma rigorosa com essas questões. Por fim, na

---

[35] Destaca-se também a publicação em Viena, entre 1904 e 1923, realizada por Max Adler e Rudolf Hilferding, de cinco volumes (em seis tomos) da série *Marx-Studien*. Esta não foi uma revista, mas uma série em que se publicaram números monográficos, ou editados por vários autores, contendo as principais obras da escola austro-marxista.

República Federal da Alemanha, foram publicados, em 51 volumes surgidos entre 1969 e 2003, os *Schriften aus dem Karl Marx Haus* [Escritos da Casa Karl Marx]. Também esta série, com suas acuradas monografias dedicadas à recepção das obras de Marx e Engels no mundo, às relações que mantinham com algumas figuras importantes de seu tempo, bem como a monografias sobre a história do movimento operário, representou uma das mais especializadas fontes de pesquisa.

Na Europa oriental, as revistas ligadas às edições de Marx e Engels voltaram a florescer depois do nascimento da MEGA². Alguns estudiosos do Instituto para o Marxismo-Leninismo, de Berlim e Moscou, deram à luz o *Marx-Engels-Jahrbuch* [Anais Marx Engels], um anuário publicado em 13 volumes, entre 1978 e 1991. Essas publicações, idealizadas também com o escopo de contribuir na divulgação do marxismo soviético, foram concomitantes às impressões dos primeiros volumes da MEGA² e acolheram em seu interior inúmeras contribuições de grande interesse filológico. No mesmo período, na República Democrática Alemã, nasceram outras três revistas que se propunham a documentar o trabalho editorial por trás da MEGA² e, ao mesmo tempo, discutir alguns problemas interpretativos relativos às obras de Marx e Engels. Entre 1976 e 1988, editados pela Martin-Luther Universität, de Halle-Wittenberg, saem os 23 números dos *Arbeitsblätter zur Marx-Engels-Forschung* [Folha de pesquisa sobre Marx e Engels]; entre 1978 e 1989, em 29 números e por iniciativa do Instituto para o Marxismo-Leninismo, de Berlim, surgem as *Beiträge zur Marx-Engels-Forschung* [Contribuições para a pesquisa sobre Marx e Engels][36]; e, por fim, editados pela Universidade Karl Marx, de Leipzig, entre 1981 e 1990, são impressos os seis números do *Marx-Engels-Forschungsberichte* [Boletim de Pesquisa sobre Marx e Engels].

Após a queda do Muro de Berlim e as profundas mudanças políticas que se seguiram, o IME deu origem a duas novas publicações: o *MEGA-Studien* [Estudos sobre a MEGA], lançado em 11 números entre 1994 e 1999[37] e focado exclusivamente nas questões das áreas filológico-editoriais relacionadas à MEGA², e a nova série do *Marx-Engels-Jahrbuch*, cuja publicação, de 2004 a 2018, procurou experimentar uma sinergia mútua entre trabalho editorial e pesquisa científica, graças à qual as novas aquisições filológicas deveriam fornecer novos impulsos ao debate sobre a teoria marxiana.

---

[36] A publicação anual dessa revista foi retomada em 1991 com o acréscimo das palavras *Neue Folge* [Nova série] no título.

[37] Posteriormente, em anos diferentes dos indicados na capa, três outros números vieram à tona: 2000/1, 2000/2 e 2001.

10.4. Aquisições filológicas recentes da MEGA²

Contrariamente às previsões que decretaram definitivamente o seu ocaso, Marx, nos últimos anos, voltou às atenções dos estudiosos internacionais[38]. Um dos exemplos mais significativos é constituído justamente pelo prosseguimento dos trabalhos da MEGA². O projeto completo, do qual participam estudiosos das mais variadas competências disciplinares e atuantes em diversos países, está dividido em quatro seções: a primeira inclui artigos, rascunhos e obras, com exceção de *O capital*; a segunda, *O capital* e todos os seus trabalhos preparatórios, a partir de 1857; a terceira, o epistolário; e a quarta, os excertos, as notas e a marginália. Até hoje, dos 114 volumes previstos, foram publicados 63 (23 desde a retomada do projeto, em 1998), cada um deles com dois tomos: o primeiro, compreende o texto propriamente dito, e o segundo, o aparato crítico – que contém o índice e muitas informações adicionais[39]. Essa empreitada é de grande importância para a pesquisa sobre Marx, se considerarmos que uma parte dos manuscritos de *O capital*, das cartas endereçadas a Marx e da imensa quantidade de excertos e anotações que ele costumava compilar dos textos que lia foi publicada após 1998 ou ainda é inédita.

As aquisições editoriais da MEGA² produziram resultados de relevo em todas as quatro seções[40]. Na primeira, "Werke, Artikel und Entwürfe" [Obras, artigos e rascunhos], as pesquisas são retomadas com a publicação de oito novos volumes. Um dos principais temas debatidos foi a publicação da nova edição de *A ideologia alemã*, um dos mais importantes textos filosóficos do século XX. Henri Lefebvre afirmou que, nesse texto, foram estabelecidas "as teses fundamentais do materialismo histórico"[41]. Maximilien Rubel sustenta que esse "volumoso manuscrito [...] continha a mais completa exposição da teoria social fundada por Marx"[42]. David McLellan não hesitou em declarar que *A ideologia alemã* constituía, "indubitavelmente, uma das maiores obras de Marx"[43]. Mas graças ao volume I/5 da MEGA², *Deutschen*

---

[38] Ver Marcello Musto (org.), *Marx Revival: Key Concepts and New Interpretations* (Cambridge, Cambridge University Press, 2020).

[39] Ver Marcello Musto (org.), *Tras las huellas de un fantasma: La actualidad de Karl Marx* (México, Ciudad de México, Siglo XXI, 2011).

[40] A esse respeito, ver Marcello Musto, "Marx is Back: The Marx-Engels-Gesamtausgabe (MEGA) Project", em *Rethinking Marxism*, v. 22 (2010), n. 2, p. 289-90; idem, "The Rediscovery of Karl Marx", em *International Review of Social History*, v. 52 (2007), n. 3, p. 477-98; e idem, "New Profiles of Marx after the Marx-Engels-Gesamtausgabe (MEGA²)", em *Contemporary Sociology*, v. 49 (2020), n. 4, p. 407-19.

[41] Henri Lefebvre, *Il materialismo dialettico* (Turim, Einaudi, 1975), p. 46.

[42] Maximilien Rubel, *Karl Marx* (Milão, Colibrì, 2001), p. 100.

[43] David McLellan, *Karl Marx* (Milão, Rizzoli, 1976), p. 146.

Ideologie: Manuskripte und Drucke (1845-1847)[44], muitas dessas afirmações podem ser redimensionadas e *A ideologia alemã*, por sua vez, restituída à sua incompletude original. A partir desta edição – composta por 17 manuscritos, subdivididos em 700 páginas e por 1.200 páginas de aparato crítico que fornece a lista de variações e correções ao texto, bem como esclarecimentos sobre a paternidade das várias partes –, evidencia-se, finalmente e com clareza, o caráter fragmentário do texto[45]. A falácia do "comunismo científico" do século XX e as tantas instrumentalizações que tinham por objeto *A ideologia alemã* trazem à mente uma frase presente no próprio texto. Ela ecoa não somente como uma crítica válida da filosofia alemã contemporânea de Marx, mas também como um aviso sarcástico que parece antecipar tudo aquilo que aconteceria no futuro no que se refere à exegese de *A ideologia alemã*: "Não apenas em suas respostas, mas já nas próprias perguntas havia uma mistificação"[46].

O estudo da teoria política socialista e da economia política por parte de Engels e Marx não foi de encontro à sua militância política habitual. O volume I/7, *Werke, Artikel, Entwürfe – Februar bis Oktober 1848*[47], permite apreciar, em suas mais de 800 páginas, a maior parte dos escritos redigidos no decorrer de um dos mais intensos anos de atividade política e jornalística dos dois autores do *Manifesto Comunista* – o ano de 1848. Depois que um movimento revolucionário de escala e intensidade sem precedentes minou a ordem política e social da Europa continental, os governos em exercício tomaram todas as contramedidas possíveis para acabar com as revoltas. O próprio Marx pagou as consequências e foi expulso da Bélgica, em março. No entanto, acabava de ser proclamada a República na França e Ferdinand Flocon, um dos ministros do governo provisório, convidou Marx a

---

[44] Karl Marx e Friedrich Engels, *Deutschen Ideologie: Manuskripte und Drucke (1845-1847)*, MEGA², v. I/5 (Berlim, De Gruyter, 2017).

[45] Poucos anos antes da publicação do volume I/5, com base na edição alemã de Karl Marx, Friedrich Engels e Joseph Weydemeyer, *Die Deutsche Ideologie: Artikel, Druckvorlagen, Entwürfe, Reinschriftenfragmente und Notizen zu I". Feuerbach" und "II Sankt Bruno"*, que foi publicada como número especial do *Marx-Engels-Jahrbuch*, 2003, Terrell Carver e David Blank organizaram uma nova edição em inglês do chamado "capítulo sobre Feuerbach": *Marx and Engels's "German ideology" Manuscripts: Presentation and Analysis of the "Feuerbach chapter"* (Nova York, Palgrave, 2014). Esses dois autores se manifestaram a favor da maior fidelidade aos originais e criticaram a edição do *Marx-Engels-Jahrbuch*, agora incorporado ao volume I/5, porque, a seu ver, os diversos manuscritos foram dispostos como se constituíssem o esboço de um livro inacabado, uma suposição que surgiu com os editores dos primeiros anos do século XX.

[46] Karl Marx e Friedrich Engels, *A ideologia alemã* (trad. Rubens Enderle, Nélio Schneider e Luciano Cavini Martorano, São Paulo, Boitempo, 2007), p. 83.

[47] Idem, *Werke, Artikel, Entwürfe – Februar bis Oktober 1848*, MEGA², v. I/7 (Berlim, De Gruyter, 2016).

voltar: "Querido e valoroso Marx, [...] a tirania o baniu, a França livre lhe reabre as portas". Marx deixou de lado seus estudos em economia política e empreendeu atividade jornalística em apoio à revolução, ajudando a traçar e aconselhar um percurso político. Após um curto período em Paris, mudou-se para a Renânia em abril e, dois meses depois, começou a dirigir a *Neue Rheinische Zeitung*, que nesse meio-tempo fora fundada em Colônia. Nas colunas do jornal realizou uma intensa atividade de agitação, apoiando as causas dos insurgentes e exortando o proletariado a promover "a revolução social e republicana"[48].

Quase todos os artigos da *Neue Rheinische Zeitung* foram publicados anonimamente. Entre os méritos desse volume está o de ter atribuído corretamente a autoria de 36 textos escritos por Marx ou por Engels, que haviam sido impressos, em edições anteriores de suas obras completas, sem a certeza sobre o verdadeiro autor. Do total de 275 textos, 125 foram publicados pela primeira vez numa edição das obras de Marx e Engels. No apêndice do volume há cerca de 16 interessantes documentos que contêm os relatos de algumas intervenções de Marx e Engels nas sessões da Liga dos Comunistas, nas assembleias gerais da Sociedade Democrática de Colônia e na União de Viena (*Wienen Vereinen*). Os estudiosos interessados na atividade jornalística e política de Marx no decorrer do "ano da revolução", o de 1848, encontrarão nesse volume materiais muito úteis para ampliar seu conhecimento.

O volume I/4, *Werke, Artikel, Entwürfe – Januar bis Dezember 1855*[49], contém cerca de duzentos artigos e rascunhos, redigidos pelos dois autores em 1855 para o *New-York Tribune* e para a *Neue Oder-Zeitung*. Ao lado dos escritos mais conhecidos sobre a política e a diplomacia europeias, as reflexões sobre a situação econômica internacional e a guerra da Crimeia, os estudos realizados permitiram acrescentar 21 outros textos, antes não atribuídos a Marx e Engels, porque publicados em anonimato no jornal americano.

Marx esperou vários anos pela eclosão de uma nova crise e, quando ela chegou, no verão de 1857, ele dedicou muito de seu tempo à análise de suas características. O volume I/16, *Artikel – Oktober 1857 bis Dezember 1858*[50], inclui 84 artigos jornalísticos publicados por Marx, entre o outono de 1857 e o fim de 1858, no *New-York Tribune*. Entre esses artigos, estão também aqueles em que expressa suas primeiras avaliações acerca do pânico financeiro de 1857. Frequentemente, o

---

[48] Karl Marx, "The Bourgeoisie and the Counter-Revolution", em Karl Marx e Friedrich Engels, *Collected Works*, v. 8, cit., p. 178.

[49] Karl Marx e Friedrich Engels, *Werke, Artikel, Entwürfe – Januar bis Dezember 1855*, MEGA², v. I/14 (Berlim, Akademie, 2001).

[50] Idem, *Artikel – Oktober 1857 bis Dezember 1858*, MEGA², v. I/16 (Berlim, De Gruyter, 2018).

jornal estadunidense publicava editoriais sem a assinatura do autor. As pesquisas dessa nova obra da MEGA² permitiram atribuir a Marx dois novos artigos e, no apêndice (*Anhang*), acrescentar quatro artigos também atribuídos a ele, embora substancialmente modificados pela redação do jornal, bem como outros três textos, cuja autoria ainda é incerta.

Movido pela desesperadora necessidade de melhorar suas próprias condições econômicas nesse período, Marx passou também a fazer parte do comitê editorial de *The New American Encyclopaedia* [Nova enciclopédia americana] e aceitou fazer alguns verbetes para esse projeto. Embora o pagamento de dois dólares por página fosse muito baixo, ele representava um acréscimo às suas desastrosas finanças. Além disso, confiou a maior parte do trabalho a Engels, a fim de dedicar mais tempo a seus escritos econômicos. Portanto, o volume I/16 inclui, também, os 39 verbetes escritos para *The New American Encyclopaedia*.

Logo após a publicação de *O capital*, Marx se voltou a seus esforços militantes e passou de novo a se ocupar, de forma contínua, da Associação Internacional dos Trabalhadores. Essa fase de sua biografia política está documentada no volume I/21, *Werke, Artikel, Entwürfe – September 1867 bis März 1871*[51]. Ele contém 150 textos e documentos referentes ao período 1867-1871, além dos relatórios de 169 sessões do Conselho Geral de Londres (não incluídos em qualquer edição anterior das obras de Marx e Engels[52]), nas quais Marx também interveio. Esse livro da MEGA² examina anos cruciais na vida da Internacional.

Desde os primeiros dias dessa organização, fundada em 1864, as ideias de Proudhon eram hegemônicas na França, na Suíça francófona e na Bélgica, e os mutualistas – nome pelo qual seus seguidores eram chamados – representavam a ala mais moderada da Internacional. Resolutamente hostis à intervenção estatal em qualquer campo, opunham-se à socialização da terra e dos meios de produção e a qualquer uso das greves. Os textos publicados nesse volume mostram como Marx desempenhou um papel fundamental na longa luta para reduzir a influência de Proudhon na Internacional. Eles incluem documentos relativos à preparação dos congressos de Bruxelas (1868) e da Basileia (1869), onde a Internacional fez uma

---

[51] Idem, *Werke, Artikel, Entwürfe – September 1867 bis März 1871*, MEGA², v. I/21 (Berlim, Akademie, 2009).

[52] Alguns deles – assim como alguns discursos e resoluções apresentados nos congressos da Internacional – foram incluídos na antologia publicada por ocasião do 150° aniversário dessa organização; ver Marcello Musto (org.), *Trabalhadores, uni-vos! Antologia política da I Internacional*, (Boitempo, São Paulo, 2014); Karl Marx, "Confidential Communication", em Karl Marx e Friedrich Engels, *Collected Works*, v. 21, cit., p. 120.

declaração clara pela primeira vez sobre a socialização dos meios de produção pelas autoridades estatais e a favor do direito de abolir a propriedade individual da terra. Isso marcou uma importante vitória para Marx e a primeira aparição dos princípios socialistas no programa político de uma grande organização operária.

Além de ter representado um período determinante para o desenvolvimento do programa político da Internacional, o fim dos anos 60 e o início dos anos 70 do século XIX foram um período repleto de conflitos sociais. Muitos trabalhadores que participavam de ações de protesto decidiram entrar em contato com a Internacional, cuja fama se difundia cada vez mais, e pedir a ela suporte para suas lutas. Esse período vivenciou também o nascimento de algumas cisões entre os trabalhadores irlandeses na Inglaterra. Marx estava preocupado com a divisão que o violento nacionalismo havia produzido no interior das fileiras do proletariado e, num documento daquela época – a chamada "Comunicação confidencial" –, destacava como "a burguesia inglesa não apenas explorava a miséria irlandesa para manter a classe trabalhadora da Inglaterra rebaixada através da imigração forçada dos irlandeses pobres", mas também se mostrava capaz de dividir os trabalhadores "em dois campos hostis". Para Marx, "uma nação que escraviza outra forja os próprios grilhões"[53] e a luta de classes não podia ignorar uma questão tão decisiva. Outro tema importante do volume, tratado com particular atenção nos artigos escritos por Engels para *The Pall Mall Gazette*, foi a oposição à Guerra Franco-Prussiana de 1870-71.

Finalmente, há três novos livros na primeira seção da MEGA² concernentes ao último período da vida de Engels. O volume I/30, *Werke, Artikel, Entwürfe – Mai 1883 bis September 1886*[54], compreende 43 textos redigidos por Engels nos três anos seguintes à morte de Marx. Dos 29 escritos mais significativos desse livro, 17 são intervenções jornalísticas em alguns dos principais títulos da imprensa proletária europeia. Nessa fase de sua vida, predominantemente dedicada à revisão dos manuscritos incompletos de *O capital* de Marx, Engels não deixou de se manifestar acerca das questões mais urgentes da atualidade política e teórica. Inclusive, remete a esse período a publicação de *Ludwig Feuerbach e o fim da filosofia clássica alemã*. Ademais, os outros 14 textos, publicados no apêndice da obra, são algumas traduções realizadas por Engels e uma série de artigos, assinados por outros autores, que contaram com sua colaboração.

---

[53] Karl Marx, "Confidential Communication", em idem.
[54] Friedrich Engels, *Werke, Artikel, Entwürfe – Mai 1883 bis September 1886*, MEGA², v. I/30 (Berlim, Akademie, 2011).

No volume I/31, *Werke, Artikel, Entwürfe – Oktober 1886 bis Februar 1891*[55], alternam-se projetos e notas, incluindo o manuscrito "O papel da violência na história", embora sem as intervenções de Bernstein, que editara a primeira edição; discursos a organizações do movimento operário; prefácios a reimpressões de escritos já publicados e artigos. De particular importância entre estes últimos são "A política externa do tsarismo russo", a história de dois séculos da política externa russa que apareceu no *Die Neue Zeit*, mas depois foi banida por Stálin, em 1934, e "O socialismo jurídico", texto escrito com Kautsky, cuja autoria das partes individuais é reconstruída pela primeira vez.

No volume I/32, *Werke, Artikel, Entwürfe – März 1891 bis 1895*[56], são compilados os escritos dos últimos quatro anos e meio de vida de Engels. Trata-se de alguns artigos jornalísticos redigidos para os maiores jornais socialistas da época (entre os quais *Die Neue Zeit*, *Le Socialiste* e *Critica Sociale*), mas também os prefácios e posfácios a várias reedições dos textos de Marx e Engels, transcrições de discursos, entrevistas, saudações dirigidas a congressos partidários, relatos de conversas, documentos elaborados com sua colaboração e traduções. Esses três volumes são muito úteis para uma pesquisa mais profunda sobre a elaboração teórica e política do último Engels.

As pesquisas da segunda seção da MEGA², "*Das Kapital und Vorarbeiten*" [*O capital* e seus trabalhos preparatórios] se restringiram, nos últimos anos, aos Livros II e III de *O capital*. O volume II/11, *Manuskripte zum zweiten Buch des "Kapitals" – 1868 bis 1881*[57], contém todos os últimos manuscritos relativos ao Livro II de *O capital*, redigidos por Marx entre 1868 e 1881. Nove dos dez manuscritos publicados nesse volume eram até então inéditos. Em outubro de 1867, Marx voltou a trabalhar no segundo livro de *O capital*, mas vários problemas de saúde o obrigaram a uma nova e repentina interrupção. Quando, alguns meses depois, pôde retomar o trabalho, quase três anos haviam se passado desde a última versão que escrevera. Marx completou os dois primeiros capítulos na primavera de 1868, bem como um conjunto de manuscritos preparatórios – sobre a relação entre mais-valor e taxa de lucro, sobre a lei da taxa de lucro e sobre a metamorfose do capital – que o ocuparam até o fim daquele ano. A nova versão do terceiro capítulo foi feita nos

---

[55] Idem, *Werke, Artikel, Entwürfe – Oktober 1886 bis Februar 1891*, MEGA², v. I/31 (Berlim, Akademie, 2002).
[56] Idem, *Werke, Artikel, Entwürfe – März 1891 bis 1895*, MEGA², v. I/32 (Berlim, Akademie, 2010).
[57] Karl Marx, *Manuskripte zum zweiten Buch des "Kapitals" – 1868 bis 1881*, MEGA², v. II/11 (Berlim, Akademie, 2008).

dois anos seguintes. O volume termina com vários textos curtos escritos pelo velho Marx entre fevereiro de 1877 e a primavera de 1881.

O volume II/12, *Das Kapital: Kritik der politischen Ökonomie – Zweites Buch. Redaktionsmanuskript von Friedrich Engels 1884/1885*[58], inclui o texto do Livro II, escrito por Engels, baseado em sete manuscritos de diferentes tamanhos, redigidos por Marx entre 1865 e 1881. Engels, de fato, na presença de vários rascunhos do Livro II, não havia recebido de Marx nenhuma indicação para selecionar a versão a ser publicada. Na verdade, ele se viu com algum material de

> estilo descuidado, repleto de expressões coloquiais, frequentemente sarcásticas, além de termos técnicos ingleses e franceses e, muitas vezes, frases e até páginas inteiras em inglês; as ideias pousavam sobre o papel da forma como iam se desenvolvendo no cérebro do autor. [...], muitas vezes, no fim de um capítulo, na pressa do autor de passar ao capítulo seguinte, não havia mais do que algumas sentenças fragmentárias, a indicar o desenvolvimento ali deixado incompleto.[59]

Engels se viu, então, na necessidade de realizar escolhas editoriais precisas. As aquisições filológicas mais recentes estimam que as intervenções realizadas por Engels nesses manuscritos somaram cerca de 5 mil – uma quantidade muito maior do que se supunha. As modificações consistem em acréscimos e exclusões de trechos de texto, modificações de sua estrutura, inserção de títulos de parágrafos, substituições de conceitos, reelaboração de algumas formulações de Marx ou traduções de palavras adotadas de outras línguas. Somente ao fim desse trabalho surgiu o exemplar a ser impresso. Esse volume da MEGA², portanto, nos permite reconstruir todo o processo de seleção, composição e correção dos manuscritos de Marx e estabelecer onde Engels realizou o maior número de modificações e onde ele pôde, em vez disso, respeitar fielmente os manuscritos de Marx, os quais, é preciso enfatizar uma vez mais, não representavam de forma alguma o destino final de sua pesquisa.

Os rascunhos do Livro II de *O capital*, deixados por Marx em estado absolutamente inconcluso, apresentam de fato uma série de problemas teóricos. A versão final do Livro II de *O capital* é publicada por Engels em 1885 e republicada no volume II/13, *Das Kapital: Kritik der politischen Ökonomie – Zweiter Band: Herausgegeben von Friedrich Engels – Hamburg 1885*[60].

---

[58] Idem, *Das Kapital: Kritik der politischen Ökonomie – Zweites Buch. Redaktionsmanuskript von Friedrich Engels 1884/1885*, MEGA², v. II/12 (Berlim, Akademie, 2005).

[59] Friedrich Engels, "Prefácio", em Karl Marx, *O capital*, Livro II, cit. p. 79.

[60] Karl Marx, *Das Kapital: Kritik der politischen Ökonomie – Zweiter Band: Herausgegeben von Friedrich Engels – Hamburg 1885*, MEGA², v. II/13 (Berlim, Akademie, 2008).

A publicação do Livro III de *O capital: Das Kapital. Kritik der politischen Ökonomie – Dritter Band*[61], o único a que Marx não conseguiu, nem de modo aproximado, dar uma forma definitiva, remete a episódios editoriais ainda mais complexos. Em seu prefácio, Engels afirmou que, desse texto,

> dispunha-se apenas de uma primeira versão, ainda por cima repleta de lacunas. Em regra, o início de cada seção estava elaborado de forma bastante cuidadosa e, na maior parte, estilisticamente acabada. Mas, ao avançar, maiores eram o caráter de esboço da elaboração e as lacunas que esta apresentava, bem como o número de digressões sobre pontos secundários que surgiam no curso da investigação e cujo lugar definitivo ficava dependente de um ordenamento ulterior.[62]

Assim, a intensa atividade editorial de Engels, na qual depositou grande parte de suas energias no longo período entre 1885 e 1894, produziu a transição de um texto muito provisório, composto por "ideias anotadas *in statu nascendi* [em estado nascente]"[63] e notas preliminares, para um de caráter mais unitário, do qual se originou a aparência de uma teoria econômica sistemática e conclusa.

Isso transparece com clareza no volume II/14, *Manuskripte und redaktionelle Texte zum dritten Buch des "Kapitals"*[64]. Ele contém os últimos seis manuscritos de Marx referentes ao Livro III de *O capital*, redigidos entre 1871 e 1882, dos quais o mais importante é o volumoso "A relação entre a taxa de mais-valor e a taxa de lucro, desenvolvida matematicamente", de 1875, bem como os textos acrescentados por Engels durante seu trabalho de organizador. São justamente esses últimos que demonstram, com inegável exatidão, o percurso percorrido até a versão publicada. Como mais uma confirmação do valor deste livro, cabe destacar que 45 dos 51 textos apresentados foram impressos pela primeira vez ali. A conclusão da segunda seção, agora próxima, permitirá finalmente uma avaliação crítica correta do estado dos originais deixados por Marx e do valor e dos limites do trabalho realizado por Engels como editor[65].

---

[61] Idem, *Das Kapital: Kritik der politischen Ökonomie – Dritter Band*, MEGA², v. II/15 (Berlim, Akademie, 2004).
[62] Friedrich Engels, "Prefácio", em Karl Marx, *O capital: crítica da economia política*, Livro III: *O processo global da produção capitalista* (trad. Rubens Enderle, São Paulo, Boitempo, 2017), p. 32.
[63] Idem.
[64] Karl Marx e Friedrich Engels, *Manuskripte und redaktionelle Texte zum dritten Buch des "Kapitals"*, MEGA², v. II/14 (Berlim, Akademie, 2003).
[65] Sobre este tema, ver a tese de Michael Heinrich, "Engels' Edition of the Third Volume of *Capital* and Marx's Original Manuscript", em *Science & Society*, v. 60, n. 4, 1996-97, p. 452-66; e de Michael Krätke, "Das Marx-Engels-Problem: Warum Engels das Marxsche *Kapital* nicht verfälscht hat", em *Marx-Engels-Jahrbuch*, v. 2006, p. 142-70.

Por fim, com o volume II/4.3, Karl Marx, *Ökonomische Manuskripte 1863--1868 – Teil 3i*[66], foi completada a publicação da segunda seção da MEGA². Esse volume – de publicação posterior aos volumes II/4.1 e II/4.2, que apareceram no curso anterior da MEGA²[67] – inclui 15 manuscritos inéditos. Esses textos datam do período entre o outono de 1867 e o fim de 1868. Sete deles são rascunhos do Livro III; textos de caráter altamente fragmentado, Marx nunca foi capaz de atualizá-los de modo a refletir o progresso de sua pesquisa. Três outros textos estão relacionados ao Livro II, ao passo que cinco tratam da interdependência entre os Livros II e III e incluem também alguns excertos comentados das obras de Adam Smith e Thomas Malthus. Esses textos são particularmente estimulantes para os economistas interessados na teoria da taxa de lucro de Marx e nas suas ideias sobre a teoria dos preços. Os estudos filológicos relativos à preparação desse volume também mostraram que, ao contrário do que sempre se acreditou, o manuscrito original do Livro I de *O capital* data realmente do período de 1863-64 e que o capítulo seis inédito, "Os resultados do processo de produção imediato" – antes considerado sua única parte sobrevivente –, foi recortado e deixado de lado por Marx durante a preparação da cópia enviada à gráfica[68].

Com a publicação do volume II/4.3, a MEGA² finalmente disponibilizou todos os textos relativos à *magnum opus* do revolucionário nascido em Trier, da célebre "Introdução", escrita em julho de 1857, durante uma das maiores crises financeiras da história do capitalismo, até os últimos fragmentos, escritos em julho de 1881. São nada menos que 15 volumes acompanhados do mesmo número de tomos, igualmente copiosos, com um formidável aparato crítico. Entre outros escritos, esses volumes compreendem todos os manuscritos do fim dos anos 1850 e dos primeiros anos da década de 1860, a primeira versão de *O capital*, publicada em 1867 (antes de ter algumas de suas partes modificadas para as reimpressões posteriores), a sua tradução francesa (modificada por Marx), publicada entre 1872 e 1875[69], e todas as mudanças realizadas por Engels nos manuscritos dos Livros II e III. Comparativamente, a clássica caixinha com os três livros de *O capital* parece minúscula diante desse volume da

---

[66] Karl Marx, *Ökonomische Manuskripte 1863-1868 – Teil 3i*, MEGA², v. II/4.3 (Berlim, Akademie, 2012). Uma ínfima parte desse texto foi recentemente traduzida em inglês: Karl Marx, "Marx's Economic Manuscript of 1867–68 (Excerpt)", *Historical Materialism*, v. 27, n. 4, 2019, p. 162-92.

[67] O volume II/4.2 foi traduzido para o inglês: Fred Moseley (org.), *Marx's Economic Manuscript of 1864-1865* (Leiden, Brill, 2015).

[68] Ver Carl-Erich Vollgraf, "Einführung", MEGA², v. II/4.3, p. 421-74.

[69] Ver Marcello Musto, *Marx and 'Le Capital': Evaluation, History, Reception* (Londres/Nova York, Routledge, 2022).

MEGA². Não é exagero dizer que só agora é possível, de fato, compreender méritos, limites e incompletudes de *O capital* de Marx.

A terceira seção da MEGA², "Briefwechsel" [Correspondências], agrupa as cartas trocadas entre Marx e Engels ao longo de suas vidas, bem como aquelas entre eles e inúmeros outros correspondentes com quem tiveram contato. O número total de cartas desse epistolário é enorme. Foram encontradas, de fato, mais de 4 mil delas escritas por Marx e Engels, das quais 2,5 mil trocadas entre eles diretamente, e outras 10 mil endereçadas a eles por terceiros, grande parte delas inéditas até a primeira edição da MEGA². Além disso, outras 6 mil cartas, embora não tenham sido enviadas, deixaram rastros de sua existência. Foram publicados quatro novos volumes, que nos permitem agora reler fases importantes da biografia intelectual de Marx, também por meio das cartas daqueles com quem manteve contato.

As cartas coligidas no volume III/9, *Briefwechsel – Januar 1858 bis August 1859*[70], têm como pano de fundo a recessão econômica de 1857. Essa crise reacendeu em Marx a esperança de uma retomada do movimento revolucionário, após a década de refluxo aberta pela derrota de 1848. Essa expectativa o impregnou de uma renovada produtividade intelectual e o levou a delinear os traços fundamentais de sua teoria econômica "antes do dilúvio"[71], tão esperado, mas ainda não realizado. Justamente nesse período, Marx redigiu os últimos cadernos de seus *Grundrisse* e decidiu publicar sua obra em fascículos, o primeiro deles, editado em junho de 1859, intitulado *Contribuição à crítica da economia política*. No plano pessoal, essa fase foi marcada pela "miséria gangrenosa"[72]: "creio que nunca alguém escreveu sobre 'o dinheiro' padecendo tanto da ausência de dinheiro"[73]. Marx lutou desesperadamente para que a precariedade de sua própria condição não o impedisse de levar a cabo a sua "economia política". No entanto, o segundo fascículo nunca viu a luz e, para a próxima publicação sobre economia, foi necessário esperar até 1867, ano de publicação do Livro I de *O capital*.

Os volumes III/10, *Briefwechsel – September 1859 bis Mai 1860*[74], e III/11, *Briefwechsel – Juni 1860 bis Dezember 1861*[75], contêm a correspondência relativa

---

[70] Karl Marx e Friedrich Engels, *Briefwechsel – Januar 1858 bis August 1859*, MEGA², v. III/9 (Berlim, Akademie, 2003).
[71] "Karl Marx a Friedrich Engels, 8 dicembre 1857", em *Marx Engels Opere*, v. 40 (Roma, Editori Riuniti, 1973), p. 237.
[72] "Karl Marx a Friedrich Engels, 16 aprile 1859", ibidem, p. 441.
[73] "Karl Marx a Friedrich Engels, 21 gennaio 1859", ibidem, p. 404.
[74] Karl Marx e Friedrich Engels, *Briefwechsel – September 1859 bis Mai 1860*, MEGA², v. III/10 (Berlim, Akademie 2000).
[75] Idem, *Briefwechsel – Juni 1860 bis Dezember* 1861, MEGA², v. III/11 (Berlim, Akademie, 2005).

aos tortuosos eventos da publicação de *Herr Vogt* [Senhor Vogt] e ao renhido embate entre este e Marx. Em 1859, de fato, Carl Vogt o acusou de ser o inspirador de um complô contra ele, bem como o líder de uma quadrilha que vivia chantageando aqueles que haviam participado dos levantes revolucionários de 1848. Assim, para salvaguardar sua reputação, Marx sentiu-se obrigado a se defender, o que também se deu por meio de uma intensa troca de cartas dirigidas aos militantes com os quais manteve relações políticas durante e depois de 1848, a fim de obter deles todos os documentos possíveis sobre Vogt. O resultado foi um panfleto controverso de nada menos que duzentas páginas: *Herr Vogt*. A refutação das acusações recebidas manteve Marx ocupado por um ano inteiro e o forçou a negligenciar completamente seus estudos econômicos.

O incansável esforço de Marx para completar sua "crítica da economia política" é o tema principal do volume III/12, *Briefwechsel – Januar 1862 bis September 1864*[76], que abarca sua correspondência do início de 1862 até o momento de fundação da Internacional. Das 425 cartas referentes a esse período conservadas, 112 foram trocadas entre Engels e Marx, 35 escritas por eles a outras pessoas e 278 recebidas por eles de terceiros. Destas, 227 foram publicadas pela primeira vez nesse volume. Os livros da terceira seção da MEGA² – e essa é a diferença mais significativa em relação a todas as edições anteriores – oferecem ao exame do leitor não apenas as cartas assinadas por Marx e Engels, mas também tantas outras das que lhes foram endereçadas. Trata-se de um material de enorme interesse, pois traz muitas informações, antes desconhecidas, sobre acontecimentos e teorias que Marx e Engels aprenderam com mulheres e homens com quem compartilharam compromissos políticos.

Tal como os outros volumes de correspondências da MEGA², este livro também se encerra com uma tabela (*Verzeichnis*) das cartas escritas por Marx e Engels, ou a eles endereçadas, que se perderam, mas das quais foram preservados vestígios que podem provar sua existência. No total, trata-se de 125 missivas, ou quase um quarto daquelas encontradas. Destas, 57 foram escritas por Marx. Nesses casos, mesmo ao erudito mais rigoroso não resta nada além da mera especulação.

O tema principal do volume III/13, *Briefwechsel – Oktober 1864 bis Dezember 1865*[77], é a atividade política de Marx no seio da Associação Internacional dos Trabalhadores. As cartas documentam o trabalho de Marx no período inicial da vida da organização, durante o qual ele rapidamente adquiriu o papel de maior prestígio, e sua tentativa de conciliar o compromisso público, que o pôs novamente na vanguarda

---

[76] Idem, *Briefwechsel – Januar 1862 bis September 1864*, MEGA², v. III/12 (Berlim, Akademie, 2013).

[77] Idem, *Briefwechsel – Oktober 1864 bis Dezember 1865*, MEGA², v. III/13 (Berlim, Akademie, 2002).

após dezesseis anos, com o trabalho científico. Entre as questões debatidas estava a função das organizações sindicais que, segundo ele, deveriam tomar partido contra Ferdinand Lassalle e sua proposta de formar cooperativas financiadas pelo Estado prussiano: "Ou a classe trabalhadora é revolucionária ou não é nada"[78]. Além disso: a polêmica contra o owenista John Weston, que resultou no ciclo de palestras reunidas postumamente em 1898 com o nome de *Salário, preço e lucro*; considerações sobre a guerra civil nos Estados Unidos; o panfleto de Engels *A questão militar na Prússia e o Partido Operário Alemão*.

Por fim, a MEGA² publicou uma nova parte da correspondência de Engels. O volume III/30, *Briefwechsel – Oktober 1889 bis November 1890*[79], compreende 406 cartas que sobreviveram entre as mais de 500 efetivamente escritas no arco temporal de outubro de 1889 a novembro de 1890. Por meio dessa correspondência apresentada na íntegra – já que, diferentemente de todas as edições anteriores à MEGA², não se limita apenas às cartas de Engels – é possível apurar com mais detalhes a contribuição que ele prestou para o crescimento dos partidos operários na Alemanha, na França e na Inglaterra, em questões teóricas e organizacionais. Algumas cartas sobre o nascimento da Segunda Internacional também datam desse período, cujo congresso de fundação foi celebrado precisamente em 14 de julho de 1889, assim como muitos dos debates que nela ocorreram.

As novidades da edição histórico-crítica podem ser percebidas também na quarta seção, "Exzerpte, Notizen, Marginalien" [Excertos, notas, marginália], relativa àqueles numerosos resumos e apontamentos de estudo de Marx, que constituem um testemunho significativo de seu ciclópico trabalho. Desde os tempos universitários, aliás, Marx adquirira o hábito, que manteve ao longo da vida, de compilar cadernos com excertos dos livros que lia, intercalando-os muitas vezes com as reflexões que despertavam. O legado literário de Marx contém cerca de duzentos cadernos e blocos de notas com resumos, essenciais para o conhecimento e a compreensão da gênese de sua teoria e das partes dela que o autor não conseguiu desenvolver tanto quanto gostaria. Os excertos preservados, que abrangem o longo período entre 1838 e 1882, estão escritos em oito idiomas – alemão, grego antigo, latim, francês, inglês, italiano, espanhol e russo – e pertencem às mais variadas disciplinas. Eles foram elaborados a partir de textos sobre filosofia, arte, religião, política, direito, literatura, história, economia política, relações internacionais, tecnologia, matemática, fisiologia, geologia,

---

[78] "Karl Marx a Johann Baptist von Schweitzer, 13 febbraio 1865", em *Marx Engels Opere*, v. 42 (Roma, Editori Riuniti, 1974), p. 490.

[79] Friedrich Engels, *Briefwechsel – Oktober 1889 bis November 1890*, MEGA², v. III/30 (Berlim, Akademie, 2013).

mineralogia, agronomia, etnologia, química e física; bem como de artigos de jornais e revistas, relatórios parlamentares, estatísticas, relatórios e publicações de órgãos do governo – é o caso dos famosos *Blue books* [Livros azuis], em especial os *Reports of the inspectors of factories* [Relatórios dos inspetores de fábricas], cujas investigações foram de grande importância para seus estudos. Essa vasta mina de conhecimento, em grande parte ainda inédita, foi o canteiro de obras da teoria crítica de Marx e a quarta seção da MEGA², concebida em 32 volumes, permite, pela primeira vez, o acesso a essa teoria.

Sete textos desta seção foram impressos após a retomada da MEGA², em 1998. O volume IV/3, *Exzerpte und Notizen – Sommer 1844 bis Anfang 1847*[80], é constituído por oito cadernos de excertos, redigidos por Marx entre o verão de 1844 e dezembro de 1845. Os dois primeiros remetem ao período parisiense e foram escritos pouco depois dos *Manuscritos econômico-filosóficos de 1844*, ao passo que os outros seis foram escritos no ano seguinte, em Bruxelas, para onde ele fugiu após ser expulso de Paris, e na Inglaterra, onde permaneceu em julho e agosto. Nesses cadernos estão reunidos os vestígios do encontro de Marx com a economia política e o processo de formação de suas primeiríssimas elaborações de teoria econômica. Isso fica claro pelos excertos dos manuais de economia política de Heinrich Storch e Pellegrino Rossi, assim como naqueles de Pierre de Boisguillebert, James Lauderdale, Simonde de Sismondi e, em relação às máquinas e técnicas de manufatura, de Charles Babbage e Andrew Ure. Comparando esses cadernos com os escritos da época, publicados ou não, fica evidente a influência dessas leituras no desenvolvimento de suas ideias. O conjunto dessas notas, com a reconstrução histórica de seu amadurecimento, mostra o itinerário e a complexidade de seu pensamento crítico durante esse período sumamente intenso de trabalho. O texto, ademais, contém as famosas "Teses sobre Feuerbach".

No mesmo período de *A ideologia alemã*, Marx ampliou seus estudos de economia política iniciados em Paris, no outono de 1843. Em 1845, Marx passou os meses de julho e agosto em Manchester, examinando a vasta literatura econômica existente em língua inglesa. Compilou nove cadernos de excertos, os chamados *Manchester Notebooks*, nos quais fez fichamentos principalmente de manuais de economia política e de livros de história econômica. O volume IV/4, *Exzerpte und Notizen – Juli bis August 1845*[81], publicado em 1988, trouxe à tona os primeiros cinco cadernos daquele período em Manchester, bem como outros três cadernos de notas de Engels, redigidos na mesma estada. O volume IV/5, *Exzerpte und Notizen – Juli*

---

[80] Karl Marx, *Exzerpte und Notizen – Sommer 1844 bis Anfang 1847*, MEGA², v. IV/3 (Berlim, Akademie, 1998).

[81] Karl Marx e Friedrich Engels, *Exzerpte und Notizen – Juli bis August 1845*, MEGA², v. IV/4 (Berlim, Dietz, 1988).

1845 bis Dezember 1850[82], completou a publicação desses textos, disponibilizando aos estudiosos suas partes ainda inéditas. Compõem esse volume os cadernos 6, 7, 8 e 9, nos quais Marx redigiu excertos de 16 obras de economia política. Os resumos mais volumosos desse grupo foram os do livro *Essay on the Formation of Human Character* [Ensaio sobre a formação do caráter humano], de John Francis Bray, e de quatro textos de Robert Owen, em particular o *Book of the New Moral World* [Livro do novo mundo moral]. Esses resumos mostram o grande interesse nutrido à época por Marx pelo socialismo inglês e testemunham seu respeito por Owen – um autor relegado por muitos marxistas, repetida e apressadamente, à categoria depreciativa de "utópico". Completam o livro cerca de 20 páginas redigidas por Marx entre 1846 e 1850 e algumas notas de estudo de Engels referentes ao mesmo período temporal.

O volume IV/12, *Exzerpte und Notizen – September 1853 bis Januar 1855*[83], contém nove encorpados cadernos de excertos, redigidos por Marx essencialmente no ano de 1854. Eles foram escritos no mesmo período em que publicou importantes séries de artigos para o *New-York Tribune*: aquelas sobre Lord Palmerston, entre outubro e dezembro de 1853; as reflexões sobre a Espanha revolucionária, entre julho e dezembro de 1854; além dos textos sobre a Guerra da Crimeia – na verdade, quase todos de autoria de Engels –, que apareceram até 1856. Quatro desses cadernos reúnem notas sobre a história da diplomacia extraídas principalmente dos textos dos historiadores Famin e Francis, do jurista e diplomata alemão von Martens, do político *tory* Urquhart, assim como da *Correspondence Relative to the Affairs of the Levant* [Correspondência relativa aos assuntos do levante] e dos *Hansard's Parliamentary Debates* [Relatórios diários dos procedimentos do Parlamento britânico]. Os outros cinco cadernos, compostos por excertos de Chateaubriand, do escritor espanhol de Jovellanos, do também espanhol general San Miguel, de seu compatriota Marliani e de muitos outros autores, são dedicados exclusivamente à Espanha e mostram com que intensidade Marx examinou sua história política e social e a sua cultura[84]. São também de particular interesse as anotações relativas ao *Essai sur l'Histoire de la formation et des progrès du tiers état* [Ensaio sobre a história da formação e do progresso do terceiro Estado], de Augustin Thierry. Todas essas notas são de grande importância, pois revelam as fontes de onde Marx as extraiu e nos permitem compreender a forma como ele utilizou essas leituras para a redação

---

[82] Idem, *Exzerpte und Notizen – Juli 1845 bis Dezember 1850*, MEGA², v. IV/5 (Berlim, De Gruyter, 2015).

[83] Idem, *Exzerpte und Notizen – September 1853 bis Januar 1855*, MEGA², v. IV/12 (Berlim, Akademie, 2007).

[84] Ver Pedro Ribas, *Escritos sobre España* (Madri, Trotta, 1998), em particular p. 17-72.

de seus artigos. Finalmente, o volume inclui um conjunto de excertos de Engels sobre história militar.

A militância política de Marx na Internacional durou de 1864 a 1872, e o recente volume IV/18, *Exzerpte und Notizen – Februar 1864 bis Oktober 1868, November 1869, März, April, Juni 1870, Dezember 1872*[85], apresenta aos leitores a parte ainda desconhecida dos estudos conduzidos por Marx no decorrer daquela década. As pesquisas publicadas nesse livro foram realizadas tanto no período próximo à publicação do Livro I de *O capital* quanto após 1867, durante a preparação da impressão dos Livros II e III. Este volume da MEGA² é composto por cinco cadernos de excertos (*Exzerpthefte*) e por quatro blocos de anotações compostos por resumos de mais de cem livros, relatórios de debates parlamentares e artigos jornalísticos. Sua parte mais consistente e relevante do ponto de vista teórico diz respeito às pesquisas de Marx sobre agricultura. Seu interesse premente se voltou para a teoria da renda fundiária, as ciências naturais, as condições agrícolas em inúmeros países da Europa e nos Estados Unidos, na Rússia, no Japão e na Índia e, por fim, para a realidade agrária nas sociedades pré-capitalistas.

Marx leu com grande atenção *Die organishe Chemie in ihrer Anwendung auf Agricultur und Physiologie* [A química orgânica em sua aplicação à agricultura e à fisiologia] (1843), do cientista Justus von Liebig. Esse autor alemão foi essencial para ele, pois permitiu a Marx mudar uma convicção anterior: a ideia de que as descobertas científicas da agricultura moderna resolveriam o problema da regeneração do solo. Foi precisamente após o estudo de Liebig que Marx se interessou cada vez mais pelo que hoje chamamos de "ecologia", em particular pela erosão do solo e pelo desmatamento. Além disso, entre os livros que mais o impressionaram nesse período, um lugar especial é ocupado pelo *Einleitung zur Geschichte der Mark-, Hof-, Dorf-, und Stadtverfassung und der offentlichen Gewalt* [Introdução à história constitutiva do marco, da fazenda, da aldeia, da cidade e do poder público alemães] (1854), do estadista e historiador do direito Georg Ludwig von Maurer. Numa carta escrita à época, Marx comentava com Engels que achava seus livros "extraordinariamente importantes", pois neles "não apenas o início da Idade Média, mas todo o desenvolvimento posterior das cidades imperiais livres, da imunidade dos latifundiários, da autoridade pública e da luta entre o campesinato livre e os servos ganha uma roupagem completamente nova"[86]. Marx expressou sua aprovação

---

[85] Karl Marx e Friedrich Engels, *Exzerpte und Notizen – Februar 1864 bis Oktober 1868, November 1869, März, April, Juni 1870, Dezember 1872*, MEGA², v. IV/18 (Berlim, De Gruyter, 2019).

[86] "Marx to Engels, 25 de march 1868", em Karl Marx e Friedrich Engels, *Collected Works*, v. 43, cit., p. 557.

a Maurer porque ele havia mostrado que a propriedade privada da terra pertencia a um período histórico específico e não poderia representar uma característica natural da civilização humana. Finalmente, Marx também estudou em profundidade três obras alemãs de Karl Fraas: *Klima und Pflanzenwelt in der Zeit: Ein Beitrag zur Geschichte beider* [Clima e mundo vegetal ao longo dos tempos, uma história de ambos] (1847), *Geschichte der Landwirthschaft* [História da agricultura] (1852) e *Die Natur der Landwirthschaft* [A natureza da agricultura] (1857). Do primeiro livro, Marx apreciou, de modo particular, a parte em que se demonstra que "em tempos históricos determinados, clima e flora mudaram". Quanto ao seu autor, Marx descreve-o para Engels como um "darwinista antes de Darwin, pois faz as próprias espécies surgirem em tempos históricos". Impressionou-o muito positivamente, aliás, as suas considerações ecológicas, das quais transparecia a sua preocupação com "o cultivo que, quando progride de maneira primitiva, *não conscientemente* controlada (obviamente, isso não se consegue sendo burguês), deixa desertos atrás de si". Marx identificou em tudo isso uma "nova tendência socialista inconsciente"[87].

Após a publicação dos chamados *Hefte zur Agrikultur* [Cadernos sobre agricultura], pode-se afirmar, com evidências ainda maiores do que no passado, que a ecologia poderia ter desempenhado um papel muito maior na elaboração de Marx se ele tivesse a energia necessária para completar os dois volumes restantes de *O capital*[88]. Naturalmente, a crítica ecológica de Marx era anticapitalista, e, muito mais do que depositar esperanças no progresso da ciência, pretendia discutir o modo de produção em seu conjunto.

A grande quantidade de estudos sobre as ciências naturais realizados por Marx fica evidente também após a publicação do volume IV/26, *Exzerpte und Notizen zur Geologie, Mineralogie und Agrikulturchemie – März bis September 1878*[89]. Tanto é que, entre a primavera e o verão de 1878, estiveram no centro de seus estudos a geologia, a mineralogia e a agroquímica, não a economia política. Durante esse período, Marx compilou resumos de vários textos, entre os quais *The Natural History of the Raw Materials of Commerce* [História natural das matérias-primas do comércio]

---

[87] Idem, p. 559.
[88] Acerca desses temas, ver também o trabalho de um dos editores do volume MEGA² IV/18: Kohei Saito, *Karl Marx's Ecosocialism: Capital, Nature and the Unfinished Critique of Political Economy* (Nova York, Monthly Review Press, 2017). [ed. bras.: *O ecossocialismo de Karl Marx: capitalismo, natureza e a crítica inacabada à economia política*, trad. Pedro Davoglio, São Paulo, Boitempo, 2021]
[89] Karl Marx, *Exzerpte und Notizen zur Geologie, Mineralogie und Agrikulturchemie – März bis September* 1878, MEGA², v. IV/26 (Berlim, Akademie, 2011).

(1872), de John Yeats, *Das Buch der Nature* [O livro da natureza] (1848), do químico Friedrich Schoedler, e *Elements of Agricultural Chemistry and Geology* [Elementos de química agrícola e geologia] (1856), do químico e mineralogista James Johnston. De junho até o início de setembro, no entanto, Marx se debruçou sobre o livro *Student's Manual of Geology* [Manual do aluno de geologia] (1857)[90], do geólogo Joseph Jukes, do qual tomou a maior parte de seus excertos – que se concentraram nas partes sobre a metodologia científica, as fases de desenvolvimento da geologia enquanto disciplina e sua utilidade na produção industrial e agrícola.

Essas novas pesquisas de Marx nasceram da necessidade de ampliar as noções sobre a renda, tema que ele já havia tratado em meados da década de 1860, na sexta seção do Livro III de *O capital*, intitulada "Transformação do lucro extra em renda fundiária". Alguns dos resumos feitos desses textos de ciências naturais pretendiam esclarecer melhor, para ele, os temas estudados. Outros, porém, foram gerados pela atenção aos aspectos teóricos dos assuntos abordados e feitos com a intenção de utilizar as novas aquisições na conclusão do Livro III. Engels, aliás, lembrou que Marx abordou temáticas como "pré-história, agronomia, condições da propriedade fundiária russa e americana, geologia [...] especialmente com o intuito de elaborar a seção sobre a renda fundiária do Livro III de *O capital* de forma completa, algo até então nunca tentado"[91].

O grande interesse de Marx pelas ciências naturais transparece também no volume IV/31, *Naturwissenschaftliche Exzerpte und Notizen – Mitte 1877 bis Anfang 1883*[92]. Nele estão publicadas as notas sobre química orgânica e inorgânica, do período 1877-83, que nos permitem descobrir mais um aspecto de sua obra. Isso é tanto mais importante porque essas pesquisas ajudam a dissipar a falsa lenda, desenhada pela maioria de seus biógrafos, que retrata Marx como um autor que, durante a última década de sua vida, teria satisfeito sua curiosidade intelectual e abandonado completamente novos estudos e pesquisas[93]. As notas publicadas contêm composições químicas extraídas dos livros dos químicos Lothar Meyer, Henry Enfield Roscoe, Carl Schorlemmer, assim como notícias sobre física, fisiologia e geologia – disciplinas que viram florescer, durante o último quartel do século XIX, importantes desenvol-

---

[90] Ibidem, p. 139-679.
[91] Friedrich Engels, "Marx, Heinrich Karl", em Karl Marx e Friedrich Engels, *Collected Works*, v. 27, cit., p. 341.
[92] Karl Marx e Friedrich Engels, *Naturwissenschaftliche Exzerpte und Notizen – Mitte 1877 bis Anfang 1883*, MEGA², v. IV/31 (Berlim, Akademie, 1999).
[93] Ver Marcello Musto, *O velho Marx: uma biografia de seus últimos anos (1881-1883)* (trad. Rubens Enderle, São Paulo, Boitempo, 2018).

vimentos científicos sobre os quais Marx sempre quis manter-se atualizado. Esses estudos constituem um dos campos de pesquisa sobre Marx menos explorados e, por não estarem diretamente ligados à continuação de *O capital*, colocam questões não resolvidas sobre a razão desse interesse. Completando o volume, há também excertos sobre temas semelhantes escritos por Engels no mesmo período.

Se os manuscritos de Marx conheceram as mais diversas vicissitudes antes de serem publicados, um destino ainda pior recaiu sobre os livros pertencentes a ele e a Engels. Após a morte deste último, as duas bibliotecas de propriedade dos autores, contendo volumes com interessantes grifos e anotações à margem dos textos, foram ignoradas, parcialmente dispersas e, só mais tarde, penosamente reconstruídas e catalogadas. O volume IV/32, *Die Bibliotheken von Karl Marx und Friedrich Engels*[94], é, de fato, o fruto de 75 anos de pesquisas. Ele consiste num índice de 1.450 livros, em 2.100 tomos – ou dois terços daqueles pertencentes a Marx e Engels –, que inclui o índice de todas as páginas de cada volume em que foram feitas anotações. Trata-se de uma publicação antecipada que, quando a MEGA² estiver completa, será integrada pelo índice dos livros hoje faltantes (o número total daqueles encontrados é 2.100, em 3.200 tomos), com a indicação das anotações marginais, incluídas em 40 mil páginas de 830 textos, e a publicação dos comentários aos textos anotados à margem dos volumes. Conforme narrado por quem conviveu de perto com Marx, ele não considerava os livros artigos de luxo, mas verdadeiras ferramentas de trabalho. Ele os maltratava, dobrava suas pontas, sublinhava-os para encontrar, no futuro, as passagens mais significativas. "Eles são meus escravos e devem obedecer à minha vontade"[95], dizia Marx acerca de seus livros. Por outro lado, Marx se entregou a eles com tanta dedicação que chegou ao ponto de se definir como "uma máquina condenada a devorar livros para logo jogá-los na lixeira da história"[96]. Conhecer as suas leituras – vale recordar, no entanto, que a sua biblioteca dá apenas um recorte parcial daquele trabalho incansável que desenvolveu durante décadas no Museu Britânico de Londres –, bem como os seus comentários sobre elas, constitui uma preciosa contribuição para a reconstrução de sua pesquisa e serve para refutar a falaciosa interpretação hagiográfica marxista-leninista, que muitas vezes representou

---

[94] Karl Marx e Friedrich Engels, *Die Bibliotheken von Karl Marx und Friedrich Engels*, MEGA², v. IV/32 (Berlim, Akademie, 1999). A primeira parte desse trabalho foi publicada no volume: Vários Autores, *Ex libris Karl Marx und Friedrich Engels* (Berlim, Dietz, 1967).

[95] Paul Lafargue, "Karl Marx: Persönliche Erinnerungen", em Hans Magnus Enzensberger, *Colloqui con Marx e Engels* (Turim, Einaudi, 1977), p. 244.

[96] "Karl Marx a Laura e Paul Lafargue, 11 aprile 1868", em *Marx Engels Opere*, v. 53 (Roma, Editori Riuniti, 1975), p. 590.

seu pensamento como resultado de uma súbita fulminação e não, tal como foi na realidade, de uma elaboração repleta de elementos derivados de seus predecessores e contemporâneos.

10.5. Um outro Marx?

Que Marx surge a partir da nova edição histórico-crítica de sua obra? Definitivamente, um Marx diferente daquele representado, por muito tempo, por seus seguidores e adversários. O perfil granítico da estátua, que, em tantas praças dos regimes fechados do Leste europeu, o retratava apontando, com dogmática certeza, para o futuro, é hoje substituído por aquele de um autor que deixou incompleta grande parte de seus escritos para se dedicar, até sua morte, a estudos posteriores que confirmassem a validade de suas próprias teses. Da redescoberta de sua obra, ressurge a riqueza de seu pensamento, problemático e polimorfo, e o horizonte ao longo do qual a pesquisa sobre Marx ainda tem muitos caminhos a percorrer.

Por outro lado, seria exagerado afirmar – como fazem aqueles que invocam, com excessivo entusiasmo, um "Marx desconhecido" logo após a publicação de cada novo texto – que as recentes pesquisas tenham subvertido tudo aquilo que já se sabia sobre ele. Em vez disso, o que a MEGA² fornece é a base textual para repensar um "outro Marx". Não "outro" porque, de suas ideias, desapareceria aquela da luta de classes – como tentam argumentar em vão alguns acadêmicos que querem apresentá-lo como um clássico cada vez mais despolitizado (uma nova versão da velha ladainha que tende a salvar o "Marx economista" e abandonar o "Marx político") –, mas porque radicalmente diferente do autor que foi doutrinariamente transformado na fonte do "socialismo real" e, por muito tempo, representado como interessado exclusivamente no conflito de classe entre capital e trabalho assalariado.

Livre da odiosa função de *instrumentum regni* [instrumento de governo] a que se destinava no passado, sua obra volta a ser lida em todo o mundo. O pleno desdobramento de sua preciosa herança teórica, roubada por pretensos proprietários e por formas de uso restritivas, torna-se possível novamente. No entanto, se Marx não pode ser identificado com a esfinge esculpida pelo cinzento "socialismo real" do século XX, acreditando poder relegar sua herança teórica e política a um passado que nada mais teria a dizer aos conflitos de hoje, confiná-lo à função de clássico mumificado, desprovido de interesse para os dias atuais, ou aprisioná-lo em especialidades puramente acadêmicas, seria igualmente equivocado.

A volta do interesse por Marx vai muito além dos limites dos círculos de estudiosos. A redescoberta de Marx se baseia em sua persistente capacidade explicativa do presente, para o qual ele segue sendo instrumento indispensável de compreensão e transformação. Diante da crise da sociedade capitalista e das profundas contradições que a atravessam, volta-se a interrogar aquele autor deixado de lado, muito apressadamente, depois de 1989[97].

O que resta hoje de Marx? Quão útil é seu pensamento para as lutas dos trabalhadores? Qual parte de sua obra é mais fecunda para estimular a crítica de nosso tempo? Essas são algumas das perguntas que recebem reações muito díspares. Se o atual renascimento de Marx nos traz alguma certeza, ela reside justamente na descontinuidade em relação ao passado caracterizado pelas ortodoxias monolíticas que dominaram e condicionaram profundamente a interpretação desse autor. Ainda que marcada por evidentes limites e pelo risco de sincretismo, abriu-se uma fase marcada por muitos Marx[98] – e após o tempo dos dogmatismos, não poderia ser diferente. A tarefa de responder a essas questões, portanto, pertence às pesquisas, teóricas e práticas, de uma nova geração de estudiosos e militantes políticos.

Entre os Marx que continuam sendo indispensáveis, pelo menos dois se destacam. Primeiro, o crítico do modo de produção capitalista. O pesquisador analítico, perspicaz e incansável que intuiu e analisou seu desenvolvimento em escala mundial e, melhor do que qualquer outro, descreveu a sociedade burguesa. Aquele que se recusou a conceber o capitalismo e o regime da propriedade privada como cenários imutáveis da natureza humana e que ainda tem valiosas sugestões a oferecer àqueles que aspiram a realizar alternativas aos arranjos econômicos, sociais e políticos neoliberais. O outro Marx a quem deve ser dada grande atenção é o teórico do socialismo. O autor que repudiou a ideia do "Socialismo de Estado", já defendida na época por Lassalle e Johann Karl Rodbertus. O pensador que entendia o socialismo como uma transformação radical das relações produtivas e não como um emaranhado de paliativos suaves para os problemas da sociedade.

Sem Marx, estaremos condenados a uma afasia crítica, e tudo leva a crer que a luta pela emancipação humana ainda se utilizará dele. O seu "espectro" está destinado a vagar pelo mundo e agitar a humanidade por muito tempo ainda.

---

[97] Ver Marcello Musto (org.), *Marx for Today* (Nova York, Routledge, 2012). Na segunda parte deste segundo volume referido, intitulada "Marx's Global Reception Today", são resenhados os principais livros publicados sobre Marx, em dez das mais importantes línguas do mundo, no período 2000-2010. Para uma coletânea recente sobre novos tópicos relacionados aos estudos de Marx, ver também Marcello Musto (org.), *Rethinking Alternatives with Marx: Economy, Ecology and Migration* (Nova York, Palgrave Macmillan, 2021).

[98] Ver André Tosel, *Le Marxisme du 20ᵉ siècle* (Paris, Syllepse, 2009), p. 79 e seg.

Apêndice

Tabela cronológica dos escritos de Marx

Dado o volume da produção intelectual de Marx, a seguinte cronologia se limita exclusivamente aos escritos mais significativos. A ideia é evidenciar o caráter incompleto de inúmeros textos de Marx e as dificuldades relativas à sua publicação. Para responder ao primeiro objetivo, os títulos dos manuscritos que não foram impressos pelo autor estão inseridos entre colchetes, diferenciando-os, assim, das obras e dos artigos concluídos. Dessa maneira, evidencia-se a predominância da parte incompleta sobre aquela completa. Para tornar claras as dificuldades editoriais dos escritos de Marx, por sua vez, a coluna com informações sobre as edições dos trabalhos publicados postumamente especifica o ano da primeira publicação, a referência bibliográfica e, quando relevante, o nome dos organizadores. Eventuais mudanças feitas pelos próprios organizadores em relação aos originais são também indicadas nessa coluna. Além disso, quando a obra ou o manuscrito não foi redigido em alemão, indica-se o idioma em que foi publicado. As abreviações utilizadas são: MEGA (*Marx-Engels--Gesamtausgabe*, 1927-1935); SOC (*K. Marks i F. Èngel'sa Sočinenija*, 1928-1946); MEW (*Marx-Engels-Werke*, 1956-1968); MECW (*Marx-Engels Collected Works*, 1975-2005); MEGA² (*Marx-Engels-Gesamtausgabe*, 1975-...).

Ano	Título	Informações sobre as edições
1841	*Diferença entre a filosofia da natureza de Demócrito e a de Epicuro*	1902: em *Aus dem literarischen Nachlass von Karl Marx, Friedrich Engels und Ferdinand Lassalle*, organizada por Mehring (versão parcial). 1927: em MEGA, v. I/1.1, organizada por Riazanov.
1842-43	Artigos para a *Rheinische Zeitung*	Jornal impresso em Colônia.
1843	*Crítica da filosofia do direito de Hegel*	1927: em MEGA, v. I/1.1, organizada por Riazanov.
1844	Ensaios para os *Deutsch--Französische Jahrbücher*	Estão incluídos *Sobre a questão judaica* e "Crítica da filosofia do direito de Hegel – Introdução". Único número publicado em Paris. A maior parte das cópias foi confiscada pela polícia.
1844	*Manuscritos econômico-filosóficos*	1932: em *Der historische Materialismus*, organizado por Landshut e Mayer, e na MEGA, v. I/3, organizada por Adoratski (as edições diferem pelo conteúdo e pela ordem das partes). O texto foi excluído dos volumes numerados da MEW e publicado separadamente.

Ano	Título	Informações sobre as edições
1845	*A sagrada família* (com Engels)	Publicado em Frankfurt.
1845	"Teses sobre Feuerbach"	1888: no apêndice da reimpressão de *Ludwig Feuerbach e o fim da filosofia clássica alemã*, de Engels.
1845-46	*A ideologia alemã* (com Engels)	1903-1904: em *Dokumente des Sozialismus*, organizada por Bernstein (versão parcial e reformulada). 1932: em *Der historische Materialismus*, organizada por Landshut e Mayer, e na MEGA, v. I/3, organizada por Adoratski (as edições diferem no conteúdo e na ordem das partes).
1847	*Miséria da filosofia*	Impresso em Bruxelas e Paris. Texto em francês.
1848	*Discurso sobre a questão do livre-comércio*	Publicado em Bruxelas. Texto em francês.
1848	*Manifesto Comunista* (com Engels)	Impresso em Londres. Ganhou uma certa difusão a partir dos anos 1880.
1848-49	Artigos para a *Neue Rheinische Zeitung - Organ der Demokratie*	Jornal publicado em Colônia. Entre os artigos, inclui-se *Trabalho assalariado e capital*.
1850	Artigos para a *Neue Rheinische Zeitung – Politisch--ökonomische Revue*	Edições mensais impressas em Hamburgo, com tiragem limitada. Entre os artigos, inclui-se *As lutas de classes na França de 1848 a 1850*.
1852	*O 18 de brumário de Luís Bonaparte*	Publicado em Nova York na primeira edição de *Die Revolution*. A maior parte das cópias não foi retirada da gráfica por dificuldades financeiras. Apenas um número insignificante de exemplares chegou à Europa. A segunda edição – reformulada por Marx – saiu apenas em 1869.
1851-62	Artigos para o *New-York Tribune*	Muitos desses artigos foram redigidos por Engels.
1852	*Os grandes homens do exílio* (com Engels)	1930: em *Archiv Marksa i Engel'sa* (edição russa). O manuscrito foi anteriormente ocultado por Bernstein.
1853	*Revelações sobre o processo contra os comunistas em Colônia*	Impresso como um panfleto anônimo na Basileia (quase todas as 2 mil cópias foram confiscadas pela polícia) e em Boston. Em 1874, saiu a reimpressão no *Volksstaat*, em que Marx aparecia como autor, e, em 1875, a versão em livro.
1853-54	*Lord Palmerston*	Texto em inglês. Publicado inicialmente como artigo no *New-York Tribune* e em *The People's Paper*. Mais tarde, tornou-se um panfleto.

Ano	Título	Informações sobre as edições
1854	*O cavaleiro da nobre consciência*	Publicado em Nova York na forma de panfleto.
1856-57	*Revelações sobre a história diplomática do século XVIII*	Texto em inglês. Embora já tivesse sido publicado por Marx, foi posteriormente omitido e publicado nos países "socialistas" apenas em 1986 na MECW.
1857	*Introdução*	1903: em *Die Neue Zeit*, organizada por Kautsky, com diversas discrepâncias em relação ao original.
1857-58	*Grundrisse*	1939-1941: edição de circulação limitada. 1953: reimpressão que permitiu sua efetiva circulação.
1859	*Contribuição à crítica da economia política*	Impresso em mil exemplares em Berlim.
1860	*Herr Vogt* [O senhor Vogt]	Impresso em Londres. Teve escassa repercussão.
1861-63	*Para a crítica da economia política (Manuscrito 1861-1863)*	1905-1910: *Teorias da mais-valia*, organizada por Kautsky (versão reformulada). O texto em conformidade com o original só apareceu em 1954 (edição russa) e em 1956 (edição alemã). 1976-1982: publicação integral do manuscrito, pela MEGA², v. II/3.1-3.6.
1863-64	*Sobre a questão polonesa*	1961: *Manuskripte über die polnische Frage*, organizado pelo IISG.
1863-67	*Manuscritos econômicos 1863-1867*	1894: *O capital*, Livro III: *O processo global da produção capitalista*, organizado por Engels (também baseado em manuscritos posteriores, publicados pela MEGA², v. II/14, e em preparação pela MEGA², v. II/4.3). 1933: Livro I: capítulo VI inédito, em *Archiv Marksa i Engel'sa*. 1988: publicação dos manuscritos do Livro I e do Livro II, na MEGA², v. II/4.1. 1992: publicação dos manuscritos do Livro III, pela MEGA², v. II/4.2.
1864-72	Discursos, resoluções, circulares, cartazes, programas, estatutos da Associação Internacional dos Trabalhadores	Textos em sua maioria em inglês. Eles incluem o "Discurso inaugural da Associação Internacional dos Trabalhadores" e "As chamadas cisões na Internacional" (com Engels).
1865	*Salário, preço e lucro*	1898: organizado por Eleanor Marx. Texto em inglês.
1867	*O capital*, Livro I: *O processo de produção do capital*	Impresso em mil exemplares, em Hamburgo. Segunda edição em 1873, com 3 mil exemplares. Tradução russa em 1872.

Ano	Título	Informações sobre as edições
1870	Manuscrito do livro segundo de "O capital"	1885: O capital, Livro II: O processo de circulação do capital, organizado por Engels (também baseado no manuscrito de 1880-1881 e naqueles mais curtos de 1867-1868 e de 1877-1878, em preparação pela MEGA², v. II/11).
1871	A guerra civil na França	Texto em inglês. A obra recebeu inúmeras edições e traduções em breve período de tempo.
1872-75	O capital, Livro I: O processo de produção do capital (edição francesa)	Texto retrabalhado para a tradução francesa, publicada em fascículos. Segundo Marx, dotado de um "valor científico independente do original".
1874-75	Comentários sobre "Estatismo e anarquia", de Bakunin	1928: em Letopisi marxisma, com prefácio de Riazanov (edição russa). Manuscrito com excertos em russo e comentários em alemão.
1875	Crítica do programa de Gotha	1891: em Die Neue Zeit, organizada por Engels, que alterou algumas passagens do original.
1875	A relação entra a taxa de mais-valor e a taxa de lucro, desenvolvida matematicamente	2003: em MEGA², v. II/14.
1877	Da "História crítica" (capítulo do Anti-Dühring, de Engels)	Publicado parcialmente no Vorwärts! e, depois, integralmente na edição em volume.
1879-80	Notas sobre "A propriedade rural comum", de Kovalevski	1977: em Karl Marx über Formen vorkapitalistischer Produktion, organizada pelo IISG.
1879-80	Glosas marginais ao Tratado de economia política, de Adolph Wagner	1932: em Das Kapital (versão parcial). 1933: em SOC XV (edição russa).
1880-81	Excertos de "A sociedade antiga", de Morgan	1972: em The Ethnological Notebooks of Karl Marx, organizado pelo IISG. Manuscrito com excertos em inglês.
1881-82	Excertos cronológicos 90 a.C. – 1648 ca.	1938-1939: em Archiv Marksa i Engel'sa (versão parcial, edição russa). 1953: em Marx, Engels, Lênin, Stálin Zur deutschen Geschichte (versão parcial).

Detalhe de pintura de E. Chapiro.

Publicado em 2022, 175 anos após a fundação da Liga dos Comunistas – primeira organização comunista internacional do proletariado, criada por Marx e Engels em Londres, em 1847 –, este livro foi composto em Adobe Garamond Pro, corpo 11/14,3, e impresso em papel Avena 70 g/m² pela gráfica Rettec para a Boitempo, com tiragem de 3 mil exemplares.